rororo

Horst Stern, geboren 1922 in Stettin, ist ein mehrfach ausgezeichneter Journalist. Nach Anstellungen bei Zeitung und Fernsehen gab er jahrelang die Umweltzeitschrift «Natur» heraus. 1986 erschien seine Romanbiographie «Mann aus Apulien» und wurde auf Anhieb zum Kritiker- und Publikumserfolg.

Horst Stern

Mann aus Apulien

Die privaten Papiere
des italienischen Staufers
Friedrich II.,
römisch-deutscher Kaiser,
König von Sizilien und Jerusalem,
Erster nach Gott,
über die wahre Natur
der Menschen und der Tiere,
geschrieben 1245–1250

Rowohlt Taschenbuch Verlag

6. Auflage Juni 2015
Veröffentlicht im Rowohlt Taschenbuch Verlag,
Reinbek bei Hamburg, Juli 2005

Umschlaggestaltung any.way.
Cathrin Günther (Abbildung: akg-images)
Die Vignette auf Seite 7 ist dem Buch Richard Seewald,
«Stupor mundi», erschienen im Dietrich Verlag,
Memmingen, entnommen.
Typografie Farnschläder & Mahlstedt, Hamburg
Satz aus der Apolline
Druck und Bindung
CPI books GmbH, Leck, Germany
ISBN 978 3 499 23986 1

Alles Gescheite mag schon
siebenmal gedacht worden sein.
Aber wenn es wieder gedacht wurde,
in anderer Zeit und Lage,
war es nicht mehr dasselbe.

Ernst Bloch
«Avicenna und die Aristotelische Linke»

Sollten diese Papiere die Jahrhunderte überdauern und in die Hände von Historikern fallen, wird man sie, da bin ich, Friedrich, sicher, als Fälschungen abtun. Man wird sie – je nach Parteinahme für oder gegen mich, und das heißt: für den Staat und gegen die Kirche oder für die Kirche und gegen den Staat – als die schamlose Besudelung eines deutschen Kaisers diffamieren, *der über das Erdenrund hindröhnte*, oder sie als die unzulässige Vermenschlichung eines sizilischen Tyrannen anprangern, *der den Willen aller brach und den eigenen vergottete*. Den Vorwurf der Fälschung werden die Historiker aus der unwiderlegbaren Behauptung herleiten, sie könnten diesen Friedrich in ihren Urkunden nicht finden. Das und auch die, so werden sie sagen, offenkundige Bemühung des unbekannten Autors um einen wissenschaftswidrigen Schreibstil, der mehr an Suetonschen Sensationen als an der Sachlichkeit des großen Thukydides orientiert sei, wird ihnen für ihr Urteil genügen.

Solche Historiker treiben die Namen geschichtsmächtiger Herrscher, mit denen sie sich von Berufs wegen befassen müssen, entsprechend der eigenen Parteinahme als goldene oder bloß kupferne Nägel in die Wände ihrer Denkgebäude und bemerken nicht, daß die Nägel, ob golden oder kupfern, unter den tönenden Hammerschlägen der vermeintlichen oder wirklichen Fakten, die man aus Staatsurkunden gewinnt, krumm werden. Solche Nägel halten nur papierene Lebensbilder aus. Was nicht heißen soll, daß diese darum auch falsch seien; aber sie sind bloß grobe Kontur, ohne die das Leben ausmachenden Details aus feinstrukturiertem Licht und Schatten. Man kann auch sagen, sie zeigen den Herrscher als Skelett, ohne Muskeln und Fett, also eigentlich tot. Und weil sie das selber spüren, kommen sie nicht ohne Sprachfett aus, mit dem sie die Gelenke ihrer Faktenskelette reichlich schmieren, damit sie nicht gar so beinern klappern und die Leser vertreiben. In meinem Fall ist das die sprachliche Dämonisierung meines Lebens, die sich in dem Maße steigert, wie Gewißheit über Privates fehlt. Was sie schon heute über mich schreiben und was mich mehr in Himmel oder Hölle als auf Erden ansiedelt, das muß sich mit der wachsenden zeitlichen Entfernung der Geschichtsschreibung von ihrem Objekt und einer damit Hand in Hand gehenden Verschüttung der Quellen eher steigern in der Unsinnigkeit meiner Entrückung von so allgemeinen menschlichen Verhaltensweisen wie essen, trinken, koten, harnen, masturbieren und koitieren, zeugen, beten, fluchen, lügen, lästern, irren, spotten, zweifeln oder glauben und was sonst noch alles den Menschen wirklich ausmacht, ganz unabhängig von seinem Rang.

In meiner Gewißheit, auch in fernster Zukunft noch Gegenstand der Historiker zu sein, liegt kein Hochmut. Ich stehe in der langen Reihe westlicher Herrscher, mit denen die Zeit sich gliedert und Namen gibt. Wäre ich auch nur einer ihrer geringsten, so müßte man sich dennoch mit mir auch nach Ewigkeiten befassen; das lehrt der Rückblick in Geschichte und Literatur. Daß die germanischen Geschichtsschreiber, anders als die romanischen, mich weit mehr als ungeheure Schickung denn als ungewöhnlichen Dynasten sehen, der Sage zugehöriger als dem Leben, das hat nicht nur zu tun mit ihrer größeren räumlichen Entfernung zu mir, sondern auch mit dem Waldmenschentum der Germanen, vor dem der Römer Tacitus schon Grauen empfand und das sich bei ihren Nachfahren nur christlich sublimierte, nicht verlor. Der deutsche Geist, der ewig schwankt zwischen Rausch und Ratio, der zu seinem Schaden weniger denkt als vielmehr rätselt und raunt, beschwänzt und beschwört, er steht im Gegensatz zu dem luziden der in der mediterranen Sonne Geborenen.

Nicht daß ich nicht auch im Süden dämonisiert würde – die Propagandabriefe des Heiligen Stuhles gegen meine Reichspolitik, seine Bannflüche und die Begründungen meiner Exkommunikationen sind voll davon. Aber das sind Instrumente der Machtpolitik. Es bleibt Sprache und wird nicht, wie in Deutschland, leicht zum Bestandteil des allgemein Geglaubten. Im übrigen meine ich, daß die Geschichtsschreibung keine Wissenschaft ist. Sie ist, wie die Theologie, eine Kunsthervorbringung in der Exegese alter Texte. Wissenschaft, wie man sie zu verstehen beginnt, ist gebunden an die Überprüfbarkeit einer These im Experiment. Das setzt die Wiederholbarkeit des ihr zugrundeliegenden Vorgangs voraus. In der Geschichte aber wiederholt sich nichts wirklich.

Alles, was ist, ist in einem Raum.
Aber worin ist der Raum?

Zenon von Elea

Wachen, Wahrnehmen, Denken sind höchste Lust,
ebenso Hoffnungen und Erinnerungen.

Aristoteles

Ich werde älter, und ich lerne dazu.

Solon von Athen

Ich bin nicht, der ich bin

Als ich heute den Saker vom Handschuh an den auffliegenden Reiher warf, stieg der Falke wie auf einer steilstehenden Leiter auch richtig über ihn. Aber dann sah er tief unter sich einen Schatten, der sich aus dem grünen Silber des im Feld alleinstehenden Ölbaums löste. Es war ein Raubadler im Jugendkleid; sein Gefieder hatte die Farbe eines hellhäutigen Mohren. Der Falke ließ vom Reiher ab und stieß mit solcher Wucht auf den Adler hinunter, daß ich das Sausen seiner harten Schwungfedern über gut drei Steinwürfe weg hörte.

Ich trieb Draco in einen schnellen Galopp und kam mit Moamyn und den andern, die mir gefolgt waren, rasch an die Stelle, wo der Falke den Adler am Boden band. Doch hatte der scharfe Falkenzahn die noch wenig festen Halswirbel des Jungadlers schon gefunden und durchtrennt. Gierig riß der Saker am Brustgefieder seiner Beute, die er mit abgespreizten Flügeln mißtrauisch mantelte. Das tote Brustfleisch trat schamlos weiß zwischen den Falkenhänden hervor.

Ich schloß die Augen vor diesem Bild, in dem ich, kaum daß ich es gesehen hatte, auch schon die Gefahr des Gleichnisses erkannte: der König der Vögel in den Staub getreten von einem Geringeren. Und ich, der Kaiser des Erdkreises, aufgerufen zu einem Urteil, das die verletzte Ordnung der Welt wiederherstellen soll. Und war die Sache denn nicht auch wider die Natur, die es den Falken eingegeben hat, den Adler zu fürchten? Die Umkehrung der Werte, die hier vor sich ging, forderte mich mit jedem Schnabelriß, mit dem der Saker den Adler dem lächerlichen Zustand einer Bratgans annäherte, mehr heraus.

Arabisch sprechend, trug ich Moamyn mit Staatspathos in der Stimme auf, den Falken von seiner Beute zu nehmen und ihm sogleich den Kopf abzuschneiden. *Perk' avea morto lo suo signore*, setzte ich für die Ohren des Gefolges auf italienisch hinzu. Danach wendete ich Draco mit einem Schenkeldruck auf den langen Weg nach Grosseto zurück, schwarze Gedanken hinter der Stirn und einen Geschmack wie von Messing auf der Zunge. Wieder einmal hatte mein Amt mich genötigt, vor der Wahrheit der Natur die Fassade des Staates aufzurichten. Was meine Zeit im Stoß des Falken auf den Adler sieht, diese Zeit, die ihren Augen mißtraut und in einem jeden Ding nicht sein Besonderes, vielmehr stets nur das Allgemeine erkennt, die Himmel und Erde, Traum und Tag nach göttlichen Zeichen absucht – was also diese Zeit im Stoß eines Falken auf den Adler sieht, das sehe ich nicht. Ich hatte vielmehr bemerkt, wie der Falke furchtsam zurückgewichen war, als der Reiher, der zu dieser späten Zeit des Jahres stark und gewitzt ist, den Kopf am langen Hals aufwärtsdrehte und mit der scharfen Schere des Schnabels nach dem Angreifer stach. Ich hatte auch zum wiederholten Mal bemerkt, daß der hohe Flug des Sakers kraftloser geworden war, seit der Vogel im Januar sich vermausert hatte (wenngleich den neuen Federn ein Grund hierfür nicht anzusehen war). Das alles hatte mir den Falken, den ich einst liebte wie keine Stadt meines Reiches, Andria ausgenommen, weniger wertvoll gemacht. Und schließlich hatte ich gesehen, was auch der Falke gesehen haben mußte: den eigenartigen Taumelflug des Adlers, das Zeichen für eine innere Schwäche, die immer, ganz im Einklang mit der Natur, den Angriff eines Geringeren herausfordert.

Perk' avea morto lo suo signore. Weil er seinen Herrn getötet hat. Der Richtspruch steht dem Herrscher gut zu Gesicht, den nüchternen Beobachter der Natur macht er nur lachen. Es ist ja der Adler niemandes Herr, nimmt man den von der Herde streunenden Hammel aus, den er mit Flügelschlägen über den Wegrand in den Abgrund peitscht und zu Aas macht, bevor er sich auf ihm einen vollen Kropf holt. Die vorgewölbten Brauen, die ihm den drohenden Blick aus herrscherlich-düsteren Augen geben: ein Äußerliches wie meine Kronen.

Taumelt auch mein Flug schon?

Was ich schreiben will

Nos Fridericus Romanorum Imperator semper Augustus Hierusalem et Siciliae Rex ... Ich kann den sprachlichen Pomp, dem die Kanzleien meinen Namen voranstellen, nur noch schwer ertragen. Das kandierte Latein Vineas macht mir Brechreiz. Ich will mir schaffen, wonach ich Verlangen habe: das Brot einfacherer Sätze, versüßt durch nichts als eine gelegentliche Rosine der Wahrheit. Weniges nur über die großen Fragen der Reichs- und Kirchenpolitik. Die geschriebenen Alltagswahrheiten, sie wären das Neue in meinem Leben und hätten die stimulierende Wirkung, die der nicht mehr junge Mann aus dem Wechsel der Beischläferin zieht, steckt doch der Sinnenteufel im Detail: der Reiz einer christlich-rosigen Brustwarze inmitten eines muslimisch-dunklen Großhofs oder, tiefer geblickt, der Schock beim Anblick eines Schambergs von der haarlosen Gedankenblässe der Tonsur. Neben solchen Innocentien soll es aber auch an Gewichtigerem nicht fehlen, an Tritten des kaiserlichen Feldornithologen Friedrich ins Gesäß des zoologischen Stubenhockers Aristoteles; an Bemerkungen über die Kunst, mit Vögeln, Pferden und Hunden zu jagen, sie zu züchten und zu halten; an Gedanken, die meine Versuche an Menschen und Tieren begleiteten; an Erkenntnissen aus meinen Gesprächen mit Fleisch- und Sternbeschauern, Scharlatanen und Weisen, Christen, Juden und Heiden. Und Apulien, vor allem! Der Gott der Juden würde das Land Kanaan, das er seinem Volk gab, unmöglich so gepriesen haben, hätte er mein Apulien gekannt. Ein Satz, den ich dem vierten Innocenz nach Lyon schreiben sollte; er würde ihm, den Haß auf mich befördernd, das Exil versüßen.

Über meinen Körper

Als ich mich über den Badezuber beugte, blickte mich das Alter an. Mein Gesicht, dessen große Klarheit ich so oft habe rühmen hören, erinnerte mich von fern an den Hamster. Das machen die fleischig gewordenen Wangen, die bei vornübergeneigtem Kopf ihrem Gewicht gehorchen und sich von den Backenknochen zur Nase hin verlagern, wo sie die ohnehin tief gewordenen, zum Mund verlaufenden Falten noch tiefer machen. Ich hatte das zum erstenmal in einer Nacht vor sechs oder sieben Tagen gespürt, als ich, schwer von einem ungewohnt späten Essen, ohne Lust auf meines Falkners Sa'id Schwester lag. Jetzt, im Spiegel aus Wasser, konnte ich es mit den Augen nachprüfen, und was ich sah, verstörte mich leicht. Occursius, Diener und Arzt in einem, der es seit vierzig Jahren gewohnt ist, von meinen Lippen den Ablauf seiner Tage zu lesen, legte rasch meine Jagdkleider auf die Kaminbank und steckte unter dem Vorwand, die Temperatur des Wassers prüfen zu wollen, die Hand in den Zuber; so verwischte er das Bild. Doch hatte ich es schon in mir aufgenommen, und es würde wiederkehren, wie so viele andere Bilder auch, die ich in den letzten Jahren beim Bad, beim Kleiderwechsel von mir gewonnen hatte.

Bis zu meinem vierzigsten Jahr hat mich mein Körper nie sehr beschäftigt. Ärzte hatte ich bis dahin nur zum Gespräch an meinen

Tisch gerufen, nicht aber zum Heilen an mein Bett. So erwarb ich mir einige Kenntnisse auf ihrem Gebiet, ein Wissen nicht. Krankheiten hatten für mich den Aufmerksamkeitswert von Wolken; sie kamen und sie gingen. Mit ihnen gingen die blauen Schatten aus den Augenhöhlen, und die apulische Sonne trocknete rasch die Rinnsale des Fieberschweißes auf, die eben noch glitzernd zwischen den rötlichen Stoppeln in meinem Gesicht gestanden waren.

Nur ein Fieber zeichnete mich fürs Leben. Es befiel mich in jenem viel beredeten September vor achtzehn Jahren, als Ludwig Thüringen starb, kaum daß Brindisi in unser Kielwasser gesunken war. Wie er vom Kloakenhauch des übervollen Kreuzfahrerlagers vergiftet, hatte ich in Otranto schon die Flotte verlassen. In Pozzuoli dann suchte ich kurend Heilung. Occursius war bei mir. Vinea, der Kanzler, hatte es aus Verachtung, die er für den Lateran empfand, dem Diener überlassen, den erstbesten Augenblick, der mich wieder bei Kräften sehen würde, für die Überbringung der erwarteten, gleichwohl schlimmen Nachricht zu nutzen. Während Occursius mir mit lauem Essigwasser den Schweiß eines letzten Fieberanfalls abwusch, hielt er den Zeitpunkt für gekommen. Es mochte ihm auch meine wenig herrscherliche Nacktheit den krummen Rücken gesteift haben. Und so erfuhr ich endlich, der Herr Papst habe in Anagni die Kerzen auf den Altären löschen lassen und mich, den Kaiser, der nicht vor Damiette und Jerusalem gezogen sei, in den Rann getan. Mehr davon gehört als eine Sache der großen Politik nicht in diese privaten Papiere. Wohl aber gehört hier noch notiert, daß in geschichtshaltigen Augenblicken, wenn der Wind, wie stets vor schweren Gewittern, lautlos in die Gegenrichtung springt, die Köpfe der Mächtigen nur selten vom erzenen Glockenschlag erhabener Gedanken widerhallen; meist löst der Schock, ich habe es an mir erfahren, bloß das blecherne Geschepper der Narrenkappe aus. Gregor, der dem dritten Innocenz und dem ebensovielten Honorius als neunter seines Namens auf dem Heiligen Stuhl gefolgt war, habe, so informierte mich Occursius mit einem Gesicht, das so sauer war wie der Essig, mit dem er mich wusch – Gregor habe unter wüsten liturgischen Flüchen erklärt, ich hätte mein Kreuzzugsgelübde eines ganz anderen Fiebers wegen, als ich vorgäbe zu haben, gebrochen: zu meinen – dies die Worte des Achtzigjährigen – gewohnten Ergötzungen habe es mich so bald schon nach dem Segelsetzen wieder aufs Land gezogen. Und während Occursius noch Gregor zitierte, öffnete er, wie um die päpstliche erotische Anspielung zu widerlegen, mokant grimassierend Daumen und Zeigefinger, zwischen denen er während der Unterleibswaschung mein geschrumpftes Glied nach Art eines prüden Kinderfräuleins in die Höhe gehalten hatte. Ich hob mich auf die Ellbogen und blickte über mich hin. «Nicht wahr, Occursius», sagte ich schwach belustigt, «wir stürzen, wie man da unten an mir sieht, nicht sehr tief.»

In der Nacht danach kniete ich zum letzten Mal in meinem Leben nieder. Ich entsinne mich, daß der teppichlose Marmorfußboden meinen Kniescheiben zu schaffen machte und daß ich, Vaterunser um Vaterunser, bei mir dachte: *Laß die Kälte des Steins in dir steigen!* Ich war ein Mann von dreiunddreißig Jahren. Heute bin ich jenseits der fünfzig.

Mehr davon

Ich kenne Stunden in diesen Zeiten des andauernden Zerwürfnisses zwischen dem Heiligen Stuhl und mir, in denen ich meine Gedanken aus der Welt zurückhole, um sie ganz auf meiner Körperlichkeit zu versammeln. Der Stiel am Hammer der Welt lockert sich. Bis weit in den hellen Tag hinein weicht das Schwammige, das vom träg gewordenen Blutfluß kommt, nicht aus meinem Gesicht; vor allem unter den Augen halten sich die Hautsäcke lange, und auch der Abdruck einer Kissenfalte im Wangenfleisch will sich nicht mehr so rasch verlieren. Nach dem Sonntagsbad, wenn das Haar noch naß ist, zeigt sich die weiße Kopfhaut zwischen den kurzen Strähnen. Über den Ohren, aus denen das Haar der alten Männer zu wachsen beginnt, mischt sich längst Grau ins Rotblond. Das Zahnfleisch tritt zurück, und daß ich darum Innocenz die Zähne um so besser zeigen kann, nützt mir, da sich einige zu lockern beginnen, nur wenig. Mein Leib ist schwerer geworden, um nicht zu schreiben: mein Bauch dicker. Die Muskeln, die ihn, weil lange Übung sie festigte, noch flach zu halten vermögen, ermüden rascher, und so lasse ich mich beim Vorausreiten, oder wo sonst ich allein bin, immer häufiger gehen. Doch bezahle ich die Erleichterung mit einem leisen Ekel, den ich beim Anblick des Vorfalls meiner Eingeweide in den Fettsack der Bauchdecke nicht unterdrücken kann. Am ärgerlichsten ist eine Zunahme des Brustfleisches, die ich an einem weibischen Mitschwappen im Rhythmus meiner Schritte registriere, sobald ich eine Treppe hinabsteige. Dabei nehme ich, weil ich es so gewohnt bin, am Tage nur eine Mahlzeit ein. Ich folge darin Hippokrates. Auch komme ich, nach griechischem Rat, mit leerem Magen zu dieser Mahlzeit, die ich im Sommer kurz vor Sonnenuntergang, im Winter natürlich später halte. Vom Frühstück, einem Gerstenbrei mit Honig, darf dann nichts Unverdautes zurückgeblieben sein. Man erkennt das am sichersten an der Geruchlosigkeit oder am Ausbleiben des Aufstoßens, an der Nachgiebigkeit des Leibes und an der Eßlust.

Meine mit den Jahren zunehmende Fülle kann auch nicht eine Folge der Speisen sein, die ich bevorzuge: an Fleisch Lamm, Zicklein und Hahn, Rebhuhn und Taube, wenig vom Hausschwein; an Fisch den Thun und die Forelle, niemals den Karpfen. Davor Gemüse, ungekocht. Danach weißen Wein, verdünnt mit Wasser. Und jeden zweiten Tag nur Wasser. Natürlich esse ich ab und zu auch anderes;

das Einfache ist einem Fürsten nicht immer zur Hand. Aber diese komplizierten Gerichte zu beschreiben, mit denen die einen ihre Bäuche, die anderen ihre Bücher füllen, würde mich langweilen. Wer wie ich durch jahrzehntelangen Umgang mit Falken und Habichten weiß, daß diese Vögel nur auf dem Weg über einen vollen oder einen leeren Kropf vom Menschen zu benutzen sind, der hütet sich, in die Abhängigkeit der Kochtöpfe zu geraten. Im Kastell *del Monte* bei Andria, das sie nach meinen Skizzen bauen, wundert sich jeder Besucher des fortschreitenden Oktogons über das Fehlen einer Küche. Sie ist mir nicht wichtig. Ein Kaminfeuer genügt zum Herrichten des Nötigsten.

Ich glaube zu wissen, woher die Schwäche des Bindegewebes und mit ihr die Ausdehnung der Adern, auch die Ansammlung von Fett bei mir kommen. Die Kaiserin Konstanze, meine Mutter, hatte das alles auch. Sie war vierzig, als sie mich an Weihnachten 1194 in Jesi bei Ancona gebar, eine Matrone schon mit den vollen Gliedern, der weißen Haut und den rotblonden Haaren der Normannenfrauen. Die schwäbische Familie Urslingen zog mich in Foligno bei Assisi auf. Ich erwähne diese frühe Trennung von meiner Mutter, weil es zum Verständnis dessen, was ich hier sagen will, wichtig ist zu bedenken, daß ich erst wieder im vierten Lebensjahr zu ihr kam – mit der Angst vor einer Fremden. Sie hatte mich nach Palermo holen lassen, um mich nach dem Tode meines Vaters Heinrich zum König ihres Erbreichs Sizilien krönen zu lassen. Es war ihre Gewohnheit, mich morgens durch einen ihrer sarazenischen Eunuchen in ihr Bett zu holen, wohl um mir die Mutterwärme nachzuliefern, die ich bei den Urslingens hatte entbehren müssen. Über den vielen kleinen Zärtlichkeiten, die sie bei meinem über seinen Tod hinaus gehaßten Vater nie hatte anbringen können, vergaß sie selten ihre Unterweisungen im Haß auf alles Deutsche, das sie grobschlächtig, maßlos und rechthaberisch fand. Darüber schlief sie oft genug noch einmal ein. Und so habe ich sie, als Folge meines ungenierten Starrens, in Erinnerung: fülliges, zartes Fleisch unter einer Haut, die an den üppigen Oberarmen zu den Ellbogen hin nachgab; weiße, sommersprossige gefleckte Schultern, die im weiten und ärmellosen Hemd aus safranfarbiger arabischer Seide steil in den Kissen lehnten, und ein leicht geöffneter Mund mit der dünnsten, das Blut kaum haltenden Lippenhaut, die ich je sah; blondes Flaumhaar darüber, in das der feuchtwarme Südwind kleine Schweißperlen hängte.

Nichts davon weiß ich wirklich. Ich bin wie der Schläfer, der aus einem Traum erwacht und in der Hoffnung, ihn behalten zu können, nach Papier und Feder greift. Aber dies weiß ich: Meine Mutter lag an dem Morgen, den ich hier im Sinn habe, halb mir zugewandt, so wie sie eben noch mit mir gesprochen hatte, und aus ihrem am Hals klaffenden Hemd glitt der Schlafenden eine Brust, dem eigenen Gewicht folgend, ins Freie; ein länglicher, bauchiger Tropfen weißglühender Materie, der seine drängende Schwere ganz in seinem unteren, prallen Rand versammelte. Ich hatte dies sengende Bild bei den Glasbläsern Palermos gesehen; noch in der Erinnerung an jenen Morgen schlägt mir die Glut wieder wie eine Hand ins Gesicht. So stark war die Gleichheit der Bilder, daß die Furcht, mich am mütterlichen Fleisch zu verbrennen, den schmerzhaft aus den Leisten aufsteigenden Wunsch unterdrückte, die runde tropfende Schwere in meinen Händen aufzufangen. Mit einem Schlag wußte ich, was das ist: nackt. Nicht einfach unbedeckte Haut und kaum gedachtes Begehren, sondern Geschlecht. Hand, die dreist nach den Hoden greift. Die Brustwarze beachtete ich nicht, ich war ihrer natürlichen Funktion noch zu nahe; sie spricht erst wieder die Sinne des Mannes an. Nur für die große runde Ausstülpung hatte ich Augen, besonders aber für die blauen Blutbäche, die dicht unter der zarten Haut die Oberbrust überzogen. Dabei war meine Mutter nicht schwanger. Sie hatte ja mich schon zu spät, neun

Jahre nach der Eheschließung, empfangen, und darum waren bei meiner Geburt auch Zweifel an Konstanzes leiblicher Mutterschaft laut geworden. Man erzählte sich, die Kaiserin sei, als sie davon hörte, alsbald nach dem Abnabeln vor das Reisezelt gewankt, das auf dem Marktplatz von Jesi als Wochenstube hatte herhalten müssen, und habe den Gaffern verächtlich ihr nacktes, von Milch strotzendes Gesäuge gezeigt, in jeder Hand eine tropfende Brust, Milch zwischen den Fingern und Tränen in den Augen. Ich fragte mich später, als erwachsener Mann, ob das denn wohl glaubhaft sei. Schließlich kannte ich die allzu leicht entflammbare Phantasie klerikaler Schreiber im Umgang mit Fürstenbetten. Hier glaube ich ihnen. Eine Frau, die vor fremden Blicken im schamlos machenden Schmerz der Gebärenden die Schenkel öffnet, kann nichts mehr dabei finden, auch die Brust noch zu zeigen, zumal wenn es gilt, ein den Staat gefährdendes Gerücht zu stillen.

Um nach Palermo zurückzukehren: Meine Mutter erwachte und sah mich in früher Begierde starren. Doch weder schlug sie mich noch bedeckte sie sich hastig mit dem Hemd, was die Erinnerung an den heiklen Augenblick für immer verdorben hätte. Vielmehr lächelte sie und zog wortlos mein heißes Gesicht an ihre nackte Brust. Dafür liebe ich sie. Sie starb bald danach, noch im selben Jahr. Mein Leben bei fremden Leuten ging weiter.

Die Seele ist nicht im Samen

Nachrichten aus Österreich. Es ist mir insgeheim recht, daß die Wienerin Gertrud mich, den «getauften Sultan» und dreifachen Witwer, nicht zum Ehemann mag. So bekommen die Babenberger keine Königskrone und meine frühen Krampfadern keine Augenzeugin. Die Frau, die das Haar ihres Mannes sich Jahr für Jahr lichten sieht, lächelt. Die Frau aber, die das Ergebnis dieser Entwicklung noch heiraten soll, lacht.

Aristoteles sagt, so las ich, apropos Kahlkopf, heute nacht bei Avicenna, daß das Gehirn die Aufgabe habe, das Herz zu kühlen. Er meinte dies, daran läßt der Muslim keinen Zweifel, durchaus physiologisch. Der Grieche muß dann wohl ein Kahlkopf gewesen sein, dem die Athener Sonne den Schweiß durch die Poren der Kopfhaut trieb, wonach die ägäischen Etesienwinde durch Verdunstungskälte für Kühlung des Blutes sorgen konnten. Ich machte heute morgen eine Bemerkung hierüber zu Friedrich, der sich in Vineas Kanzlei das Dokument über seine Bestallung zum Generalvikar der Toskana abholte. Als ich den Jungen an meiner Tür vorüberhinken hörte, rief ich ihn herein. Wir sprachen noch einmal über die Unzuverlässigkeit Fasanellas, seines Vorgängers in diesem schwierigen Amt, schweiften aber bald ins Private ab. Als ich die Sache mit Aristoteles erwähnte, lachte Friedrich nicht, wie ich es erwartet hatte. «Vater», sagte er stockend, während ihm das Wasser, wie um seinen Mut gleich wieder abzukühlen, in die Augen schoß, «Vater, der Grieche ist der letzte Gott, der dir verblieb.»

Ich weiß es nicht erst seit heute: Meinen Bastarden ist am Herzen des Vaters gelegen, meinen legitimen Söhnen mehr an seiner Macht. Wenn ich auch durchaus die Zwänge der politischen Erbfolge dahinter sehe, so versage ich mir doch auch die genetischen Spekulationen nicht, die sich daran knüpfen lassen. Das Seelenvermögen ist dreifach, sagt Aristoteles. Die Lebenswärme durch Nahrungsaufnahme, das ist die Seele der Pflanzen; die Empfindung durch den Tastsinn, das ist die Seele der Tiere; das Denken durch den Geist, das ist die Seele des Menschen, doch in ihm, und nur in ihm, ist sie dreifach: Der Keim hat, indem er Nahrung aufnimmt, die Seele der Pflanzen, der Embryo, der die enge Welt des Mutterleibs abtastet, die Seele der Tiere, und der ans Licht gebrachte Mensch, in den der Geist einzieht, die Seele der Vernunft. Ist denn also, neben der Lebenswärme meiner Organe und den sensorischen Kräften meiner Nerven, auch mein Geist in meinem Samen? Sind also meine Kinder stets nicht nur Fleisch von meinem Fleisch, sondern auch Geist von meinem Geist? Das ist unmöglich, denn ich habe zum Sohn, um nur diesen zu nennen, einen Friedrich von Antiochien, der mich stützen will, und ich hatte zum Sohn einen König Heinrich, der auf mein Verderben aus war. Letzteres aber ist nicht meine Art, habe ich doch bei all meinem Zorn auf den Heiligen Stuhl nie auch nur in Gedanken versucht, ihn umzustürzen. Und also muß, was sich als Seele äußert, auch ein ursprünglich Äußeres sein, göttlich oder nicht göttlich, das steht dahin, in jedem Fall aber ein von außen Eingetretenes, das Bildung heißen mag oder Erziehung, Herkunft, Familie oder bloß schlechter Umgang.

In diese Richtung wurden meine Gedanken von einer jungen Gans gelenkt, die eine sarazenische Schabrackenstickerin aus Lucera zur Mutter gehabt hatte, ohne daß dabei Mythologisches im Spiel gewesen wäre. Ich hatte mit der künstlichen Bebrütung von Vogeleiern experimentiert, teils aus Neugier, teils aber auch in der Hoffnung, junge Falken zu Studienzwecken schon aus dem Ei in die Hand zu bekommen, statt erst im juvenilen Stadium aus den Höhlengräbern der sikulischen Nekropole von Pantalica, fünf Reitstunden westlich von Syrakus. Die Unzuverlässigkeit der apulischen Aprilsonne ließ mich nach anderen Wärmequellen Ausschau halten. Ich hatte beobachtet, daß brütende Vögel sich das Rauchgefieder ausrissen, um einen, so nahm ich an, möglichst innigen Kontakt zwischen dem Ei und der Blutwärme der Haut herzustellen. Das brachte mich auf den Gedanken, das Ei einer Gans, das damals gerade zur Hand war, einer Frau anzuvertrauen.

Ich ließ die Schabrackenstickerin bitten, sich die Haare aus den Armhöhlen zu entfernen, im Kastell von Lucera ein Bett aufzusuchen und das Ei achtundzwanzig Tage lang unter einer Achsel zu verwahren. Ein kurzfristiges Aufstehen und Ablegen des Eis war ihr erlaubt, denn auch die Vögel verlassen mitunter das Nest. Nachts, während sie schlief, wachten Beamte aus meinen Kammern darüber, daß sie die Rückenlage beibehielt und sich auch nicht abdeckte. Da ich durch Handauflegen bei einer brütenden Gans ermittelt zu haben glaubte, daß die Temperatur dieser Vögel geringfügig höher ist als die unsrige, ließ ich die junge Frau in regelmäßigen Abständen Wein trinken, der stark mit Orientpfeffer vermischt war. Auch legte man ihr häufig gewechselte heiße Bettflaschen bei. Am neunundzwanzigsten Tag schlüpfte ein fehlerfreies Küken aus dem Ei. Damit war mein Interesse an diesem Experiment, das nur dem Gedanken einer künstlichen Erbrütung von Falken gegolten hatte, erloschen.

Es wurde jedoch später wieder geweckt, als man mir dies erzählte: Die Sarazenin habe sich von dem Gänseküken, das sie mit soviel Geduld und Unbequemlichkeit erbrütet hatte, nicht trennen mögen. Und dann sei das Merkwürdige passiert, daß dieses inzwischen zu einer jungen Gans herangewachsene Küken der Frau, die es als erstes Lebewesen wahrgenommen hatte, als der vermeintlichen Mutter nicht mehr von den Füßen gewichen sei, selbst den Gang zur Latrine nicht ausgenommen. Jeder Versuch, so sagte man mir weiter, die junge Gans mit Artgenossen zusammenzubringen, habe mit einer sofortigen Flucht zurück zu der jungen Frau geendet, wo das Tier durch Anschmiegen an die Knöchel unter den sarazenischen Seidenhosen deutlich zeigte, wen es für seine Mutter hielt. Im Kastell war das Gelächter über die muslimische Leda mit der Gans groß gewesen.

Ist es unzulässig, in diesen Natursachen Tier und Mensch auch gedanklich zu vermengen? Ich glaube nicht. Kommt also auch bei uns von außen, was sich als Seele äußert? Und wenn das so ist, wenn also die Seele nicht im Samen ist, ist es dann nicht auch bedeutungslos für die Kindseele, ob der Samen des Vaters bei der Zeugung aus ehelicher Liebe floß oder nur aus fleischlicher Lust? Ich jedenfalls denke mir das so.

Über die Zeugung

Ich habe mit drei Frauen das Kaiserbett und mit sieben oder acht weiteren – die Gelegentlichen zähle ich nicht – das private Laken geteilt, doch meinem Amt ließ ich keine sich auch nur in Gedanken nähern. Der omnipotente Gott der Juden kam in Schwierigkeiten, als der Milchdunst der Heiligen Familie an ihm ruchbar wurde. Doch was sich störender noch als die kaiserliche Autorität mit uns zu Bett legte, das war mein Grübeln über das göttliche Geschäft der Zeugung. Es fing an bei den *rationes seminales* des heiligen Augustin, der, um das zeitliche Nacheinander der biblischen Schöpfungsgeschichte vor dem eigenen philosophischen Gedanken eines Zeitbeginns im Zusammenfall mit der Gleichzeitigkeit aller Schöpfungsakte zu retten, einen wohl mit Keimdrüsen ausgestatteten Gott quasi in die Urwüsten ejakulieren ließ, damit aus solchen Keimgründen die Weltgestalten bibelgetreu *nacheinander* – und auch am Montag der zweiten Woche noch – hervortreten konnten. Und es endete mein Grübeln noch lange nicht bei dem muslimischen Arzt und Philosophen Avicenna, der mich mit dem geeisten Skalpell seiner aufgeklärten Metaphysik schmerzlos von der biblischen Offenbarung eines vorweltlichen Schöpfers losschnitt: «Jedes Ding, das neu entsteht, hat vor seinem Werden in sich die stoffliche Möglichkeit zu existieren, oder es ist unmöglich.»

Ich habe in der Liebe der Frau zum Mann nie etwas anderes sehen können als den Drang der Materie zur Form, das blasigrote Leibvorwölben des heißen Siegellacks dem Petschaft entgegen. Doch

M. Scotus, mit dem ich zu seinen Lebzeiten diese letzten Dinge oft besprach, hatte meine Kanzlistenmetapher, wie er das nannte, nicht gelten lassen wollen. Mit Aristoteles, den er schon in Toledo aus dem Arabischen übersetzt und bearbeitet hatte, belehrte er mich auf seine feierliche englische Singsang-Art, daß ganz im Gegenteil das weibliche Menstruum, die Substanz der monatlichen Reinigung, als die passive Materie kalt sei, während das männliche Blut, das den Embryo forme, indem es die weibliche Materie zum Gerinnen bringe, heiß ströme. Mit meinem spöttischen Einwand, schon jeder masturbierende Knabe wisse schließlich, daß es Blut wohl nicht sein könne, was in die Frau einströme, hatte er gelehrte Nachsicht: Die Lebenswärme des Mannes verkoche das überschüssige, zur Organernährung nicht benötigte Blut zu Samen und in ihm eingedickt liege die künftige Artgestalt, zu der, was immer Gegenteiliges Hippokrates auch sagen möge, die Frau nichts beitrage. Ströme die im Samen eingeschlossene Lebenswärme eines Mannes nur schwach, so könne er mit jeder Frau nur Töchter haben, allenfalls, wenn ich diese private Meinung erlaubte, weibische Söhne. Aber ich kannte die sich rückversichernde Vorsicht der Astrologen schon.

M. Scotus war sehr stolz, damals, auf die Versuche, die er seinen Adlatus, einen Frater Elias, zum Beweis der aristotelischen Theorie von der Wirkkraft der männlichen Lebenswärme, insbesondere aber vom Verkochen des Blutes zu Samen hatte anstellen lassen. Der Schotte nahm dies alles im Stil der neuen Zeit mehr physikalisch als metaphysisch, wie ich das Einwirken der Form auf den Stoff zu sehen geneigt war, weil niemand es wirklich sehen konnte. Doch ließ ich ihn machen. Des heiklen Gegenstandes wegen schied für die christlichen Herren ein Versuch am Menschen aus, hatte ihr Gott doch Judas Sohn Onan sterben lassen, als dieser, um seinem enkelgierigen Vater nicht mit der Witwe des Bruders zu Willen sein zu müssen, seinen Samen auf die Erde fallen und verderben ließ.

M. Scotus trug keine Bedenken, sich zur Samengewinnung eines Bullen zu bedienen, da auch Aristoteles seiner Meinung nach in den animalischen Dingen zwischen Mensch und Tier nicht wesentlich unterschieden hatte.

Auf den Bullen war Elias verfallen, weil sich ihm in Montecassino die im Apollodorschen Handbuch der Mythologie überlieferte Sage von der Helios-Tochter und Minos-Gattin Pasiphaë eingeprägt hatte. Diese unglückliche Kreterin hat seit dem siebenten Gregor ganzen Generationen von Klerikern beigelegen und ihnen durch die Vermittlung nächtlicher Pollutionen das zölibatäre Leben erleichtert. Doch muß man zugeben, daß diese orgiastische Geschichte auch eine weniger reizbare Phantasie vergewaltigt.

Minos, rindergierig wie alle Griechen, hatte dem Poseidon das versprochene Opfer eines besonders prächtigen Stiers verweigert. Erbost darüber bestrafte der Meergott den Kreterkönig, indem er dessen Frau, eben jene Pasiphaë, mit einer die Brüste aufrichtenden sodomitischen Leidenschaft für den schönen Stier erfüllte. Daidalos, der Hofarchitekt, baute das Brautbett: ein kuhhohes Balkengerüst, über das er, die Intelligenz des Stiers richtig taxierend, eine Rinderhaut spannte. Pasiphaë spreizte sich – und von hier ab ist ein jeder mit ihr allein – auf Gurten in die Attrappe und empfing so den dumpfen Ansprung des erregt kotenden Stiers. Sie wird dabei, denke ich, mehr als nur ihr zitterndes Herz in beide Hände zu nehmen gehabt haben. Schließlich gebar sie den Minotauros, aber das ist ja bekannt.

Als der Bulle seine Zentnerlast mit Hilfe des aufgestützten Kinns auf den Rücken der künstlichen Kuh wuchtete und sich nach einem einzigen Schub entleerte, saß Frater Elias auf einem Melkschemel in der Attrappe und fing das Ejakulat geschickt in einer doppelten Schweinsblase auf. Ich fühlte mich, zuschauend, besudelt, weil ich gewisse Erinnerungsbilder in mir nicht unterdrücken konnte: der gleiche gebrochene Blick, der die Welt nur noch durch das vor Lust rote Adergeflecht der Augäpfel wahrnimmt; das gleiche Stöhnen, wenn das schlagartige Versagen der Muskeln die Atemluft unter dem Gewicht des hinsinkenden Körpers aus der Lunge über die Stimmbänder preßt; das gleiche nachtropfende Nässen. Schließlich der demütigende Abstieg vor kalt beobachtenden fremden Augen. Die Syrerin war dreizehn, als sie sie mir brachten.

Über Isabella von Brienne

Am Strick der Kirchenpolitik führte im November 1225 der Papst die königliche Färse aus dem Morgenland dem staufischen Stier zu, den Salza, der Deutschmeister, am Nasenring des Reichsinteresses hielt. Der Kuhhandel war mir recht: sie wollten Jerusalems Kirche, ich wollte Jerusalems Krone, die dieses Mädchen erben würde. Konnten schon die römischen Cäsaren nicht Weltkaiser sein, ohne den Fuß ins Morgenland gesetzt zu haben, so konnte es der christliche Cäsar ohne den Besitz des heiligen Grabes noch weniger. Isabellas Krone machte schon für den König von Sizilien den Unterschied zwischen Rex und Regulus aus. Freilich kam mir mit ihr, außer ihrer Trägerin, nichts Greifbares ins Haus. Auf des großen Gottfrieds syrischer Bouillon schwammen schon damals längst keine Fettaugen mehr. Das französische Haus Brienne, dem Isabella entstammte, lebte in seinem Kreuzfahrerstaat denn auch von wenig mehr als dem Hader zwischen den Sultanen von Kairo und Damaskus, den Söhnen des Ejjubiden Saladin. Es gab bei der Ankunft der Syrerin in Barletta an dieser Hochzeit allenfalls noch etwas zu feiern, nichts mehr zu segnen. Das hatte ich schon in der Heiligkreuzkirche von Akkon besorgen lassen, wo der Braut vor ihrer Krönung mein Ring von Jakob, Bischof in Patti, an den Finger gesteckt worden war. Als Heinrich von Hohenlohe sie dann in Barletta über die Laufplanke an Land führte, sah ich durch ein Fenster des Hafenkastells, in dem ich sie ohne Neugier erwartete, daß sie einen roten runden Lederkoffer in der Hand hielt, von dem der Deutsche mir später bei Tisch zuraunte, es habe sich eine jerusalemitanische Reisekrone darin befunden. «Ich weiß wohl», habe er sie bitter zu Johann von Brienne, ihren Vater, sagen hören, «daß ich Monsieur nichts sonst zu bieten habe.» Dies ließ mich gegen Mitternacht, als das Fest im Kastell zu Ende ging, länger über dieses Mädchen nachdenken, als sein Alter mir sonst Anlaß gewesen wäre.

Gott als metaphysischer Punkt

Dringender Audienzen wegen muß ich den blutroten Ariadnefaden, der in mein Lebenslabyrinth zurückführt, immer wieder fallenlassen. Aber Vergangenheit eilt auch nicht.

Thaddäus, der Großhofrichter, war bei mir. Er hat meine Sache vor dem Konzil von Lyon vertreten. Seit seiner Rückkehr gehen wir im Gespräch die Gründe durch, mit denen Innocenz mich de jure wie de facto absetzen zu können meinte. Ich nähme, dies unser heutiges Thema, die Heilige Schrift nicht ernst, und unter den christlichen Kaisern Roms sei ich, meiner Vorliebe für die Heiden wegen, nur mit Julian Apostata zu vergleichen. Lassen wir diesen Schwärmer, mit dem ich nur das Amt gemein habe. Lassen wir auch die Arroganz dieser Kirche, die im Namen des großen Dulders Unduldsamkeit predigt. Doch der Vorwurf, Zweifel in die Überlieferungen der Bibel zu setzen, trifft mich zu Recht. Wie aber sollte ich nicht, da doch von mir verlangt wird zu glauben, wo heute jeder Studentenverstand schon zu wissen begehrt! Einen gewissen Wert haben die alten Texte in der Festigung der Moralgesetze, zur Deutung der Natur sind sie unbrauchbar. Der erste Satz der Genesis schon stürzt die Welt, indem er einen vorweltlichen Gott den Himmel und die Erde aus dem Nichts dinglich erschaffen läßt, ins geistige Chaos. Es muß nämlich, das ist gewiß, etwas Ursprüngliches geben, ein Unentstandenes von Ewigkeit her. Das Mögliche, das Aufnahmefähige, das Materielle mit einem Wort, muß ungeschaffen sein, denn das Mögliche ist das Erste. Wäre es geschaffen, dann hätte seine Schaffung aus dem nicht einmal Möglichen geschehen müssen, und das ist so unmöglich, wie eine Ursache unmöglich ist, die nicht wirken kann, sagt Averroes. Ein vorweltlicher Allah sei neben der weltlich-ewigen Materie nicht beweisbar, die Materie einer Schöpfung weder fähig noch bedürftig. Das paulinische *credo quia absurdum*, das die Glaubwürdigkeit des Evangeliums just aus seinen Absurditäten herleitet, entwürdigt, auf das Alte Testament angewandt, Gott zu einem von allen Denkfaulen herbeigesehnten, weil eine strittige Sache endlich beendenden Punkt hinter dem ersten Satz der Genesis. Gott als metaphysischer Punkt hinter einem Glaubenssatz erspart der Kirche die geistige Unruhe der Wissenschaft, deren Semikolon-Gott ihr ein Greuel ist. Aber da sie Gott für die Einfältigen mit einem Leib und einem Wohnsitz versah, darf die Kirche sich nicht wundern, daß man anfängt, diesen Gott mit der Mathematik zu suchen statt mit dem Glauben. Sie werden ihre langen Formeln wie Leitern an den Himmel stellen und von der Höhe die Neuigkeit zur Erde zurückrufen, daß sie Gott nirgends sehen könnten. Aber: Man kann nicht sicher sein, nicht wahr, die Leitern werden niemals hoch genug hinaufgehen. Das wird der Kirche zum Überleben reichen. Gott ist, weil nicht beweisbar ist, daß er *nicht* ist. Gott ist *nicht*, weil nicht beweisbar ist, daß er ist. Gott – ein Wörterspiel. Doch kann den Kaiser das am wenigsten freuen, denn bald werden sie auch ihn fragen, woher, wenn nicht von Gott, er sein Amt denn habe? Soll er sagen: Von den deutschen Fürsten? Oder gar: Vom Volk? Da ist die Kirche die bessere Krücke für den Staat. Man muß den Ketzern Einhalt gebieten. Sie haben nur die Wahrheit, das Recht haben sie nicht. Bloß Narren machen da keinen Unterschied.

Mit der Traurigkeit eines ehrlichen Anwalts, der seinen Mandanten schuldig sieht, fragte Thaddäus mich, wie die Welt denn, wenn nicht von der Hand Gottes, wohl entstanden sei. Ich antwortete ihm mit dem Philosophen Leukipp von Milet, der den eleatischen Haarspaltereien über die unendliche Teilbarkeit der Materie ein Ende gesetzt hatte, indem er sagte: «Wäre die Materie bis ins Unendliche teilbar, so müßte sie einem völligen Zerfall entgegengehen, nach dessen Eintritt ein erneuter Aufbau nicht möglich ist.» Das kleinste unteilbare primäre Materieteilchen nannte er ein Atom. Eine unendliche Zahl von Atomen bewege sich, ungeschaffen und von Ewigkeit her, im leeren Raum; sich vereinigend, fügten sie sich zu den Erscheinungen dieser Welt; sie unterschieden sich voneinander, so Leukipp weiter, in der Gestalt wie das A vom N und in der Anordnung wie das AN vom NA. Ich lächelte Thaddäus zu: «Na'na, die Sarazenin, und Anna, ein Fräulein aus dem deutschen Wimpfen – wer wollte bestreiten, daß sie, obwohl aus identischen Bausteinen gefügt, in Erscheinung und Wesensart weit mehr trennt als nur die Alpen! Ich weiß es, denn ich schlief mit beiden.»

Thaddäus bekreuzigte sich. «Und wer oder was bewegt diese Atome, damit sie sich zu Körpern formieren können? Wer oder was ist der Erste Beweger, Herr?»

«Du hast Aristoteles gelesen, Thaddäus!»

«Man muß also – glauben?»

«Man wird wissen oder weiter suchen. Nur die Wege eines Gottes sind unerforschlich, nicht die der Natur. Ich weiß es, Thaddäus», sagte ich, ihn versöhnend, «denn auch auf diesen beiden brachte ich viele Nächte zu.»

Über die Vorurteile der Wissenschaft

Ohne den Melkschemel in der künstlichen Kuh zu verlassen, raffte Frater Elias das Kuhfell wie einen Bettvorhang beiseite und hielt die Schweinsblase, in der er das Ejakulat des Stiers aufgefangen hatte, prüfend gegen das Licht. Ein bulliger Melker, der sich den Nasenstrick des schwer atmenden Tieres sorglos um den Leib gebunden hatte, wie um einen in die Erde gerammten Pfahl, lachte roh auf und wies mit dem Kinn auf den Mönch: Unter der geschürzten Kutte, deren Fußsaum der hosenlose Elias sich unter einen Hüftstrick gesteckt hatte, um beweglicher zu sein beim Aufstülpen der Blase auf die geil suchende Rute des Stiers, wurde der körperliche Hintergrund sichtbar, vor dem das mythologische Bild von der Erregbarkeit der Kreterin durch einen Stier erst glaubhaft wird. «Du bist an verkehrter Stelle rot geworden, Mönch!» rief ich ihm lachend zu. Ich bereute es sogleich und strafte mich dafür, daß ich mich in dieser degoutanten Sache mit dem Melker gemein gemacht hatte, indem ich den wie ein Erröten aufsteigenden Wunsch unterdrückte, den Mann peitschen zu lassen. Es ist nicht eben viel, was den Feinen vom Gemeinen trennt: Er hängt der Zote ein Euter aus griffigen Witzworten an und gewinnt ihr so die weißeste, schmackhafteste Unschuldsmilch ab.

Ich hörte später von M. Scotus, der diese Experimente leitete, er habe die Temperatur des Wassermantels zwischen den Wänden der beiden Schweinsblasen gegenüber früheren Entsamungen desselben Bullen deutlich erhöhen lassen und ebenso deutlich eine Zunahme der Ejakulatsmenge registriert. Er neige dazu, sagte er, darin ein Indiz zu sehen für die Richtigkeit der aristotelischen These vom Verkochen des zur Organernährung nicht benötigten Blutes zu

Samen. Es hat mich oft gewundert, wie unkritisch selbst die gelehrtesten Köpfe manchen Thesen gegenüberstehen, besonders solchen, die mit der Strahlkraft eines großen Namens, nicht aber mit der Logik eigenen kausalen Denkens in sie hineingerieten. Dieses ganze Geschäft der Zeugung ist in den Köpfen der meisten allzusehr vom Göttlichen durchwoben, als daß sie es am Hodensack eines Bullen, wenn schon nicht am eigenen, neu überdenken möchten. Zu welch anderem Zweck als dem der Wärmeabgabe, so frage ich mich, dehnt sich, im Bett oder im Stall, diese weitgehend haarfreie, empfindliche Hautausstülpung denn aus? Und weiß es die salernitanische Arzteschule nicht schon lange, daß ein Knabe später zum Zeugen nicht taugen wird, dessen Skrotum leer bleibt, weil die Hoden nicht herabwanderten aus der keimtötenden Hitze der Leibeshöhle? Und was ist neu daran, daß eine blutgefüllte und also heiße Vulva (auf nichts anderes läuft die Erhitzung des Wassermantels zwischen den Blasenwänden doch hinaus) den männlichen *appetitus coitus* und mit ihm auch die Menge des ausgestoßenen Samens steigert? Überhaupt kann es auf die Quantität des Spermas so sehr nicht ankommen, wenn man sieht, eine wie geringe Menge davon das Rind – kaum mehr als der ausgeruhte Mann – zur Reproduktion der eigenen, massigen Art braucht.

Ich diktierte in der Kanzlei, daß jeder salernitanische Student der Medizin drei Jahre lang Logik studiert haben müsse, «denn niemals kann die Wissenschaft der Medizin gewußt werden, ohne daß einer vorher von Logik etwas weiß», stilisierte Vinea meine, wie ich mich erinnere, einfachere Ausdrucksweise.

Ein Staatsakt

Ich deflorierte Isabella Brienne ohne Lust. Occursius hatte sie nach Art der Chirurgen nur so weit aufgedeckt, wie zur ungehinderten Erledigung dieses Staatsgeschäfts nötig war. Ihm war dabei bewußt gewesen, daß der Anblick des total entblößten Kinderkörpers dieser Dreizehnjährigen bei mir mit Sicherheit eine Erektion verhindern würde. Auch hatte er das Mädchen mit dem Takt des Alters im sachdienlichsten, das heißt schmerzmindernden Gebrauch der Beine und der Beckenmuskeln unterwiesen. Mich hatten, auch das auf seinen Rat hin, die Dienste der Sarazenin Na'na eineinhalb Stunden zuvor soweit reduziert, daß ein Eindringen in die Syrerin zwar noch möglich, eine ernstere Verletzung aber ausgeschlossen war. Isabella zog denn auch nur stimmlos den Atem durch die Zähne und preßte zurückweichend das Gesäß in die Matratze. Zu keiner Zeit nahm sie die weit offenen Augen im stark über der Nackenrolle abgewinkelten Kopf von der Zimmerdecke oder die Arme unter dem Bettuch vom Laken. Nur ihre Hände wanderten suchend ins Freie, zum Bettrand hin, und klammerten sich, die Knöchel weiß, dort fest. Ich sah ihrer Rechten, die meinen Ring mit dem Adler und dem Hasen trug, dabei mit einer oberflächlichen Rührung zu. Das lenkte mich ab und verhinderte, daß aus dieser Sache vollends ein hastiger Siegelbruch wurde. Die Augen noch immer auf Isabellas sich jetzt fahrig entspannende Hand gerichtet, dachte ich das angefangene Bild vom Siegelbruch (nicht ohne eine Spur von Literatenstolz) weiter: Ur-Kunde von Jungfräulichkeit, das V-Initial der Virgo schwarz gekräuselt auf weißem Grund, noch ungeschaut, der Widerstand gegen das Aufrollen in die sich werfenden Ränder gedrängt …

Die Ejakulation fiel auf das peinlichste zusammen mit dem hohlen Knall einer auf den nächtlichen Strand stürzenden einsamen Dünungswelle dicht unter den Fenstern des Marmorkastells: weißer Schaum, flockig an riffeligen, abweisenden Wänden. Gleich danach wehte mich aus dem Mund der Syrerin ein schwacher, aber deutlicher Geruch von Sperma an. Das Pneuma der Stoiker, dachte ich vage und drehte das Wort Kohäsion wie einen Ball, den man von allen Seiten betrachtet, im Kopf herum, aber es wollte sich kein brauchbarer Gedanke daran kristallisieren. Isabella leckte sich züngelnd die Lippen. Obwohl ich ihren Mund nicht berührt hatte, war die perlmuttfarbene Schminke auf der vor Trockenheit knittrigen Haut in viele kleine Schuppen gerissen, von denen eine, ich sehe sie heute noch, Isabellas Mund kaum mehr anhing und im Luftzug ihres Ausatmens auf die absurdeste Weise flirrte. Leiser Ekel, hervorgerufen durch das plötzliche Gefühl einer viel zu großen Nähe zu fremdem nachgiebigen Fleisch, streifte mich wie in stockdunkler Nacht der lautlose Flügel einer Eule. Aber ich überwand das und küßte sogar, wenn auch nur flüchtig und schon im Aufstehen, die im offenen Mädchenmund bloßliegenden Zähne, deren weiße, beinharte Knochenstruktur mir diese Geste einer kleinen Zuneigung erleichterte. Mit Sicherheit spielte hier auch die Traurigkeit herein, die ich in Isabellas Gesicht bemerkt hatte, als sie an Land gekommen war, in der Hand ihren einzigen Besitz, die jerusalemitanische Reisekrone, und auf den Lippen zum Salz der stürmischen Überfahrt noch die Bitterkeit der mir zugetragenen Bemerkung, sie wisse wohl, daß sie mir, außer der Kronenverheißung, nichts zu bieten habe.

Beim Aufstehen aus der Schere ihrer Schenkel war mir, als hätte ich an meinen Hüften ein zwar halbherziges, aber doch mehr als zufälliges, mich zum Verweilen einladendes Schließen der Mädchenknie gespürt, doch schob ich das sogleich auf Isabellas Wunsch, die ihr zugefügte Wunde so rasch wie möglich zu heilen. Weil ich das

Gefühl, das ein zu enger Handschuh der Hand vermittelt, noch stark am Leib hatte, verbot ich dem wieder eintretenden Occursius mit einem raschen Kopfschütteln, sich von der Kindkaiserin das Laken zu erbitten, um daran die üblichen Blutzeichen zu konstatieren. Wozu der Demütigung die Beleidigung folgen lassen. Occursius hielt mir den Fellmantel hin. Ich nahm ihn und deckte ihn, mehr der Blickrichtung des Dieners als einer eigenen Eingebung folgend, über Isabella. Aus ihren Augen, die sie daraufhin zum erstenmal voll auf mich richtete, traf mich ein Blick, den ich kannte. Ich war ihm in den dämmerigen Korridoren zwischen den Reihen meiner gefesselten Falken in Gravina und anderswo hundertfach begegnet – gleichgültige Blicke aus Augen, denen nur die Quantität des einfallenden Lichts eine Veränderung im Ausdruck abgewinnen kann. In ihrem strömenden Schwarz stand ich wie der nacktbeinige Reiher im Fluß des Thales. Solche Augen sehen dich und sehen dich nicht. Du bist immer fremd und ungebeten. Und du bist immer viel zu nah.

Von Occursius hastig angekleidet, ging ich in die Kanzlei, ließ Peter Vinea aus dem Bett holen und diktierte ihm einen Brief an Johann von Brienne, im Hause. Darin forderte ich ihn auf, den als Regent getragenen Titel eines Königs von Jerusalem nach Erhalt dieses Schreibens niederzulegen und die echte Krone zu meiner Verfügung auf dem Altar der Grabeskirche zu deponieren. Die Ehe mit seiner Tochter sei vollzogen. Meinen Namen unterschrieb ich mit *Hierusalem Rex*. Dann schickte ich Vinea aus dem Zimmer und erbrach mich zum Fenster hinaus auf den Strand.

«Die Wärme», lehrte Galen in Übereinstimmung mit Hippokrates, «ist das erste Werkzeug der Natur. Ihr Sitz ist das Herz.» Fehle es an ihr, so müsse es bei der Zeugung zu Rückschlägen kommen in Richtung auf die weibliche Form, denn: «Um soviel ist das Weib unvollkommener als der Mann, um wieviel es kälter ist.»

Nach neun Monaten brachte Isabella, die ich am Morgen nach

jener Nacht nach Terracina hatte bringen lassen, ein Mädchen zur Welt. Nur zwei Tage später gebar Na'na, mit der Isabella innerhalb von weniger als zwei Stunden mein Sperma geteilt hatte, einen Knaben. (Natürlich vergewisserte ich mich, daß die Sarazenin vorher und danach niemals aus der Obhut der kastrierten Kameralen von Lucera geraten war.)

Philosophie ist eines, Biologie ein anderes. Galen wollte seinen Lehrsatz von der Wärme als dem Agens, das das Männliche schafft, gewiß nicht im Sinne biederer Herzenswärme verstanden wissen. Er meinte es elementar.

Post coitum

In jenen Jahren widerte meine platte Neugier mich manchmal an, doch war sie legitim; in den Denkgebäuden der Naturphilosophen steckt so mancher lockere Stein. Das praktische Mittel des Experiments als Prüfstein hochfliegender Gedanken gilt ihnen noch immer wenig. Da ich aber die Denkkraft nicht hatte, die solchen geistigen Hochmut hätte rechtfertigen können, vertraute ich zuvörderst meinen Sinnen. Dabei ist es geblieben. Es ist eines denkenden Menschen unwürdig, eines Tages aus dieser Welt zu gehen mit wenig mehr im Kopf als nachgebeteten Sachen, seien sie nun religiöser oder wissenschaftlicher Natur. Es ist überdies wichtig für Menschen, die ihrer hohen Geburt oder einer herausragenden Begabung wegen ihresgleichen so häufig nicht haben, sich im nahen Umgang mit der Natur das Maß zu holen, das ihnen ihre Besonderheit relativiert. Mir diente dazu früher die Absonderung vom Hof in den Schatten eines einzelstehenden Ölbaums auf der seewärtigen Flanke eines Hügels im Vorland der Murge, die ein mittelhoher Gebirgszug ist in Richtung auf Tarent, dem Adriatischen Meer parallel. Ich ging oft, wenn ich in Apulien war (und das hieß häufig: in Andria, wo ich Isabella Brienne begrub und auch ihre Nachfolgerin im Ehebett, Isabella Plantagenet), zu Fuß landeinwärts, auf diesen Hügel zu. Heute entsteht auf ihm das Oktogon, das die Landleute Castel del Monte nennen. Auf solchen Gängen, in der Anonymität eines alten grünen Jagdumhangs, machte ich bald die Erfahrung, daß der Herrscher für die Menschen auf den Straßen kein persönliches Gesicht hat. Wird es ihnen ohne die üblichen Herrschaftszeichen dargeboten, erkennen sie es nicht. Sie erkannten es nicht einmal dann, wenn ich ihnen, eingedenk meines Porträts auf den goldenen Augustalen, im beschämend absichtsvollen Drehen des Gesichts das bekannte Profil bot.

Die verletzende Erkenntnis, daß immer nur der Goldgrund der Macht den Herrscher macht, provoziert in den nach Herrschaft Süchtigen die brutale Anwendung der Macht, wodurch diese zur privaten schmerzstillenden Droge wird, die nichts und niemanden heilt, vielmehr durch Mißbrauch Glieder und Kopf eines jeden Gemeinwesens schließlich zerstört. Die unsichere Grausamkeit des Abbasidenkalifs Harun ar-Raschid, mit der er sich ja nicht nur der Barmakiden entledigte, hatte ihren tiefsten Grund, davon bin ich durch Selbstprüfung überzeugt, in seinen von der historischen Anekdote so mißverstandenen anonymen Nachtzügen durch seine Hauptstadt Bagdad. Was als noble Bemühung begann, Recht zu sprechen nach Menschenkenntnis und Augenschein, endete in der Blutjustiz eines Richters, der zu sensibel war, um nicht bei Abwesenheit der äußeren Zeichen seiner Macht, Sternenmantel und Beil, seine Bedeutungslosigkeit, sein Ameisendasein unter Ameisen tief verletzt zu bemerken: *Ihr kennt mich nicht? Ihr sollt mich kennenlernen!*

Das von den Großen der Welt zur Schau getragene menschliche Gesicht ist die Maske vor der intellektuellen Eitelkeit, die, wenn die

Sonne des Beifalls sie nicht wärmt, zur Aggression neigt. Das hat sie mit der – freilich ganz unschuldigen – Natur der Schlange gemein. Einer Viper am Mittag zu begegnen ist ungefährlich; jedes noch weit entfernte Schrittbeben vertreibt sie schon. Ihr aber am frühen Morgen auch nur versehentlich nahe zu kommen, wenn sie den noch nachtklammen und darum seiner selbst nicht sicheren Leib auf einem von der Sonne beschienenen Stein geschmeidig werden läßt, kann den Tod bedeuten.

Solche Gedanken trug ich damals in die Berge hinauf. Es ging oft Wind dort oben. Die Hitze des Tages erwärmt das Terrassenland zwischen Meer und Murge. Die Luft darüber steigt dann auf und macht kühlerer, vom Meer her einströmender Luft Platz. Das kann man in Meeresnähe als Seewind auf der Wange fühlen. Das von der Sonne bewirkte Aufsteigen der Luft vor den Bergen kann man sehen. Die Milane, die nach Kleintieren und Aas am Boden äugen, steigen auf dieser Luft wie auf Wendeltreppen in die Höhe, die Schwingen still ausgestellt, anstrengungslos.

Der tief zerfurchte Stamm des alten Ölbaums setzte meinem Rücken zu, während ich auf seinem zutageliegenden Wurzelwerk wie auf den Knochen einer Greisenhand saß. Schatten hat hier seinen Preis. Ich schätzte die Entfernung nach Andria auf neun Meilen, von Andria weiter zum Meer, nach Barletta oder Trani, die zusammen mit Andria die weißen Eckpunkte eines grünflächigen gleichseitigen Dreiecks bilden, auf noch einmal sieben Meilen, sechzehn insgesamt. Theophrast, der im Einklang mit seiner Zeit die Pflanzen nicht viel anders beschrieb als sein Lehrer Aristoteles die Tiere, nämlich zum Beweis philosophischer Ideen, weniger um ihrer selbst willen, billigte dem Ölbaum im äußersten Fall dreihundert Stadien, das sind nur gut sieben geographische Meilen, als gerade noch möglichen vom Meer entfernten Wuchsort zu. Das ist eine erstaunlich definitive Behauptung für einen Gelehrten, der von der Welt aus eigener Anschauung nicht mehr als drei Provinzen seiner griechischen Heimat kannte. Ich dagegen weiß von meinen Zügen durch Oberitalien nach Deutschland, daß der Ölbaum auch weitab vom Meer gedeiht, dessen Anhauch Theophrast als förderlich für ein gutes Gedeihen der Oliven bezeichnet. Hieran scheint wahr zu sein, daß der Ölbaum den Wind braucht, der sich über einer größeren Wasserfläche, gleich ob süß oder salzig, mit Feuchtigkeit sättigen konnte.

Am Ölbaum, der mit Mythen nicht weniger dicht behangen ist als mit Blättern, erkenne ich mich noch immer als *puer Apuliae*, als Kind des Südens, Italiener. Die deutsche Eiche als der mythologische Leitbaum des germanischen Nordens spricht nicht zu mir: Indem sie in ihrem Saftbereich nur die stinkenden Trüffel gedeihen läßt (um die sich die Schweine raufen), periodisch den Blattschmuck von sich wirft und ihre Lebenskraft ganz in die steinerne Tiefe des Holzes zieht, symbolisiert die Eiche nur zu genau deutsches Wesen, das zwischen streitsüchtiger Roheit und monastischer Verinnerlichung ewig schwankt. Auf dem mächtigen Wurzelstock eines wilden Ölbaums dagegen richtete sich Odysseus sein Ehebett. Und als die Titanin Leto dem Zeus auf Delos die göttlichen Zwillinge Apollon und Artemis gebar, da hielt sie sich, im Schmerz der Wehen, hockend an einem Ölbaum fest; jedenfalls glaube ich mit Catull nicht an die eher glatte, geschichtslose Palme, die man auf Delos als die angebliche Geburtshelferin der Leto lange zeigte. Es muß der zerklüftete, den Fingern Halt gebende Baum der Minerva gewesen sein, dessen Oliven selbst der hölzerne Plinius im enzyklopädischen Bauchladen seiner naturwissenschaftlichen Denkfrüchte den vordersten Platz einräumte: Zwei Flüssigkeiten gebe es, die dem menschlichen Körper angenehm seien, nämlich innerlich der Wein und äußerlich das Öl, beide von Bäumen kommend, «aber das Öl etwas Notwendiges».

Als die Bäume des Waldes einen der Ihrigen zum König über sich setzen wollten, gingen sie zum Ölbaum, damit der ihn salbe. Der Ölbaum, wie nach ihm auch der Weinstock, lehnte ab; sie verabscheuten beide den plebejischen Drang nach Unterwerfung unter den Willen eines anderen.

Phoebo absente nil sum. Ohne Sonne bin ich nichts. Doch muß ich einräumen, daß in diesen Gedanken die Stimme meiner Mutter ist. Die normannische Konstanze, ich sagte es schon, haßte meinen staufischen Vater Heinrich seiner nebelländischen Grausamkeit wegen. Gegen Mutterlippen an Kinderohren kommt keine Alma mater an.

Unter diesem Ölbaum relativierte ich früh Macht und Ruhm. Obwohl in den Naturwissenschaften nicht ungebildet, wußte ich für die Phänomene, denen meine umherschweifenden Blicke und Gedanken Ursache und Wirkung abfragten, nur selten eine sichere Erklärung. Über die Einfältigen erhob ich mich, war ich ehrlich, bestenfalls insoweit, als ich beispielsweise nicht, wie Ibn Abbas, die Periodizität der Ozeangezeiten durch einen Engel bewirkt glaubte, der Flut und Ebbe mittels Ein- und Austauchen eines Fußes ins Meer herbeiführt. Poseidonios' Hypothese aber, die der Geograph Strabon überlieferte und die in einer kosmischen Sympathie zwischen Erde und Mond die Ursache für die Gezeiten sieht, vergewaltigte durch die Stoßkraft dieses die Erde als Allzentrum erschütternden Gedankens meinen Geist mehr, als daß sie ihn mit wirklicher Erkenntnis durchdrang. Überhaupt fühlte ich mich, als damals noch getreuer Sohn der Kirche, diesen virilen hellenistischen Denkern gegenüber öfters in der Demutshaltung einer trotz redlicher Bemühung kinderlos bleibenden Frau, der schließlich mangels Umgang mit fremden Männern gar nichts anderes übrigbleibt, als in der zufriedenstellenden Erektion am eigenen Mann auch schon den Beweis für die Keimfähigkeit seines Samens zu sehen. Denn was ist das: eine kosmische Sympathie zwischen Erde und Mond? Das Phänomen reduzierte sich für mich auf die – freilich nachdenkenswerte – Wahrnehmung der Atlantikfischer bei Cadiz, nach der die Gezeiten des äußeren Meeres zusammenzufallen scheinen mit bestimmten Mondphasen. Wie aber kann das zur Erklärung herbeigezogene Pneuma der Stoiker, dieses das All füllende kohäsive Medium, sowohl, wie sie sagen, das geflüsterte Liebeswort von den Lippen der Frau zum Ohr des ihr beiliegenden Mannes transportieren als auch das Meer bewegen? Ich fragte damals nicht weiter danach. Ich war ein noch junger Mann. Da reichen Engel und Erektionen hin, die oberen und die unteren Phänomene zu erklären.

Hier, unter diesem Ölbaum, schlief ich in späteren Jahren oft ein und sah mich dann manchmal im Traum in der apulischen Landschaft Tavoliere reiten: eine Fliege auf einem mächtigen Tisch, ruckhaft ganz sinnlose Wege gehend zwischen dunklen Baumkerzen, die ernst den Tisch schmückten und über ihren Kronen die Luft schlierig wabern ließen. Niemals in diesen flachen, von Gliederzucken gestörten Nachmittagsträumen kam mir der Gedanke, ich könnte das dort unten nicht sein, war ich doch immer auch ein anderes noch: das Augenpaar eines hoch über mir anwartenden Falken, das noch die fernsten meiner inneren und äußeren Dinge nahe sieht. *Stein unterm Huf im Staub im Fell die Stechfliege mit grünem Glanz und Zucken des Schweifs im Schlag nach dem Stich am weit entfernten Ort im Haarkleid von der Farbe des roten Fuchses bei Tag und der Nebelkatze bei Nacht Der Schatten des nordwärts in den Tag gerittenen Pferdes unterwegs vom Abend zum Mittag zum Morgen und ein ungewisses Schnauben unter der Sonne im Zenit Der Fall des Harnstrahls perlig in wattig klingenden Staub Der klare Abendharn des Tages auf den Gräsern Das Grün zu Gelb zu Braun zu Grün des Grases der Buche der Eiche des Ahorns Das Pneuma der Säfte im Holz und das hochgewachsene Wasser Das immergrüne Fleisch der Eibe unter wächserner Haut und in ihrem*

Schatten das ihre Zweige wiederkäuende Wohlbehagen des Hirsches beim Aas des vergifteten Esels als Mutterkuchen für urgezeugte eilose Bienen aus der Gärung des Fleisches Die runden glatten Arme der Kriechfeige mit dem grindigen Weißanflug der senilen Haut: Altmännerarme die im Schutz der Windmauern nach dem weichen Fleisch der Feige hinter großen gespaltenen Blättern tasten Die speichelnden Zungen der Brandung unter den aufgebundenen Röcken hosenloser Fischerfrauen Der Strand leuchtend vom Fang der Männer: sterbende Fische die weißen Lippen geformt zum Schrei GOTT Blasig entwich ihnen die Seele vors Maul: ein wolkiges Perlmutter von göttlichem Atem prall in das die Frauen kichernd die Langmesser stechen: Seht her Herr König nichts als ein kleiner wispernder Nonnenfurz! Reden mit den Schenkeln: Galopp! Es lahmen selbst die Gedanken noch hinter den Bildern her und die Wörter gar sind wie Steine auf ihrem Weg: ewige Verleitung zu Schritten in die Quere: Imponiergehabe des travers gehenden Araberhengstes unter dem Emir Schams ed-Din in Jerusalem abends vor dem Sonntag an dem sie Oculi mei singen Das reine Vergnügen die Beinfolge des Trabs linkshintenrechtsvornrechtshintenlinksvorn ohne Absicht eigentlich durchschaut zu haben und das Entsetzen Hermann Salzas mich zum Emir sagen zu hören es schlüge sein travers vorwärts-seitwärts gehender Gaul angesichts der Grabeskirche deutlich mit den Beinen das Kreuz über geheiligtem Boden Schritt sage ich das ist linkshintenlinksvornrechtshintenrechtsvorn und kostete in der Ergründung den Kaiser der Römer immerhin einen ganzen langen Tag Aber lieber die Ursache für etwas finden als den persischen Königsthron gewinnen sagt Demokrit Schritt sage ich verdammt was soll das dieser Trab! Stallgeruch als magnetisch Nord Geruch gedacht als atomare Wolke in der sich scharfkantige unregelmäßige unteilbare Teilchen zu Gestank und glatte runde wohlgeformte zu Wohlgeruch formen Aber was das Pferd anlockt stößt mich ab Es müssen also die kleinsten unteilbaren Teilchen noch andere Qualitäten als die Form ihrer Körper haben Die trügerischen Sinne und die Wahrheit allein aus dem Denken:

Wieviel Engel haben tanzend Platz auf der Spitze einer Nadel? Da wurde es Zeit für einen Schluck Sud aus der Purgierwinde Convolvulus, damit mir Galle abging.

Vom Hochmut der Wissenschaft

«... Deine Unerfahrenheit, o Fürst, spekulative Dinge zu behandeln und Forschungen anzustellen, die Schwäche Deiner Fassungskraft, Deine geringe Übung in den Wissenschaften, die Stumpfheit Deines Geistes und die Unzulänglichkeit Deines Nachdenkens ... wahrlich, Du hast Fragen gestellt über triviale und jedermann geläufige Sachen.»

Keine meiner drei Exkommunikationen traf mich so in der Tiefe wie diese schonungslose Inventur meines wissenschaftlichen Rüstzeugs aus der Feder des spanischen Muslims ibn Sab'in aus Ceuta. Meine nach Kairo und Damaskus geschickten naturwissenschaftlichen und philosophischen Fragen waren auf dem Umweg über den Almohadenkalifen schließlich bei ihm gelandet, einem Freigeist mit dem blumigen Präfix Kotb ed-Din, was soviel wie «Polarstern des Glaubens» heißt.

Daran war nicht viel mehr richtig als der Hinweis auf die allgemeine Himmelsrichtung, in der ibn Sab'in, von Mekka aus gesehen, lebte: Nord. Mir krampften sich im Zorn die Nieren zusammen. Ich entwarf, kaum daß ich seinen Brief überflogen hatte, an die sechs oder sieben heftige Antworten, schickte aber keine davon ab. Es knisterte in allen, so meinte ich alsbald, nur beleidigt zusammengeraffter herrscherlicher Purpur; die Gedanken schwankten wie ägyptische Gaukler auf dem Hochseil und trugen, wie diese, die Gewißheit ihrer Gefährdung in sich, und kein Netz systematischer naturwissenschaftlicher Studien sicherte sie ab.

Ich sandte dem berühmten Gelehrten höflich ein fettes Honorar, das er ebenso höflich zurückschickte. Beigefügt war eine Note, die den von seiner Hand geschriebenen Vers 22 der Koransure XLII enthielt: «Sage ihnen, ich verlange von Euch keinen andern Lohn als den Eifer für den Glauben!»

Das war nun, geschrieben von einem Gottlosen an einen Gottlosen, wirklich erheiternd. Aber ibn Sab'in ruhte, wie letztlich auch ich, aus vielerlei praktischen Gründen im Schoß der Kirche, der islamischen in seinem Fall, und er fand, wiederum wie ich, ihre spitzen altjüngferlichen Knie zum Draufsitzen hinreichend komfortabel. Ich täuschte mich da nicht. Er stand als Denker auf den Schultern seines Glaubensbruders Avicenna. Also kannte er auch dessen Ärger mit der Orthodoxie. Die Eiferer für einen Glauben, den sie für den rechten oder den alleinseligmachenden halten, sind sich in der Verketzerung der Abweichler alle gleich, und ibn Sab'in hatte auf die Regierung der Almohaden politisch Rücksicht zu nehmen, ich auf den christlichen Staat. Die durchgehaltene Moral ist das Ende jeder die Menschen bedenkenden Politik. Sie führt zu nichts als Selbstgerechtigkeit. Es ist nicht derjenige zynisch, der sich der öffentlichen Moral gelegentlich verweigert, vielmehr ist zynisch, wer sie von den Regierenden zu allen Zeiten fordert, denn er erhebt in Wirklichkeit die Forderung, das öffentliche Wohl zu gefährden, zu dem die Kloake so notwendig gehört wie die Kirche.

Ich kramte neulich in der Kanzlei diese fast fünfzehn Jahre alten Briefentwürfe wieder hervor. Beim Lesen erinnerte ich mich, daß mir allenfalls der dritte von insgesamt sieben nach dem Schreiben aufhebenswert erschienen war, trotz deutlicher Mängel, die aber nicht so sehr im Formalen als vielmehr in meinem damaligen Wissensstand zu suchen waren. Ich hatte meine Unfähigkeit, ibn Sab'in überzeugende Erklärungen anbieten zu können für einige uns beide bewegende Naturphänomene, dadurch zu kompensieren versucht, daß ich ihm – geschickt, wie ich meinte – einen umfangreichen Katalog neuer Fragen vor die leisetreterischen Füße warf. Ich war sicher, ihn in vielem damit zu überfordern und auf diese Weise ihm, der mir so deutlich meine Grenzen gewiesen hatte, auch die seinen zu zeigen. Der Brief ist es wert, zu diesen privaten Papieren genommen zu werden, und sei es bloß, weil er ganz und gar Friedrich ist, fehlen ihm doch die lieblichen Blumen und all das wogende Grünzeug, das Peter Vineas Kanzlisten meinen Distelsträußen einzubinden pflegen, bevor sie sie überreichen.

«Friedrich, von Gottes Gnaden immer erhabener Kaiser der Römer et cetera et cetera, entbietet dem Herrn Kotb ed-Din Abu Mohammed Abd oul-Haqq ibn Sab'in – Allah möge die Muslime durch ihn erfreuen und seine hervorragenden Fähigkeiten ihnen zum Nutzen gereichen lassen et cetera et cetera – seinen Gruß. Es hat Dir, o Scheich, so gefallen, mit Deinen erleuchteten Gedanken die stumpfen Zinnen meiner Kronen anzustrahlen (wobei es mir nichts ausmacht, das Licht, das ich eigentlich aus dem Osten erwartete, wohin ich meine Fragen richtete, nun aus dem Westen durch Dich zurückgespiegelt zu sehen). Unsere Gedanken sind nur Reflexionen eines längst vor uns Gedachten, unterschieden in der Qualität allein durch das mehr oder weniger geschliffene Glas des Spiegels, der wir sind, Du wie ich. Doch beeile ich mich, Dir zuzugeben, daß ich der weniger geschliffene Spiegel bin, erblindet wohl auch schon etwas vom Glanz der allzu großen Nähe zu Gott. Kein Zweifel, Du bist der Bedeutendere von uns, und ich bewundere, o Scheich, Deine Erfahrenheit, spekulative Dinge zu behandeln und Forschungen anzustellen, die Stärke Deiner Fassungskraft, Deine große Übung in den Wissenschaften, die Leuchtkraft Deines Geistes und die Mühelosigkeit Deines Nachdenkens. Erlaube mir deshalb, Dir weitere Fragen zu stellen über wiederum, wie ich fürchte, jedermann geläufige Sachen.

Sage mir, wie es kommt, daß das berühmte weinfarbene Meer Homers, das ich auf dem Weg in Deine geistige Heimat, nach Akkon, befuhr, sich zu Zeiten der stürmischen sommerlichen Etesienwinde zwischen den weißen Schaumkämmen schwarz färbt, obwohl es weithin unter einem wolkenlosen blauen Himmel liegt – hast Du es je bemerkt? Und was bewirkt, falls es Dich je beschäftigte, daß der Sturm auch über dem offenen, hindernislosen Meer eine heulende Stimme hat, und ist sie nur da, wo ein Ohr ist, oder ist sie Stimme an sich und eines Ohres zu ihrer Aktualität nicht bedürftig? Und wie kommt es, daß die Welle fortstürmt unter der Peitsche des Windes, obwohl doch – fiel es Dir je auf, o Scheich? – das Wasser, aus dem sie gemacht ist, zurückbleibt, wie es die Rinde der Korkeiche beweist, die von Bord des im Seegang schwankenden Lastenseglers fällt? Und wie kommt es, daß die Brandungswellen auch dann senkrecht auf das Ufer treffen, wenn der Sturm parallel zu ihm weht? – eine Beobachtung, die ich beim Scirocco, der von Afrika her weht, an der von Nord nach Süd verlaufenden Küste des apulischen Sporns Gargano machte: zwar kommt der Starkwind von Süden, die von ihm erregten Brandungswellen aber stets von Osten. Gern wüßte ich auch von Dir, warum die See unter der steilen Südküste Kretas weithin glatt ist, obwohl der Sturm, der von den hohen Inselbergen herunter wütend über sie herfällt, hier weit stärker weht als an der Nordküste, wo er das Wasser schon weit draußen auf See zu haushohen Wellen auftürmt.

Für den Fall aber, daß Dich der Tod des christlichen Apostels Paulus auf dieser kretischen See bislang am Nachdenken über ihre Phänomene hinderte oder Dir das Meer überhaupt zuwider ist, beantworte mir dies, o Scheich: Wie gelangt das Wurzelwasser bis in die Kronen der Zedern des Königreichs Jerusalem, ist das von Saugkraft bewirkt, ähnlich der des Menschenmunds, der durch einen Strohhalm Wasser ansaugt, oder wächst es mit dem Holz dorthin?

Und falls es so oder so ist, sage mir Näheres. Oder glaubst Du, es holten sich diese hohen Bäume die Feuchtigkeit mit den Ästen aus den Wolken? Oder ist es im Gegenteil so, daß die Bäume des Waldes ihr Innenwasser an die Luft abgeben? Was man doch meinen könnte, wenn man einen Wald betritt und die Haut einem sagt, daß man in eine deutlich feuchtere Luft eintaucht.

Liegt Dir aber das Waldgeschehen fern, so sage mir, wie es kommt, daß der Limonenbaum jungfräulich blüht und Früchte trägt zugleich; daß die Blätter der Pflanzen sich stets dem Licht zukehren, der Baumschwamm am gestürzten Holz aber sich der Erde zuwendet; daß die Dattelpalme der Oase in den Himmel strebt, der Feigenbaum an trockenen Orten aber am Boden kriecht; daß der Mönchsrhabarber Wasser, die ihm benachbarte Euphorbie aber Milch enthält, die Rose blüht, der Farn hingegen nicht; daß die Eibe den Esel vergiftet, den an ihr fressenden Hirsch jedoch unbeschädigt läßt; daß die Scharlacheiche immergrün ist, ihr Laub also behält, die Korkeiche das ihre indessen periodisch von sich wirft; daß die am Boden kriechende Helix, die unfruchtbar ist, die Natur des Efeus annehmen, die dreilappige Blattgestalt in die ungeteilte Eiform verwandeln und in die Höhe klettern kann; daß die Blätter der Mimose bei der Berührung zusammenfallen; daß die Pistazie, die Lucius Vitellius unter Kaiser Claudius aus Syrien nach Italien brachte, nur Früchte trägt, wenn man die dreiblättrige männliche Form neben die weibliche pflanzt, den männlichen Baum mit dem Rücken zum vorherrschenden Wind, wie die Sizilier wissen. Aber wo, o Scheich, hat ein Baum seinen Rücken?

Wenn aber die Pflanzenwelt Dir fernliegen sollte, beantworte mir dies: Was macht den Flug der Eulen lautlos, den der Falken und Adler aber sausend wie Schwerthiebe? Kennst Du die Erklärung – was ist der Grund? Und falls Du gleich mir je den Finger in das Kopfgefieder eines Steinkauzes stecktest, bemerktest Du, daß sein

Kopf zwar groß, sein Schädel aber auffallend klein ist? – auffallend deshalb, weil diese Eule doch als der Vogel der Minerva gilt, als gedankenreich und spekulativ, was, so sagte man in Athen, an seinem sinnierenden Herumsitzen auf den Tempelsimsen abzulesen sei. Ist es aber denn nicht die Größe des Gehirns im Verhältnis zum Körper, die etwas aussagt über die Intelligenz eines Lebewesens, und ist also der Steinkauz, egal was die Alten sagen, dumm? Oder ist, wie ich dagegen meine, der Kauz weder dumm noch klug, denn woran wollte man das eine oder das andere messen?

Falls aber Eulen Deine Aufmerksamkeit noch nicht erregten, o Scheich, sage mir dies: Was ist der Grund dafür, daß man eine Schwalbe niemals auf dem Boden sieht, wie doch alle anderen Vögel von Zeit zu Zeit? Und warum taucht der Pelikan nicht, wie etwa die Ente, schwimmend von der Wasseroberfläche nach Beute, sondern steigt umständlich in die Luft auf, um sich zum Fischen aus großer Höhe ins Wasser zu stürzen? Dachtest Du auch je darüber nach, wie der Körperhaushalt der Seevögel, die endlose Tage lang den Schiffen folgen, das viele Salz erträgt, das er mit der Fischnahrung und dem Meerwasser aufnimmt? Und hast Du eine Erklärung für die Angewohnheit der Spechte, sich mit dem Schnabel lebende Ameisen unter die Flügel zu stecken? Dachtest Du Dir etwas dabei, als Du sahest (Du mußt es schon gesehen haben), daß der Zug der Störche nach Afrika sich über der Meerenge zwischen Spanien und dem Maghreb wie in einem Stundenglas verengt, während doch andere, kleinere Zugvögel das Meer zwischen weit voneinander entfernten Küsten überqueren? Weißt Du, warum die Flügelenden des Habichts breit und rund, die der Falken dagegen eher sichelförmig spitz sind, obwohl beide, Habicht und Falke, Vettern sind, Luftpiraten von kühnstem Zuschnitt? Und warum ist das Auge des Falken groß und schwarz, das des Habichts aber kleiner und rot? Was zwingt das wehrlose Schneehuhn der Alpen, wie ich probierte, so fest auf sein Gelege nieder, daß es die Eier erst verläßt, wenn man ihm mit der Hand unter den Leib greift, den nur starrenden Menschen aber auf einen halben Schritt stundenlang erträgt? Und was vertreibt den wehrhaften Adler schon bei einer Störung fern von seinem Nest? Ist das Mut, ein Mangel daran, Dummheit, Intelligenz, Einsichtslosigkeit oder Einsicht in eine Gefahr, oder was?

Sollten aber überhaupt die Vögel Dein Interesse noch nicht erregt haben, o Scheich, so sage mir dies: Warum ist die Scheckigkeit des Fells auf Hauspferde begrenzt und kommt unter Wildpferden niemals vor? Hinwiederum – hast Du es bemerkt? – ist die Mutter des schwarzen Panthers eine gelbgefleckte Leopardin, und aus Indien hörte ich von weißen Tigern und Elefanten. Hat es Dich je gewundert, daß die Giraffe ihren Kopf absurd hoch in der Luft trägt, dies aber mit nicht mehr Halswirbeln erreicht als das beinahe halslose Schwein auch, nämlich mit sieben? Kannst Du einen vernünftigen Grund erblicken im Geweih der Hirsche, das den Kühen nichts sagt, weil sie sich, wie ich auf der Jagd beobachtete, auch mit Trägern von Kümmerformen verpaaren, und das im Schiebekampf der brunftigen Hirsche nichts bewirkt, was die platte Stirn hornloser Schafwidder nicht auch zu bewirken vermag, sieht man von unnatürlich alten Hirschen ab, deren endenlos gewordene Stangen durch das Geweih der jüngeren widerstandslos hindurchstechen und das Leben treffen? Und was hindert eine Rehgeiß daran, Samen von einem Hirsch aufzunehmen, oder den Hirsch, die Rehgeiß zu suchen, wo sich doch Esel und Pferd ohne Umschweife kreuzen lassen? Was macht das freilaufende Hausschwein, das mit dem Wildschwein doch eng verwandt ist und sich mit ihm verpaart, weichhaarig und nackt im Gegensatz zu seiner dichtborstigen Wildform? Warum bellt der Hund, wo doch der Wolf der Abruzzen solche Laute nicht äußert? Wie kommt es, daß der wilde Marder den Käfig und die menschliche Hand gut erträgt, während die Eichkatze, die winters die fütternde Hand nicht scheut, in Gefangenschaft ihrer Wildheit wegen nur schwer oder gar nicht zu halten ist und darin dem Hasen gleicht? Und was bewirkt, daß dessen Fleisch dunkel ist, das des Kaninchens aber weiß? Kannst Du mir sagen, was Hirsch und Hengst, Widder und Stier körperlich gemeinsam haben, daß sie über dem Harn ihrer brünstigen weiblichen Tiere die Oberlippe aufstülpen, wie in genüßlichem Ekel? Und wenn Dir dies zu degoutant ist, um es zu bedenken, sage mir, o Scheich: Warum sucht der Hund stets die Hand seines Herrn, die Katze aber sein Bein? Was läßt ein Pferd, das seinen Herrn auf zehn Schritte schon nicht mehr erkennt, über viele Meilen hinweg seinen Stall finden? Was zeigt dem Kranich den Weg nach Süden und der Ameise die Straße zum weit entfernten Baum mit dem Seim der Blattläuse? Wie findet die Zecke im Gezweig den Hals Deines Pferdes, o Scheich, wenn Du unter ihr vorüberreitest?

Und wenn Dich Pflanzen und Tiere als Einzelwesen langweilen, so daß Du ihnen Deinen aufs Naturganze gerichteten spekulativen Geist noch nicht zuwandtest, sage mir dies: Wo ist der Platz des Menschen im Haushalt der Natur? Es ernährt die Erde den Lavendel, der Lavendel die Biene, die Biene den Bienenfresser, der Bienenfresser den Sperber, der Sperber den Uhu, der Uhu, indem er verendet und verwest, die Erde. Zu dieser Kette tut der Mensch kein Glied hinzu. Es ernährt die Erde das Gras, das Gras die Antilope, die Antilope den Löwen, der Löwe, indem er verendet, den Geier, der Aasgeier, indem er selber zu Aas wird, die Erde, die das Gras ernährt. Auch zu dieser Kette tut der Mensch kein Glied hinzu. Es ernährt der Schlamm den Wurm, der Wurm den Fisch, der Fisch den Reiher, der Reiher den Fuchs und der Fuchs den Adler, der, indem er erschöpft aus dem Himmel stürzt, zu Aas wird, das den Wurm ernährt. Auch zu dieser Kette tut der Mensch kein Glied hinzu. Es speist ohne unser Zutun der Sumpf den Nebel, der Nebel die Wolken, die Wolken mit ihrem Wasser den Sumpf. Es läßt der Humus ohne unser Zutun den Baum wachsen, bis er selber wieder zu Humus wird.

Sage mir, o Scheich: Wenn Gott dies alles und den Menschen dazu ungefähr zur gleichen Zeit erschuf, warum wies er dann dem körperlichen Menschen, seinem Ebenbild, in seiner Schöpfung den Platz eines Bohrwurms im Gebälk der Welt zu? Denn es brauchen weder Gras noch Sumpf, Wolke oder Baum, noch Falke, Eule, Fuchs und Adler, wie überhaupt alle Tiere und Pflanzen, die wir nicht für unsere leiblichen Zwecke züchten, den Menschen zu ihrem Gedeihen.

Kann es aber sein, daß ein Gott so töricht ist, seiner eigenen wunderbaren Schöpfung sogleich den Keim der Zerstörung einzupflanzen? Spricht solche widersinnige Annahme nicht gegen ein nahes Nacheinander der Schöpfung von Mensch und Natur, wie die Bibel sie überliefert, ja spricht sie nicht sogar gegen einen himmlischen Gott? Spricht nicht vielmehr die außernatürliche Rolle des Menschen, sein Nicht-Glied-sein in den Gefügeketten irdischer Tiere und Pflanzen, weit eher dafür, daß außer ihm kein Gott existiert, ja daß er, und nur er allein, Gott und Teufel zugleich ist, manifestiert sowohl im Bösen, das in den Menschen ist, als auch in der *forma boni*, der Urform des Guten, die nur dem Kaiser innewohnt? Kam der Mensch, ein geistig Rasender, in eine längst fertige vegetative, animalische und mineralische Welt? Meine Unerfahrenheit, spekulative Dinge zu behandeln, die Schwäche meiner Fassungskraft, die Stumpfheit meines Geistes und die Unzulänglichkeit meines Nachdenkens lassen mich vergeblich nach einer Antwort auf die Frage suchen, wie das wohl geschehen sein kann. Ich bitte Dich, o Scheich, erleuchte mich …»

Was weiß ich schon?

In Orient und Okzident bestaunt man die Fülle meines Wissens. Ich lasse das hingehen, weil es mir schmeichelt, nicht nur für einen Freund der Wissenschaften, sondern für einen sie Ausübenden gehalten zu werden. In Wahrheit, das weiß ich, gleicht mein reelles Wissen, sehe ich von ein paar Sachen der Vogelkunde ab, der Mähne des Löwen: Wie dieser seine Haare stellt, so stelle ich meine vielberedeten Fragen. Auf diese Weise steigern wir, er wie ich, die Umrisse unserer Erscheinungen ins Bedrohliche, und die Donnerstimme der Macht hält die Kritik der wahrhaft Wissenden fern, der geistig Mächtigen, die in dieser gespreizten Kopfzier die viele Luft bemerken könnten. Darum schulde ich mir diesen Dienst selber, und der nie abgeschickte Brief an ibn Sab'in bietet Gelegenheit dazu.

Ich führe mein Fragen nach den Ursachen hinter den sichtbaren Dingen auf das Erbgut meines Großvaters mütterlicherseits, König Roger, zurück. Er war geographisch interessiert, wie man weiß, doch bin ich nicht sicher, ob ihn nicht weniger Wissensdurst als vielmehr die alte Raublust der Normannen trieb: eine durch Seßhaftigkeit und sarazenischen Lebensstil gezähmte Lust auf Aneignung ferner Länder. Und so hält sich in mir der quälende Verdacht, es könnte auch bei mir das eigentliche Motiv für meine Wissenschaftlichkeit, oder was man dafür hält, weniger im brennenden Wissensdurst des wahren Forschers als vielmehr im mehr oder weniger bewußten, jedoch ständig unternommenen Versuch zu sehen sein, den mir anhaftenden Makel brutaler staatlicher Machtausübung durch das der Öffentlichkeit dargebotene Bild starker geistiger Interessen zu mildern. Manchmal frage ich mich, ob der ins Öffentliche zielende

Teil meiner Beschäftigung mit wissenschaftlichen Dingen für mich nicht bloß den Rang meines auf Staatsreisen mitgeführten Exotariums aus wilden Tieren hat: politisch zwar nützlich, weil Staunen, Bewunderung und Furcht erregend, mir im Innersten aber gleichgültig.

Sehe ich von der Vogelkunde und der Beizjagd ab, die mich ein Leben lang beschäftigten, und klammere ich die beiden philosophischen Fragen nach der Unsterblichkeit der Einzelseele, an die ich nicht glaube, und der Ungeschaffenheit der Welt, an die ich glaube, einmal aus, dann ist Wissenschaft für mich, über den politischen Zweck einer kaiserlichen Selbstdarstellung hinaus, Anlaß eines privaten literarischen Ehrgeizes, dessen größte Kraft freilich, da mache ich mir nichts vor, im Antrieb zu finden ist, weniger im kunstvollen Ergebnis. In der Verskunst dilettierte ich nur. Lese ich heute die wenigen Gedichte, die ich früher schrieb, so ist mir, als schaue ich, statt in einen Spiegel, in ganz fremde Gesichter, die merkwürdig flach und ausdruckslos sind. Auch bemerke ich kleine Verlogenheiten dort, wo die Liebe der Gegenstand meiner Verse ist. Sie sind höfisch, mit einem Wort. Der lyrische Adelheid-Zyklus, den ich diesen Papieren später am rechten Ort beifügen werde, ist eine Ausnahme, eine Jugendfarce an der Grenze des Schicklichen, ein fiebriger *cantus carnalis*, wie er, darin dem Samen des sehr jungen Mannes gleichend, vielen Sensiblen in der ersten Erkennung weiblichen Fleisches lustvoll aus der Feder schießt.

Aber auch meine Prosa reicht, geht es um Stilkunst, an die Vineas, des Kanzlers, nicht heran. Doch mein Ehrgeiz, in nichts anderem als meinem Namen der Zweite zu sein, ließ es nicht zu, in einer Umgebung von Übersetzern, Literaten und Poeten ohne eigenen schriftlichen Ausdruck von literarischem Anspruch zu bleiben. So wurde im Laufe der Jahre aus der Not einer mangelhaften Form die Tugend eines Staunen erregenden Inhalts. Ich machte die

Wissenschaft zu meinem literarischen Thema (wobei ich das Wort Wissenschaft anders gebrauche als Aristoteles, der es nur für die Erkenntnis des Allgemeinen gelten läßt, für die Summierung von Individualfällen unter dem Strich eines Systems, während er ein Wissen von den Einzeldingen nur Erfahrung nennt).

Eher literarisch als wissenschaftlich sind auch – die Vogelkunde wiederum ausgenommen – etliche Eigentümlichkeiten meiner Wissensaneignung. Ich lese viel und rasch, und das geht oft zu Lasten eines tieferen Eindringens in den Gedankenstoff. Meine Ungeduld mit den abstrakten Verstiegenheiten vieler Autoren hetzt mein Auge über die Seiten, bis es endlich an einer konkreten, bildhaften Information wie an einem rettenden Brückenpfeiler im dunklen Gedankenfluß Halt findet. «Es ist schwer zu wissen», sagt Aristoteles, «ob man weiß oder nicht. Denn es ist schwer zu wissen, ob wir etwas aus den zugehörigen Prinzipien wissen oder nicht. Wir meinen zu verstehen, wenn wir etwas aus wahren und unmittelbaren Prämissen herleiten können; dem ist aber nicht so, denn die Ableitung müßte den unmittelbaren Prämissen verwandt sein.» Ich dringe dem Gedanken nicht auf den Grund. Es genügt mir, flüchtig zu erfassen, daß Aristoteles hier seinen Mangel an nachprüfbarer Erfahrung im Umgang mit den Natursachen beklagt und daß sein Wissen aus dem Denken kommt. Aber das erhellt sich mir weniger aus der zitierten Textstelle als aus einer anderen, bei deren Lektüre mein ungeduldiges Auge an so vertrauten und konkreten Begriffen wie Maulesel und Maultier haften bleibt. Aristoteles diskutiert die Frage, ob diese Tiere fruchtbar seien oder nicht. Es kommt ihm nicht in den Sinn, sie durch die Verpaarung der Tiere und die Mitteilung des Ergebnisses zu beantworten, vielmehr fordert er, daß «die Überlegungen von ersten Prinzipien ausgehen müssen».

Mich schrecken diese theoretischen Überlegungen ab, und mein geheimer Neid auf die Denkkraft ihrer Urheber wird gemildert durch die oft absurden Ergebnisse dieser Art von Naturwissenschaft, denn was soll man von solchen «ersten Prinzipien» halten, wenn ihre Ableitungen, wie bei Aristoteles, zu der Behauptung führen, es hätten die Männer mehr Zähne im Mund als die Frauen, und das Herzklopfen sei nur beim Menschen zu finden, weil er das einzige Lebewesen ist, das Hoffnung und Erwartung des Zukünftigen haben kann. Ich hielt in meinem Leben zu viele Vögel in der Hand, um diesen Unsinn glauben zu können. Doch verleitet mich die gelegentliche Überlegenheit des Praktikers über den Theoretiker nicht zum Hochmut. Ich weiß, daß meine einfachen, auf Beobachtung beruhenden Erfahrungen aus der Sicht der Wissenschaft dilettantisch sind, da sie kein ganzes Bild vom Weltgefüge ergeben. Sie sind wie die vielen bunten Steine eines byzantinischen Mosaiks: erst die Loslösung des Blicks von den Einzelheiten, das Zurücktreten von ihnen, das dem reflektierenden Denken entspricht, vermittelt das Bild. Ich aber bin den Dingen zu nahe, häufe in meinem Kopf Einzelheit auf Einzelheit und zeige sie prunkend vor, indem ich sie wie beiläufig, in Wahrheit aber auf Wirkung bedacht, in mein Reden und Schreiben einstreue.

Es spiegeln meine Fragen, die das Staunen der Welt sind, das Bild eines Wissenden nur vor. Sie vermitteln den Eindruck, ich könnte schon im Besitz der Antwort sein oder hätte doch wenigstens lange über eine Antwort nachgedacht. In Wahrheit ist es nicht schwer, alle Erscheinungen der Welt in eine Fülle von Fragen zu zerlegen. Der Anblick eines einzigen Grashalmes schon läßt mich mühelos und im Tempo des Aufschreibens fragen: Wie kam er in den Boden, und wie kommt er aus ihm heraus? Was macht ihn grün, dann gelb, dann braun, wenn man ihn nicht mäht, und was schließt die Wunde, die von der Sense kommt, merkwürdiger noch: was läßt neues Leben aus ihr sprießen? Was macht die eine Art blühen und die andere daneben nicht? Und wozu blühen Gräser überhaupt, wenn das Blühen nicht unabdingbare Voraussetzung für die Vermehrung der Pflanzen ist, wie der Farn es mich lehrt? Was ordnet die Farben der Halme zu Mustern, und haben diese einen tieferen Sinn, und wenn ja, welchen? Oder sind sie zufällig, und wenn sie es sind, wie kommt es dann, daß die Kinder der Gräser auch in der Musterung den Eltern gleichen? Wozu braucht der Grashalm ein Wurzelgeflecht, das in der Längenausdehnung des einzelnen Wurzelfadens dem Darm des Schafes gleicht: ein Vielfaches des Körpermaßes, während die in den Himmel reichende Fichte Wind und Wetter mit einem Wurzelteller trotzt, der den Durchmesser ihres Stammes nur vier oder fünfmal übertrifft, wie man sehen kann, wenn man im Wald auf eine entwurzelte Fichte trifft. Und, um beim Gras zu bleiben, ist nicht die eine Art süß und die andere bitter, wie man an der Auswahl sehen kann, die das Weidevieh unter ihnen trifft? Was bewirkt und wo ist der Grund dafür, daß die Kanten der einen Gräser messerartig scharf, die von anderen aber weich und stumpf sind? Was macht die einen rund und die anderen schwertgleich flach, diese hoch und jene niedrig? Was befähigt sie, im Trockenen zu leben wie auch im Nassen? Und wozu diese Vielfalt, und vor allem: wo kommt sie her?

Das sind, bedenkt man den simplen Anlaß, einen Grashalm, viele Fragen, die allein das Auge eingibt. Dabei habe ich das dem Auge verborgene Leben des Grases noch nicht angesprochen, die eigentlichen Fragen nicht gestellt: Was ist in dem Saft, der sie treibt? Wie wächst ihr Fleisch, wie das Knochengerüst der holzigen Teile? Und was ist das: Saft, Fleisch, Knochen? Was geht darin vor, daß der Wind sie beugen, sie aber nicht brechen kann, der Schnee sie niederdrücken, aber nicht ersticken, das Vieh sie fressen, aber nicht zerstören kann? Was wissen wir überhaupt? Und wenn wir dies alles eines Tages wissen werden, wie viele werden es sein, die es wissen, und wie viele, die über die Erde gehen, ohne auch nur das Gras unter ihren Füßen gekannt zu haben?

Und was ist schon Gras! Wie viele Fragen fallen mir erst ein, richte ich den Blick auf einen noch komplizierteren Organismus, wie ich glaube, auf eine Spinne am Halm. Wie koordiniert sie die Bewegungen ihrer acht Beine, und was gibt ihr, die sich zu den kompliziertesten Lebensverrichtungen in die Rückenlage begibt, Auskunft über ihre Stellung im Raum? Oder was ist das: Seide? Die Spinne hat, wie ich mich mit dem Messer überzeugte, nichts dergleichen im Leib, ist also Aristoteles im Recht, wenn er schreibt, der Faden der Spinne sei ein Teil ihrer Gestalt, oder ist er nicht eher, wie ich glaube, sichtbar gewordenes Verhalten, das immer neu produziert wird, wie der Beutesprung des Raubtiers oder der Greifflug des Falken? Und wäre es so, bleibt noch immer die Frage: Was ist das: Seide? Und warum ist sie eßbar? Ich sah einer Spinne zu, deren Namen ich nicht kenne, den mir auch niemand nennen konnte, wie sie den weißen Spinnstoff, mit dem sie die Fliege umschlang und lähmte, durch Speichel, so schien es mir, zum Verschwinden brachte, so daß die Beute aus der weißen Umhüllung, wie aus sich auflösendem Nebel, wieder zum Vorschein kam, leblos. Ob erstickt oder vergiftet oder totgebissen – wer weiß das? Und weil, wie jedermann sich überzeugen kann, von der Fliege schließlich nur die äußere gewichtslose Haut übrigbleibt, und zwar ganz unbeschädigt, kommt mir die Frage, wie die Spinne es macht, daß sie das Innere der Fliege verzehrt, ohne das Äußere auch nur im geringsten zu verletzen? Und wie läuft sie in ihrem Netz, das jedem Insektenbein zur Falle wird? Was macht den Tau auf den Fäden zum Leim, oder stammt dieser Leim gar aus dem Leib der Spinne? Woher kommt ihr diese staunenswerte Fähigkeit zur Geometrie, mit der sie ihre mehreckigen Netze baut oder auch nur ein Dreieck, ja selbst nur eine seidige Gerade? Was läßt sie das zu ihr kommende Männchen von einem Beutetier unterscheiden, und wie überhaupt vermehren sich die Spinnen, da doch weder die Männchen noch die Weibchen Geschlechtsorgane am Körper tragen? Jedenfalls fand ich bei beiden nur Kotspalten dicht unter der Gürtellinie, und nur an einer solchen weiblichen Kotspalte sah ich einmal ein Männchen mit den Kopfwerkzeugen manipulieren.

Ich könnte so fragend fortfahren, Seite um Seite, und doch immer nur von der Spinne handeln, und wieviel Arten gibt es allein von diesem Tier: hundert oder tausend? Eine jede ergäbe einen neuen Katalog von Fragen, denn wären sie nicht anders als nur im Aussehen voneinander unterschieden, müßte es sie nicht geben.

So könnte ich jedes sichtbare Ding auf der Welt in tausend und mehr Fragen zerlegen; von den unsichtbaren Dingen nicht zu reden, denn nichts Gestalthaftes bremst dann mehr die fragende Phantasie. So könnte ich leicht mein Leben hinbringen. Ein Wissen aber käme mir davon nicht. Was hat man auch für eine Vorstellung von der Zeit, die ein Kaiser für solche Sachen opfern kann? Es hängen die Geschäfte des Staates an mir wie die Zecken am Igel und saugen mir die Kraft aus dem Leib. Da nützen mir die Stacheln meiner Ausbrüche wenig, mit denen ich die Kanzlisten und ihre Anliegen zuweilen verjage, um Zeit zu bekommen für die Falken. Es stapeln sich dann die Briefe und die Staatspapiere nur um so höher. Auch brachte ich fast die Hälfte meines abgelaufenen Lebens im Sattel zu und erfaßte Natur, wenn ich denn überhaupt einen Kopf für sie hatte, nur im Vorüberreiten. Und in der ruhelosen Bewegung setzt sich weder Fett noch Wissen an. Über Vögel freilich, da rede ich mit den Weisesten.

Über das Wesen der Tiere

Das gewohnte Bild dünkt mich, da mein Harnstrahl sich heute früh sehr viel zögernder äußerte als nun meine kaiserliche Herrlichkeit, plötzlich byzantinisch: achtundvierzig Falkner, im Spalier aus zweimal vierundzwanzig im Kastellhof von Lucera zur Gasse gereiht, knieend, und ein jeder auf der behandschuhten Linken mir einen Beizvogel zur Auswahl präsentierend. Moamyn an meiner Seite, einen halben Schritt zurück und leise auf mich einredend mit Einzelheiten zu Jagdkondition oder Abrichtegrad der Vögel, die wir schlendernd passieren. Etliche von ihnen erkenne ich am Gesicht. Sie sind mir vertrauter als die jungen Falkner, die sie tragen. Was selten ist und schwer zu beschaffen, schaut man länger an. Ich wies auf ein starkes Gerfalkenweib. «Die liebe ich am meisten, Moamyn.» Das sagt man so dahin. Heute machte es mich nachdenklich, wie vieles letzthin, wo ich mein Alter fühle. Ich nahm den mir zugereichten Falken nicht auf, brach das Ritual ab und ging, statt zur Jagd, gedankenverloren auf meine Schreibkammer.

Da sitze ich nun. Liebe ich Tiere? Im animalischen Kontext ist dies ein ungewohntes Wort, das mich aus einer banalen Redensart unerwartet gewichtig anflog. Es hat, so gebraucht, etwas Sodomitisches an sich. Ins Bewußtsein gehoben, verursacht es mir jedenfalls Unbehagen. Ich werde es in Beziehung auf Tiere nicht mehr benützen, das nehme ich mir vor. Aber damit ist die Frage nach der Art meines Verhältnisses zu Tieren nicht aus der Welt. Nach lebenslangem Umgang mit ihnen bin ich mir eine Antwort wohl schuldig.

Daß Gleichgültigkeit, bestenfalls, und Grausamkeit, schlimmstenfalls, menschliche Grundhaltungen den Tieren gegenüber sind, ist unbezweifelbar. Wer darüber nachdenkt, ist geneigt, die Gründe dafür im nachsintflutlichen Herrschaftsauftrag Gottes an die Menschen zu suchen: «Furcht und Schrecken vor euch sei über allen Tieren auf Erden und über allen Vögeln unter dem Himmel, über allem, was auf dem Erdboden kriecht, und über allen Fischen im Meer; in eure Hände seien sie gegeben.»

Ich glaube nicht an dieses Bibelwort als die Ursache für menschliches Fehlverhalten den Tieren gegenüber, halte es vielmehr für dessen Folge, für die literarische Spiegelung eines schon Existenten, denn menschliches Verhalten ist älter als diese frommen Geschichten. Es ist die Sprachlosigkeit der Tiere, die den Menschen im Umgang mit ihnen schon immer sein ließ, wie er ist: gleichgültig, wo seine Sinne stumpf sind und er wenig anderes auf der Welt wahrnimmt als sich und seine Begierden; grausam, wo er von Ungeduld beherrscht wird und das kommunizierende Wort, das nicht erwidert wird, schließlich zornig durch Peitsche und Eisen ersetzt; verstehend, wo die Sprachlosigkeit der Tiere seine Neugier weckt und den Willen anspornt, sie aus ihren Gesten und Reaktionen zu begreifen; preisend, wo Wal und Wurm ihm gleich viel sind, weil er im Tier nicht das Tier, sondern die Schöpfung sieht, wie Franz von Assisi; liebend, wo er sich mit den Tieren gemein macht und von den Menschen seinen Abschied nimmt. Ich zähle mich zu jenen, die versuchen, die Tiere aus sich selbst heraus zu verstehen; die ihnen geben, was dem Tier zukommt: Schutz und Nahrung, und von ihnen fernhalten, was für den Menschen ist: das gesprächige Wort, das Gedanken ausdrückt; und Gedanken, die auf Menschen passen. Nur: Dies alles besagt nicht viel.

Unter den heiligen Texten, die sich mit dem Tier befassen, regte mich nur eine Stelle zum Nachdenken an, jene, wo Gott Adam auffordert, die Tiere zu benennen. Der Mensch ordnete sie sich daraufhin nicht nur zu, gab ihnen nicht nur Namen. Mit der Scheidung *des* Tieres in *die* Tiere kamen sowohl der Ekel vor ihnen als auch das Entzücken über sie in die Welt: Der Mensch schuf sich die Tiere noch einmal, und zwar nach seinem geringen Verstand, und also nach seinem Geschmack. Man muß deshalb, fragt man nach eines Menschen Verhältnis zum Tier, genauer fragen: Zu welchem Tier? Das ist bei mir nicht anders. Und prüfe ich mich streng, so kann ich nur von Beizvögeln, Hunden und Pferden als von Tieren reden, zu denen ich eine nennenswerte Beziehung unterhalte. Das ist für einen Adeligen meiner Zeit nichts Besonderes. Und nur über Vögel habe ich tiefer nachgedacht und gearbeitet als jeder andere. Aussagen über sonstige Tiere beruhen auf gelegentlichen Beobachtungen in meiner Menagerie, auf Jagderlebnissen und auf der Lektüre alter Autoren, besonders des Aristoteles, der aber nur auf dem Gebiet der Meerestiere wirklich weiß, wovon er handelt. Er hätte gut daran getan, nur über sie mit Autorität zu schreiben; hier merkt man ihm die eigenen Studien mit Auge, Ohr und Messer deutlich an, wie mir, so hoffe ich, bei meinen Auslassungen über die Vögel.

In den Gesprächen, die ich von Amts wegen mit den Botschaftern fremder Höfe führen muß, werde ich, wenn das Staatsgeschäftliche abgehandelt ist und einige private Sätze das Ende einer Audienz einleiten, oft nach dem Grund meiner weithin bekannten Hinwendung zu den Tieren gefragt. Daraus spricht nicht nur eine – mit der Entfernung von meinem Hof wachsende – Überschätzung der Intensität solch kaiserlicher Mußeverbringungen, man erwartet offenbar auch, daß ich auf ein Jugenderlebnis verweise, das mich den Tieren öffnete wie der Schlüssel das Schloß. Mit Derartigem kann ich nicht dienen. Ich lernte als Halbwüchsiger mit Anstand zu Pferde sitzen und einen Jagdfalken fliegen, wie fast alle jungen Männer aus adeligem Haus. Mein Inneres wurde davon nicht berührt. Mein Interesse galt allein der eigenen Geschicklichkeit. Ich übernahm die Regeln des Reitens und Jagens, ohne viel über sie nachzudenken, noch weniger dachte ich über die Pferde und Falken nach, mit denen ich übte. Für mich unterschieden die Tiere sich damals nicht von einer Waffe; sie waren Werkzeuge, menschliche Kunsthervorbringungen, zu denen die Jagd im System der Wissenschaften gerechnet wird, mehr nicht. Mein Herz hing an keiner der Kreaturen, die mir dienten. Aus meiner Erinnerung an diese Zeit steigt kein Tiergesicht mehr auf. Aber das kann auch daran liegen, daß keines der Tiere meiner Jugend mir gehörte; ich war zu arm dazu und zu unbehaust und handwerkte mit Geliehenem. Ich beobachte an mir, daß ich nur dort innig Anteil nehme, wo ich besitze. Man kann das Fürsorge nennen, die aus der Verantwortung folgt, aber auch, ist man nachdenklicher, die Unfähigkeit, selbstlos zu lieben.

Auch die Tiere meines Mannesalters sprachen nicht zu meinem Herzen. Ich sah sie an wie interessante Maschinen, und ich hoffte, sie zu beherrschen wie diese, nämlich durch ein sezierendes, die Funktionen bloßlegendes Zerlegen in ihre Teile – in die körperlichen mit dem Messer, in die seelischen mit Gedanken. So kam ich bald darauf, daß die wilden Tiere vom Menschen durch alle ihre Sinne, mit Ausnahme eines einzigen, fortgetrieben werden. Ohr, Auge, Nase, in die unsereiner ihnen mit Stimme, Gestalt oder Geruch gerät, bewirken Flucht, und auch der Tastsinn in ihrer Haut läßt sie unter unserer Berührung wie in Todesahnung erschauern. Nur über den Geschmackssinn sind sie nach und nach zu haben. Es ist keine Dressur denkbar, die einem ungezähmten Tier die Freiheit der natürlichen Nahrungssuche beließe. Das Fressen muß aus der Hand des Menschen kommen, der das Tier an sich zu binden wünscht. Übersinnliches ist dabei nicht im Spiel. Der Grund dafür, daß der eine es mit den Tieren besser kann als der andere, ist allein in der Verschiedenheit menschlicher Charaktere zu suchen, auf die die Tiere verschieden reagieren. Aber auch dem Ruhigsten und Geduldigsten gelänge nichts mit ihnen ohne die Peitsche des Hungers.

Die Einsicht, daß ein Stück Fleisch, selbst eines vom Hund, den

Willen auch des wildesten, edelsten Falken bricht, daß er seinen Freiheitsdrang der Bequemlichkeit des Nahrungserwerbs zuliebe opfert, ja daß der Vogel zum würdelos jammernden Bettler wird, wenn man an ihm vorübergeht, diese Einsicht hinderte mich lange Zeit daran, in den Tieren meiner Hofhaltung etwas anderes zu sehen als Werkzeuge der Jagd oder Gegenstände einer kaiserlichen Prunkdarbietung.

Es kam hinzu, daß die Kanzleigeschäfte und meine langen Abwesenheiten vom Hof in Foggia mich zwangen, die Mühe des Zureitens von Pferden, des Abtragens von Falken und des Dressierens von Hunden dem Jagdpersonal zu überlassen. Und weil ich die Tiere über alle Kastelle in Apulien verteilen ließ, um sie jederzeit und überall für die kurzen Stunden der Jagd zur Verfügung zu haben, machte ich von zu vielen Tieren Gebrauch, als daß daraus anderes hätte entstehen können als das Gefühl, es mit Werkzeugen zu tun zu haben. Immer waren sie vollendet geformt, wenn ich sie in die Hand bekam. Der Erfolg ihres Gebrauchs lag außer ihnen; er stellte sich ein, wenn ich mit ihnen nicht nach ihrer Natur, sondern nach den Regeln unserer Kunst verfuhr. Nur in der gelegentlichen Verweigerung der geforderten Leistung blitzte das Wesen des Tiers auf, aber das nahm ich damals nicht als etwas Natürliches wahr, als etwas Ursprüngliches, das aus den Zwängen der Dressur herauswollte wie eine triebbewegte weibliche Brust aus einem zu engen Mieder. Ich nahm es als Regelverletzung und strafte es im Zorn mit dem Griff zur Peitsche oder einem Riß am Falkengeschüh.

Ich will noch ehrlicher sein. Nicht nur Zeitmangel und der Umgang mit zu vielen Tieren versperrten mir den Weg zu ihrem wahren Wesen. Bis auf den heutigen Tag bin ich ein ärgerliches Zögern im Griff nach ihnen nicht losgeworden. Angst ist ein zu hartes Wort dafür. Jedenfalls war es nicht die Angst vor dem Schmerz, den Huf oder Kralle, Zahn oder Schnabel einem Menschen verursachen können. Es war eher die Angst, in Erwartung der Gegenwehr der Tiere, wie sie im Anfang jeder Dressur unvermeidlich ist, zurückgetrieben zu werden, vom Instinkt der Selbsterhaltung meinen eigenen Willen gebrochen zu sehen statt den der Tiere. Ich fürchtete den Schmerz der Lächerlichkeit vor den Augen des Hofes. Allein die Vorstellung, von einem Pferd in den Staub geworfen, von einem Hund an die Wand getrieben, von einem Falken wie von einer eifersüchtigen Frau zerkratzt zu werden, war unerträglich. Und so hielt ich um meiner Würde willen zuweilen die absurdesten Situationen aus. Ich erinnere mich an einen Kolkraben, der so zahm war, daß er mir im freien Flug folgte, wenn ich von Foggia zur Jagd ausritt. Betrat ich seinen geräumigen Käfig, flog er mir nicht selten auf die Schulter. Von hier aus tastete er sich manchmal mit seinem mächtigen Schnabel an mein ihm nächstgelegenes Auge heran. Es wäre gewiß vernünftig gewesen, das Tier abzuschütteln, doch hätte das den Hofleuten meine Angst gezeigt; auch wäre der Vogel durch solche Heftigkeit verdorben worden und hätte mich hinfort gemieden. Beides wollte ich nicht. Mut und vertrauter Umgang mit einem wehrhaften Tier standen mir gut zu Gesicht und schmeichelten meiner Eitelkeit. Also ließ ich den Raben gewähren und verbarg meine Angst um mein Auge, das er gewiß mit einem Hieb seines Schnabels hätte zerstören können. Das Staunen war immer groß, wenn der Rabe dann mit großer Zartheit begann, meine Wimpern durch die klobigen Hälften seines Schnabels zu ziehen. Er mußte mich bei solchen Gelegenheiten für seinesgleichen gehalten haben, hatte ich doch beobachtet, daß paarweise lebende Vögel sich gegenseitig das Gefieder, vor allem am Kopf, mit den Schnäbeln ordnen. Ob Zuneigung sie dazu treibt oder die Hoffnung auf ein Ungeziefer, weiß ich nicht.

Ein anderes Mal hielt ich es aus, daß ein Falke, den ich aus Imponiergehabe ohne Handschuh von der Reck genommen hatte, mir, im Schreck wohl über die ungewohnte nackte Hand, von deren Rücken und Teller her die Krallen ins Fleisch trieb. Auch diesen Vogel schüttelte ich nicht ab, was im Fall des Falken die Sache auch nur noch verschlimmert hätte, wäre sein Zugriff doch aus Angst, kopfunter in die Fesseln zu stürzen, gewiß noch härter geworden.

Ich erinnere mich auch an einen Zwischenfall mit einem Leoparden. Das von Hand aufgezogene Tier war mir von seinem Pfleger Palmerio wie üblich an einer langen, dünnen Silberkette übergeben worden. Aus einer Laune heraus und wohl auch, um meine herrscherliche Sicherheit im Umgang mit Raubkatzen zu zeigen, löste ich im Vertrauen auf die Zahmheit und die bekannt liebenswürdige Art des Tieres Kette und Halsband. In freier Folge wollte ich mit der Großkatze einen Gang über den Kastellhof von Lucera machen. Es muß dabei ein Gefühl der Verwirrung über den Leoparden gekommen sein. Das plötzliche Vermissen eines Altvertrauten, nämlich der Fesselung, brachte die enge Welt des Tieres durcheinander; es empfand, so denke ich heute, nicht Erleichterung, sondern Angst vor einem sich anbahnenden Unbekannten, und diese Angst schlug in Aggression um gegen den Veränderer seiner Welt: Ich hatte den Leoparden plötzlich am Hals. Hochaufgerichtet den Leib, legte er seine Vorderpranken an die Seiten meines Halses. Mit einem kehligen Zornlaut entließ die Katze aus den gebleckten Zähnen einen widerlichen Gestank von verwesendem Fleisch in mein Gesicht, so nahe waren wir uns. Grünlich leuchtende Augen verhießen nichts Gutes. Der lange Schwanz ging wie eine Peitsche. Bevor ich an Gegenwehr auch nur denken konnte, hatte Palmerio, ein sizilischer Sarazene, sein Krummschwert heraus. Mit einem Hieb durchtrennte er dem Tier die Wirbelsäule. «Warum hast du das getan?» fragte ich den Mann barsch. «Er wollte mit mir ja nur spielen.» An der Krücke dieser Lüge ging mein Ruf, Herr auch der Tiere zu sein, scheinbar unversehrt mit mir ins Kastell zurück. Niemals hat mich etwas Innerliches, welches ich genau zu benennen vermöchte, zu den Tieren hingezogen. Wäre ich nicht in eine Standeswelt hineingeboren worden, in der naher Umgang mit ihnen dazugehörte wie das Atmen zum Leib, wäre ich von einer Bürgerlichen geboren und zu einem nichtherrscherlichen Beruf erzogen worden, ich hätte, da bin ich mir sicher, die Tiere weder gesucht noch vermißt. Und müßte ich sie selbst heute entbehren, es wären nicht wirklich sie, die mir dann fehlen würden. Es würde mir ein Thema fehlen, an dem mein unruhiger Geist sich immerfort entzünden kann. Und wäre eine lebenslange Erfahrung als Voraussetzung für wahrhaft schöpferische Geistesarbeit nicht so unersetzbar, ich käme heute wohl auch mit anderem als den Tieren zurecht, mit den Pflanzen etwa, den Steinen, den Sternen oder den Beziehungen zwischen Mann und Frau.

Auch eine hohe Intelligenz ist eher hinderlich auf dem inneren Weg zum Tier. Sie macht sich stets bewußt, wie hoch sie über der des Tieres steht, und vergrößert auf diese Weise ihres Trägers Abstand zu ihm. Er begnügt sich nicht mit der tröstlichen Wirkung eines Hundemauls, das sich ihm, wenn böse Stimmungen ihn niederdrücken, sanft in die Hand schiebt. Vielmehr fragt er sich: Wie spürt der Hund meine Gemütsverfassung, und wie setzt er sie, da er sie offenbar spürt, in eine ihm gemäße Mitleidshandlung um? Aus welcher hündischen Verhaltensweise stammt die Geste? Sie wird doch unter Hunden zum Zweck der Tröstung eines Artgenossen gewiß nicht geübt, und dem Menschen kann sie nicht abgeschaut sein, denn das ist einem Hund nicht möglich. Ist sie also Zufall, gemeines Anbetteln eines Weichgestimmten? In solchen Grübeleien geht die Wohltat verloren. Der Grübler ist wie ein Beschenkter, der die Gabe entwertet, indem er mißtrauisch nach dem geheimen Grund für sie fragt.

Oft auch führt den Tierbeobachter die Intelligenz, die er an die

Erforschung seiner Pfleglinge wendet, ganz in die Irre. Da ihre innere Welt ihm immer fremd bleiben wird, kann er sie nicht anders als mit menschlichen Erfahrungen deuten und mit menschlichen Wörtern beschreiben. So glaubt er am Ende, es ließe sich vom Tier auf den Menschen und vom Menschen auf das Tier schließen. Aristoteles hat auf diesem Feld die merkwürdigsten Früchte geerntet. Hirsch und Hase gelten ihm als feige, weil sie, so sagt er, eine helle Stimme hätten, und also sieht er auch beim Menschen in einer hellen Stimme ein Anzeichen für Feigheit. Den Hasen lasse ich hingehen, was die Tonlage seiner Stimme angeht, wenngleich ich nicht sehe, wie anders als durch Flucht ein Hase sich Fuchs oder Hund entziehen sollte. Dem Hirsch aber eine helle Stimme zuzuordnen ist lächerlich. Ich jagte ihn in Deutschland zur Zeit seiner Brunft, und sein Schrei ist dann ein tiefes Röhren, das selbst dem bewaffneten Jäger einen Angstschauer über den Rücken jagt. Zu anderen Zeiten ist er stumm. Also ist es auch Unsinn zu sagen, eine helle Stimme verrate analog zum Hirsch einen feigen Menschen.

Ich hätte diese Stelle nicht erwähnt, stünde sie anekdotisch für sich allein. Aristoteles gründet aber ein ganzes System der Wesenserkundung auf derart unhaltbaren Vergleichen. Wer dünne, harte Lippen habe, die an den Eckzähnen aufgeworfen seien, sei von Rasse, sagt er. Man übertrage dies auf die Schweine. Wer dicke Lippen habe, so daß die obere über die untere hänge, sei einfältig. Man übertrage dies auf Esel und Affen. Bei wem die Oberlippe und das Zahnfleisch vorstünden, sei scheltsüchtig. Man übertrage dies auf die Hunde. Wer eine spitze Nase habe, sei jähzornig. Man übertrage auch dies auf die Hunde. Wer eine runde, abgestumpfte Nase habe, sei hochherzig. Man übertrage dies auf den Löwen. Dichte Behaarung am Bauch bedeutet dem Fürsten der Philosophie Geschwätzigkeit, weil Vögel am Bauch dicht befiedert und auch geschwätzig seien. Harte Haare signalisieren ihm Tapferkeit, denn auch an den

Vögeln könne man das beobachten: «Ganz allgemein sind die mit den harten Federn tapfer, die mit weichen feige.» Und so fort.

So sind die Tiere denn manchem spekulativen Geist nichts als ein Anlaß, sich mit Gedanken herauszuputzen, die ob ihrer Kühnheit allgemeine Aufmerksamkeit erregen, und da das Wissen von den Tieren noch immer gering und das Wenige auch noch wenig verbreitet ist, gehört nicht viel dazu, sich als zoologisch Weiser aufzuspielen und dafür die Bewunderung der Menschen entgegenzunehmen.

Vorzüglicher noch als mit eigenen Ideen kann man brillieren, wenn man diejenigen anderer Leute zu widerlegen sucht. Die Aufmerksamkeit des Publikums wird um so größer sein, je größer der Name dessen ist, dem Kritik und Widerlegung gelten. Die große sprachliche Geste, die meiner Zeit eignet, ist dabei hilfreich, auch die gewollte Dunkelheit des Gedankens und die Schärfe des Angriffs. Ich habe mich früher dieses Vergehens gegen die Wahrhaftigkeit öfters schuldig gemacht, und bedenke ich es recht, sind selbst diese Alterszeilen nicht frei davon. Polemisierte ich nicht eben erst wieder gegen Aristoteles? Und entferne ich mich dabei nicht mehr und mehr von der animalischen Eigenständigkeit des Tiers? Es wird zur bloßen Spiegelung meines Geistes, verliert seine Individualität und schließlich seine Existenz. Sie ist nicht mehr nötig, um meine Gedanken zu bewegen. Die Tiere selber werden einem gleichgültig. Sie werden zu Trägern von Ideen, die losgelöst von ihnen existieren. So begreife ich endlich Platon am Rüssel des aristotelischen Schweins. Und so begreife ich mich. Es gefällt mir nicht, was ich da sehe.

Über Chronisten

Ich hatte ein Gespräch mit einem jungen Minoriten namens Salimbene von Parma. Er nannte sich einen Chronisten und zeigte sich interessiert an Personen der Zeitgeschichte, wie er sein Thema nannte, an den Motiven der Großen als den nicht immer offen zutage liegenden Hintergründen ihrer Handlungen. Er habe, sagte er, 1236 als Fünfzehnjähriger in seiner Heimatstadt Parma den Durchzug meiner Menagerie gesehen. Es habe ihn unvergeßlich beeindruckt, und nun, zehn Jahre älter geworden und mit der Niederschrift zeitgenössischer Ereignisse beschäftigt, rätsele er über den kaiserlichen Tierfreund, und ob ich ihm für einige Fragen gnädigst zur Verfügung stünde. Die Fragen stellten sich als nichtswürdig heraus, eines Bewahrens hier nicht wert, ja nicht einmal einer Antwort. Sie spiegelten ein flüchtig angelesenes Tierwissen wider, das kein Wissen war, sondern ein anekdotisches, mehr auf Unterhaltung der Massen als auf Erkenntnis der Wahrheit angelegtes Sammelsurium von Erfundenem und falsch Gedeutetem aus dem Bereich der Zoologie nach Art des Polyhistors Solinus. Ich habe keine Geduld mehr mit Geschichten wie der vom Kranich, der, wachend auf einem Bein stehend, mit dem Fuß des anderen einen Stein in die Höhe hält, damit dieser ihn wecke, sollte er beim Einschlafen des Vogels zu Boden fallen (eine Analogie zu des Aristoteles Gewohnheit, beim nächtlichen Denken eine goldene Kugel über ein silbernes Becken zu halten); oder mit der Mär vom Kuckuck, der sich winters seiner eigenen Federn entledige und sich nackt in sie hineinbette, um nicht zu erfrieren; oder mit der Erfindung vom Zaunkönig, der sich bei Kälte mit seinesgleichen zu Schlafgemeinschaften zusammenfinde, und so weiter.

Zum Zorn aber reizen mich solche Einfältigkeiten, wenn ich bemerke, daß es einem Frager im Grunde gar nicht um meine Meinung zu diesen Geschichten geht; daß sie ihm vielmehr nur als eine Einlaßkarte zu mir dienen, von der er weiß, daß meine Sekretäre sie eingedenk meiner Vorliebe für das Thema Tier akzeptieren werden. In Wahrheit ist es nur die Neugier auf den Menschen Friedrich, die diese Schreiber dazu treibt, sich auf eine heuchlerische Art bei mir einzuschleichen. Sie sind auf Privates aus, Intimes, wenn es zu haben ist. Und ist es nicht zu haben, schrecken sie auch vor seiner Erfindung nicht zurück. In welches Tier, fragte mich Salimbene, ich mich wohl verwandeln möchte, wäre mir dies möglich, und gewiß wollte er als – naheliegende – Antwort nicht hören: in einen Löwen oder einen Adler. Er war auf Schlüpfriges aus, das sich meinem Ruf als gomorrhäischer Haremshalter einfügen ließe. Die Schlange, hätte ich sie genannt, wäre ihm gewiß genehm gewesen. Da hätte er durch tendenziöses Studium der alten Autoren wohl so manche infame Anspielungsmöglichkeit zutage gefördert: Die Vorhaut etwa, die Aelian von den Giftzähnen der Viper vor der Drüsenentleerung sich zurückziehen sieht, als Hinweis auf die oft kolportierte frauenverderbende Geschlechtsgier des Kaisers; oder, nach Aristoteles, die um eines doppelten Genusses willen gespaltene Zunge der Schlangen, die sich ausdeuten ließe im Sinne der päpstlichen Konzilsbehauptung von den leiblichen Ausschweifungen Friedrichs.

Aber mehr als die hundsgleiche Schnüffelsucht der Skandalschreiber stößt mich die Plattheit ihres Stils ab. Daß sie mit ihrem Latein, da sie in ihm nicht mehr denken, bald am Ende sind, kann man ihnen nachsehen; es ist heute wenig alltagsfreundlich. Mit pompösen Adjektiven und Konstruktionen überladen, ist es dem Pathos gemäßer als dem Journal. Unentschuldbar aber ist, daß sie auch das zu Farben und Schattierungen fähige italische Volgare handhaben wie ein Gemeiner einen Beizadler: im niederen Flug dem vom Pferd geschleppten stinkenden Fuchsbalg hinterher. Dabei kann das geschriebene Wort so schmiegsam sein wie der Mund des Mannes auf den Rundungen und in den Klüften eines Frauenleibs. Und da ich dies Bild bedenke: Erst die männliche Wollust des sprachlichen Nachschaffens körperlicher Ekstasen hebt die Leiber vom schweißnassen Laken und macht aus einer bloßen Bettgenossin eine Bewegerin des Geistes. Freilich ist nur das im schöpferischen Traum entfleischte Wort geeignet, die delikaten Dinge der körperlichen Liebe mit Geschmack, also frei von Lüsternheit, zu beschreiben. Es ist leicht, Maul und Penis damit zum Speicheln zu bringen. Es ist schwer, damit die Seele zu rühren.

Ich habe mich nur zweimal in meinem Leben schriftlich ganz entblößt: geistig in meinem Falkenbuch *De arte venandi cum avibus*, das ich auf Ritten meines Sohnes Manfred schrieb, und körperlich, noch dazu, in diesen privaten Papieren, die in der Idee auf Manfreds Mutter Bianca Lancia zurückgehen. Da sie aus Gründen der Reichspolitik niemals die Krone einer Kaiserin tragen könnte, wollte sie statt ihrer die privatesten Gedanken des Kaisers besitzen …

Über Bianca Lancia

Dein Leib an meinem Leib nackt Scham an Scham an Mund an Scham. In meinen Händen die Süße der Brust und die Kühle des Gesäßes. Der privateste Ruch frischen Schweißes aus Achselhöhlen und Leibesfurchen. Die Zungen verlassen die Schicklichkeit der Münder, und in den Fingerspitzen sammelt sich aller Mut. Im Kranz der Haare klaffende Lippen und weichende Haut. Es bewahren nur Bett und Leintuch uns vor dem Bild brünstiger Schlangen. Und das Stammeln am Ohr: Ich liebe dich. Und das Gold der Kerzenflammen auf deinen Schultern und das Gold der Kettenglieder auf deinen Hüften und das Silber des Pentagons in deinem Nabel und der Schaum der Perlen zwischen deinen Brüsten und das Blei der Müdigkeit auf deinen Lidern und in deinem Kopf das Blei der Gedanken an morgen, wenn Hodensack und Glied des hautnahen Mannes zu Reichsapfel und Szepter des wieder fernen Kaisers verwandelt sein werden … Liebte ich sie? Ich liebte sie, wenn sie beim Ankleiden für einen Abend mit mir den unstillbaren Hunger meiner Hände nach ihrem Leib bedachte, indem sie nichts als die dünnste, den Durchblick gerade noch verwehrende arabische Seide zwischen Haut und Hand brachte; Leibwäsche meidend, Gürtel und Bänder lose und schlaufig tragend, arabische Stoffknöpfe, deren leichter Schlupf die Ungeduld der Liebenden begünstigt, den moralisch gefestigten Kleiderhaken unserer Länder vorziehend. Ich liebte sie, wenn sie, die Schamhaftigkeit überwindend, willig meiner Perversion nachgab, wenn es denn eine ist: eine starke animalische Vorliebe für körpereigene Duftstoffe, die sie, kam ich zu ihr, nicht durch die Banalität des Geruchs von Wasser und Seife ersetzte, sie vielmehr von Hand phantasievoll an einen so unschuldigen Ort wie das Hinterohr verbrachte. Ich liebte sie, wenn sie beim ungestörten Nachtmahl, das sie uns, waren wir bei ihr, stets eigenhändig zubereitete, sich so ungezwungen, als sei ihr bloß warm geworden von Fleisch und Wein, das seidene Brusttuch wegzog, wodurch sie, nun als minoische Kreterin gewandet, der Gaumenfreude noch den Augenschmaus ihrer nackten, dem Saum des Kleidausschnitts aufliegenden Brüste hinzutat. Ich liebte sie, wenn diese kleinen, von ihr verhätschelten Brüste, an denen schließlich doch die Jahre leis zu ziehen begannen, sich unter dem achselwärts gerichteten Schieben meiner Hände zu nymphischem Aussehen verjüngten. Ich liebte sie, wenn sie dann, meinen Blicken auf die Aureolen ihrer Brustwarzen folgend, lustig spottend bemerkte, es könnten diese Höfe sich, was die Größe betreffe, mit den kaiserlichen in Foggia und Palermo wohl nicht messen, und da sie in der Färbung auch nicht muslimisch dunkel, sondern eher christlich rosig seien, entsprächen sie wohl nicht meinem Geschmack, wie der Vatikan ihn kolportiere. Ich liebte sie, wenn sie die ersten Spuren des Alters an ihrem Körper tapfer zu mir ins Licht der Kerzen trug. Freilich wußte sie, daß ich kaum einen Blick hatte für die beim Abstreifen der Seidenstrümpfe zwischen Bauch und Brust erscheinenden schlaffen Hautfalten, eine Folge der drei Kinder, die sie mir austrug, Manfred, den mir Liebsten vor allen. Sie wußte auch, daß sie an jenem Teil ihres schlanken Körpers am schönsten, unversehrtesten war, auf dem meine Blicke mit Vorliebe ruhten (weshalb sie ihn mir wie absichtslos immer wieder preisgab): der kleine, noch immer feste, dabei zartfleischige Hintern unter einem unüblich langen Rücken, der im Bereich der Lendenwirbel ebenso unüblich einwärts gebogen war und so die Wölbung der Backen noch betonte, ja sie mir verselbständigte zum weiß leuchtenden Symbol: Wäre es schicklich, ich ließe mir bei Staatsanlässen ein marmornes Abbild dieser göttlichen *nates* als schwellendes Kissen für die Reichskrone durch diese leibfeindliche katholische Welt vorantragen, ziehe ich doch aus keiner anderen Form, organisch oder anorganisch, das Kreuz eingeschlossen, mehr Kraft und Phantasie für meine Arbeit am Reich; sie erhitzt mir im Traum das träg fließende Blut, kühlt mir in Liebesnächten die heiße Stirn, macht mich mächtig im Besitz und demütig in der Anbetung, rasend und meditativ, menschlich in jedem Fall ... *Kopf und Körper umstellt von hastig beiseite geschobenen Bechern mit Wein und Schalen voll Obst. Das aufgeschlagene Gewand der Liegenden und die absurde Beinkleidfesselung des stehend Fleisch weidenden Gottes. Der aus leeren Brüsten getrunkene dionysische Rausch und das lustvoll nahe Ersticken am lebenden Fleisch. Der schreilösende Stoß in die Mitte flehend aufgehobener Schenkel und der Rückzug gegen den Willen sich saugend anschmiegender Lippen. Das Kalkül der Lustbereitung im Ungewissen von Frequenz und Tiefe des Eindringens. Das rasende Ver-*

langen nach Füllung. Der schmerzhafte Drang nach Entleerung. Der stumm schreiende Mund. Das peitschende Haar. Die flatternden Lider. Die fleckige Rötung von Schultern und Hals. Hände um Brüste. Die Gier nach Bedeckung der eigenen mit des andern Haut. Der Sturz in Arme. Das Erschrecken der Kerzen. Das Klirren von Glas. Das Kommen im Gehen vom Wir zum Ich. Das scheue Lächeln. Die Bedeckung der Leiber und der Seelen. Die Rückkehr des Denkens und der müde Spott: Deus ex vagina.

Post coitum (II)

Das Austauchen aus einem Frauenleib, ein von Lustnässe und Schweiß bewirktes Gefühl plötzlicher Kälte am Leib, die Preisgabe äußerster Körperlichkeit an andere Augen als die eigenen, ein ärgerliches Schamgefühl beim Ordnen derangierter Kleider, der auf Wiederherstellung von Würde bedachte Übergang vom Liebeswort zur Alltagssprache – es setzt dies alles in mir nicht nur eine ins Schmerzliche gesteigerte Wahrnehmung meines Alters in Gang, ein bohrendes Fragen nach der Angemessenheit solcher Abstürze in die Lust bei einem Mann weit jenseits der Lebensmitte, es läßt mich auch immer öfter und zu den unpassendsten Gelegenheiten über Fortgang und Ende meines Lebens nachdenken. Doch komme ich damit zu keinem Schluß. Die Gedanken, die müde um Alter und Tod kreisen, taumeln alsbald, wie welke Blätter in eine dunkle Zisterne, gewichtslos in mich hinein. Und erst während ich diese Metapher niederschreibe, wird mir, erhellt von ihr, Klarheit: Ich möchte, jenen Blättern gleich, in mir abhanden kommen.

Ich, Friedrich, bin des Kaisers müde.

Es fällt mir immer schwerer, mich auf die mörderischen Geschäfte des Staates zu konzentrieren, die den Menschen in mir zu verdunkeln drohen wie die Moskitowolken in den Sümpfen um Grosseto das Kerzenlicht. Ich ertappe mich dabei, wie ich vor meinen Pflichten in nichtige Pedanterien flüchte. Von Briefentwürfen wider den Papst, die mir Verdruß machen, erhebe ich mich voll Unruhe, um einen abgegessenen Teller, auf dem der Arzt Theodorus mir kandiertes Obst servieren ließ, in die Gerätekammer neben meinem Arbeitsraum zu tragen. Oder ich gebe mitten in der Lektüre eines unangenehmen Staatspapiers dem leisesten Drang zum Wasserlassen nach als einer uneingestanden willkommenen Gelegenheit, bei der Rückkehr von der Latrine an einem Fenster stehenbleiben zu können, um ungeliebte Zeit zu konsumieren, ungeordnete Gedanken noch mehr zu zerstreuen, während ich, bin ich in Bari, blicklos aufs Meer schaue, oder, wenn im Oktogonkastell bei Andria, auf den zur See hin sich absenkenden Pinienwald. Auch ordne ich mitten unter der Schreibarbeit immer wieder Papiere, rücke am Schreibzeug, pussele mit der Schere an den Kerzendochten, stelle eine Bronzefigur um oder verlege einen Bodenteppich, obwohl der Tisch aufgeräumt genug ist und das Schreibzeug am richtigen Platz, die Kerzendochte frisch beschnitten und Figur und Teppich an den besten aller denkbaren Orte sind. Oder ich entfliehe dringenden Pflichten, indem ich mich wenige Stunden nach beendeter Nachtruhe wieder niederlege, die Augen schließe und in einen Dämmerzustand falle, der sich wie ein das Grelle wegfilternder Schleier über mein gereiztes Bewußtsein legt. So erträume ich mir zwischen Wachen und Schlafen, Hoffnung und Verzweiflung ein Leben, für das ich, könnte ich es führen, leichten Herzens die Macht meines Amtes und den Glanz meines Namens hergäbe.

Das Glück mit dem Ziel Glück zu Pferd zu steigen. Das Glück einer letzten Nacht davor unter tränennassen Augen Wangen Schultern Brüsten Schultern Wangen Augen. Ich hole dich in meine Träume, ich lasse dich nicht. Ich lasse nur das Imperium den Kampf und den Haß die Nie-

dertracht und den Zorn die Intrige und den Neid die Pamphlete und den Betrug den Schmeichel und den Verrat den Morgen an dem ich den Tag fürchte und die Nacht in der mir vor dem Morgen graut. Die Hetzjagd der Ritte von einem lombardischen Schwelbrand zum nächsten. Die Füße wund vom Treten in Flammen die wie Schlangen nach mir züngeln. Die Seele wund vom Blenden Schleifen Köpfen Hängen. Die Ohren weh von Schreien Flüchen Gewimmer Gestöhn. Der Gaumen schal von immer neu heruntergewürgtem Ekel über politische Lügen den das Gewissen erbricht: Kotzkaiser. Stupor mundi. Das Staunen der Welt, es ist am Ende. Ich kann nicht mehr, ich will nicht mehr, ich empfinde Ekel sogar vor meinen Tränen, die sich mit deinen vermischen: Wasserspiele auf versteinertem Antlitz, die Dramaturgie der Gefühle, das cäsarische Prunken vor dem Erdkreis reduziert auf ein theatralisches Mitleidheischen vor Frauenaugen, das den Cäsar freilich in seinem Selbstbewußtsein unbeschädigt läßt: es fiel nur die Toga von ihm ab und deckt rot die Liebenden auf dem Lager, neben dem (und neben sich selber) er kalt beobachtend (und sich verachtend) steht: Katharsis nach vorsichtiger Putzart der Katzen, denn aus dem Osten, wohin es ihn zieht, winkt nicht nur Muße, sondern auch neue Macht. Er könnte, denkt er, während er sich, liebend, liegen sieht, den Geniestreich von 1229 erneuern, als er dem ägyptischen Sultan Malik al-Kamil die Stadt Jerusalem ohne einen Schwertstreich abschwatzte; seit zwei Jahren ist sie an seinen Sohn as-Salih wieder verloren: Mal sehen, ob der alte Zauber des getauften fränkischen Sultans noch wirkt. Ex oriente lux. In den Osten gehen, das Gesicht im Licht und syrische Seide auf wohlig belüfteter Haut weiß wehend im warmen Wüstenwind das glitzernde Aufspringen mineralischer Fontänen unter eisenlosen Hufen im Sand rasch verrinnende Spuren eines schnaubenden gleichwohl wiegenden Galopps von nirgendwo nach nirgendhin unter trunkenem Jauchzen in rückwärts gestellte Pferdeohren ICH LEBE unter saugendem Sitzen im Sattel ICH FÜHLE unter pendelndem Beinschlag am Pferderumpf ICH HERRSCHE von meinem schwingenden Thron aus den großen roten quergestreiften Muskeln unter der Schabracke in Grün und Gold von den zimtfarbenen Händen muslimischer Stickerinnen in den Rüstkammern des Sarazenenkastells Lucera …

Meinen Harem nannte der vierte Innocenz an seinem Fluchtort Lyon diese Kammern und bekreuzigte sich die, ich vermute, altarkerzenfarbene Genuesenbrust unter der Schabracke des Christusstellvertreters in Weiß und Gold, gefertigt von den Händen frommer Dominikanerinnen in Montargis, Innocenzens Lieblingstöchter, deren Geschlecht erstickt ist unter ungelüfteten Lagen von pißfarbenem Flanell, durch die nur der eigene Finger als der wahre Stellvertreter des Bräutigamgottes den Himmel findet. Bin ich denn also gebannt und verflucht, so will ich auch sein, was das Konzilsgesindel in Lyon mich nannte: Lästerer des Leibs des Herrn, hündischer als Herodes. Der Grausamkeit Meister. Verwirrer des Erdrunds. Schrecken der Welt. Antichrist. Fridericus cornutus endlich, der Gehörnte mit der Wüste als dem ihm angemessenen Ort. Und mit Zeit in Fülle ginge ich aus der westlichen Welt in die östliche: Augenzeit für den Leguan in der Sonne. Ohrenzeit für den Nachtwind in den hohen Palmen. Riechzeit für den Rauch überm Feuer aus dem Holz der Tamariske. Tastzeit für die innenschenkelweiche Seide leis schnaubender Pferdenüstern. Schmeckzeit für würziges Fladenbrot zur strengen Milch der Ziege. Denkzeit für den Tyrannen in der das Gemeine läuternden Reinheit der Wüste: Die geblendeten Augen des Jakob Morra, die verbrannte Haut der Gebrüder Fasanella, die Sandviper im Würgesack des Sanseverino, der Schakalfraß am verstümmelten Leib des Tibald. O felix Asia, wäre ich vor ihrem Verrat doch geflohen! Es hätte die äußere Wüste mich, aber ich blieb, und so hat mich die innere, und Freiheit ist nicht einmal mehr im Traum. *Der Druck unruhiger Falkenhände linksrechtslinksrechts durch den Handschuh Der warme Anhauch schaler Luft aus Horn und Talg aus den Achselhöhlen probierend gelüfteter Schwingen. Das Geschepper der Bellen am jagdlüstern gezerrten Geschüh. Die rote Haube aus Samt, Leder und Perlen vom Kopf des Falken zu Schrei, Abstoß und Steigflug ins Blau und Sturzflug ins Augengelb der Gazelle … Galopp Draco Galopp zum Tod aus meiner schuldigen Hand … Morra … Fasanella … Tibald … Fliegengeschmeiß aus dem Nichts auf die Dolchhände des Falken im ausgelaufenen Auge der Beute und im Gesicht des grausamen Jägers beim Niederbeugen zum Messertod des herrlichen Tiers. Stille und Steife dann quer überm Sattel des vorm Blutgeruch scheuenden Pferdes. Ruhig Draco ruhig! Es riecht der ganze Erdkreis nach Blut das die Sinne des Löwen reizt,* weshalb ein Nero den trägen Raubkatzen des römischen Circus maximus mit menstruierenden Christinnen Beine und Freßlust machte – eine von ihm mit purpurnen Erektionen belohnte Idee der geilen Poppaea Sabina, die, als sie während ihrer Menses einmal die Bestien besuchte, deren aufgeregtes Andrängen gegen die Käfigstäbe, vor denen sie stand, lustvoll schaudernd bemerkt hatte.

Gott im Himmel, bin ich diesen Cäsaren und ihren Thronhuren auch in der Lust am Schinden und Töten gleich?

Ich kann das so nicht sehen. Diese 46er, vom vierten Innocenz angestiftete Beamtenverschwörung, die mir nach Krone und Leben trachtete, wurde von Männern getragen, die ich bei Hof wie Söhne gehalten hatte. Darum verfielen sie, als ich ihrer lebend habhaft geworden war, der römischen Lex Pompeia: als Vatermörder, die sich gegen die Natur vergangen hatten, wurden sie durch die vier Elemente der Natur hingerichtet, einige auf der Erde von Rössern zu Tode geschleift, andere im Feuer lebend verbrannt, in der Luft gehängt oder, in Ledersäcke genäht, ins Wasser des Meeres geworfen.

Darüber empfinde ich weder Reue noch Scham, und auch die Zeit denkt sich nichts anderes als Staatserhaltendes dabei: *Laßt die Strafen dieses Verruchten durch des Auges Anblick, der den menschlichen*

Sinnen mehr Eindruck macht, als was durchs Ohr geht, Eure Geister und Sinne belehren, damit kein Vergessen hinwegnehme, was Ihr gesehen, und Ihr des rechten Gerichtes Erinnerung für später bewahrt. Mit diesem Heroldsruf stündlich im Ohr und dem zu meiner Ermordung anstiftenden Papstbrief vor der Stirn, wurde Tibald Franziskus, der Anführer der Verschwörer, geblendet und an Hand und Nase verstümmelt durchs kampanische Land geführt.

Nein, Skrupel machen mir nur einige intellektuelle Aspekte dieser Art von gestriger Justiz, etwa daß ich den Ledersäcken der zum Tod durch Ertrinken Verurteilten Giftschlangen beigeben ließ. Das ist durch römisches Recht nicht gedeckt. Aber ich wollte vor der Reichsöffentlichkeit die Falschheit dieser Männer hervorheben und wählte dazu die Schlange als einschlägig bekanntes Symbol, wohl wissend, daß diese Symbolik naturwissenschaftlich nicht haltbar ist. Der Paradiesbaum der Erkenntnis, aus dem heraus die Schlange des biblischen Buches Mose die Urmutter Eva zum verbotenen Früchtepflücken verführt (worauf, vermute ich, Gottvater dem bis dahin geschlechtslosen Paar die Hälften dieser geheimnisvollen Früchte als Hoden und Vulva implantierte) – dieser Paradiesbaum ist ein Baum ohne Erkenntniswert für zoologische Dinge. Die Autoren der Bibel zäumten die Schlange, wenn man so sagen darf, vom Schwanz her auf: Weil Menschen, die kalten Blutes lautlos schleichen und mit Gift töten, von jeher als Inbegriff der Falschheit galten, übertrug man diese moralische Wertung eines menschlichen Verhaltens kritiklos auf ein niederes Tier, das ganz unschuldig nachtkalten Blutes ist, einen lautlos schleichenden Gang hat und mit Gift tötet, freilich aus keinen anderen Gründen als denen der Selbstverteidigung oder der Beutelähmung.

Daß ich mir, verleitet von Zorn, dieses biblische Fehlurteil über ein Tier wissentlich zunutze machte, um meinem Richtspruch eine höhere, weil durch die Bibel sanktionierte Wahrheit zu geben, verstört mich im nachhinein doppelt, einmal an sich, das heißt naturwissenschaftlich, und zum andern Mal, weil ich in der überraschenden Erkenntnis, daß mich die intellektuellen Aspekte dieser barbarischen Justiz gedanklich mehr beschäftigen als die Qualen ihrer Opfer, ein Indiz für meine Gefühlsarmut sehe. Sie ist Ausdruck des Rückzugs vor den Greueln, die jedes Mitgefühl vereisen, eines Rückzugs in die nur noch zuschauende Kälte des Geistes. Ich habe den Basiliskenblick, an dem nur ein gelegentliches amüsiertes Blinzeln menschlich ist. Diesen Blick wollen sie schon am *puer Apuliae* bemerkt haben. Ich vereiste demnach früh. Die innere und die äußere Einsamkeit fraßen schon die Knabenseele an.

Puer Apuliae

Mein Sarg, ein rechtwinkliges Monstrum aus rotem Porphyr, figuriert in meiner mehr privaten Denkwelt seit den sizilischen Tagen früher Jugend als eine Behausung, die Rückzug und Schutz verspricht, in dieser Qualität meinen apulischen Jagdhäusern durchaus gleichend, wenn auch mit dem leichten Beigeschmack des Schauders und des Unendlichen. Dieser – zugegeben bezweifelbare – Denkbezug gewinnt an Wahrheit, wenn man weiß, daß ich als Kind in diesem Sarkophag Zuflucht suchte vor der Verfolgung durch einen Domherrn in der Salvatorkirche zu Cefalù, wo er damals stand, eine Tagesreise östlich von Palermo. Mein normannischer Großvater Roger II. hatte 1144, aufs Jahr genau ein halbes Jahrhundert vor meiner Geburt, diesen Sarkophag für sich meißeln lassen, und einen zweiten, ähnlichen dazu, den die aus dem Jahr danach stammende Stiftungsurkunde aber keiner konkreten Person zuweist, sondern dunkelsinnig *ad insignem memoriam mei nominis*, also dem vorzüglichen Andenken seines Namens, widmet. Aber weil einer, und sei er ein Reichsgründer, zwei Särge nicht braucht, wird mein Großvater, den ich gern gekannt hätte, wohl nach zehnjähriger Witwerschaft an eine neue Liebe gedacht haben und schuf ihr, da er nun schon einmal beim Sargmachen war, den letzten Platz an seiner Seite gleich mit. Und tatsächlich heiratete er nach 1145, dem Stiftungsjahr, noch zweimal, als letzte meine Großmutter Beatrix von Rethel, die, als ihr Sarg gemeißelt wurde, gerade zehn Jahre alt war, weshalb sie ihren Mann auch um dreißig Jahre überleben konnte.

Jedoch keiner der Sarkophage wurde je bezogen. Anstelle meiner Großeltern legten die Domherren von Cefalù in diesen Porphyrsärgen die eigenen, lang gehegten und verfochtenen Hoffnungen zu Grabe, dem Dom zu Palermo noch jemals den Rang einer Ersten Staats- und Grabeskirche der normannischen Hautevilles und der schwäbischen Hohenstaufen als deren Nachfolger in Betten und Krypten streitig machen zu können. Von diesem kirchenpolitischen Müll abgesehen, standen die Sarkophage jahrzehntelang leer, bis weit in meine Zeit hinein, verstaubt, vernachlässigt, vergessen. Meinen Großvater hatten sie 1154, dem Jahr seines Todes, in Palermo beigesetzt, weil der Kirche von Cefalù, von der man sagt, Roger habe sie der Sarkophage wegen erbauen lassen, die ihre *principalis causa*, ihre Hauptursache, gewesen seien, noch die Weihe gefehlt hatte. Dies auf Grund weiteren kirchenpolitischen Mülls, der hier nicht interessiert.

Ich muß zehn Jahre alt gewesen sein – davon sechs eine Vollwaise und sieben das sizilische Königlein, Mündel des Papstes im fernen Rom und Auge eines verheerenden Wirbelsturms aus Deutschen und Franzosen, Pisanern, Genuesen und Sarazenen, der nach dem Tod meiner Eltern in das zehn Jahre andauernde Machtvakuum Siziliens eingebrochen war –, als ich immer wieder aus den mir zugewiesenen Schloßräumen und -gärten Palermos hinausstreunte, einem herrenlosen jungen Hund gleich, der diejenigen flieht, die ihn treten oder, schlimmer, langweilen. Zuflucht suchte ich mit Vorliebe in Cefalù, der kleinen Hafenstadt meines Großvaters, die seine Errettung aus Seenot gesehen hatte. Pisanische Frachtsegler nahmen mich von Palermo zu ihr mit. Zum Entgelt schleppte ich den Seeleuten Wein an Bord, ordnete ihr Tauwerk und hielt durch unermüdliches Schöpfen und Ausgießen von Seewasser die Decksplanken dicht, die unter der Sonne Siziliens leicht klaffen.

In Cefalù angekommen, stritt ich am Morgen mit den Katzen und Hunden am Hafen um die Reste der Fischfänge auf der Mole. Meist trug ich den Sieg davon. Das fand ich ganz in der natürlichen Ordnung der Dinge, denn ich war ihr König und drosch, wenn sie mir Stirn und Zähne boten, mit einem Hosenriemen so lange auf sie ein, bis sie knurrend und fauchend wichen. So stellte sich meine von den Menschen verletzte Würde wieder her, und ich bekam rechtmäßig den – wenn auch lädierten – Beinahe-Zehnten der Fänge.

Ihn trug ich, eingewickelt in ein Sacktuch, das sowohl mein Brot als auch meine Tränen kannte, bergan durch die Gassen, zur Kirche meines Großvaters hinauf, an der ich seinetwegen Mitbesitz empfand. Das äußerte sich dergestalt, daß ich, wann immer die Gelegenheit dafür günstig war, das heißt: in der Menschenleere des Mittags, einen Blechteller leerte, der gleich beim Portal auf einer halbhohen Ebenholzsäule stand und in welchen die bessergestellten Cefaluesen zu ihrem und der Kirche Heil kleine Geldmünzen warfen. Das Geld steckte ich ein (was mir durch die stets geringe Summe moralisch erleichtert wurde). Auf den Teller legte ich dann die mitgebrachten Fischreste und röstete sie ein wenig über den Kerzenbündeln, die von den Kirchgängern, welche ungeachtet des unfertigen Zustands des Gotteshauses zum Beten kamen, gekauft und in ein dafür hergerichtetes Balkengestell gesteckt und angezündet worden waren. Die Luft in der Kirche war so erfüllt von Weihrauch, daß der Fischgeruch, der meinem Teller entstieg, ihrer Heiligkeit nichts anhaben konnte; was wohl auch der Grund dafür war, daß ich dies Abenteuer einige Male ohne Entdeckung durch die Kirchenbediensteten erfolgreich zu Ende bringen konnte. Und da auch der riesengroße goldene Herr Gott, der mit seinen ernsten Steinchenaugen von der hohen Rundwand der Ostapsis auf mich herunterschaute, nicht die Nase rümpfte, ja nicht einmal die Stirn krauste, ließen mich immer nur die unhaltbar werdende Hitze des Tellers und das Fehlen von Bratöl in ihm den gewagten Vorgang noch vor einer ausreichenden Garung der Fischreste abbrechen. Draußen dann, versteckt in einem schattigen Winkel zwischen Querschiff und Langhaus, verzehrte ich mein halbgares, leicht verbranntes Mahl. Den Teller scheuerte ich danach mit dem Quarzsand der Bauleute, der überall um die seit siebzig Jahren unfertige Kirche herumlag, und stellte ihn, vorsichtig spähend, wieder auf die Säule zurück.

Es war in einem dieser wegen der vorgeschrittenen Mittagszeit stets kritischen Augenblicke, als kam, was einmal hatte kommen müssen. Ein Kanonikus schoß mit einem Triumphschrei, der mir verriet, daß er mir längst aufgelauert hatte, hinter einer Portalsäule hervor und versuchte, mich am Kittel zu fassen. Seine Nähe jagte mir eine Gänsehaut aus dem Kragen unter die Haare, machte mir aber auch flinkere Beine, als er sie, von Soutane und Alter behindert, noch hatte. Den Teller hatte ich fallen lassen und rannte, da der Priester mir den Weg aus der Kirche hinaus verlegte, beherzt in die Tiefe des Gotteshauses hinein, wo ich hasengleich einen Abstand zwischen meinen Verfolger und mich legen konnte. So kam ich an die Sarkophage meines Großvaters, von deren Ursprung, Bestimmung und Schicksal ich damals nichts wußte.

Sie standen nebeneinander in einer halbdunklen, fensterlosen Nische, aus der mich die sie tragenden Löwen und das Maskengesicht an der Stirnseite furchterregend anstarrten. Doch Furcht kam in mir nicht auf; ich weiß nicht, warum, glaube aber, daß die Handwerkergerätschaften, die an die Sarkophage gelehnt waren, die Aura des Geheimnisvollen banalisierten. Die schweren Deckel der Särge waren über deren Außenseiten hinweg gleichmäßig schräg verschoben. Es sah aus, als seien die Leichname, die in den Särgen gelegen haben mochten, mit unirdischer Macht und zur selben Zeit von den Toten auferstanden und zum Pantokrator unter der Kirchendecke entwichen. In Wahrheit, so erfuhr ich später, hielt man die Grabmäler etwas offen, damit das Volk, ihren leeren Zustand gewahrend, nicht in eine gewohnheitsmäßige Heiligenverehrung, also in Götzendienst, verfalle. Wie auch immer, ich setzte, entschlossen, mich zu retten, einem der Trägerlöwen den Fuß aufs Haupt und schwang mich in die Finsternis und die Kälte des Grabes hinauf. Sein glatter, muldenartiger Boden machte es mir leicht, rasch tief nach hinten, unter den Schutz des Deckels zu kriechen, wo ich kauernd und meinen lautgehenden Atem bekämpfend auf die verwirrten Schritte des Domherrn lauschte. Sie tappten alsbald an der Nische vorbei, gerade als ich das Kreuz über mir schlug, mehr aus Gewohnheit denn aus Hoffnung, es möge etwas nützen. Die Vorstellung, es würde einer in einem Sarg Zuflucht nehmen, lag einem Lebenden wohl zu fern, als daß er ihr, wäre sie ihm überhaupt gekommen, gefolgt wäre. Und als vom Eingang her die Stimmen von Kindern hereindrangen, die vor der Kirche ihre Ballspiele begannen, wähnte der Priester mich wohl zwischen ihnen entwischt; jedenfalls hörte ich seine Schritte nicht mehr, dafür aber sein sich entfernendes unchristliches Fluchen. Nach einiger Zeit des Lauschens verließ ich, von der Kälte des Grabes zitternd und nach dem Priester witternd, mein Versteck. Im Nu war ich draußen unter den Kindern, schlug zu ihrer Verblüffung und unter ihrem lauten Protest einen mir vor den Fuß kommenden Ball wie zum Dank für meine Rettung steil himmelwärts und rannte zum Hafen. Noch am selben Tag fand ich einen nach Palermo gehenden Segler, der mich unter den Bedingungen des Schiffsjungendienstes, den ich schon beschrieb, an Bord nahm.

Anderntags war ich wieder im Schloß Castellamare, wo mich, wie seit Jahren üblich, niemand wirklich vermißt hatte, weil niemand in meiner Umgebung mich wirklich liebte. Als unmündiger König Siziliens war ich das Werkzeug aller und die Sorge niemandes, wenn man von der Sorge um mein Leben absieht, das allen Parteien, die mich zu beschützen vorgaben, den Anschein der Legitimität ihres Machtstrebens gab. Sie verwirtschafteten meinen ererbten Besitz und überließen mich dem Gnadenbrot aus der Hand mildtätiger palermitanischer Bürger. Das war zum Leben zuwenig und zum Sterben zuviel. So sättigte ich mich oft mit Zorn und tränkte mich mit den Tränen meiner Verlassenheit. Ich haßte meine Jugend; sie dauerte mir zu lange. Meine Liebe, die eine Idee war, kein Gefühl, eine knabenhaft glühende Bewunderung naturwissenschaftlicher Neugier, keine Nesterinnerung – diese Liebe galt einem zu seinen Lebzeiten von dieser Neugier beherrschten Toten: meinem Großvater mütterlicherseits, Roger II., dessen Namen ich als meinen zweiten trage. Ich lebte mit den Tiermosaiken in seinen Zimmern und schlief unter seinem Königsmantel, eine scharlachrote, am unteren Saum glockenweite, vom Hals zu den Füßen fallende, faltenreich schwingende Pelerine aus kostbarer, von byzantinischer Hand gewobener Seide. In der Mitte des Rückenfeldes stand eine stilisierte gelbe Dattelpalme, zu deren Seiten zwei goldene Löwen in spiegelverkehrter Symmetrie je ein Kamel mit schweren Pranken auf den Fußsaum des Mantels niederdrückten – Symbol der Unterwerfung des sarazenischen Siziliens durch meine normannischen Vorfahren. Kufische Schriftzeichen umliefen den Mantelrand auf einer breiten Borte; sie gaben Auskunft über die Verfertiger und das Herstellungsjahr des Prunkstücks: die königlichen Werkstätten Siziliens im 528. Jahr nach der Flucht Muhammeds aus Mekka, das ist 1133/34 christlicher Zeitrechnung und zeitgleich mit den frühen Regierungsjahren Rogers als erstem normannischen König von Sizilien.

Dieser Mantel war damals mein einziger Besitz, auf den ich die Hand legen konnte. Mein Vater Heinrich VI. war in ihm am ersten Weihnachtstag 1194, einen Tag vor meiner Geburt, im Dom von Palermo zum sizilischen König gekrönt worden, ein fremdländischer Tyrann in den Augen der Normannenpartei, in den Augen der Deutschen ein Vollstrecker des Ehevertrags mit meiner normannischen Mutter als der Erbin dieser Krone. Danach hatte er den Mantel zum Staatsschatz der Normannen genommen und alles auf 150 Maultiere verladen lassen, um es nach Deutschland, auf die Burg Trifels, zu schaffen. In Bari, alsbald nach meiner Geburt, wurde meine Mutter Zeugin dieses Raubkonvois. Sie erbat sich von Heinrich wenigstens den Königsmantel ihres Vaters Roger zurück, in dem sie mich zum Nachfolger Heinrichs als König von Sizilien krönen lassen wollte. Der Mantel Rogers wohl auch als Kristallisationspunkt einer normannischen Verschwörung gegen den ungeliebten Staufer. Ich vermute das. Einen Beweis habe ich dafür nicht. Wie auch immer: Heinrich gab ihr den Mantel zurück, fragend gewiß, ohne zu fragen. An Pfingsten 1198, nach meines Vaters plötzlichem Tod, drapierten sie mich mit Rogers Königsmantel. Er verhüllte gnädig meine vom sizilischen Thronsitz im Dom von Palermo baumelnden Kinderbeine.

Seither habe ich mich nie lange von diesem Mantel getrennt; er war das Dokument meiner frühen Liebesheirat mit der Macht. Was ihn mir über seinen geschichtlichen und materiellen Wert hinaus kostbar machte, war die von ihm auf mich übergehende Verheißung eines Alters, in dem ich endlich zum Herrschen befähigt sein würde. Nachts, wenn ich allein war und Störungen nicht zu gewärtigen hatte, zog ich den schweren Mantel mit Anstrengung aus seiner groben, seinen Umrissen nachgeschnittenen Leinenhülle, die ich unter größten Geheimhaltungsbemühungen hatte nähen lassen, um begehrliche Augen und Hände von ihm fernzuhalten. In solchen seltenen Stunden legte ich meines Großvaters Mantel auf dem Marmorfußboden meines Schlafzimmers aus, zündete die sieben Kerzen eines Silberleuchters an und setzte mich in arabischer Manier zu Füßen der im Kerzenlicht schimmernden Dattelpalme. So träumte ich mich in die Wüste hinweg, unter Kamele und Löwen, die Früchte der Palme essend und über den Goldglanz des Sandes in das Rot eines Sonnenuntergangs wandernd. Wenn meine Finger ehrfürchtig über die Schriftzeichen strichen, nahm ich auf eine rein sinnliche Weise meine ersten Genüsse von Macht wahr. Waren die Kerzen nahezu heruntergebrannt, tat ich den Mantel in seine Hülle zurück, ein gehöriges Stück Arbeit, wie ich mich deutlich erinnere: Ich rollte ihn von seinen beiden Außenrändern her in zwei lockeren Wülsten zur mittigen Palme hin auf, schob dann diese Doppelrolle in die Mitte der ausgebreiteten Leinenhülle und entrollte in ihr die Wülste wieder zu den Außenrändern. Danach legte ich mich unter dem Mantel schlafen. Meine letzten Gedanken galten in solchen Nächten stets meinem Großvater; sie waren liebevoll auf eine diffuse Art, fehlte ihnen doch die Begrifflichkeit, die ihnen nur der Umgang mit dem lebenden Roger hätte vermitteln können; indes, er war zu jener Zeit seit sechzig Jahren tot, und ich war zehn.

Verließ ich Castellamare, gab ich den Mantel immer Berard in Verwahrung. Er kannte als einziger das Geheimnis der Leinendecke. Berard von Castacca war Bischof von Bari und gehörte bald als Erzbischof von Palermo dem vom Papst, meinem Vormund und Regenten, über mich gesetzten Kronrat an, dem sogenannten Familiarenkolleg aus vier hohen Priestern unter dem Vorsitz des Kanzlers Walther von Pagliara. Aber daß sie Priester waren, besagte über ihre Tugenden und ihre Ehrlichkeit gar nichts. Ich war für sie nicht mehr als ein königliches Siegel auf den Bekundungen ihrer eigenen und eigensüchtigen Interessen. Berard nehme ich von solchem Urteil aus. Trotz seines nicht unbedeutend höheren Alters entwickelte sich damals zwischen ihm und mir eine Freundschaft, die ich bis heute die einzige tiefe meines Lebens nenne.

Nur einmal noch rührte mein Großvater Roger (zu meinem Großvater väterlicherseits, Friedrich I. Barbarossa, nahm ich – es erstaunt mich, während ich es hier en passant niederschreibe – eigentlich niemals eine tiefergehende gedankliche Beziehung auf) mich über die Zeit hinweg so nachhaltig an wie in meinen Knabennächten von Palermo. Das war 1215, in meinem zwanzigsten Jahr, als sie mich, nach meiner provisorischen Vorauskrönung drei Jahre zuvor in Mainz, in Aachen nach der Salbung zum deutsch-römischen König auf den Thron Karls des Großen führten. Während sie mit ihren komplizierten Riten und intimen Handanlegungen um mich herum waren wie himmlische Schneider, die mir ein Schicksalsgewand anpaßten, stieg mir trotz der Kissen auf Karls ungeschlachtem Steinthron dessen Kälte in den Leib und versetzte mich, ich weiß nicht, wie, in Rogers Sarkophag zurück, in dem ich vor über zehn Jahren Schutz gesucht hatte vor der Verfolgung durch die Kirche. Dieser flüchtige Augenblick im Dom von Aachen wurde zu meinem Memento mori: Bedenke, daß du sterblich bist.

Nachdem ich anderntags im Dom den Kaiserornat abgelegt hatte und in der halbärmeligen Dalmatica mit den Handwerkern auf ein Gerüst beim Altar gestiegen war, um eigenhändig die Nägel in den Deckel des Silberschreins zu treiben, in den ich die Gebeine Karls hatte umbetten lassen; und nachdem ich, nicht weniger zum tuschelnden Maulverreißen der Krönungsversammlung, unvermittelt das Kreuz genommen hatte als Ausdruck meines – zeitgerecht politischen, weniger religiösen – Willens, alsbald Jerusalem von den Heiden (sic!) zu befreien, tat ich ein überraschendes Drittes, dies freilich in aller Stille: Ich bat Berard, der mir kirchenpolitisch den Weg nach Deutschland geebnet hatte, nach Palermo zurückzureisen und den Umzug der beiden Sarkophage Rogers von Cefalù in den Dom von Palermo zu veranlassen und zu überwachen, war das doch wegen der Ausmaße und des Gewichts der Porphyrgräber eine schwierige Unternehmung. Ich beschrieb Berard jenen Sarkophag, in dem ich als Zehnjähriger Schutz gesucht hatte; in ihm, dem von Roger sich selbst zugedachten, wollte ich dereinst beigesetzt werden, in meinem Mutterland Sizilien, denn in Deutschland, dem Land meines Vaters, wollte ich nicht bleiben. Ich sagte dies Berard, der mich als Apulier darin verstand. Erstaunt nahm er deshalb meine zweite die Sarkophage betreffende Weisung entgegen, nämlich meinen Vater, den Staufer Heinrich VI., der seit seinem Fiebertod, 1197 bei Messina, in Palermo ruhte, in den zweiten Porphyrsarg aus Cefalù umzubetten. Ich hätte dafür, sagte ich zu Berard, nur dynastische Gründe und solche des kaiserlichen Rangs des Toten. Liebe des Sohnes zum Vater sei es nicht. Noch stehe die Erinnerung an meine Mutter, Rogers große Tochter Konstanze, dagegen. Heinrich hatte sie, die er der Verschwörung gegen sein Leben verdächtigte, gezwungen, der Massenhinrichtung ihrer mit ihr verbündeten normannischen Landsleute beizuwohnen. Der Gedanke daran machte mich zynisch. «Du weißt, Berard», sagte ich mit schiefem Lächeln, «daß Gerüchte um meine Geburt noch immer von mir als einem der Welt untergeschobenen Kind eines Schlächters reden. Ich bin es, wenn auch nicht untergeschoben, wirklich: das Kind des staufischen Normannenschlächters Heinrich … Lebe wohl, Berard.»

Mit ihm kehren meine Gedanken nach Palermo zurück. Es beschäftigt mich meine Kindheit doch mehr, als ich so lange danach noch annehmen konnte.

Textkritik

Aber schon beim Zurechtlegen eines gedanklichen Konzepts für die Niederschrift weiterer Kindheitserinnerungen merke ich, wie sehr mich die Fakten, die kleinen wie die großen, besonders aber die kleinen, die den Reiz des Geschriebenen auszumachen scheinen, langweilen. Wo die Beschwörung der Aura des Krönungsmantels genügt hätte, um ihn für mich wieder spürbar werden zu lassen, als trüge ich ihn auf der nackten Haut, da quäle ich mich mit den Einzelheiten seiner Stofflichkeit ab, mit seinen Falten und Faltungen, in denen doch gewiß nicht das Geheimnis seiner Wirkung auf meine Jugend und seine talismanische Funktion für mein Alter verborgen sind. Ich sage Geschichtszahlen auf, als gelte es, die Wege in meine Vergangenheit in Meilen zu vermessen, wo es doch, um sie mir magisch zu erhellen, genügen würde, ihnen die leuchtenden Namen derer zu geben, die sie gingen; magisch, weil mir nur an der Frage nach ihrer heutigen Begehbarkeit gelegen ist, nicht aber an der Überlegung, ob sie mit guten oder mit bösen Taten gepflastert sind. Gut und böse sind Kategorien der Philosophen. Wer in der Politik seine Handlungen ihren Wertungen unterwirft, der lebt wie die späten Dioskuren Kastor und Pollux: einen Tag im Himmel, den nächsten in der Hölle, und zurück und so weiter; also in der Hölle.

Ich baue – gegen meine Absicht, aber von lateinischer Gewohnheit verführt und vom Facettenreichtum meiner Gedanken überwältigt – Satzperioden von delikater Balance, als gelte es, eine literarisch interessierte Hofgesellschaft zu unterhalten. Aber ich will nicht unterhalten. Ich will mit Worten, wie mit Flamme und Messer, den Firnis gefälliger oder gehässiger Chronistenberichte krakelieren und abheben, einen Firnis, der mein wahres Bild und das, welches ich mir von der Welt mache, verdunkelt. Aber tue ich das? Erweckte ich nicht eben erst den Anschein, als empfände ich moralischen Ekel vor meinem staufischen Vater, weil er, um die deutsche Herrschaft über das normannische Sizilien meiner ihm dynastisch-lieblos angetrauten Mutter zu sichern, eine aufkeimende Verschwörung gegen seine deutsche – und das heißt im Süden immer: rohe – Art des Herrschens im Blut Hunderter normannischer Adliger erstickte, ja längst Verstorbene aus ihren Gräbern reißen und köpfen ließ, während seine Hofnarren mit den lebend Gemarterten ihre makabren Späße trieben? In Wahrheit sind es wieder die intellektuellen Aspekte, nicht die Opfer dieses Blutgerichts von 1197, die mir zu schaffen machen – nicht die Moral, sondern die Dramaturgie Heinrichs, die einen Staatsakt dieser Dimension zu einer Staatsposse verkommen ließ, dienlich nur der Belustigung des Pöbels, nicht seiner Erziehung zu Gehorsam und Recht. Ich belauere mich im Bild meines Vaters, das ich mir durch das Studium seiner Geschichte machte, wie in einem Spiegel, um herauszufinden, ob ich ihm wegen meiner Sohneigenschaft nachgeraten bin. Ich fürchte, ich kenne die Antwort. Es ist mehr von der Natur dieses Staufers in mir, als ich mir eingestehen mag. Ich muß sein Wüten, das mir nicht fremd ist, disziplinieren – und das kann nur heißen: auf den unumgänglichen Staatszweck begrenzen –, oder ich falle, wie er, der sizilischen Geschichte als ein Verächtlicher anheim.

Mag für die Zwecke dieser Papiere eine Abstinenz von der letzten, radikalsten Wahrheit noch dort tolerierbar sein, wo sie den Autor als politischen Menschen betrifft. Da muß, da soll hier, dem rein privaten Charakter dieser Aufzeichnungen entsprechend, nicht alles auf den Tisch, da richten auch andere mit, denn die Fakten sind zugänglich. Der Geschichtsschreibung bin ich Objekt, als handelndes Subjekt halte ich mich aus ihr heraus. Politische Memoiren sind nur eine mehr oder weniger subtile Art des Faktenschminkens, denn wer hat schon die Größe, den eigenen Bemühungen eines langen politischen Lebens um Selbsterhöhung, Glanz und Gloria auf dreihundert Seiten vor aller Welt die Maske abzunehmen? Und wurden es dreitausend, dann wurde Geschichte inszeniert – unter Vermeidung von Regiefehlern der Uraufführung. Julius Caesar, Titelahn aller Kaiser, ist ein Beispiel dafür. Militärisch genial (wenn das Abschlachten Hunderttausender von Barbaren genial ist), war er als Historiograph seiner Feldzüge ein stilistisch sorgfältiger Friseur. Da greift man besser gleich zu den schmalleibigen Selbstbetrachtungen des Mark Aurel oder, besser noch, zu Sokrates, denn der hinterließ nichts Geschriebenes.

Das Politische also, wenn es denn ganz ohne nicht geht, ins zweite Glied des Treffens mit der Wahrheit. Wo es aber um das hier Primäre geht, um Privates, Intimes gar, da soll die Lust am Schreiben der Wahrheit die einst erlebte Lust am beschriebenen Ereignis womöglich noch übertreffen, ebenso die Pein des Formulierens die einstige Pein des Formulierten. So lebe ich, indem ich schreibe, zum zweiten Mal, koste Wörter und Sätze wie Stunden des schon einmal Erlebten, ja ich dehne es mir durch Abschweifung und Ausführlichkeit nach Belieben weit über die Zeit hinaus, die das Beschriebene realiter dauerte. Mehr noch, ich steigere Lust und Leid, indem ich, schreibend, die Glut beider von der Schlacke des Banalen befreie, das unvermeidbar mit ihnen verbunden ist (die Ejaculatio schmatzt, die Träne rotzt). So erlebe ich alles reiner, intensiver als zuvor. Doch sehe ich auch die Gefahr des Blutleeren, die einem solchen Nach-Leben droht: Schreiben als Masturbation vor dem Bild der Erinnerung, ein Akt, der den Schreiber entleert und das Bild besudelt. Regieren, das merke ich schon nach wenigen Seiten, ist leichter.

Zurück endlich nach Palermo!

Puer Apuliae (II)

Bist Du nicht der König? fragte der Marabout.

Ich bin Roger redivivus, sagte ich. Wie er war, Dein alter König und mein Großvater, den die Muslime Rudschero nannten, so will auch ich sein. Lehre mich.

Was willst Du wissen?

Alles.

Du bist ein Narr. Geh wieder, ich habe zu tun. Komm zurück, wenn Du nur das Eine wissen willst, das das Erste und das Letzte ist, sagte der Marabout. Anderes weiß ich nicht.

Und was ist das Erste und das Letzte, heiliger Mann?

Gott.

Was ist mit ihm?

Mit welchem? fragte der Marabout. Du hast drei.

Ich habe drei? Das verstehe ich nicht ... doch, warte ... Du meinst den Vater, den Sohn und den Heiligen Geist.

Ja, sagte der Marabout. Und eine solche Dreiheit ist für uns Muslime, die wir uns in allem auf die Vernunft berufen, unannehmbar ...

... lehrte al-Gahiz, sagte ich.

Du kennst ihn?

Wie könnte ich? Er lebte vor vierhundert Jahren in Basra. Ich habe von ihm vom Kadi ibn al-Dschusi gehört, meinem Lehrer in Arabisch und Dialektik. Aber er galoppiert über die Zeit der Mu'taziliten hinweg wie mein Pferd über den Strand hinterm Berg Pellegrino, und wie von den Hufen meines Pferdes fliegen mir von seinen Lippen nur Brocken an die Ohren.

Aber Arabisch lehrt er Dich gut, sagte der Marabout. Du redest in Bildern wie einer von uns.

Ich danke Dir, heiliger Mann. Aber was ist nun mit meinen drei Göttern?

Also höre, sagte der Marabout. Zu den Zeiten dessen, von dem wir hier reden, galten nur vier Völker als wirklich gesittet: die Araber, die Inder, die Perser und die Byzantiner. Zu letzteren mußt Du Dich rechnen, weil Du christlich bist wie sie. al-Gahiz diskutierte nacheinander die Gesittungen dieser Völker, ihre geistigen und handwerklichen Fähigkeiten, und verglich diese dann mit ihren religiösen Überzeugungen. Es interessierte ihn, ob, ich sage das einmal so, der Deckel ihres Glaubens auf den Topf ihrer Kultur paßte. Und als er sich den Byzantinern zuwandte, da glaubte er, ihren Deckel gewaltig auf dem Topf ihrer Kultur klappern zu hören: Es paßte das eine nicht zum andern, die Religion nicht zur Kultur.

Du redest derb, heiliger Mann, sagte ich.

Man erzählt sich in Palermo, Du hättest es so am liebsten, sagte der Marabout. Willst Du nun hören oder nicht?

Ich höre.

Die Byzantiner, so wunderte sich al-Gahiz, waren in den Teilen des Volkes, die von der Geschichte gewogen werden, Philosophen und Ärzte, Astronomen und Künstler. Sie beherrschten die Grundregeln der Musik und verstanden sich ebenso auf die Herstellung von Goldwaagen. In der Bildhauerei gelangten sie zur Vollendung. Sie hieben den Menschen aus Stein, so daß nichts mehr an ihm fehlte, doch war ihnen das nicht genug. Zufrieden gaben sie sich erst, wenn der Stein das Aussehen eines Jünglings, oder wo es ihnen so gefiel, dasjenige eines reifen Mannes oder eines Greises hatte, und danach ruhten sie nicht eher, bis er von jugendlicher oder gealterter Schönheit war, lächelnd oder weinend, worin sie unterschieden zwischen einem traurigen und einem freudigen Lächeln, und war es ein Lachen, zwischen einem heiteren, einem spöttischen oder einem drohenden Lachen. Schließlich noch fügten sie eine Figur an die andere. Genauso machten sie es mit der Frau. Sie gaben ihrem steinernen Abbild alte oder junge Züge, heitere oder ernste, kurze oder lange Haare, glatte oder gewellte; sie kleideten es mit steinernen Stoffen, die der Seide glichen und im Fallen über die Rundungen der Brüste und Gesäßbacken Falten warfen wie im Leben. Sie ließen die Brüste auch nackt, machten sie kleiner oder größer, jugendlich straff oder von reifer Schwere. Selbst den Nabel noch machten sie von einer zur anderen Figur unterschiedlich, wie die Ohrmuschel auch, der er von ferne gleicht. Die Scham der Frau überließen ihre Meißel der Ahnung, wenn das nachgeschaffene Fleisch stoffbedeckt war, oder sie stellten es in Nachahmung des Praxiteles nackt dar, frei von Stoff und Haar, und dann wollüstig fett oder keusch zwischen den Schenkeln verborgen. Doch verwahrten sie die Wollüstigen in ihren Kabinetten und stellten nur die Keuschen zur Schau.

Komm zur Sache, heiliger Mann, sagte ich. Unter den Brocken, die mir von ibn al-Dschusis Erzählungen über al-Gahiz und sein Werk ans Ohr flogen, waren die Brüste und Schamberge der byzantinischen Bildhauer nicht, das hätte ich aufgefangen. Warum, falls al-Gahiz überhaupt davon sprach und diese Anstößigkeiten nicht Deiner vom Alleinsein erhitzten Phantasie entsprangen, verweilst Du so lange dabei?

Willst Du lernen oder mich lehren? fragte der Marabout.

Lernen, sagte ich.

Dann höre.

Ich höre.

In der Baukunst, fuhr der Marabout fort, gab es keine wie die Byzantiner, und im Drechseln und Tischlern, im Handwerk überhaupt hatten sie nicht ihresgleichen. Und trotz all diesen und noch vielen anderen Fähigkeiten, die aufzuzählen der Tag nicht reicht, waren sie – und sind bis heute jene, die ihnen im Glauben nachfolgten – der Ansicht, daß es drei Gottheiten gibt, von denen zwei verborgen sind und nur eine sich gezeigt hat. Wie die Lampe Öl, einen Docht und einen Behälter braucht, so ist bei ihnen das Wesen Gott dreigeteilt. Sie behaupten, was unmöglich ist, daß nämlich ein Geschöpf zum Schöpfer wurde, ein geschaffenes Wesen sich in ein von Ewigkeit her bestehendes verändert hat, daß es aber danach gekreuzigt und getötet wurde, daß man eine Dornenkrone auf sein Haupt setzte und daß es verschwand; und dann sei es nach dem Tod wieder lebendig geworden und gen Himmel gefahren. Kann man glauben, daß ein Volk von Theologen und Ärzten, Astronomen, Diplomaten, Mathematikern und Leuten, die in jedem Handwerk Meister sind, vorgibt, ein Mensch, von dem man sah, wie er aß und trank, harnte und sich entleerte, hungerte und dürstete, sich ankleidete und sich auszog, wuchs und abnahm, dann getötet wurde – kann man glauben, solch ein Mensch sei ein Schöpfergott, von Ewigkeit her unerschaffen, der die Lebenden sterben läßt und die Toten auferweckt?

Soll ich antworten, heiliger Mann, oder war Deine Frage nur Rhetorik?

Antworte nicht, sagte der Marabout, bevor Du gedacht hast. Komme wieder, sobald Du durch Denken imstande zu sein glaubst, der Logik eines al-Gahiz zu widerstehen. Und die Logik, vergiß das nie, Rudschero, ist eine Frucht, die allein aus dem Wurzelgrund Hören, Sehen, Fühlen wächst, mögen die Gedanken, die zu einem Ergebnis führen, auch so kompliziert und vielwegig sein wie das Geflecht der Wasseradern im Innern des Baumes.

Du bist wieder da, Rudschero. Willst Du reden oder hören?

Ich höre, sagte ich.

Ich erinnere mich, sagte der Marabout, daß Du mich rügen zu müssen glaubtest, weil ich die Scham der Frauen gegen den christlichen Unglauben von Jesus als einem leiblichen Sohn Gottes ins Feld führte. Aber wer der weiblichen Scham soviel Aufmerksamkeit in Fleisch und Stein widmet wie die Byzantiner, der sollte auch seine Vorstellungen von Jesus als einem leiblichen Sohn Gottes am mehr animalischen als göttlichen Bild der Auspressung eines Neugeborenen aus dem Frauenleib überprüfen und fragen, ob es denn habe sein können, daß eine Frucht, die durch einen reinen Engel in den Leib einer Frau kam, mit allen Zeichen der Unreinheit aus ihm hervortrat, und warum die Geburt nicht ebenso entmaterialisiert habe vor sich gehen können wie die Zeugung. Und begründet eines Gottes Menschsein nicht auch zu Menschen eine Verwandtschaft, die ihn auf lächerliche Weise entgottet? Darum sagt al-Gahiz, es könnten die Muslime, die sich in allen Dingen auf die Vernunft berufen, nicht zugeben, daß Gott einen Sohn habe, sei es durch Zeugung oder durch Adoption. Denn wenn Gott seinen israelitischen Dienern wirklich mitgeteilt hätte, Jakob sei sein Sohn, desgleichen auch Salomo, Esra und Jesus, dann müßte Er als der Vater Jakobs auch der Großvater Josefs sein, und wenn Er Vater und Großvater ist, müßte man auch zugeben, daß Er Onkel und Großonkel ist; auch müßte es erlaubt sein, daß Ihn ein anderer, der Ihm Ehre bezeugt, Hochschätzung erweist und Ihn als Herrn betrachtet, Bruder nennt, und man müßte auch zugeben, in Ihm einen Gefährten oder Freund finden zu können. Das kann aber nur gutheißen, wer die Erhabenheit Gottes und den geringen Wert der Menschen nicht kennt.

Aber, heiliger Mann, sagte ich, haben die Araber nicht, wie es in der sechzehnten Sure des Korans steht, behauptet, die Engel seien die Töchter Gottes?

Hättest Du weitergelesen, sagte der Marabout, dann wüßtest Du auch, daß Gott dies als eine schwere Sünde betrachtete und daß Er denen, die so redeten, zürnte, obgleich Er wußte, daß die Araber die Engel nicht der körperlichen Zeugung nach zu Seinen Töchtern machten.

Das bringt uns, sagte ich, zum Heiligen Geist, denn auch die Christen behaupten nicht, Maria, die Mutter Jesu, sei durch körperliche Zeugung zu ihrem Kind gekommen.

Geh jetzt wieder, sagte der Marabout, und komme erst zurück, nachdem Du gedacht hast. Du siehst, was dabei herauskommt, wenn einer redet, bevor er seinen Kopf gebrauchte. Die Araber haben nie gesagt, ihre Engel würden auf der Erde herumlaufen, essen und trinken, harnen und sich entleeren.

Du bist wieder zurück, Rudschero, sagte der Marabout. Willst Du reden oder hören?

Ich rede, wenn Du erlaubst, heiliger Mann. Ich frage Dich, ob es denn nicht wahr ist, daß Christus der Geist Gottes ist und Sein Wort und daß auch der Koran sagt: *Dies ist Sein Wort, das er Maria eingegeben hat, und Geist von Ihm?* Hat Gott nicht mitgeteilt, daß Jesus aus einem jungfräulichen Schoß hervorgegangen und seine Mutter unversehrt geblieben sei? Und hat Er nicht kundgetan, daß Jesus keinen menschlichen Vater habe und nur Er ein Schöpfer sei, da Er aus Lehm die Gestalt eines Vogels formte und sie belebte, so daß sie davonflog?

Du fragst, Rudschero, aber Du fragst nicht aus eigenen Gedanken. Es sind die Fragen von al-Gahiz, die er seinen Antworten dialektisch voranstellte. Und da Du sie nachlasest, kennst Du auch die Antworten, und ich kann sie uns ersparen.

Laß mich die Antworten wiederholen, heiliger Mann, damit ich von Dir höre, ob ich al-Gahiz verstanden habe.

Rede.

Wenn Gott gesagt hat: *Wir haben ihm Unseren Geist eingeblasen*, dann müßte man, sagt al-Gahiz, über den Engel Gabriel dasselbe sagen wie über Jesus, und dann müßte man dasselbe auch über Adam sagen, der doch nun gewiß ein Mensch ist, steht doch über ihn im

Koran: *Er begann mit der Erschaffung des Menschen aus Ton, dann gab Er ihm Nachkommenschaft … und blies ihm von Seinem Geist ein.* Wenn Gott gesagt hat: *Wir haben ihm Geist eingeblasen*, dann muß das, so sagt es al-Gahiz, so verstanden werden, wie wenn man einen Schlauch aufbläst oder wie wenn der Goldschmied mit seinem Blasebalg ins Feuer bläst, daß also etwas vom Geist Gottes sich von ihm löst und in den Körper Jesu und in den Schoß seiner Mutter eingegangen ist.

So ist es, sagte der Marabout.

Dann hat also Gott, sagte ich, den Engel Gabriel mit einem Blasebalg den Leib Marias dickmachen lassen, und das Jesuskind entwich ihr neun Monate später, am Halbmond ihres heilen Hymens vorbei, als ein gewaltiger heiliger Wind …

Ich floh lachend aus des Marabouts Klause, und er warf mir das merkwürdige Wort *Mechaniker* wie einen Stein hinterdrein, doch mehr belustigt als strafend, wie wenn ein Mann seinem Hund einen Stein nachwirft und sich dabei unschlüssig ist, ob er das Tier spielerisch treffen oder zum Apportieren auffordern will. Ich nahm letzteres an und beschloß wiederzukommen, freilich anderer Themen wegen, denn die muslimische Leugnung von Jesu Gottesstatus schien mir zwar plausibler zu sein als die christliche Behauptung des Gegenteils, aber ich hatte noch ganz andere, gewichtigere Zweifel, nämlich solche an Gott selber, denn allein schon die Behauptung beider Religionen, er habe einen Klumpen Ton in die Hand genommen, ihm die Gestalt eines Vogels gegeben und diesen dann mit Hilfe seines göttlichen Atems zum Davonfliegen gebracht, schien mir, bedachte ich die Dynamik meines Gerfalken, der sich in der Rückenlage fliegend und daraus in den Angriff stürzend nicht minder sicher bewegte als im Brustflug, gar zu simpel und wirklichem Tierleben, wie ich es damals schon studierte, nicht angemessen zu sein. Von einigen heißblütigen menschlichen Verhaltensweisen, die mich damals auch intensiv zu interessieren begannen und die ja auch aus kaltem Ton hervorgegangen sein sollen, nicht zu reden.

Gott und ich, das ahnte ich damals schon, würden es noch schwer miteinander haben. Und meine Vulgarität, von der in jener Zeit die päpstlichen Legaten meinem Herrn Vormund nach Rom berichteten, würde dabei noch die geringste Rolle spielen.

Du bist wieder da, Rudschero, sagte der Marabout.

Ich kam, sagte ich, um Deine Verzeihung zu erbitten für die vulgären Worte, die ich in Deiner Gegenwart benutzte, heiliger Mann.

Dafür besteht kein Anlaß, sagte der Marabout. Ich gehöre nicht zu den Leuten, die Frömmigkeit und asketische Lebensweise nur zur Schau tragen, und darum empfinde ich auch nicht, wie jene, Abscheu vor Frivolem und verschließe mich selbst vor Wörtern wie Vulva, Penis oder Koitus nicht. Wer sich anders verhält, ist ein Mann, der nicht mehr Wissen, Edelmut, Vornehmheit und Würde besitzt als das, was zu seiner Heuchelei im Verhältnis steht. Abdallah al-Abbas, ein Vetter des Propheten Muhammed und einer der größten Gelehrten der frühen Muslime, trug in der Moschee unanständige Verse vor, und die ersten Kalifen, Verwandte des Propheten ebenfalls, benutzten anstößige Wörter. Ein Gelehrter, sagt al-Gahiz, der Übung und Erfahrung hat, der an das Nachdenken, an das Exzerpieren von Büchern und an das Studieren gewöhnt ist, der auf eine klare Darstellung eingeschworen und dem dies zur Gewohnheit geworden ist, dem vermag ein Blick in allerlei Arten von Ernstem und Heiterem, damit er daraus immer neue Theorien gewinnen kann, keinen Schaden zuzufügen. Die Ohren werden sogar durch entzückende Töne, reine Musik und schöne Gesänge, wenn sie sich zu sehr in die Länge ziehen, gelangweilt.

So ist, sagte ich, der Gebrauch schmutziger Wörter, wie ich sie in den Gassen und Schenken Palermos auflese, keine Sünde.

Diese Wörter, sagte der Marabout, wurden geschaffen, damit sich die arabischsprechenden Leute ihrer bedienen, und wenn man der Ansicht gewesen wäre, daß man sie nicht aussprechen dürfe, so hätte ihre Schaffung von Anfang an keinen Sinn gehabt; dann wäre es auch für die Erhaltung der arabischen Sprache am besten gewesen, wenn man diese Wörter aus ihr entfernt hätte.

Aber die Christen, sagte ich, zählen nicht nur diese Wörter zum Bösen, sondern vor allem die Handlungen, die sie bezeichnen.

Die Christen sind töricht, sagte der Marabout. Sie haben über Gut und Böse nicht tief genug nachgedacht. Das Wohl der Welt, sagt al-Gahiz, besteht vom Anfang bis zum Ende ihrer Dauer in der Vermischung des Guten mit dem Bösen, des Schädlichen mit dem Nützlichen, des Abscheulichen mit dem Angenehmen, der Erniedrigung mit der Erhöhung und der Menge mit dem Wenigen. Wenn das Böse unvermischt wäre, hätte die Prüfung, die uns auferlegt ist, keine Daseinsberechtigung mehr, und die Ursachen unserer Überlegungen würden verschwinden. Nun gibt es aber ohne Überlegungen keine Weisheit, und wenn die Möglichkeit des Wählens nicht mehr bestünde, hörte auch das Unterscheidungsvermögen auf, und die Welt hätte keine Gewißheit, keinen Bestand, kein Streben und kein Wissen mehr. Es gäbe kein Wetteifern in der Beredsamkeit mehr, man würde nicht mehr mit anderen nach Auszeichnungen streben, und Freude über einen Triumph und Stolz auf einen Sieg wären nicht mehr vorhanden. Es gäbe auf der Welt keinen Gerechten mehr, der die Erniedrigung des Irrtums fühlte. Kein Überzeugter würde mehr die Ruhe der Gewißheit empfinden, und kein Zweifler würde mehr die Ohnmacht der Ratlosigkeit und den Kummer der Unentschlossenheit spüren. Die Seelen hätten keine Hoffnung mehr, und die Begierden würden nicht mehr miteinander wetteifern; wer aber nicht weiß, was Ehrgeiz ist, weiß auch nicht, was Verzweiflung ist, und wer keine Verzweiflung kennt, kennt auch keine Sicherheit. Daher würden die Engel, die das Beste der Schöpfung sind, und die Menschen, aus denen Propheten und Heilige erweckt worden sind, in den Zustand der wilden und zahmen Tiere zurückfallen, in Unwissenheit und Dummheit, und auf den Stand der Sterne, deren Bahnen vorherbestimmt sind, was noch tiefer ist als der Zustand der Tiere auf der Weide.

Textkritik (II)

Natürlich ist mir der Wortlaut dieser Gespräche, wie ich ihn wiedergab, nicht über die mehr als vier Jahrzehnte hinweg im Gedächtnis geblieben, die seither vergangen sind. Ich rekonstruierte vieles anhand der Schriften von al-Gahiz, die sich in meiner Bibliothek befinden. Dieser profane Fußnotensatz, der mir, während ich ihn formuliere, klarmacht, daß ich beim Schreiben einem unbewußten Begründungszwang unterliege, also insgeheim mit Leserschaft rechne, zwingt mir Gedanken auf, die an den Grund dieser Papiere gehen und Klärung verlangen: Schreibe ich dies alles wirklich nur um des Schreibens willen, das heißt, um herausragende Ereignisse meiner privaten Vita aus der Vergangenheit in die Gegenwart zurückzuholen mit dem einzigen Zweck, sie nachzukosten? Das wäre zu wenig und die Zeit nicht wert, die ich dieser Papiere wegen in Gedankenferne von meinen Amtspflichten verbringe. Es wäre wohl doch nur eine Art kontinuierlichen geistigen Rülpsens, das den Geschmack des gegessenen Lebens immer wieder in den Mund zurückholt. Was also dann? Schreibe ich, um durch die Fixierung von Gedanken, Gefühlen und Träumen diese ihres flüchtigen Charakters zu berauben, dem Augenblick Dauer, der Unschärfe Schärfe, der Sprachlosigkeit Sprache, dem Formlosen Form zu geben? Das schon eher. Aber darin steckt die Gefahr, daß das Private mir zu Literatur gerät, die letztlich des Lesers bedarf, um einen Sinn zu ergeben, zu einer Literatur, die, wenn sie gut gelingt, ihre Qualität weniger aus der Wahrheit des Geschriebenen bezieht als aus der Farbigkeit der Metaphern und der Eleganz der Sätze. Und während ich über die Substanz, weil sie privater Natur ist, der einzige kompetente Richter wäre, urteilten über die Form alle. Das müßte mich zu den größten Anstrengungen in Stilistik verführen, das Inhaltliche aber, das Eigentliche vernachlässigen lassen. Es käme schließlich dahin, daß der Strom des Geschriebenen nicht von den stillen, ihm Halt gebenden festen Ufern der Wahrheit seine Wirkung bezöge, sondern von den regenbogenartigen Lichtbrechungen über den Metaphern, die wie glänzende Steine das ruhig fließende Wasser aufschäumen lassen und zu Schleiern ästhetisieren.

Nun ist aber dies soeben gebrauchte Bild ein erstes Beispiel dafür, welche Gefahr ich für diese Papiere und mich sehe. Was ich sagen wollte, ist doch nur dies: Wo das Literarische eines Textes allmählich zum Selbstzweck wird, da bestimmen bald nicht mehr so sehr äußerer Ablauf und innere Wahrheit des zu Beschreibenden den Fortgang, sondern der Ad-hoc-Einfall, der sich aus einem einzigen Wort oder einem Sprachbild des soeben beendeten Satzes ergeben kann. Es läßt sich auch sagen: Der Spiegel wird wichtiger als das Gespiegelte. Während jener mit Rahmen und Lichteffekten prunkt, tritt das gespiegelte Bild bis zum Verschwinden zurück. Um dem schließlich leeren Spiegel wieder einen Sinn zu geben, muß man andere Menschen vor ihn hintreten lassen, will sagen: Leser, die im Gelesenen ihr eigenes Bild suchen und es, bewundernd oder entsetzt, auch finden. Darum schreibe ich nicht. Zwar ist nicht auszuschließen, daß diese Papiere eines Tages vor die Augen Fremder kommen werden; Vernichtung kann nicht das Ziel einer so großen Anstrengung sein. Aber ich unterwerfe mich nicht den Bedürfnissen imaginärer Leser an Erbauung oder Belehrung.

Ich habe ein Leben lang geschrieben, um öffentliche Wirkungen zu erzielen – Briefe, Manifeste, Pamphlete, dem Zweck entsprechend sachlich, pathetisch oder polemisch; liebevoll mitunter, haßblitzend oft, hochstilisiert nicht selten, lateinisch verschachtelt fast immer. Und wo ich nicht selber schrieb, da regte ich Kanzlisten, Notare und Rhetoren an oder redigierte ihre Entwürfe. Dabei war ich genau und aufs Detail versessen bis zur Grausamkeit: Einem Kanzlisten ließ ich den Daumen kürzen, weil er es, schließlich zu meinem Zorn, nicht lernte, meinen Namen je nach dem Kontext entweder sizilisch *Federico* oder in der latinisierten deutschen Form *Fridericus* zu schreiben, wie ich ihn den Goldmünzen mit meinem Bildnis, den Augustalen, aufprägen ließ. Der Unglückselige schrieb ihn – und viele taten es ihm gleich – konstant in der Mischform aus beiden: Fredericus.

Ich habe nie etwas geschrieben oder schreiben lassen, ohne die Aufnahmefähigkeit, den Charakter und die Intelligenz der Adressaten zu bedenken, indem ich Zusammenhänge auf Logik und Übergänge auf Geschmeidigkeit prüfte, die Gedanken von Fakten ableitete und die Fakten mit ihrem jeweiligen Ort und der ihnen zugehörigen Zahl für Jahr oder Wert kennzeichnete. Ich strich aus, was nur ich und der Hof als privilegierte Wissende wissen konnten, besonders wenn es nur zwischen den Zeilen stand, es sei denn, solches Herrenwissen war die Botschaft selber; und stets setzte ich hinzu, was dem allgemeinen Verständnis förderlich war. Dunkel ließ ich nur Drohungen, jedenfalls so lange, wie ich Hoffnung hatte, daß sich der Bedrohte meinen Gedanken anbequemen könnte; ich hatte lernen müssen, daß man, wie man von einem Schwein, das man in Angst versetzt, kein Fett haben kann, auch keinen Menschen mit dem Rücken an die Wand treiben darf, mit dem man aus wichtigen Gründen im Gespräch zu bleiben wünscht. Wo es aber diese Hoffnung nicht mehr gab, ließ ich dem Haß freien Lauf in die Schrift. Ich erweckte den Eindruck von Haß selbst da, wo ich ihn nicht spürte, weil mir die Sache, um die es ging, nicht persönlich, sondern nur politisch wichtig war. Das Schüren von Emotionen galt mir immer als ein legitimes Stilmittel, weil der Mensch unter dem Eindruck eines starken Gefühls nicht nur am besten lernt, sondern sich auch am längsten der Lehren erinnert, die ihm so zuteil wurden. Diese Erkenntnis der Herrschenden ist der Urgrund jeder staatlichen Schmeichelei und Wohltat wie auch jeder der Abschreckung dienenden Spielart grausamen staatlichen Strafens. Jedenfalls kennt man es nicht anders.

Nun, nach Tausenden von Schriftstücken, die ich, wo ich sie nicht selber schrieb oder diktierte, in Inhalt und Stil beeinflußte, schreibe ich ohne Ziel und an keinen Anfang und an kein Ende gebunden. Keine Handlung bannt mich an Zeit und Ort. Syntax und Grammatik sind Krücken, die ich im Eilen der Gedanken abwerfe, wenn Gewohnheit mir wieder die bedächtige Schritt-für-Schritt-Logik zweckgerichteten Schreibens aufnötigen will. Dennoch ist meine neue Freiheit des Geistes nicht schrankenlos. Schreibend führe ich einen Prozeß gegen mich, in dem meine Erinnerungen die Zeugen sind und die Sprachgebilde, zu denen sie mir in diesen Papieren gerinnen, die Richter, die die Zeugen nach der Wahrheit oder doch wenigstens der Wahrscheinlichkeit ihrer Aussagen befragen. Sie sind unbestechlich. Edles und Gemeines, beides bleibt unter jeglichem Wortkleid nackt. *Ich deflorierte Isabella Brienne ohne Lust.* Das blumige Verbum kann nicht verdecken, daß die erste Penetrierung einer Dreizehnjährigen selbst dann ein Akt der Vergewaltigung ist, wenn er eine frühreife Halborientalin zum Opfer hat / Es war ein Staatsakt, erzwungen nicht durch meine Wünsche, sondern durch das Interesse des Heiligen Stuhls an meiner Verbindung zum Königreich Jerusalem, dessen Erbin Isabella war, und vollzogen mit dem päpstlichen Segen. Ich schrieb auch: es geschah ohne Lust /

Die zweite Unwahrhaftigkeit. Jedermann weiß, daß ein Mindestmaß an Erregung, also Lust, die Voraussetzung für die Fähigkeit des Mannes ist, in eine Frau einzudringen. Der inkriminierte Satz aus nur vier Wörtern (denn den Namen des Mädchens kann man nicht mitzählen) enthält also zwei sprachliche, sagen wir es zurückhaltend: Beschönigungen, die den Schluß erlauben, daß sein Autor sich, während er ihn niederschrieb, sehr wohl über die Inkongruenz von Verb und Handlung im klaren war, und zwar so sehr, daß er sie zu vertuschen suchte, indem er hinzusetzte, es sei ohne Lust geschehen, womit er sagen will: nicht im Begehren eines Kinderkörpers / Aber sagte ich denn nicht auch, Occursius habe gewußt, daß der Anblick eines entblößten Kindes bei mir mit Sicherheit eine Erregung verhindert haben würde, weshalb er das Mädchen so gut wie ganz bedeckte / Diese Formulierung läßt eher als die Wahrheit eine weitere Unehrlichkeit in der Darstellung jener Nacht erkennen. Bei zugedecktem Leib der zu Penetrierenden hätte sich keine spontane Erregung einstellen können und damit auch nicht die physische Voraussetzung für den Akt, zumal diesem, wie behauptet wird, der Verkehr mit einer Sarazenin kurz zuvor und in der ausdrücklichen Absicht voraufgegangen sei, mit Rücksicht auf die Kindlichkeit des Mädchens eine destabilisierende Ermüdung herbeizuführen. Hier ist Heuchelei die Patin des Geschriebenen, falls nicht Schlimmeres im Spiel ist, nämlich die Vertuschung von Voyeurismus: Die partielle Aufdeckung des Kinderkörpers könnte allein jene Leibstelle dem Blick preisgegeben haben, die durch das Bild ihrer Unentschiedenheit zwischen Kind noch und schon Frau, in jedem Fall aber durch die Verschlossenheit der Lippen besonders stark zu den Sinnen sprach / Aber die kleinen Gesten der Zärtlichkeit danach / Sind Ausfluß von Mitleid … *des stehend Fleisch weidenden Gottes* / Über Träume rede ich nicht. Träume sind nicht justitiabel. Sie sind nur ein Abbild des Wirklichen / Also geht ihnen das Wirkliche voraus / ich sehe eine neue Schlinge / Du hast den klugen Kopf schon drin: Niemand, auch ein Kaiser nicht, kann sich, schlafend, als Gott träumen. Es gibt keinen Menschen, der Gott, und keinen Gott, der ein Wirkliches wäre. Gott ist der Nus, sagt Aristoteles, Geist, der sich selber träumt. Und so enthüllt sich Dein Traumgesicht als das intellektuelle Nachschmecken eines Hellwachen, mit sprachlicher Raffinesse zum Traum stilisiert, in Wahrheit aber ein Einfall, der aus der Not des Schriftstellers, eine delikate Zärtlichkeit gerade noch geschmackvoll beschreiben zu müssen, die Tugend des Dichters macht / Dadurch wird das Bild nicht weniger gut, Traum oder Wirklichkeit / Dann gibst Du zu, daß Du keinen Traum beschriebst, sondern das Wirkliche, die Sache selber, und daß Du sie als Traum ausgabst, weil sie Dir, real beschrieben, im ganzen als zu degoutant und in ihren Einzelheiten als zu lächerlich und selbst Deiner privaten Würde abträglich vorgekommen wäre / Dem Sprachbild geschieht fast zuviel der Exegese / Wie das? Gott ist ein großes Wort / Schon, aber ich gebrauchte es nur in ironischer Anspielung auf meine Selbstvergottung, die mir in einer Zeit der naturwissenschaftlichen Ignoranz und des religiösen Wahns politisch nützlich erschien. Es galt, mich dem Papst als dem geglaubten Stellvertreter Jesu Christi nicht nur gleichzusetzen, sondern ihn in den Augen der Masse als Christus redivivus zu übertreffen: *Deus ex vagina* / Ein frivoles Wortspiel, das / Ein Wortspiel immerhin, das im Zusammenfall mit der Doppeldeutigkeit und Anspielungsfähigkeit des Namens meiner Geburtsstadt, *Jesi*, und der Zweitagesnähe meines Geburtstages zu Seinem die Phantasie meiner Notare beflügelte, als sie sich daranmachten, ihren Herrn mit dessen Einverständnis urkundlich zu vergotten: *Nach dem Zuge der Natur sind wir getrieben und gehalten, Jesi, der Marken adlige Stadt, unsres Ursprungs erlauchten Anbeginn, wo unsre göttliche Mutter uns zum Lichte gebracht, wo unsre Wiege geschimmert, mit innerster Liebe zu empfangen: auf daß aus unsrem Gedächtnis nicht entschwinde Seine Stätte, und unser Bethlehem, des Cäsars Land und Ursprung, in unsrer Brust zutiefst verwurzelt bleibe,* und so weiter. Aber eine sorgfältige Lektüre zeigt, daß der Pluralis majestatis der Possessivpronomen an einer einzigen, aber entscheidenden Stelle verlassen wird und daß auch die Bezugsperson wechselt, dort nämlich, wo Jesi als *Seine* Stätte bezeichnet wird, und das kann *auch* heißen: Stätte des einen, *wahren* Gottes, worauf neben der Großschreibung des Wortes auch dessen Gebrauch im Singular hinweist, zu verstehen nicht als Rede vom Kaiser in der Dritten Person, sondern als Rede von Jesus Christus, von Gott, der Jesi auserwählte, *unser Bethlehem* zu werden, mein – besonderer – Ort der Geburt, dem allein der Kult gilt, nichts weiter.

Diese orthographischen und grammatischen Feinheiten gehen auf mich zurück. Dem Volk fielen sie nicht weiter auf, schon deshalb nicht, weil es die Botschaft nicht las, sondern hörte, und dabei wird man nicht gewahr, welches und vor allem was diese Feinheiten sind: schlaue Rückversicherung ihres Autors, Fallen für die erwartete Kritik, Geständnisse, die dem Verhör zuvorkommen sollen, Belegstellen, auf die sich notfalls der Finger legen läßt. Genau besehen ist es die diskrete Rücknahme der Selbstvergottung: Indem Jesi feinsprachlich zur Stätte Jesu gemacht wird (und wo, in einem katholischen Land, hätte er keine!), wird der notarielle Hymnus begrenzt auf die Behauptung einer besonderen Nähe des Kaisers zu Gott, was etwas ganz anderes ist als die Behauptung seiner Gottwerdung und darum hingehen mag; es war diese Pseudovergottung ja auch die Gewohnheit der Cäsaren seit Augustus. Übrigens kam mir die Idee zu diesen sophistischen Korrekturen während eines Besuchs der Latrine, die für einen Kaiser, *nach dem Zuge der Natur,* ein wichtiger Ort der eigenen Relativierung ist: Als Gott ging Cäsar hinein, als Erster nach Gott kam er heraus.

Puer Apuliae (III)

Die Klause des Marabouts stand allein im Feld an einer räudig verschilften und mit Unrat verelendeten Stelle, von wo aus man das Meer beim Berg Pellegrino sehen konnte. Der weißgekalkte fensterlose Bau mit einer verwitterten Brettertür in der dem Meer abgewandten Südseite war ein reiner Würfel, der an jeder seiner zwölf Außenkanten exakt vier Meter maß. Eine imaginierte Kugel, im Durchmesser um den Betrag der Stärke von Fußboden, Wänden und Decke vermindert, hätte mit ihrem Kreisumfang im Innern der Klause Estrich, Wände und Decke an sechs Punkten berührt. Man hätte sie, wäre das möglich und nicht nur denkbar gewesen, in jeder Richtung drehen können. Dem Kubus war als Kuppel eine Halbkugel aufgesetzt, weißgekalkt wie der Unterbau, und sie entsprach genau den Maßen der gedachten Innenkugel. Die horizontale Schnittfläche durch ihre Mitte wahrte darum von den vier Außenkanten des Kubusdaches genau jenen Abstand, der dem Betrag der Mauerstärke entsprach. Diese ebenso anmutige wie einfache geometrische Form hatten schon die iranischen Perser ihren Sakralbauten zugrunde gelegt, und als die Normannen in das sarazenische Sizilien einfielen und sie vorfanden, berauschten sie sich so sehr an ihrer Schönheit, daß sie das Grundmuster für die Turmelemente ihrer christlichen Neubauten übernahmen, wobei sie das Höhenmaß streckten und den Kuppeln, im Gegensatz zu den einfarbig weißen Eremitenhäusern, eine rote Farbe gaben. Palermo ist voll davon.

Kam ich, wie so häufig, nach Beginn der Dunkelheit und von Süden her, blickte mich die Klause des Marabouts schon von weitem mit einem geheimnisvollen rot leuchtenden Auge unter der gewinkelten Braue des Türstocks und dem kahlen Schädeldach der

Kuppel an. Auch glaubte ich, das heilige Haus rhythmisch atmen zu hören. Ich hatte die Vorstellung von des Marabouts Klause als einem lebenden, mir Wissen zuraunenden Wesen, obwohl ich natürlich wußte, daß das rote Auge das Holzkohlenfeuer des im Innern hinter der offenen Tür sitzenden Eremiten war und der Atem die Brandung des nahen Meeres. Aber es gefiel mir, so zu denken.

Nackte Wände, weiß. Nackter Boden, weiß. Nackte Decke, weiß. Die Kuppel darüber: blind, ohne Durchbruch nach unten wie in den reichen Kirchen Palermos. Ein Armenhaus des Geistes, ein Haus der angestrengten Askese. Die Spinnengewebe in den Winkeln: abgelebte komplizierte Gedankennetze, die in der Thermik des Kohlenfeuers schwach zittern, als seien sie noch belebt. Gefangen in ihnen, schwarz wie Fliegen, die Sünden des Fleisches, bis zur Gewichtslosigkeit leergesogen von endlosen reuigen Gebeten. Auf dem Boden, im Staub, den der Südwind durch die Tür trug, der Marabout, mehr Schatten als Gestalt, mit gekreuzten Unterschenkeln auf der Schilfmatte, die ihm als Sitz dient und als Bett; die schmutzige Kutte um sich: ein Dreieck mit den spitzen, den Stoff spreizenden Knien als Basis und dem wachsgelben Habichtskopf in der Zipfelkapuze als Spitze; die tiefliegenden Augen geschlossen, die langen Barthaare auf der Brust grau und strähnig; die knochigen Hände über dem glosenden Feuer, die langen Finger wärmesuchend im Rauch, beweglich, als übten sie das Würgen. Er roch nicht gut, es war Winter und der Fastenmonat, der das Unsaubere von innen nach außen bringt, fast vorbei. Schweiß, Urin, ein schlechter Atem, so nahe war ich ihm, sitzend wie er, auf der anderen Seite des Kohlenbeckens ihm gegenüber, den fröstelnden Rücken fast in der offenen Tür, die Sterne um den Kopf, das Königsblau der Nacht als Mantel um die Schultern.

Hörst Du mich, heiliger Mann?

Ich höre, sagte er nach einer Weile.

Ein Mensch namens Anweiler, ein Deutscher und einst der Haushaltsvorstand meines toten Herrn Vaters, behauptet, im Testament Kaiser Heinrichs als Verweser des Regno eingesetzt worden zu sein, über mich, den König. Er kam ins Innerste des Palastes. Domestikenverrat wies ihm den Weg. Wozu ich tauge, herrschte er mich an. Zum Freisein, antwortete ich. Als er lachend nach mir langte, als sei ich die Krone Siziliens, sprang ich dem Usurpator an den Hals. Seine Knechte rissen mich ihm vom Harnisch. Da nestelte ich mir den Kittel auf und zerkratzte mir, weil ich den Deutschen nicht verletzen konnte, ersatzweise Gesicht und Brust. Ich erlebte meinen ersten wirklichen Zorn, ich meine: bewußt, also männlich und nicht als Trotzgeschrei eines Kindes. Ich hatte, wie man mir später sagte, zum totenblassen Gesicht blasigen Schaum auf den Lippen wie ein tollwütiger Hund. Als ich merkte, daß der Deutsche mir nicht ans Leben, sondern nur ans Hemd wollte, um mich nach Erwachsenenart an mein Alter zu erinnern, also zu demütigen, fühlte ich mich plötzlich leer, betrogen um die Früchte meines Zorns.

Was, heiliger Mann, ist das: Zorn?

Die Augen des Marabouts gingen zu schmalen Schlitzen auf, hoben den Blick aber nicht vom Feuer. Plutarch, sagte er, der Hellene aus Böotien, den die Araber sich wegen seiner Weisheit in ihre Sprache übersetzten, sagte: Wer zornentbrannt ist, vergißt alles, bis er einem Haus ähnelt, das in Brand geraten ist, voll von Lärm und Rauch, so daß man darin nichts sehen oder hören kann. Wenn die Seele von Zorn erregt ist, können äußerliche Ermahnungen ihr nichts nützen, und man kann den Zorn nicht zum Erlöschen bringen.

Dann ist, sagte ich, derjenige ein Rasender für immer, der von Natur aus leicht in Zorn gerät und ihn nicht meistern kann?

In vielen Fällen, sagte der Marabout, löscht ein von innen Kommendes den Zorn: das Schweigen. Wer das Feuer seines Brennstoffs beraubt, sagt Plutarch, löscht es, und wer schweigt, löscht den Zorn.

Ich sprang auf, so heftig, daß ich mit dem Kopf an die Sterne stieß und der blaue Nachtmantel von meinen Schultern fiel. Das ist, sagte ich unter der Tür, zwar besser als das, was mir mein christlicher Lateinlehrer Wilhelm Francisius immer sagt: Wenn dir einer eins auf die rechte Wange gibt, halte ihm die linke hin, oder so ähnlich. Aber auch Dein Plutarch ist nichts für mich, heiliger Mann. Ich will nicht schweigen. Ich will meinen Zorn. Er schmeckt mir. Er macht mich zum Mann. Ich gehe.

Als ich zurückblickte, schaute mir das rote Auge seines Feuers nach. Ich hätte schwören mögen, daß es blinzelte. Ob vor Vergnügen an mir oder bloß vor Rauch, mochte ich nicht entscheiden. Ich lachte. Ich war noch jung.

Am folgenden Abend war ich wieder da. Der Marabout saß vor seinem Feuer, als habe er sich seit gestern nicht vom Fleck gerührt. Ich nahm wieder Platz, aber ohne Sternendiadem und nachtblauen Mantel an diesem Tag. Der Himmel war mit tiefziehenden Wolken bedeckt, aus denen es roten Sand regnete. Von Afrika stand der Scirocco herüber. Ich spuckte nach rückwärts in Richtung Tür.

Vor wem spuckst Du aus, Rudschero? fragte der Marabout.

Vor mir, sagte ich, einer gedanklichen Verknüpfung zweier Ereignisse folgend; und noch während meine Zunge sich bewegte, fragte ich mich, was es mir an Gutem und Bösem noch alles eintragen würde in meinem Leben, daß ich einen Verstand hatte, der schneller, als ein Augenlid auf und zu gehen kann, die disparatesten, durch die Logik voneinander getrennten Dinge zu einem neuen Ganzen zu fügen imstande war, das nicht Wahrheit ist und nicht Lüge, sondern ein Neues, das noch keinen Namen hat und von dem die Philosophen nichts sagen.

Du spuckst die Wüste aus, Rudschero.

Ja und nein, sagte ich.

Was ist das Ja?

Die Wüste.

Und was ist das Nein?

Auch die Wüste.

Als nach langer Zeit noch immer keine Frage von ihm kam, sagte ich seufzend: Es interessiert Dich nicht.

Du wirst es mir schon mitteilen, wenn es wichtig ist, sagte der Marabout.

Es ist wichtig. Sag mir, heiliger Mann, was das ist: Männlichkeit.

Asklepios, sagte er nach einiger Zeit des Nachdenkens ...

... Asklepios, der Grieche, äffte ich ungezogen, den die Araber sich seiner Weisheit wegen in ihre Sprache übersetzten ...

Du scheinst auch Deinen Verstand ausgespien zu haben, wies er mich ungehalten zurecht. Asklepios war der Heilgott der Griechen, den die Römer Aesculapius nannten, und er verkündete, die Männlichkeit bestehe darin, nichts zu tun, dessen man sich in der Öffentlichkeit schämen würde.

Ich dachte darüber nach. Schließlich fragte ich: Würdest Du sagen, heiliger Mann, daß ein löchriger Fetzen von Vorhang vor einem Zimmer, das mehr ein ebenerdiges, fensterloses Loch ist mit nichts als diesem Vorhang zwischen sich und einer öffentlichen Straße – würdest Du sagen, daß jegliches Geschehnis in diesem Zimmer eine Heimlichkeit im Sinne Deines Asklepios sei?

Die Hände des Marabouts hörten auf, den Rauch zu würgen. Du warst bei einer Hure, Rudschero, sagte er. Und jetzt hast Du Sand im Mund und die Wüste im Herzen.

Ja, sagte ich.

Und Du hast zum ersten Mal einer Frau beigelegen.

Ja. Ich neigte den Kopf über das Kohlenbecken. So würden die Worte aus meinem Mund ins Feuer fallen und wären rasch wieder aus der Welt.

Schämte ich mich denn? Aber ich hatte kein Unrechtsbewußtsein. Ich war kein Kind mehr. Es stand mir zu. Ich fürchtete lediglich das Ende meiner Geschichte, noch bevor ich auch nur angefangen hatte, sie dem Marabout zu erzählen.

Zwischen Nabel und Schamberg hatte sie eine lange senkrechte Narbe, die auf dem braunen Rauch weiß aus dem grünen Flitter ihres durchsichtigen Kaftankleides leuchtete. Tritt ein, sagte sie und hob sich lächelnd mit einer einzigen raschen Bewegung das Kleid bis unter die Brüste. Ich schluckte und starrte. Die Narbe stieg ihr ohne Übergang aus der Mitte ihrer hochreichenden Labien, die nach sarazenischer Art enthaart waren. Es sah aus, als hätte man die Frau einst von unten nach oben aufgeschlitzt, um an ihre Eingeweide zu kommen. Obwohl ich bis zu diesem Augenblick noch niemals das Geschlecht einer erwachsenen Frau gesehen hatte, wanderten meine Blicke weg von ihm; von der weißen Straße dieser monströsen Narbe zwanghaft geführt, gingen sie den Bauch hügelaufwärts, streiften Brust und Hals nur flüchtig und endeten auf dem Gesicht. Es gehörte zu einer nicht mehr jungen Frau von etwa dreißig Jahren. Der Mund darin bewegte sich im Sprechen, aber ich hörte keinen Laut, sie redete wie hinter Glas. Ich stand in tiefem Schock, aus dem ich nur langsam, durch den Schwall ihrer Worte hindurch, an die Oberfläche meines Bewußtseins auftauchte. Da hörte ich, daß sie meinen weit aufgerissenen, fragenden Augen Antwort gab. Das Kind habe sie haben wollen, ja. Sie war von dunklem Typus, aber nicht negroid, denn Mund und Nase waren wohlgeformt und nicht fleischig. Sie habe den Mann geliebt, ja. Das schwarze Haar trug sie in der Mitte gescheitelt und in viele dünne Peitschenschnurzöpfe geflochten, in die sie, unterschiedlich hoch, große grüne Seidenschleifen eingebunden hatte; so umstanden sie ihren Kopf wie eine Wolke aus tanzenden Schmetterlingen. Ein für seine Exklusivität zahlender Dauerfreier sei er gewesen, ja; darum sei sie sich seiner

Vaterschaft sicher. Von den kleinen Ohren hingen ihr an je einer fingergliedlangen Perlenkette große silberne Mondsicheln herab. Von seinem Kind habe er nichts gewußt, nein; er habe sie ahnungslos im Zustand der fortgeschrittenen Schwangerschaft verlassen. Der Schmuck, den sie am Hals trug, war barbarenhaft plump, steinernes Berberzeug, und darum unvorteilhaft, weil man auf ihm nicht in Bewunderung verweilte, sondern hinter ihm die zu frühe Altersschwäche der Halshaut in der Höhlung über dem Brustbein wahrnahm. Nein, ihre Geburtswege seien nicht zu eng gewesen. Die Augen waren nach der Schminkweise der Dirnen schwarz umschattet. Auf Lippen und Lidern, wie auch auf den Fingernägeln, schimmerte der graue Spießglanz des Antimons. Sie habe das geliebte Kind nicht auf einem Weg in die Welt treten lassen wollen, der beschmutzt sei von der Lust zu vieler Männer, das sei es gewesen, ja. Ihre Oberarme waren fest und von der Proportion her in Harmonie mit einem im ganzen schlanken Körper. Ein Arzt habe sich in Palermo finden lassen, gegen ein späteres Honorar in Naturalien, ich wisse schon. Ihre Brüste waren klein und nicht sehr fest, ihr Brustkorb leicht gezeichnet von den Rippen. Sie arbeite für zwei, ja, und esse nur für ein Halbes, aber sie lebten beide, Mutter und Kind, und sie seien glücklich, doch. Die Narbe dehnte sich unter den raschgehenden Atemzügen, die von der Erinnerung an die uterine Passion beschleunigt wurden. Meine Blicke folgten der Bewegung und gingen, wiederum zwanghaft, nun den umgekehrten Weg: zurück zu den auch im Stehen der Frau leicht klaffenden Labien, deren äußere in farblicher Übereinstimmung mit den Gesichtslippen diskret geschminkt waren. Ich sah es erst jetzt, es war nicht abstoßend, aber es bewirkte dennoch nichts in mir. Die Erektion, die ich hereingetragen hatte, war unter dem Ansturm der Bilder und Worte längst gewichen. Seit sie die Narbe habe, kämen fast nur noch die ganz jungen Männer zu ihr. Wie alt bist Du, fragte sie. Ich sagte: zehn. Laß mich sehen, sagte sie und nestelte mir Hosenbund und Kittelkragen auf. Ich zitterte vor Scham. Mit dem Takt einer Mutter ging sie über meine nun sichtbare Schwäche hinweg, half mir aus den Kleidern, entkleidete auch die Eichel, legte sie sich in das hennarote Innere ihrer hohlgemachten linken Hand, goß mit der rechten aus einem Krug einen Schwall Wasser darüber, trocknete alles zart mit ihrem Seidenkleid und führte mich schließlich zum Diwan hinten an der Wand. Ich setzte mich auf seinen Rand, und nachdem sie sich das Kleid über die Hüften gehoben hatte, glitt sie mir, mich umhalsend, auf den Schoß. Sie saß seitlich, die Beine geschlossen, den Körper mir im Profil zugekehrt; so sah ich ganz nah ihre Brüste, den Rauch und die Schenkel, aber es bewirkte wieder nichts. Ohne uns anders als mit unserer Schoßwärme intim zu berühren, saßen wir da, und dann flossen unsere Tränen ineinander. Die Hure vergeistigte sich in mir zur Mutter.

Irgendwann in der Nacht, als der Straßenlärm aufgehört hatte, steckte jemand von draußen den Kopf herein. Wir saßen unverändert, und die Kerze war längst niedergebrannt. Eine männliche Stimme rief leise fragend einen Namen, welcher der Frau auf meinem Schoß gehören mußte, denn sie drehte sich zur Tür und zischte das Wort *occupato*. Der Kopf verschwand mit einem schmutzigen Lachen. Da stieß ich sie vom Schoß. Unter Ausrufen des Nichtverstehens und des Protestes fiel sie zu Boden, wo sie umständlich die Kerze entzündete, während ich in panischer Hast mit den Kleidern kämpfte, schluchzend vor Zorn und Scham, und dann auf die Straße entfloh. Ich hatte nicht gezahlt, aber ich hatte auch nichts erhalten. Was sagst Du, heiliger Mann?

Der Marabout sagte lange nichts. Das Feuer zwischen uns war erloschen, wir saßen in Dunkelheit und Stille, selbst das Meer war nicht zu hören, der Scirocco stand gegen die Brandung und nahm das Geräusch der Wellen mit sich fort. Geh zurück zu ihr,

Rudschero, sagte der Marabout endlich. Da sie Kinder liebt, ist sie sauber, geh also, denn anders bringst Du die Sehnsucht nach einer Mutter nicht aus Deinem Blut. Stoße die Jahre Deiner Kindeinsamkeit zornig in ihren Leib, gib ihm Deine Tränen und Deinen Samen, und komm als Mann wieder aus ihm heraus. So, wie es sein wird, wird es nie wieder sein. Dann komm hierher zurück, danke Gott für das große, einem jungen Mann nur selten zustoßende Glück einer großen Mutterhure und säubere am Strand Dein Genital nach der Weise der Wüstenaraber mit Sand. Geh jetzt.

Kritik der erwarteten Kritik

Ich blätterte heute kritisch in diesen Papieren, auf allfällige Korrekturen aus. Die Blasphemie, als die sich jene Textstelle von der relativierten Selbstvergottung zu präsentieren scheint, ist die Wahrheit, eine unreine zwar, wie zuzugeben ist, aber trotzdem die Wahrheit: Die Eingebung, mich als urkundlich beglaubigter Gott orthographisch und grammatisch wieder zu entthronen, kam mir auf dem menschlichsten aller Thronsitze. Und warum sollte das nicht wahr sein? Und wer außer mir kann es wissen? Muß es nur deshalb unwahr sein, weil es sich nicht schickt, mit dem Pressen des Leibes auch, ja überhaupt, Gedanken zu produzieren? Und da doch einer Gebärenden kirchlicherseits geraten wird, beim Austreiben der Leibesfrucht an erster Stelle an Gott und erst an zweiter an sich selber zu denken, warum sollte es dann dem Kaiser als blasphemische Frivolität anzurechnen sein, wenn er sagt, er habe beim Auspressen der *faeces* an Gott als den Ersten und an sich selber als den Ersten nach Gott gedacht? Es muß schließlich auch der Stellvertreter Christi auf Erden, kaum daß er vom Kardinalskollegium zum Papst gewählt ist, sogleich auf die *sella stercorea*, den öffentlichen Kotsitz vor dem

Kirchenportal, damit er auf ihm seine neue Nähe zu Gott an seinem alten Adam in Demut relativiere. Und auch der grausigste aller Gedanken steht im Kotgeruch: die Frage der Katharer, was denn eigentlich mit dem Leib Christi geschehe, nachdem er zum Abendmahl gegessen worden sei. Daß wir koten, ermöglicht uns, daß wir essen. Daß wir essen, ermöglicht uns, daß wir leben. Daß wir leben, ermöglicht uns, daß wir denken. Spätestens seit Diogenes, dem weisen Faßbewohner, der sich von dem großen Alexander nichts weiter erbat, als daß er ihm aus der Sonne gehe, ist die animalische Sekretion des menschlichen Körpers als philosophisches Argument stubenrein: Als Platon den Eros zu den Sphären entrückte, holte ihn sich Diogenes wieder auf die Erde herunter, indem er auf den Stufen der Akademie handfest onanierte. Das trug ihm bei den Athenern den Schimpfnamen Hund ein (und in Ableitung davon allen seinen Epigonen den Namen Kyniker), aber es hinderte Alexander nicht zu erklären, er wäre gern Diogenes, könnte er nicht Alexander sein.

Über Gott, die Seele und so weiter

Ich fühle mich Diogenes verwandter als Platon, mit dessen Feinsinnigkeiten ich wenig anzufangen weiß. Seinen Gedanken zu folgen verursacht mir Kopfschmerzen, die indessen manchmal nicht vom Nach-Denken, sondern vom Schütteln des Kopfes herrühren über so viel ätherisches Geschwätz. Im *Timaios* läßt er sich folgendermaßen über die Seele aus: Gott habe sie jedem als seinen Daimon gegeben, diejenige Form also, von der wir mit vollem Recht behaupten würden, sie habe ihren Sitz zuhöchst in unserem Körper und hebe uns, im Hinblick auf die Verwandtschaft mit dem Himmel, von der Erde aufwärts, da wir nicht irdischen, sondern himmlischen Ursprungs seien. Denn dorthin, so sagt Platon weiter, woher unsere

Seele Geburt und Ursprung habe, richte das Göttliche unser Haupt und damit unsere Wurzel, und so gebe es unserem ganzen Körper die aufrechte Haltung.

Es steckt in jeder dieser Aussagen eine Frage für den Verstand, aber nicht eine einzige Antwort, die ihn befriedigen könnte. Man muß schon gleich fragen, wer oder was das sei, dieser Gott? Er ist ein Wort, eine Buchstabenreihung, macht man es sich leicht, ein Sprachereignis, nimmt man es ernster, in jedem Fall ein Wort, das über Gott nichts aussagt. Wer Gott sagt und nichts weiter, wer ihn nicht erklärt, seine Eigenschaften nicht benennt, der sagt nicht nur nichts über Gott, er sagt überhaupt nichts. Er spricht ein Wort aus, das in jeder Sprache das nichtssagendste von allen ihren Wörtern ist. Gott ist dann der Anstoß der hinteren Zunge an den oberen Gaumen, gefolgt von einem scharfen Luftstoß über die Stimmbänder nach voraufgegangener Lösung des Zungen-Gaumen-Kontaktes unter Mithilfe des nach oben schnellenden Unterkiefers. Verlernten die Menschen aus irgendeinem Grund diese Lautbildung (oder die einem anderen Wort für Gott entsprechende), verschwände also das Wort Gott aus den Sprachen, dann verschwände mit ihm auch Gott aus der Welt, denn er ist nichts als dieses Wort. Seine Allmacht ist die Allmacht dieses einen Wortes über das Denken der Menschen, seine Allgegenwart ist die Allgegenwart dieses Wortes in allen Sprachen. Gott ist, weil Gott in aller Munde ist. Es opfern ihm selbst die noch, die nicht an ihn glauben, weil sie ihr Nichtglauben an nichts anderem als an diesem Wort festmachen können, denn was nicht einmal ein Wort ist, kann man auch nicht leugnen. So bin auch ich angenagelt an dieses Wort wie Jesus Christus ans Kreuz, leidend an einem Gott, den ich bezeuge, indem ich ihn leugne.

Von solchen Vernunftfragen gepeinigt, sagen die Theologen verlegen, es gebe Gott nicht so, wie es alles andere gibt, dessen Ursprung und Ziel er sei; damit es Gott geben könne, dürfe es ihn eben nicht geben; seine Abwesenheit sei seine ganz spezielle Weise der Anwesenheit. Das ist die Erhebung des Absurden zum logischen Grund. Aber es inspirierte mein eigenes Nachdenken über Gott. Es ist ein Denken auf der Doppelspur der euklidischen Parallelen, hinaus aus dem dreidimensionalen geometrischen Raum ins Unendliche, was immer das sei. Hier, fern der Welt, müssen sie sich wegen der unvermeidlichen Ungenauigkeit ihrer Anlage zueinander notwendigerweise einmal treffen, an einem Ort, den es indessen nicht gibt, denn nach den Gesetzen der Logik ist parallel nur, was in alle Ewigkeit parallel ist, und wenn es das nicht ist, dann war es von Anfang an nicht parallel. So wäre denn der Ort, an dem die geraden Linien sich treffen, ein geometrischer Nicht-Ort. Analog zu den Absurditäten der theologischen Gottesbeweise kann man auch sagen: ein geometrischer Gott.

Ich dachte weiter darüber nach, als ich hörte, daß Thomas von Aquin, dessen Familie mir seit langem eng verbunden ist, in Paris, wohin er zum Studium entfloh, das Folgende gesagt habe: Gott zu begreifen sei nicht möglich für einen geschaffenen Geist, Gott zu berühren aber mit dem Geiste, wie immer dies auch sein mag, sei größte Seligkeit. *Wie immer dies auch sein mag* – diese Unbestimmtheit des jungen Aquinaten, den ich gern in Neapel behalten hätte, an meiner Universität, ließ mich spekulieren, und ich vertiefte mir das Bild von den euklidischen Parallelen, indem ich mir die eine ihrer beiden geraden Linien als meinen Geist und die andere als Gott dachte. Dann geschieht dort, wo sie notwendigerweise zusammentreffen, im Unendlichen und weit außerhalb jeder Begreifbarkeit, die größte Seligkeit: *Da berührt mein Geist Gott.*

Aber ach, er kann Gott nicht halten, denn er ist zu Gott unvollkommen angelegt von Anfang an. Die beiden geraden Linien, Gott und Geist, kreuzen sich in einem Augenblick des trügerischen Einsseins und wandern sogleich wieder und bis in alle Ewigkeit auseinander – weiter, immer weiter, und ich bin Gott wieder los: bin gottlos.

Angeregt worden waren diese Gedanken von einer geometrischen Zeichnung, die mir der Mathematiker Lionardo Fibonacci im Anschluß an unser erstes Zusammentreffen, 1226 in Pisa, zu Händen von M. Scotus geschickt hatte (der Schotte, der bis dahin ein Günstling des Heiligen Stuhls gewesen war, hatte dem Gespräch beigewohnt und war im Anschluß daran von mir an meinen Hof als Mathematiker und Astrologe engagiert worden). Die Zeichnung – sie fand sich neulich im Hofarchiv von Foggia wieder – war die Antwort des großen Pisaners auf eine von mir eher beiläufig gemachte Bemerkung gewesen, ich hätte Realisationsprobleme mit der Ideenlehre Platons, auch mit der Endlichkeit oder Unendlichkeit der ganzen Zahlen und schließlich noch mit den euklidischen Parallelen, das heiße: mit ihrem Zusammentreffen oder Nichtzusammentreffen außerhalb des menschlichen Gesichtskreises im Raum. Ich füge Lionardos Zeichnung in Kopie diesen Papieren bei, ist sie doch der Versuch, die von mir aufgeworfenen Probleme in einem einzigen Aufriß, wenn schon nicht zu lösen, so doch anschaulich zu machen.

«Sage Deinem Herrn», hatte der Pisaner in einer Legende zu seiner Zeichnung an M. Scotus geschrieben, «er möge sich mit mir auf einer Senkrechten (a) in Gedanken hinauf ins All bemühen. Steighilfen sollen ihm die Zahlen sein, die ich an dieser Senkrechten antrug, zwar in einem Kontinuum, aber nicht in vollständiger Abfolge; es hätte letzteres die Zeichnung unleserlich gemacht, kann doch keine Feder, und sei sie noch so zugespitzt, dem abstrahierenden menschlichen Denken die Tinte reichen, wenn ich das einmal so sagen darf. Gewiß wird Dein kaiserlicher Herr auch sehen, daß die Senkrechte (a), indem sie die Manuskriptseite nach oben hinaus verläßt, in die Unendlichkeit entschwindet, sozusagen. Und müssen wir denn mit dem großen Aristoteles nicht auch glauben, daß die Reihe der Zahlen unendlich ist, auch wenn kein Mensch sie auszuschreiben vermöchte und Papier sie nicht tragen könnte? Schon die Vorsokratiker sagten, es gebe kein Größtes, sondern nur ein Größeres.

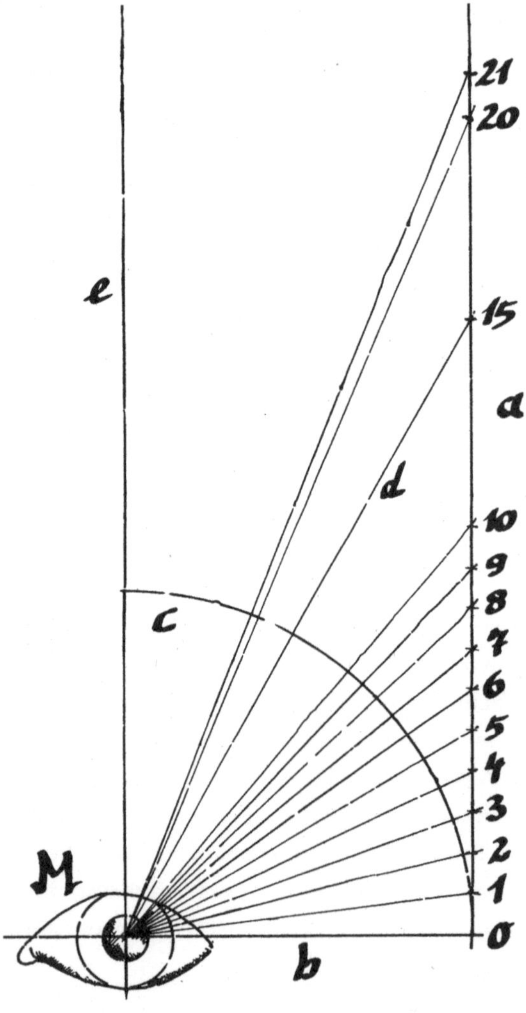

An die Stelle der Null, mein Freund, die ich, wie Du weißt, dem Abendland aus dem Arabischen brachte, wo sie *as-sifr* heißt, die Leere, trug ich den irdischen Horizont (b) an, auf dem das Auge des Menschen (M) ruht. Da es die Krümmung des Erdhorizonts nicht wahrnimmt, braucht diese uns hier auch nicht zu kümmern. Um den Pupillenmittelpunkt schlug ich, verlaufend durch den Nullpunkt als den Scheidepunkt zwischen Himmel und Erde, den Sehkreis des Menschen, der ihm nur im Bereich eines Viertelkreises die Dinge der Welt wirklich scharf erscheinen läßt.

Nun zum Eigentlichen. Die Zahlen auf der Senkrechten (a) stehen in meiner Zeichnung für die sogenannten Ideen Platons, der, wie jeder halbwegs philosophisch Gebildete weiß, alle irdischen Dinge nur für die Abbilder solcher Ideen in einem außerirdischen Raum hielt, für Wesenheiten, an deren Vollkommenheit ihre irdischen Entsprechungen mehr oder weniger teilhaben. Platon hielt diese Ideen für wirklich, daran ist nicht zu zweifeln, und er suchte sie vor allem im Bereich der Mathematik. So tue ich ihm keine Gewalt an, wenn ich in meiner kleinen Zeichnung den Zahlen einen Status platonischer Ideen gebe.

Du siehst nun weiter, mein Freund, daß ich mir vermittels meines Denkens (d) die realen Ideen, sprich die Zahlen, aus der Ferne des Alls herniederhole auf meinen irdischen Gesichtskreis, wo ihre Abbilder sich in geringerer Vollkommenheit, symbolisiert durch eine sehr viel größere Nähe zueinander, als sie im außerirdischen Raum haben, nun drängen: Es ist die durch Denken erzwungene Ordnung in der Fülle und Wirrnis der irdischen Gestalten. Und diese Ordnung ist einem Menschen, der nicht mit großer Schärfe sieht und denkt, nicht leicht erkennbar. Dein kaiserlicher Herr ist aber von der Art der Scharfgesichtigen. So wird es ihm nicht schwerfallen zu begreifen, daß selbst eine bis ins Unendliche fortgesetzte Zahlenreihe auf dem Viertelkreis Platz hätte, der hier für die menschliche Erkenntnisfähigkeit steht. Erleichtert werden wird ihm diese Einsicht dadurch, daß er, wie ich unserem Gespräch in Pisa entnahm, mit der Sicht des heiligen Augustin auf solche letzten Dinge vertraut ist. Du weißt, daß der Bischof von Hippo den Gedanken nicht ertragen konnte, es würde unendliche Dinge geben, die noch über Gottes Wissen hinausgingen. Darum hielt er dafür, daß auch das Unendlichgroße der Zahlen, das er im Prinzip nicht bestritt, in Gott ein Ende finden müsse.

Weil dies in diesen ketzerischen Zeiten auch meine Meinung sei, zog ich, ausgehend von der Erkenntnisfähigkeit des Menschen (M), durch das gedachte (aber nicht mehr gezeichnete) Abbild der letzten, aktual vorhandenen unendlichen Zahl auf dem Viertelkreis (c) zur Senkrechten (a) die Parallele (e), welche das menschliche Denken in den unendlichen Raum hinein verlängert. Nun hat es als gewiß zu gelten, daß menschliches Denken nicht in absoluter euklidischer Parallelität zur Unendlichkeit verlaufen kann, weil unser Denken von Anbeginn, wie schwach auch immer, dem Unendlichen und seinen göttlichen Geheimnissen zustrebt. Also werden die beiden geraden Linien sich irgendwann und irgendwo im Raum einmal schneiden. Und dieser Schnittpunkt ist Gott. In ihm hat sowohl menschliches Denken als auch die Unendlichkeit der Zahlen ein Ende.»

In einem Postscriptum schrieb der Pisaner noch dies an M. Scotus: «Würde es Dir, lieber Bruder im euklidischen Geist, sehr viel ausmachen, wenn Du, natürlich mit Diskretion und Takt, Deinem kaiserlichen Herrn bedeuten würdest, daß ein Professor selbst dann nicht von seinen Ideen leben könnte, wenn diese so real wären wie die des großen Platon?»

Ich bezahlte ihn angemessen.

Zur Seele nun. Da Platon sagt, die Seele des Menschen sei göttlichen Ursprungs, muß sie stofflos sein, weil auch Gott, darin sind sich alle einig, stofflos ist, denn wäre er stofflich, dann gäbe es ihn auch; da es ihn aber als Voraussetzung dafür, daß es ihn gibt, nicht geben darf, wie die Theologen uns sagen, muß er stofflos sein, wie die Seelen der Menschen auch, die von ihm kommen. Da es nun viele Menschen gibt, muß es auch viele Seelen geben, auch wegen der von der Orthodoxie behaupteten individuellen Unsterblichkeit der Seele, die den Einzelmenschen je nach der Qualität seines Lebenswandels nach seinem Tod als gut oder böse in Himmel oder Hölle fortleben lassen soll. Die Annahme von Seelen ohne Stoff aber, die trotzdem viele sein sollen, sei etwas Unerhörtes, lehrte um die Zeit meiner Geburt der hispano-arabische Philosoph ibn Ruschd, uns Christen besser bekannt als Averroes. Denn, so der Cordobese, die Ursache von Vielheit könne nur die Materie sein, während die Ursache der Übereinstimmung in der Vielheit die Form sei. Daß also zahlenmäßig viele Dinge, die in ihrer Form übereinstimmen, ohne Materie existieren sollen, sei unmöglich.

Noch unmöglicher aber ist es, eine stoffliche Seele anzunehmen. Sie müßte im Leib des Menschen lokalisierbar sein. Das ist sie nicht. Sie müßte auch bei seinem Ableben körperlich himmelwärts entweichen. Das tut sie nicht. Nicht weil ich es für möglich gehalten hätte, sondern weil das Experiment zum Beweis einer Hypothese dem deduktiven Denken allemal vorzuziehen ist, ließ ich vor vielen Jahren schon einen auf den Tod kranken Häftling bei Anbruch seiner letzten Stunde, die ein Arzt mit einem kontraindizierten Trank kalkulierbar gemacht hatte, in ein Faß nageln. Er starb darin nach Programm. Aber weder begehrte danach eine Seele Auslaß, noch sah, hörte oder spürte man beim Öffnen des Fasses eine entweichen.

Mich genierte dieses kindische Experiment schon gleich nach seiner Beendigung, weil es menschliches Denken nicht stützte, sondern der Lächerlichkeit preisgab. Es lag an der Zeit, die unter dem Einfluß antiken griechischen Denkens, welches über die Araber in unsere lateinische Welt zurückkam, gerade anfing, sich abzuwenden von einer spiritualistischen, rein symbolisierenden Weltbetrachtung, hin zu Aristoteles und dem machtvollen Einbruch des Wirklichen in das Philosophieren. In derartigen Zeiten, wo man den Geist mit der Stimme des Feuers atmen zu hören glaubt, schwingt das Pendel der Gedanken leicht von einem extremen Ausschlag zum andern zurück. Die bis dahin ganz und gar abstrakte Wissenschaft wurde plötzlich handgreiflich, da konnten Mordtaten an Logik, Ethik und Metaphysik nicht ausbleiben. Andererseits: Wer noch heute an die Fleischwerdung Gottes glaubt, hat kein Recht auf Spott über ein damaliges Denken, das eine Stofflichkeit der Seele nicht a priori als unmöglich ausschließen mochte.

Ich bin mir sicher: Es gibt keine individuelle unsterbliche Seele. Ich glaube mit Averroes und dem von ihm revitalisierten Aristoteles, daß die einheitliche Vernunft des Menschengeschlechts, die uns von den Tieren unterscheidet, unsere Seele ist und daß diese verständige Seele, die teilhat am *intellectus universalis* als dem ewigen Geist, in allen Menschen nur Eine ist, so daß ein individuelles Fortleben des Bewußtseins nach dem Tod entfällt, weil das, was an der menschlichen Seele individuell, eigen-artig ist, leiblich bedingt ist, also sterblich.

So hätte denn Platon in einem recht: Die Seele des Menschen, gottgegeben, himmlisch oder wie immer, hat ihren Sitz zuhöchst in unserem Körper, denn dort wohnt die Vernunft, die aus dem Denken kommt. Daß sie uns deswegen auch himmelwärts zöge, in den aufrechten, uns von den Tieren scheidenden Gang, weshalb dieser von der Seele herrühre, das bezweifle ich. Es richten sich auch die Affen meiner Menagerie so zwanglos auf und bewegen sich ohne Anstrengung so sicher auf zwei Beinen, daß es wohl noch etwas anderes als die Seele geben muß, das sie himmelwärts zieht, zumal sie den Platonschen Daimon gewiß nicht in sich haben. Auch kann keiner, der einen Blick für Tiere hat, umhin zu bemerken, daß auch den Affen beim Aufrichten die Hände wie von selber an die Genitalien gelangen.

Und hier geht das Ende meines Nachdenkens über Gott, die Seele und so weiter an seinen Anfang zurück: Es onanierte nicht nur Diogenes, es onanieren mit den Händen als einzige Tiere, soweit ich sehe, auch die Affen. Darüber, und über alle Implikationen daraus, hätte ich im Beisein des Diogenes gern mit dem großen Platon diskutiert.

Puer Apuliae (IV)

Du bist wieder da, Rudschero, sagte der Marabout. Kommst Du als Mann oder als Knabe?

Als Mann, sagte ich.

Hast Du Dich gereinigt, wie ich Dir riet?

Wenn Du den simplen Akt einer postkoitalen Waschung meinst, sagte ich, eine der Körperhygiene dienende Reinigung der Genitalhaut von den eigenen Sekreten und denen der Frau, dann ja. Wenn Du unter Reinigung aber einen spirituellen Akt verstehst, eine Art Häutung im Sand, der Schlange gleich, dann nein.

Ich meinte es muslimisch, also beides, sagte der Marabout. Das eine geschieht für die Nasen der Menschen, das andere für die Augen von Gott.

Ich bin Christ, heiliger Mann. Jedenfalls gefällt es mir, gelegentlich einer zu sein; es hat vor dem Gewissen seine Vorteile.

Was willst Du damit sagen? Es klingt zynisch, also hündisch, sagte der Marabout.

Ich las neulich in der Bibel, sagte ich. Im Evangelium des Johannes fand ich eine Stelle, die ich nur so lesen kann, als habe sich das Wort Gottes, sein Logos, in Jesus Christus verleiblicht, sei Fleisch geworden, damit die manichäische Leibfeindlichkeit nicht sagen könne, der Leib sei vom Bösen. Gott, so lese ich das, materialisierte sich in der Welt, weshalb die materielle Welt nicht von Grund auf schlecht sein kann. Wenn Gott harnt und sich entleert, wie Deine Hypothese lautete, dann können die dampfende Verdauung und das schleimige Gekröse des Gedärms nicht unrein sein. Wenn Gott der Potenz nach zu Erektion und Ejakulation fähig ist, zu jeder Zeit, in jeder Frau, dann kann die Kohabitation weder potentiell noch aktuell schlecht sein, und welchen Sinn sollte es haben, sich zu enthalten, wenn Gott in Gott selber auf die Erfüllung des Möglichen drängt?

Wir waren übereingekommen, sagte der Marabout, daß es einen fleischgewordenen Gott nicht geben könne.

Ich folgte Dir in Deine Gedanken, heiliger Mann, aber ich folgte Dir nicht in Deinen Glauben. Noch bin ich Christ, und ich sehe nicht, wie ich als christlich getaufter und gesalbter König je etwas anderes werden könnte. Kannst Du mir nicht ebenso in meine Gedanken folgen, ohne mir in meinen Glauben zu folgen?

Du hast nur Gedanken, Rudschero, und zu alte für Deine Jahre. Einen Glauben hast Du nicht, weder den Dir angetauften noch meinen. Du wirst Dich bald entscheiden müssen.

Ich bin noch jung, heiliger Mann, und habe Zeit. Averroes, von dem Du mir erzählt hast, sieht im Koran, und das gilt gewiß auch für die Bibel, ein Buch, aus dem nur der Ungebildete alles Nötige für seinen Glauben erfahren kann. Eine Übereinstimmung von Wissen und Glauben brauche er nicht, wie Du und ich sie brauchen, weshalb der Philosoph Gedanken denken dürfe, die nicht notwendigerweise im Glauben münden müßten.

Du legst die Philosophen aus, wie es Dir paßt, sagte der Marabout. Averroes zielte auf die Versöhnung von religiöser Offenbarung und wissenschaftlicher Vernunft. Im Zweifelsfall galt ihm das Wort des Korans.

Ein nüchterner Geist wie Averroes, sagte ich, einer, der nicht an die Unsterblichkeit der Seele glaubt und darum auch an einen Himmel mit darin umherfliegenden Engeln eigentlich nicht glauben kann, wie Bibel und Koran es implizieren, so einer erkennt den Koran als letzten Richter über sein Denken nur zum Schutz der eigenen Freiheit an, wo nicht gar zur Rettung seines Lebens vor der Orthodoxie, also im Herzen nicht. Und hat das spanische Kalifat ihn denn nicht schließlich auch verbannt und seine Lehren verboten?

Sie haben ihn vor seinem Tod rehabilitiert, sagte der Marabout. Aber worauf willst Du hinaus? Du redest, aber Du sagst nichts. In die Trinität Gottes, wenn es das ist, kann ich Dir nicht folgen, nicht einmal in Gedanken, denn sie wären absurd.

Aus dem Absurden kann Glauben fließen, heiliger Mann. Aber willst Du nicht wenigstens zuhören? ... Du seufzt, also wirst Du mir zuhören.

Du hast die mildernden Umstände, die dem Knaben zukommen, sagte der Marabout. Es pubertieren auch Deine Gedanken noch, verwechsle darum Schwellung nicht mit Reife.

Das Wogen der Leiber auf Straßen und Plätzen um die Goldene Muschel Ich Fleisch unter Fleisch im süßen Duft aus den Haaren der Frauen und dem strengen aus ihrem frischen Schweiß Hündisch auf der Fährte: nicht die aber die Im schnellen Schreiten das Andrängen an ihre linke Seite Die Begünstigung der lüsternen Absicht durch Eselskarren und Volk im Gegenstrom Das Überholen um einen halben Schritt Das Ausstellen des rechten Oberarms lauernd und sacht Die Berührung schließlich wie im Zufall eines beengten Gehens: am Arm das unendlich süße Gefühl einer runden festen Brust durch das Erkennen ihres Fleisches zur nachhaltig brennenden Erinnerung gemacht Den Arm wie verbrannt an den Körper zurück Ein kehliges Wort der Entschuldigung Ein fragender Blick in große weit aufgeschlagene dunkle Augen: nichts Der neue Versuch: nicht die aber die Der augenfüllende göttliche Arsch an den der Meerwind die warme Wange schmiegt Nichts anderes mehr im Blick Die geahnte Teilung der Backen Ihr Schwingen im Rhythmus des Gehens Die saugende Nähe Das Eindenken zwischen die Schenkel: Haut klebt an Haut Lippe an Lippe: der sich selber küssende Mund Honig und Schweiß Hibiskus ganz nahe und Fische von fern Der Neid auf die Steine des Pflasters unter ihrem Schritt Der Neid auf die Luft unter ihrem Kleid Der Neid auf die Seide an ihrem Leib Der Neid auf den Wind der sie böig stößt Der Neid auf die Nacht die sie nackt sehen wird Der Neid auf das Wasser das sie benetzen und auf das Tuch das sie trocknen wird Die rinnende Nässe aus Achseln und Genital Der staubtrockene Mund Die sich vortastende Hand Das Gefühl wie es sein wird Eine letzte Vergewisserung von fremder Ahnungslosigkeit aus den Augenwinkeln rechts und links Die Kühnheit der Hand doch wieder gebremst von Angst und Scham aber nur die Sonne starrt Das taumelige Gehen durch endlose Straßen Der zerfließende Mut Die Bescheidung endlich auf Berührung des Fleisches nur mit dem Geist: das reinere Glück, die köstlichere Wonne, die kleinere Sünde Die Heiterkeit des Einfalls GOTT LEHNT SICH ZURÜCK: *Na Gott sei Dank Das Murmeln der Menge im brausenden Chor* ES IST DER KÖNIG *mit Stimmen die nichts sagen und Blicken die nichts fragen nur die Sonne starrt Der Hohn eines plötzlichen Windstoßes der ihre Backen durch die Seide preßt. Das in den Hoden gefühlte Bild Die Rückkehr der Gier Die Dehnung der Angst zu mystischer Raserei: Nach der Berührung nun die Entblößung des Fleisches mit dem Geist Das imaginierte schwellende Weiß Die ins Dunkle strebende Schlucht Dessen Kühle und deren Glut Der Kniefall Das Einkrallen Die Spreizung: Anus und Vagina / Hure und Mutter Der trockene Brunnen im scheckigen*

Fleisch und der Mund der Maria im keuschen Flaum Das Mysterium im Mittagslicht Die Entrückung in die Sphären Die Entkleidung der Mutter durch den Sohn Ihre Bettung in Wolken Ihre Nacktheit unter Schleiern Ihr Lächeln unter Schmerzen: KOMM ... Die die Hand greifende Hand Der den Leib suchende Leib Der zum Mund taumelnde Mund Das weit gedehnte Geschlecht Die Rückkehr in den Schoß Das einströmende Blut Die zurückgenommene Geburt Und das letzte Wort ist das erste: MUTTER ... Das Erwachen und das Sichverlieren in der Menge Die neue alte Vereinzelung Die Flucht wieder in die Gärten Das Handanlegen im Schutz einer Palme und hinter zitternden Lidern das Einwühlen in einen namenlosen Schoß Das Aufwallen von Tränen und Samen ...

Warum redest Du nicht endlich? fragte der Marabout.

Ja sagte ich denn nichts?

Ich habe Dich gehört, obwohl Du nichts gesagt hast, und ich will Dir antworten. Wäre ich ein Christ und müßte ich den Propheten Jesus deuten, dann würde ich vorsichtig sagen, er sei gewiß nicht Gott, sondern Mensch, und zwar der *wahre* Mensch, dessen Größe sich nach dem Abstand bemißt zwischen dem, was er leiblich kann, und dem, das er sich geistig nicht erlaubt. Du weißt, was ich meine. Du und ich und alle andern auf der Erde sind mehr als Tier, aber weniger als Mensch, wenn es wahr ist, daß der Mensch, wie die heiligen Texte sagen, als Ebenbild Gottes entworfen ist. Jesus wäre dann dieser Mensch: der Mensch in Gottes Person. So, und nur so, kann man ihn glauben. Und auch so ist er noch furchtbar genug in seiner Vollkommenheit. Gebe Gott, der einzige und wahre, daß dieser Jesus, den die Christen Seinen Sohn nennen, ein fernes Wunschbild der Menschwerdung bleibe. Er ist der Weg, nicht das Ziel. Wären alle Menschen ihm gleich, die Welt müßte zu einem lauen Brei werden, in dem das Gute nicht mehr wüßte, daß es gut ist, weil das Böse es ihm nicht mehr sagt. Die Menschen hielten das Leben nur für einen Durchgang in die Ewigkeit und den Tod für deren Tür, die sie in fröhlicher Beschränktheit hinter sich zuschlügen, ohne die Gewißheit der Auferstehung zu haben, denn diese ist, wenn sie ist, Pneuma, also Geist, und Himmel und Hölle sind Haschisch und Geißel in der Hand der Kirchen.

Du redest wie ein Häretiker, heiliger Mann, sagte ich.

Ich bin nur alt, sagte der Marabout, und gebe Dir meinen letzten Rat: Lebe, bevor Du stirbst.

Wir sahen uns nie wieder. Bald danach verheirateten sie mich. Ich war dreizehn, als sie in Saragossa, ohne mich, meine erste Ehe schlossen. Die Braut war dreiundzwanzig, Witwe eines Königs und Mutter eines Sohnes: die spanische Konstanze aus dem Hause Aragon. Es war, was sonst, eine im Vatikan ersonnene politische Ehe. Als Konstanze ein dreiviertel Jahr drauf in Palermo eintraf, 1209, dem Jahr meiner Volljährigkeit nach sizilischem Recht, und ich, gehorsamer Sohn der Heiligen Kirche, zu ihr ins Ehebett stieg, versagte ich kläglich. Da verließ ich sie. Im Hafenviertel suchte ich nach der sarazenischen Hure mit der großen weißen heiligen Narbe. Ich fand sie, und sie erlöste mich ein letztes Mal von dem Übel, das meine Kindheit war.

Textkritik (III)

Als ich nach einiger Zeit der Abwesenheit von Foggia, wo ich an diesen Papieren gearbeitet hatte, das zuletzt Geschriebene noch einmal überlas, war ich unzufrieden. Ich bemerkte, daß ich wieder in die alte Gewohnheit zurückgefallen war, schreibend öffentliche Wirkungen erzielen zu wollen, auch das Echo zu kalkulieren, das schließlich wichtiger wird als der es auslösende Text. Ich werde, mit einem Wort, das Imponiergehabe des Logotheten nicht los. So kommt aber nur schwerlich Wahrheit in diese Papiere. *Versagte ich kläglich:* Das stimmt. Und stimmt doch nicht in dem herauslesbaren Sinn, daß mein Geist willig, also stark, und nur mein Fleisch schwach gewesen wäre. Es war durchaus willig, und schwach war der Geist, da ich die seltene Stunde mit jugendlichem Geschwätz zerredete.

Als ich neben Konstanze lag (heute, ein Menschenalter später, kann ich sie so schmucklos, das heißt liebend, nennen) – als ich also neben ihr lag und allmählich an meine Fähigkeit nicht mehr glaubte, diese widerwillig eingegangene politische Ehe noch vollziehen zu können (wie der die Steife eines jeden Glieds abschlagende Terminus technicus lautet), als auch nichts mehr half, nicht einmal ein heimlicher Druck der Finger auf den Schwellmuskel zwischen Scrotum und Anus, da besann ich mich auf die sichere Wirkung, die bisher noch immer vom *Anblick* einer Sache auf mich ausgegangen war. Madame, sagte ich mit einer Munterkeit, die aus der Verzweiflung kam und mich als Herrn der Lage ausweisen sollte, Madame, ich weiß aus den naturkundlichen Schriften der deutschen Nonne Hildegard von Bingen, mit der mein Großvater Barbarossa korrespondierte und in deren beider Heimat der Weißstorch brütet, daß der gerade geschlechtsreif gewordene Jungstorch, den man (Sehen Sie her, Madame!) an seinen schmutziggrauen Beinen erkennt, bei der ersten Copula mit einer verwitweten Altstörchin, die ihn in ihr Nest aufzunehmen geruhte, Probleme mit der Stehfertigkeit hat (Nein, nicht damit, Madame, vielmehr): mit der Kunst, in naturgegebener Position, stehend auf der Stehenden, seine Kloake mit der ihrigen in Deckung zu bringen, damit die männliche *forma* dem weiblichen *menstruum* ein Neues aufpräge (Fragen Sie mich nicht, wie das geht, Madame!). Diese Kunst beherrscht nicht jeder Jungstorch auf Anhieb; schon beim Versuch stürzt er meistens ab, wobei er mit den Flügeln törichte Sätze der Ausrede redet, geschwätzig, wie ich wohl auch. Also, er stürzt ab. Natürlich ist die Altstörchin, wenn sich das wiederholt, darüber bekümmert, nehme ich an; einen Beweis für eine solche Seelenregung bei Störchen habe ich natürlich nicht, es tut aber auch nichts zur Sache, wie man den Vorgang wohl nennen darf, weil Liebe ja nicht im Spiel ist, wie bei uns (Ich sei zynisch?). Wichtig ist allein, was die Altstörchin dann tut (und was die heilige Hildegard natürlich nicht mit diesen Worten beschreibt): Sie wechselt die Stellung. Sie legt den Hochmut des stolz im Nacken getragenen Kopfes und der gestreckten Glieder ab und demütigt sich, werbend, vor ihrem jungen Gemahl, indem sie den Nacken nestwärts beugt und die Beine, quasi knieend, unter ihren erfahrenen Leib nimmt. So bietet sie ihm, der stabilisierenden Wirkung dieser erogenen Zone gewiß, den weißen Bürzel dar. Und so kommt man zum Ziel. Wollen Sie sich nicht drehen, Madame? Das braucht Sie nicht zu erschrecken, ich bin lediglich noch ganz erfüllt von anal beeinflußten Kindheitsträumen, die zu erklären jetzt nicht die Stunde ist.

Konstanze von Aragon schüttelte vehement die Locken, während ihr die Schamröte aus dem tiefen Ausschnitt des Hemdes, das sie nicht abgelegt hatte, bis an die Ohren stieg. Dergleichen perverse Wünsche, so sah sie das wohl, hatte sie bei ihrem ersten Ehemann, einem in päpstlicher Vollgnade hingeschiedenen königlichen Ungarn, wohl nicht erlebt und war doch auch so zu einem Sohn gekommen. Statt ihres leiblichen Kreuzes hielt sie mir, mit allen Zeichen des Entsetzens im Gesicht, das kleine goldene hin, das sie als getreue Tochter der Kirche auch nachts, oder gerade nachts, zwischen den Brüsten trug. Ich sollte es, so verstand ich die Geste, reuig küssen. Mir hingegen ging durch den Kopf, daß die lange Goldkette, an der das Kreuz von ihrem Nacken hing, mich bei diesem Kuß auf weite Distanz gehalten hätte zu ihrem nun beleidigten Fleisch. So verließ ich ihr Bett. Als ich sie, während ich mich ankleidete, weinen hörte, konnte ich Scham über mein rüdes Verhalten nicht unterdrücken.

Das Ende beschrieb ich schon: das Ende einer in Schmutz, Sünde und Seinsaneignung verbrachten Kindheit. Es liegt mir daran, dem Allgemeinen darüber, das alle kennen, das einzelne Besondere hinzuzufügen, das nur ich kenne. Auch wenn mich seine Preisgabe nicht ehrt. Ich könnte heute über Konstanze von Aragon so nicht mehr schreiben. Die Erinnerung an diese Frau, die ich später lieben lernte, würde mich daran hindern. Der Rückruf der Erinnerung aber an diese erste Nacht zwingt mich, wenigstens mich nicht zu schonen. Was Konstanze betrifft, so gelingt es mir nicht, soviel ich auch herumprobierte, einen ihr angemessenen Ton zu finden, zu lange schon ist sie tot, fünfundzwanzig Jahre. Die Frivolität in Ausdruck und Stil, die mein Handeln und Denken in jener Nacht richtig wiedergibt, hätte wohl haltmachen müssen vor der Beschreibung der Reaktionen Konstanzes. Aber wo meine Spottlust in Widerstreit gerät mit der Schicklichkeit, da siegt sie nur zu oft über besseres – das ist: zweckmäßiges – Wissen. Kann ich mich in der Diskussion noch beherrschen, so gelingt mir das beim Schreiben nicht immer. Hier ist sicherlich auch die Eitelkeit des Autors im Spiel, der gelernt hat zu berücksichtigen, daß sublimer Witz und rascher Geist höher in der Publikumsgunst stehen als um letzte Genauigkeit bemühte Trockenheit. Das war immer so. Einen Mark Aurel rühmt man über die Maßen, einen Ovid liest man unter der Decke.

Zypressentage, Zypressennächte

Der Blick ging zu lange schon nach innen. Ich muß ihn nach außen wenden, heraus aus den kalten, weißen, vom Blut nur peripher berührten Faltungen des Gehirns. Es wird Zeit für mich, die Augen auf den grünen Ebenen des apulischen Tavoliere und an den gelben Ginsterhängen der Murge weiden zu lassen, anders kommt mir keine substantielle Nahrung in den Geist. Zwar rede ich mit den Philosophen, aber dabei gehe ich auf dünnstem Eis, höre oft sein Knistern unter meinen Gedankenschritten und bin des Einbrechens stets gewärtig. Doch läßt mich das nicht zögern, im Gegenteil: Ich beschleunige dann Denken und Zunge, indem ich auf keinem Gedanken, keinem Argument zu lange verweile aus Angst, es könnte seine Gewichtslosigkeit zu gewichtig werden für das dünne Eis, was heißen soll: für das real Gewußte, das mich trägt. Das führt leicht zu kühnen Gedankensprüngen, die um so gefährlicher auf die dünne Wissensdecke auftreffen. Ich halte dann erschrocken ein, und das Herz schlägt schneller, wenn der Kreis der Diskutanten bedeutend ist. Die Rettung aus denkerischer Not gelingt mir meist, indem ich einen gelungenen Satz pausenreich auslaufen lasse, als sei er überholt worden von vorauseilenden Gedanken, denen ich, sie prüfend, erst nachhängen müsse, bevor ich sie in einem solchen Kreis laut werden lassen könnte. Danach nimmt dann, das ist die Regel, ein anderer das Wort, und bald ist über dem Fortgang der Unterhaltung vergessen, was ich nicht zu Ende zu bringen vermochte.

Das sind beschämende Augenblicke, denn ich spüre, wie nur der Respekt vor meiner Stellung oder, schlimmer, die Angst vor meiner Macht ein mokantes Lächeln, wo nicht gar offene Kritik verhindern. Bin ich ehrlich, so hinterlasse ich keinen einzigen philosophischen Gedanken, der des Aufhebens wert wäre – dies Wort verstanden im Sinne von *bemerkenswert* wie auch von *bewahrenswert.* Es schreiben die Chronisten die falsche Einschätzung, die man von mir als einem philosophisch Hochgebildeten schon während meiner mittleren Mannesjahre in die Welt setzte, voneinander ab, ohne sie näher zu prüfen. Kontemplation als Voraussetzung eines jeglichen ernstzunehmenden Philosophierens ist an langwährende äußere und innere Zustände der Ruhe gebunden, an eine Ruhe, wie Demokrit sie verstand: der Seelenzustand, der durch keinerlei Affekte und Begierden erregt wird, vielmehr daliegt wie das von keinem Lufthauch bewegte Meer. Vor allem aber ist Philosophieren an ein Denkvermögen gebunden, das den Gang der Sterne nicht außer acht lassen muß, während es das Kriechen der Würmer bedenkt. Ich habe weder dies noch das. Es hat seine Gründe, daß Kaiser Mark Aurel weniges schrieb, das über den Umfang einer Manuskriptseite hinausging. Könige und Kaiser haben Geschäfte. Das schließt nicht aus, daß jene unter ihnen, die überwiegend verwaltungs- und geldbewußt regieren, sich durch wiederholte Bezugnahmen in Wort und Schrift auf die Philosophen den Anschein eines grüblerischen, tiefen Geistes zu geben versuchen. Sie tun das, weil sie wissen, daß unter allen Herrschertugenden die des allein zweckgebundenen Handelns in der Erinnerung der Völker am wenigsten haftet. Zu diesen Blendern rechne ich mich nicht. Aber daß ich die Philosophen lese und Gewinn von ihnen habe, macht mich auch noch nicht zu einem der ihren.

Mit zunehmendem Alter wurden die Augenblicke der Beschämung, von denen ich schrieb, seltener. Das liegt weniger daran, daß ich um so vieles sicherer geworden wäre auf dem dünnen Eis des rein abstrakten, die Welt anschauenden Denkens, als vielmehr an der mir zugewachsenen Klugheit, mich nicht mehr von intellektueller Eitelkeit in den Stolztrab eines Herdenpaschas spornieren zu lassen. Ich zog mich auf das zurück, was ich am besten kann, besser als die Besten: zu denken, was vom Sehen kommt.

In den Bekenntnissen des heiligen Augustin fand ich im zehnten Buch eine Stelle, die ich bejahe: «Und da gehen die Menschen hin und bewundern hohe Berge und weite Meeresfluten und mächtig daherrauschende Ströme und den Ozean und den Lauf der Gestirne, und vergessen sich selbst darob.» Augustin zielte damit auf die wunderbaren Leistungen des menschlichen Gedächtnisses, *memoria*, das ihm erlaube, die genannten Naturphänomene zu schildern, ohne sie im Augenblick der Schilderung vor Augen zu haben. Aber solcher Imaginierbarkeit muß eine Einprägung der Bilder in die Seele vorausgehen, und sie kann nicht, meine ich, durch die bloße Anschauung, ein mehr oder weniger flüchtiges Hinsehen bewirkt werden. Mir jedenfalls schreiben weder die Linien und Farben einer Landschaft, sei sie terrestrisch oder aquatisch, noch ihre animalischen, vegetativen oder mineralischen Bestandteile irgend etwas Nachhaltiges in die Seele; es sei denn, es gerinnt mir, was ich sehe, zu Sprache, also zu Geist, oder zu Fragen nach dem wissenschaftlichen Dahinter, also zu Materie. Eines oder beides ist notwendig, damit ein grenzenlos Verlaufendes seine es begrenzende, ein unbenanntes Konturiertes seine es benennende Form finde. Das allein macht Natur erinnerbar und ihre Rezeption verlohnend. Schwärmen ist mir verhaßt; es kleckst mit törichten Ausrufen des Entzückens vom Gesehenen ein Bild wie aus absichtslos zusammengeflossenen Farben.

Wenn ich, wie so oft auf meinen Jagdritten, im Abstieg von der Höhe der Garganoberge nach Foggia hinunterblicke und die Raumgestalten der Zypressen sehe, wie sie zu Seiten der agrarischen Gevierte und deren Wechsel von Grün zu Gelb zu Braun stehen, so fange ich nichts damit an, wenn der gelegentlich mit mir reitende Notar Anselmus Carbo ein verzücktes *Che bello* seufzt. Ich bin ihm dann in der Betrachtung weit voraus und habe mir die Zypressen längst zum wiederholten Mal zu feierlich anmutenden schwarzen Kerzen verwandelt, die neben den Weizen- und Grasgedecken auf dem langen Tisch der Ebene zwischen Meer und Murge stehen. So stark ist dieses Bild in mir, daß die Hitze, die ich spüre, nicht von der Sonne zu kommen scheint, sondern geradenwegs aus den Kronen dieser Baumkerzen, über denen die Luft von unsichtbaren, weil vor hellem Himmel brennenden Flammen wabernd in die Höhe geschleudert wird.

Ist mir ein anderes Mal nach Metaphorik nicht zumute, kommt mir dennoch nicht ein törichtes *Che bello* in den Sinn. Das Landschaftsbild löst dann Fragen in mir aus. Etwa: Was geht in diesen morgenländischen Bäumen vor, daß sie ihre tausend Arme zu einer dichten, feindseligen Haut ausstülpen, die das Licht wie den Vogel abweist; daß sie, obwohl selber tiefster, körperhafter Schatten, doch niemandem einen Schatten spenden, der der Rede wert wäre, lohnt es sich doch nicht einmal für einen Hund, sich darin niederzutun, so rasch wandert ihr wesenloses Abbild über die Erde. Sind Gestalt und Wuchsdichte der Zypresse, ihre düstere Farbe auch, gegen die austrocknende Kraft der Sonne gerichtet, Stamm und Säfte zu schützen mit der Schwärze des Beduinenkleides? Aber wie überlebt dann die silbrige Buche, die sich an ähnlichen Klimaorten, wie den Garganohängen, der Sonne doch weit öffnet? Zwingt das Immergrün und damit der Mangel, das Blattkleid nicht wie jene periodisch erneuern zu können, die Zypresse zu dieser Verschlossenheit? Es ist die Aura des Todes um diesen fruchtlosen Baum, ein düsteres, himmelwärts strebendes Sterben von klein auf.

Eine hochmütige Distanzierung von ihresgleichen, die die Gemeinschaft des Waldes ausschließt, ist unübersehbar. Und wo nahe Nachbarschaft durch Pflanzung und Pflege vom Menschen erzwungen wurde, wie in toskanischen und umbrischen Alleen, da ist der Leichenzug dazwischen der ihnen angemessenste Verkehr. Wie altgriechische Grabstelen stehen sie da, vom leisen Nachtwind ungerührt, mehr Stein als Holz, und das Holz, nach Theophrast von Natur unverweslich und den Würmern widerstehend, ist für die Särge, die Zweige für den Scheiterhaufen. Aber es ist mir in meiner Stellung nicht erlaubt, für meine Bestattung den antikischen Scheiterhaufen aus Zypressenholz anzuordnen, obwohl ein so reinliches Verschwinden aus der Welt meinem auf körperliche Sauberkeit gerichteten Leben entspräche. Aber ein kaiserlicher Kadaver hat Präsenzpflicht durch die ihm nachfolgenden Jahrhunderte. Porphyr hält ihm die Würmer vom Leib. Einbalsamierer mit ihren Messern und Tinkturen sorgten dafür, daß sich der edle Stein nicht ekelt, die cäsarische *tumba* nicht zur glitschigen Wanne wird. Die Majestät unter Luftabschluß trocknet ein und schrumpft; nach ein paar Jahrzehnten haben nur die Grabkleider noch männliches Maß. Das Gesicht schwärzt sich und nimmt nach und nach die bösen Züge der Harpyie an. Der Bauch unter den Faßreifen der Rippen: ein Loch, in dem die pergamentene Haut wie ein vergessenes, vergilbtes Seihtuch im leeren Kräutertopf hängt. Die Hände, die den mit Asche gefüllten und vom Kreuz befreiten Reichsapfel halten, werden zu Krallen, und wo die Mumienmacher, am Balsamierstoff sparend, pfuschten, etwa an den Füßen, da umhüllt die vom Leichengift brüchige byzantinische Seide der Strümpfe zuletzt nur noch fahles, fleckiges Gebein. HIC SITUS EST ILLE MAGNI NOMINIS IMPERATOR ET REX SICILIAE FRIDERICUS II – dem selbstgewählten Pathos der römischen Versalien am mir bestimmten Sarkophag wäre meine vom Rauch des Zypressenholzes aromatisierte Asche, weiß und leicht und flugfähig wie die Seele, wenn es denn eine Seele gibt, gewiß gemäßer als mein dezennienweise verfallender Leib. Doch endet meine Macht davor. Das sind makabre Gedanken. Dergestalt ist die Zypresse.

Wo ich sie sehe und ohne Begleitung bin, falle ich, seit allerlei Krankheiten mich plagen, zwanghaft meiner Belesenheit zum Opfer: Mit einem eigens dafür geschnitzten Löffelchen aus Buchsbaumholz, das dicht ist und glatt, entnehme ich nacheinander beiden Ohren etwas von ihrem Schmalz und koste es sehr sorgfältig. Schmecken die Proben bitter, fühle ich mich beruhigt, denn Aristoteles sagt in den Zoika, *das in gewöhnlichen Zeiten bittere Ohrenschmalz wird vor dem Tode in den langen Krankheiten süß.*

Der Stagirit sagt nicht, woher er das hat. Aber ich glaube es zu wissen. Es ist, wie so oft bei Aristoteles, die gedankliche Zuspitzung eines abstrakt Gewußten zu einem konkret Behaupteten, unter Verzicht auf eine Prüfung, die auch die Sinne zufriedenstellt. Es gilt auch für ihn oft, was Platon vom Philosophen sagt, *dem entgeht, was vor seinen Füßen liegt.* Das Qualitative geht ihm über das Quantitative. Er ist ein Stubengelehrter. Weil sich Bitteres, wie er anderswo sagt, unter der stoffverwandelnden Kraft des Feuers als einem der vier welthaltigen Elementarsubstanzen in Süßes verkehrt, kommt ihm am Schreibpult bei der Suche nach einem konkreten Beispiel der Bitterstoff des verfestigten Ohrensekrets in den Sinn. Aristoteles wird, wie jedermann, irgendwann einmal in seinem Leben das im Bad ausgeschälte Ohrenschmalz neugierig mit der Zungenspitze geprüft haben. Flugs wird ihm, analog zur Elementenlehre der Vorsokratiker, das Fieber des Kranken zum Feuer, das die Körperstoffe verwandelt. Aber die Kühnheit der Deduktion reicht gerade zu einem literarischen Aphorismus, der nicht in ein medizinisches Lehrbuch gehört, erklärt er doch nicht, warum das Fieber bei einem jungen Mann solche Stoffverwandlung nicht bewirken sollte und warum diese beim Alterskranken dem Tod vorausgeht. Der Fürst der Philosophen stößt sich zum wiederholten Mal den Kopf an den rechtwinkligen Wänden eines Kreises, denn das ist die ihn viel beschäftigende Frage, wie eine Substanz zu etwas werden könne, das sie nicht ist. Es ist, mit einem Wort, die Herabwürdigung der Wissenschaft von der Medizin zu einem Knecht der Logik und führt in die Irre. Zwar ist richtig, daß einer nicht Arzt sein kann, der nicht die Logik studiert hat, aber sie taugt nur als Seziermesser für die Gedanken, nicht für die Gedärme.

Es fällt mir schwer, meinen Spott daran nicht auszulassen: Warum wandelt sich im Exitusfieber die Gallenblase nicht zum Honigtopf? Ich werde diese Gedanken an die Ärzteschule in Salerno weitergeben und Experimente anregen, auf die Gefahr hin, meinen diskreten Buchsbaumlöffel weglegen und mit der Ungewißheit über den Zeitpunkt meines Todes leben zu müssen. Ohnehin bin ich für Abergläubisches zu anfällig. Die Weissagung des M. Scotus, ich werde *sub flore* sterben, hat mich auf meinen zahllosen Reisen im oberen Italien um Florenz stets einen durch nichts sonst motivierten Bogen machen lassen. Es ist ein antikisches Dunkel in mir, das das Licht des Experiments scheut, eine immer häufiger aufwallende Angst, es könnten die Sterne mein rationales Denken mit einem Schlag zerschmettern und mich kalten, glitzernden Blicks und mit einem durch den Weltenraum hallenden Lachen in einen nichtigen Tod entlassen – ungelebt, denn ein Leben nur aus dem Bauch ist kein Leben.

Dergestalt, abermals, ist die Zypresse, in deren schlanken Schatten ich Draco geraderichte, Schweif zum Stamm, Kopf gegen Nordnordost: die Sonne steht in Südsüdwest. Der Hengst tritt von sich aus drei Schritte in die Richtung, die ihm der Schatten der Zypresse weist (was sind auf vier Beinen drei Schritte?). So hat er den Schweif frei zur Abwehr der Stechfliegen, die uns blutlüstern umbrausen. Ich lasse ihm seinen Kopf; er hütet sich ja, seitwärts aus dem Schatten hinaus in die Sonne zu treten. Die Fliegenorgel mit ihren an- und abschwellenden Tönen und das Zischen der Luft, wenn ein Schlag des Pferdeschweifs sie teilt, sind die einzigen Laute im Schweigen des weißen Tages, der sich, denke ich träge, mit schleierigen Wolkentüchern die hohe Stirn wischt. Ich steige aus dem Sattel und werfe die langen Zügel über den Pferdekopf hinweg zu Boden. Da der Hengst unangenehme Erinnerungen an das Hineintreten in die vor ihm liegenden Zügel hat, bleibt er am Ort. Er verläßt ihn nur im Gang der Stunden seitwärts, mit dem Baumschatten wandernd. Wenn ich zurückkehren werde, wird er, ohne Haltung dösend und einem Karrengaul ähnlicher als des Kaisers Roß, gegen Osten blinzeln und auf drei Schlafbeinen stehen; ein viertes hinteres wird im

Hufgelenk abgewinkelt sein und, da bloß am vorderen Hufrand aufgestützt, kein Gewicht tragen. So ließ ich ihn und so fand ich ihn oft. Also ging ich, mit einem freundlichen Zuruf an den Hengst, beruhigt auf Exkursion.

Die Gesamtschau halte ich nicht lange aus. Der Blick findet in ihr keinen Halt, er taumelt selig, wie trunken. Das ist mir nicht angenehm. Geduld habe ich nur mit dem von nahe gesehenen Detail, bei dem sich etwas denken läßt. Also schwinge ich mich, um der Schönheit der apulischen Landschaft meine Reverenz zu erweisen (und es hinter mich zu bringen), mit den Augen über die schier endlosen Hürden der Olivenbaumreihen auf septembergelbem Grund die blauen Staffeln des fernen Garganogebirges hinauf, hinein in einen stofflosen, farblich nicht benennbaren Himmel. Unter rasender Verengung der Perspektive kehrt mein Blick zu mir zurück, so als hätte ich ihn mir an diesem Hitze abstrahlenden Himmel versengt. Auf einem sattelblattgroßen, von Ginster beschatteten, Tierleben bergenden Stein vor meinen Füßen findet er Kühlung, das heißt Zufriedenheit, verspricht doch nur das groß gesehene Kleine Erfahrung von Natur. Aristoteles liebte es, mit seinen Gedanken den Himmel auszumessen, und kam dabei oft zu unsinnigen Vorstellungen, was man den Urteilen ihm nachfolgender Philosophen entnehmen kann. Er lehrte beispielsweise, die Sonne selber sei kalt; wir verspürten nur die Reibungswärme, die ihre Strahlen im Durchgang durch das Medium Luft erzeugten.

Wie kann man das glauben? Ein Bremsklotz am Wagenrad schon lehrt uns, daß Wärme, die durch Reibung entsteht, mit der Zunahme der Zeit, während der die Reibung andauert, ständig wächst, mit der Folge schließlich von Rauch und Feuer. Auf dem unendlich langen Weg zwischen Sonne und Erde müßte demnach eine Wärme, die durch Reibung der Strahlen an der Luft bewirkt ist, ständig kumulieren, bis zur Unerträglichkeit für jedwedes Leben.

Ganz im Gegenteil aber sind die Strahlen der Sonne Voraussetzung für Leben, und meine Haut erträgt sie leicht. Hingegen verbrennt sie, wenn ich sie zu lange der Sonne aussetze, denn sie hat weder den Schutz, den Federn oder Fell den Tieren gewähren, noch den des Wachses, das die Blätter immergrüner Pflanzen umhüllt. Also muß die Energie der Strahlen in ihnen selber liegen. Das geht auch aus der Benutzung eines Brennglases oder gar eines Hohlspiegels hervor, den Euklid schon kannte. Läßt man die Strahlen der Sonne durch eine Sammellinse auf die eigene Haut treten, wobei sie in einem Punkt, den man den Brennpunkt nennt, vereinigt werden, dann wirft die Haut sofort schmerzhafte Blasen auf, obwohl das Luftvolumen zwischen Linse und Haut nur eine Fingerspanne hoch ist, Reibungswärme dieser Intensität also gar nicht entstehen kann.

Ich gestehe aber, daß ich von diesen Phänomenen zwischen Himmel und Erde kein wirkliches Wissen habe. Und so ist meine Kritik nicht Ausfluß besserer Erkenntnisse aus eigener Gedankenarbeit oder Experimentiertätigkeit, sondern Ausdruck eines heftigen Unwillens über die vielen offen zutageliegenden Ungereimtheiten der in den Naturwissenschaften dilettierenden Philosophen, ein Vorwurf, von dem ich Aristoteles noch am ehesten, wenn auch nicht ganz, ausnehme. Schlimmer ist es, wenn Jahrhunderte nach dem Griechen der christliche Platoniker Johannes Philoponos in Analogie zur Strahlenlehre des Stagiriten die Seele erklärt, indem er von ihr sagt, daß sie, ohne selber warm zu sein, durch ihre leidenschaftliche Kraft das Blut um das Herz herum erwärme und dadurch im Körper eine vitale Energie erzeuge, die ihm Leben gebe. Dabei weiß doch jeder Hungrige, was ihm in Wahrheit den Leib wärmt und Leben gibt: nicht die leidenschaftliche Kraft der Seele, sondern die Keule von Hase oder Huhn, ein Schluck heißer Brühe oder glühenden Weines. Da bin ich mir der Gerechtigkeit meines Spottes sicher.

Mit der Wärmetheorie des Aristoteles ist das anders. Wirklich zu widerlegen vermag ich sie nicht, aber das steigert mein Mißvergnügen an ihr nur noch und gibt meiner Kritik eine Heftigkeit, die indessen auf mich zurückschlägt, weiß ich doch, daß es unredlich ist, den Besserwisser auf die Weise zu spielen, daß man die Bücher der Alten nach Art des Gänsegeiers plündert, indem man in intellektueller Gier und politischer Hast den Kopf in sie hineinsteckt, in der Dunkelheit aber, die sie dem philosophisch ungeschulten Eindringling bereiten, mehr zufällig als systematisch ein paar nahrhafte Brocken erwischt, die, setzte man sie außerhalb bei Licht wieder zusammen, weder Logik noch Leben hätten. Ich rechte in dieser Strahlensache mit Aristoteles, ohne überhaupt unterscheiden zu können zwischen Lichtstrahlen und Wärmestrahlen, ja ohne zu wissen, ob sie ein und dasselbe sind oder verschieden voneinander. Und wüßte ich es, so machte das noch immer keinen Unterschied, weil ich sie nicht nach Qualität und Quantität zu definieren vermöchte. Und also kann ich den Streit darüber eigentlich nicht aufnehmen, ob die Strahlen der Sonne, welcher Art sie auch immer sein mögen, Reibungswärme beim Durchgang durch die Luft erzeugen oder nicht. Auszuschließen, daß sie es tun, ist es nicht, denn daß die Luft ein dichtes Medium ist, das lehrt mich schon ein nach Fliegen schlagender Pferdeschwanz: man hört sie ja vor ihm weichen. Auch müßte die Reibung der Strahlen an der Luft in Wirkung und Ende nicht gleich der des Bremsklotzes am Wagenrad sein; im unendlichen Kontinuum der Luft kann Wärme sich dehnen und abkühlen und dadurch erträglich, ja zuträglich sein für irdisches Leben. Daß es irgendwie (ein Wort, das ich hasse) zu Berührungen zwischen den Sonnenstrahlen und der Luft kommen muß, wodurch die Qualität beider verändert wird, geht auch daraus hervor, daß das Auge selbst im tiefsten Schatten noch Einzelheiten zu unterscheiden vermag. Wie sollte das möglich sein, wenn die von der Sonne emittierten Strahlen die Erde geradenwegs wie Speere träfen? Dann könnte kein noch so schwacher Lichtschein in den Schattenbereich eindringen; der ihm zugehörige feste Körper würde nur jene Strahlen passieren lassen, denen seine Kontur und was sie umschließt nicht im Wege ist (wodurch im Prinzip der Schattenriß eines Körpers zustande kommt). Weil die Schatten aber keine tiefschwarzen Löcher sind, muß es in der sie umgebenden Luft etwas geben, woran die Lichtstrahlen sich zerstreuen, vom geraden Speerweg also nach den Seiten, in die Schatten hinein und diese aufhellend, abweichen. Wenn dem so ist, und das glaube ich, dann ist Reibung und eine aus ihr resultierende Luftwärme nicht auszuschließen und bei Kritik Vorsicht geboten. Auch der Brennglasversuch spricht nicht ganz und gar dagegen. Es könnte ja sein, daß die durch Reibung der Strahlen an der Luft wechselseitig erzeugte Wärme durch die Bündelung der so erwärmten Strahlen zu einer Hitze kumuliert, die ihre Kraft nun nicht mehr aus der Reibung bezieht, sondern durch die Potenzierung der den Strahlen inzwischen innewohnenden Wärmeenergie.

Ob es diese Reibung nun gibt oder nicht, ließe sich zweifelsfrei nur erfahren, wenn man die Sonnenstrahlen durch ein Vakuum schicken könnte, einen gegen das luftgefüllte Außen hermetisch abgeschlossenen luftleeren gläsernen Raum, mit dem Aristoteles, als er die Möglichkeit bedachte, das schlechthin Leere meinte, von ihm aber dann sagte, daß es nicht existiere. Also wird man es wohl nie wissen, und ich wende mich einem anderen Problem zu, welches mit der behaupteten Reibung der Sonnenstrahlen an der Luft zusammenhängt, ja das eigentliche, zentrale zu sein scheint. Ich meine die angeblich kalte Sonne. Die den Strahlen zugeschriebene Erwärmung durch Reibung setzt ja stillschweigend voraus, daß sie von einer kalt geglaubten Sonne kalt emittiert wurden. Wie aber kann eine Sonne, die kalt ist wie Gestein, Strahlen abgeben, die die Erde gleichzeitig erhellen und erwärmen, wie es außer ihr nur noch das Feuer kann, dessen Ursache und Kern, nämlich das Holz, in kaltem

Zustand nichts bewirkt und erst strahlt, wenn es heiß brennt? Mit einem Wort: Ich weiß es nicht, und Widerspruch ist vielleicht nur Nichtverstehen. Dabei gehöre ich zu den aufgeklärtesten Menschen meiner Zeit. Aber eine Bildung, die gerade ausreicht, Fragen zu stellen, Antworten aber nicht geben kann, schlimmer noch: die ahnt, daß man nichts weiß von dem, was diese Welt umtreibt, bereitet Pein und verfolgt den so Leidenden sowohl inmitten seiner Tagesgeschäfte als auch während der Nacht mit einem Schuldgefühl gegenüber dem intellektuell Möglichen, an dem gemessen er nicht genug gelesen und gedacht hat. Der Weg nach vorn, in neues, schmerzstillendes Wissen, ist mir, der ich unter den Belastungen der Reichspolitik und zunehmend auch unter den Molesten des Alters ächze, heute ebenso versperrt wie der Rückfall in vegetatives Existieren. Neben dem Verfall lebenslanger Freundschaften, ja ihrer Pervertierung zu Treubruch und Verrat auf der einen und grausamer Rache auf der anderen Seite frißt vor allem diese intellektuelle Pein an meiner Seele – eine Aussage, an die ich schon wieder endlose Überlegungen knüpfen könnte. Man schreibt so leicht etwas hin, das bei näherem Zusehen von ungeheurem Gewicht ist und eigentlich der größten Genauigkeit bedürfte, soll es nicht, wie der Begriff der Seele im Mund der Priester, bloßes Gerede bleiben.

Hier angekommen, sehne ich mich wieder nach Konkretem. Aber ich beginne zu ahnen, daß das Konkrete das Schwierige und das Abstrakte das Einfache ist. Erstere Einsicht gewinne ich aus der Wirrnis meiner Gedanken als der Summe eines langen, faktenreichen Lebens und Denkens. Die zweite zeigt mir mein nahendes Ende an. Nichts kann abstrakter sein als der eigene Tod; seine Konkretisierung ist subjektiv nicht erfahrbar, sie kann nur abstrakt gedacht werden. Der Tod findet im Denken statt, und das Denken stirbt einen Lidschlag vor dem Tod.

Als ich den Stein mit einem Stock umhebelte, saß auf tellurischem Grund der Skorpion. Er hatte die Farbe kranken Kotes, ein wäßriges Gelb. Der Lichtschlag schien ihm die Beinpaare zu lähmen, jedenfalls blieb er am Ort. Der fünfknotige Drachenschwanz mit dem Giftdorn am Ende bebte im Zorn über die ungewisse Ursache des Lichtangriffs, die gehörnten Kopfscheren hoben und senkten sich, wie unter einem schwergehenden Atem. So begegnete ich, zum wiederholten Mal schon heute, dem Tod. Anders konnte ich dies Treffen nicht deuten. Zu allein saß der Skorpion in der braunschwarzen Erdarena, die der Stein gegen das gelbe Gras abgegrenzt hatte: nicht König inmitten eines lichtscheuen Tiergesindels, wie man ihn sonst anzutreffen pflegt, sondern ominös allein, Tier des Bösen in der mithräischen Höhle, der ich das Dach weggenommen hatte. Das Omen galt mir, kein Zweifel. Auch sprach es zu mir aus einem landschaftlichen Raum, wie die Orakel ihn lieben: an der mäßig steilen Flanke eines unter der Sonne liegenden Hügelzugs, von wo der Blick, sehend und doch nicht sehend, ins Blau der Berge geht, wilde Ölbäume, tausendjährig, den roten Schlafmohn zu den Wurzelfüßen, die Eule der Minerva im gichtverkrümmten Leib; die Stille gestört nur vom knatternden Abflug einer Taube, die Hitze gemäßigt vom sanften Aufwind der Mittagsthermik am Hang. Den zum Opfertod niedergeworfenen Mithrasstier fiel der Skorpion bei den Hoden an. Tritt die Sonne in sein Sternzeichen, beginnt der Herbst. Als Amphiaraos, Sohn des Oikles und der Hypermestra, Seher und Liebling des Zeus, von seinem verräterischen Weib Eriphyle wider eigenes seherisches Wissen zum Kriegszug der Sieben gegen Theben genötigt wurde, sah er bei der Abreise einen großen Skorpion eine Palastsäule hinaufkriechen. Obenauf hockte eine Eule. Beim Rückzug aus der Katastrophe nahm ihn Zeus samt Pferd und Wagen mit Hilfe einer Erdspalte aus der Welt. Oropos, an der Nordküste Attikas, ist der Ort seines Orakels, ein Ort, sagt man, wie dieser.

In einer plötzlichen Aufwallung von Ekel, Angst und Zorn, die mir den Schweiß aus den Achselhöhlen trieb, während die Scham darüber sich schon in meinem Hirn meldete, tat ich es Mark Aurel gleich, der einen Skorpion aus seinem Bett warf: Ich zertrat das Tier. Es knirschte widerwärtig. Den Hengst fand ich vor wie erwartet. Leicht fiebrig ritt ich zurück. Man richtete mir ein lauwarmes Bad. Der Arzt rührte im Fenster, den Rücken zum Raum, einen Heiltrunk an. Occursius, der mir beim Auskleiden half, warnte mich mit den Augen. Es drang das geflüsterte Wort *Gift* an mein Ohr. Als der Arzt mir den Becher reichte, gab ich ihn ihm zurück und forderte ihn auf, mir vorzutrinken. Er verfärbte sich so sichtbar, daß Occursius ihn von den Wachen, die er inzwischen hereingeführt hatte, schon ergreifen lassen wollte, aber der Verdächtigte täuschte ein Stolpern über einen Spieß vor und verschüttete das Gebräu zu großen Teilen. Occursius nahm ihm rasch den Becher ab und prüfte den Restinhalt mit der Nase. Über den Becherrand hinweg blickte er mich unsicher an. Ich nickte, er verstand. Mit einem Soldaten verließ er den Raum.

Atmen, Schweigen. Die Luft in dem kleinen Zimmer, das mir zum Wechseln der Kleider dient, begann milchig zu riechen. Es ist das Gift am Boden, dachte ich. Schierling mit Mohnsaft. Er könnte das Rezept bei Theophrast gefunden haben, nach dessen Bericht der Arzt Thrasias von Mantinea es verstand, aus beiden Pflanzen ein Mittel zu verfertigen, das einen raschen, schmerzlosen Tod bewirkt. Ich dachte: Wenigstens das.

Endlich führten sie einen Mann herein. Er trug die Ketten des Strafgefangenen und wird ein zum Tod Verurteilter gewesen sein. Der Arme begriff nach einem Blick in die Runde und schrie in Angst. Die Wachen drückten ihm die Nase zu, so öffnete er den Mund, in den sie brutal den Becher entleerten, man hörte dessen Rand an die Zähne schlagen. Der Mann schluckte wie im Krampf.

Als sie ihn probierend losließen, drehte er das Weiße seiner Augen von unten nach oben und sank, offensichtlich tot, zu Boden. Die Wachen schafften beide, Arzt und Versuchsperson, hinaus. Er würde sie um diesen Tod noch beneiden.

Ich setzte mich auf die Kaminbank. Hatte ich den Arzt nicht vor kurzem erst in Parma, wohin er in Kriegsgefangenschaft geraten war, mit viel Geld auslösen lassen? Er war mir unentbehrlich geworden. In der guelfischen Lombardei mußte er sich als käuflich erwiesen haben; sie ist der Rankenplatz der Kirche, an dem die Priester Geld zählen statt Seelen und der Papst das betrügerische Hauptbuch führt. *Er* ist der wahre Alte vom Berg, Schicker von Assassinen ohne Mythos und Rausch und darum um so verderbter. Mit gesenktem Kopf saß ich da, die Blicke unter mir, zu meinen Füßen. Als ich sah, was ich sah, erschrak ich bis ins Mark. Einer meiner Schuhe, die mir Occursius abgestreift und achtlos unter die Bank geworfen hatte, lag mir zugekehrt mit der Sohle nach oben. Von ihrem Leder starrten mich die Reste des Skorpions an, klebrig von Blut und Gift.

Die Luzidität der schriftlichen Fixierung macht das Ereignis des Attentats und seine orakelhafte Heraufkunft zum Melodram. Ich war versucht, den eigentlichen Kriminalbericht zu streichen, sah aber dann seines Ordnungscharakters wegen davon ab. Das muß ich erklären. So, wie mich der Anblick des Skorpions weit mehr erregt hatte als die Entdeckung des päpstlichen Mordversuchs, und das Orakel sich mir darum als eine Wahrheit von weit höherer Ordnung darstellt als das historisch Relevante, so scheint mir der gelegentliche Einbruch des konkret Geschichtlichen in diese Papiere deren eigentliche Substanz nicht zu berühren, sie womöglich gar zu banalisieren. Es sind das Objektive und das Außen allenfalls der Einteilung in Perioden dienliche Ziffern unter dem Zeiger der Zeit. Deren eigentliches Wesen, das sich dem Nachdenklichen im lautlosen Gang des Schattens andeutet, lassen sie unberührt. Zu sagen, es sei vier Uhr, oder drei oder zwei, sagt nichts über die Zeit, außer daß sie ist, und ebenso besagen die rein äußeren Ereignisse meines Lebens nichts anderes, als daß ich bin. Bei ihrer Niederschrift ist mir, als risse ich in einem abgedunkelten Zimmer, in dem Gedanken gedeihen, Träume auch und Laster, die Läden von den Fenstern.

Ich sehe im Mondlicht Zypressen brennen: schwarze Flammen, die aus dem Erdreich der Toten schlagen. Aber warum versehrt ihr Feuer sie nicht, Grieche? Du weißt doch alles. *(Dies nicht frei von Häme.)*

Sie halten sich, ob du das glaubst oder nicht, Cäsar, mit den stechenden Behängen ihrer Zweige die sanftmütige Nachtluft, in der die Strahlen des Mondes wie Silberspeere vom Himmel stürzen, armlang vom Leib. So stehen sie in einer Zone stark verdünnten Pneumas, in der nichts wirklich brennt. Es brennen die Zypressen nur gestaltlich; ihr Feuer ist hinter deinen Augenlidern, ihre Hitze in deinem Blut. Du fieberst, Cäsar.

Wenn ihre Zweige nicht brennen können, Grieche, dann taugen sie auch für meinen Scheiterhaufen nicht. Was also redet dein Freund Theophrast da? *(Dies triumphierend.)*

Theophrast redete nicht von den Zweigen der Zypresse, sondern von ihrem Stammholz, das er für unverweslich hielt und den Würmern widerstehend. Du liest ungenau, Cäsar. Davon abgesehen: Natürlich brennen Zypressenzweige; abgeschlagen büßen sie ihre Traumqualität ein. Doch was kümmert dich das noch? Für dich ist der Steinsarg längst gemeißelt und das Arztmesser geschliffen, mit dem man dir Herz und Hirn, Gedärm und Gekröse herausnehmen wird, um Raum zu schaffen für das flüssig gemachte konservierende Harz, das dem auslaufenden Blut hinterdrein in deine verborgensten Leibeswinkel kriechen wird, damit du, deinem Rang gemäß, nur langsam vergehst. Und dieser Aufschub vor Eintritt der Ewigkeit ist der Sinn deiner Zypressenträume, wenn man Artemidor glauben will, der sagt, es bedeute dieser Baum, weil sein wichtigster Wesenszug die Länge ist, Aufschub für den, der ihn träumt.

Auch Aufschub des Todes? *(Dies lauernd.)*

Du bist schon tot, Cäsar. Aber du stirbst drei Tode. Den ersten erleidest du im Geist, und den starbst du schon. Den zweiten erleidest du im Fleisch, auf ihn mache dich gefaßt. Den dritten und letzten wirst du in hundert Jahren sterben, oder, es macht keinen großen Unterschied, in dreihundert, wenn sie die Decke von deiner mithräischen Porphyrhöhle hebeln werden, um offenmäulig den christlichen Cäsar anzuschauen. Ein Augenblick wird das sein, in dem, während die Gegenwart zermalmt wird im dröhnenden Zusammenprall von geschichtsmächtiger Vergangenheit und schicksalsdunkler Zukunft, die Geschichte stillsteht. Ein Schrei der Menge wird durch den palermitanischen Dom hallen. Unter dem Keulenschlag des Lichts, der dich plötzlich trifft, beginnst du zu bluten: Klumpiges Harz, stinkendem Pech ähnlich, wälzt sich aus dir heraus und öffnet dir mit seiner fingernden Klebrigkeit die Seidenkleider, so daß dein vielfach blankes Gebein zum Vorschein kommt. Wenn der Ausfluß zum Stehen gekommen und das Entsetzen der Menge über deinen lebenden Leichnam in Hohn umgeschlagen sein wird: *Vivit, non vivit!* dann, Cäsar, wirst du endlich bis in alle Ewigkeit tot sein, in Geist und Fleisch. Auch das ist in deinen Träumen von der Zypresse: Weil diese sehr langsam wächst, kommt alles Glück und Unglück sehr langsam auf den zu, der häufige Traumgesichte von ihr hat.

Für einen, der in Träumen nichts Gottgesandtes sehen kann, nichts auch, das nicht in seiner eigenen Natur schon angelegt wäre, redest du merkwürdig chaldäisch, Grieche. *(Dies ohne Hoffnung.)*

Es ist alles in dir angelegt, Cäsar. Du holst dir nur den Tag in die Nacht zurück, das Wachen in das Schlafen, das Denken in den

Traum. Du hast dich selber befragt, nicht mich. Du bist der Gedanke, ich bin nur dein Wort. Ich bitte dich nun, mich gehen zu lassen, zwischen Nacht und Tag gestellt fühle ich mich nicht wohl. Das ganz und gar Unbestimmte, das seinen Reiz, wenn es denn einer ist, aus der Mißachtung der Ratio bezieht, ist mir ebenso zuwider wie das Reden in Bildern, die randlos in einer Sprache zerfließen, welche weder Logik noch Grammatik ernstnimmt. Lebe wohl. Du hast nicht mehr lange.

Mann aus Apulien

Wiewohl im Spätnachmittag des Lebens natürlich und für die zeitliche Ordnung dieser Papiere wichtig, behagt mir der Gedankenweg zurück in meine Vergangenheit neuerdings immer weniger. Zu oft gleicht er nun dem Niedersitzen in ein abgestandenes Badewasser, das nicht mehr wärmt, sondern eher frösteln macht; man beeilt sich, die Pflicht zur Selbstreinigung hinter sich zu bringen. Die Badestubenmetapher ist auch im Rückbezug auf meine Erinnerungen noch stimmig: Während ich ihnen nachhänge, befällt mich ein deutliches Frösteln. Ich glaube zu wissen, woher es kommt.

Die zurückliegende Zeit gliedert sich mir insgeheim nicht nur durch Ereignisse wie Krönungen, Kriege, Bannungen oder Akte der Gesetzgebung, sie sind mein Staatsgewand, als vielmehr durch einige bemerkenswerte Frauen, denen ich in gewissen Abschnitten meines Lebens begegnete; sie sind mein Hemd. Unter ihnen wirken als Zeitgeber für mich jene stärker, die mir nicht von Staats wegen gefielen, sondern aus einem nachhaltigen Gefühl heraus, mag es sich auf eine thüringische Heilige oder eine palermitanische Hure gerichtet haben, auf eine schwäbische Liebschaft oder eine sarazenische Buhlschaft. Aus einer derart widersprüchlichen Zuordnung der einen zur anderen ergibt sich zwar, daß nicht immer das Bett zählte. Zur heiligen Elisabeth, deren Mann, Ludwig Thüringen, auf einem Kreuzfahrerschiff vor Otranto unter meinen Augen an einer Seuche starb, ging ich in Demut, im Herzen ein Maximum an Bewunderung für diese ungarische Franziska, im Kopf ein Minimum an effekthaschender Frömmigkeit für die Augen der politischen Welt. Der aragonesischen Konstanze, meiner ersten Kaiserin von dreien, aber der einzigen auch so gekrönten, hing ich wohl in Liebe an, aber doch mehr als ihr Schüler in den Sitten des Hofes denn als ihr Geliebter. Über die piemontesische Gräfin Bianca Lancia ist hier nichts mehr zu sagen; sie ist, vor dem Geschlechtlichen, in meinem Herzen. Dennoch beherrschte mich immer und bei allen eine bestenfalls zur Erotik verfeinerte Sinnlichkeit. Gedanken, die erotisch nicht wenigstens grundiert waren, hielt ich im Umgang mit Frauen nicht für habenswert. Selbst an der mir von fern anverwandten Landgräfin von Thüringen beschäftigte mich, während ich vor über einem Jahrzehnt in Marburg der Umbettung ihrer Gebeine in den Goldschrein einer Heiligen zuschaute, mehr die zutageliegende Abwesenheit des Weibes in ihrer langen Witwenschaft, und wie sie das nächtens verwand, als ihre heiligenscheinschwangeren Wohltaten an Aussätzigen und Armen. Oft erschrak ich (wenn auch nur formelhaft auf eine anerzogene Weise) über die Kürze des Weges in mir zwischen Hoden und Hirn. Daß er nun immer länger zu werden beginnt, *das* macht mich frösteln: Es berührt mein innerstes Wesen.

Ich drang in viele dunkle Räume, über deren Beschaffenheit ich nur in vagen Wortpaaren etwas auszusagen weiß; sie waren warm oder kalt, trocken oder feucht, tief oder seicht. Anderes teilte sich dem Gefühl nicht mit. Nur vom Schlaf noch läßt sich ähnlich Unbestimmtes sagen, indem er tief ist oder flach, erquickend oder ermüdend, traumlos kalt oder von fiebrigen Bildern voll. Anderes teilt sich dem Bewußtsein nicht mit. Gleichwohl sind beide Lebensäußerungen von größter Bestimmtheit, indem sie teilhaben an der einzigen Trinität, an die ich glaube: an das Leben, an den Schlaf und an die Lust. Ersteres ist von göttlichem Rang, das zweite ihm in Sohnschaft angehörend, und letztere, wenn zur Liebe sublimiert, ein Geistiges, weil es den Pflanzen und den Tieren nicht zugänglich ist. Und so wie der Geist, heilig oder nicht, Gegenstand ungezählter Erklärungsversuche durch die besten philosophischen Köpfe ist, konnte auch noch niemand unter Zustimmung aller sagen, was Liebe ist.

Mit der Lust dagegen verhält es sich einfacher. Die Araber definieren sie als *nichts weiter als ein Ausruhen vom Schmerz*, und den Schmerz als *nichts weiter als das Verlassen der Natur*, denn, so sagen sie, *die Natur ist weder Schmerz noch Lust*. Gehe das Verlassen der Natur nach und nach vor sich und die Rückkehr zur Natur auf einmal, dann zeige sich kein Schmerz, sondern Lust. Man nenne das plötzliche Zurückkehren zur Natur Lust, da es ein Ausruhen vom Schmerz darstelle. Dauere die Lust an, werde sie wieder zum Schmerz, sagt ar-Razi. Andererseits gebe es sie nur im Gefolge von Schmerz. Die Lust des Beischlafs erklärt der Perser durch *die Ansammlung einer gewissen Materie an einem äußerst wachsamen und empfindlichen Ort*, die, sei sie dort lange versammelt, ihn auf einmal verlasse; dies schaffe sinnliche Lust.

All dem kann man zustimmen. Es ist dieser Text aber auch ein Beispiel dafür, wie man, indem man Beobachtungen des menschlichen Alltags in eine wissenschaftliche Sprache kleidet, in Büchern die Zeiten überdauern kann. Reim Lesen solcher Philosophismen kommt mich eine Lust an, die von eher grimmiger als sinnlicher Natur ist. Es ließe sich der materielle Ablauf der Lust statt mit einem arabischen Ethiker auch mit einem arabischen Sprichwort erklären: *Jedes Gefäß schwitzt aus, was es enthält.* Aber nur der Löwe darf dem Löwen sagen: Dein Maul stinkt.

Das Wesen der Liebe definieren die Araber in Anlehnung an Aristoteles, weshalb man nach weiteren Stimmen, ist man auf philosophische Autorität aus, nicht mehr zu suchen braucht. Die Liebe, so sagen die islamischen Texte, werde nicht durch äußere Lust oder Zweckmäßigkeit hervorgerufen, sondern durch die zwischen zwei guten Menschen bestehende substantielle Übereinstimmung, durch ihr gemeinsames Streben nach dem Guten und der Tugend. Wenn sie sich auf Grund von solch einer Übereinstimmung liebten, könne es unter ihnen keinen Widerspruch und keinen Streit geben. Und so weiter. Eine so gelebte Liebe löste, würde man ihrer ansichtig, gewiß die Suche nach einem doppelten Heiligenschein aus. Es wäre ein solches Paar auch, gleich ob aus Mann und Frau bestehend oder, was bei Aristoteles nicht auszuschließen ist, aus gleichgeschlechtlich Liebenden, ganz ohne Nachkommen, denn wo die Abwesenheit äußerer, also fleischlicher Lust die Conditio sine qua non einer Liebesbeziehung ist, kann Zeugung nicht stattfinden. Niemand übte den Koitus aus, wäre er nicht mit Lust verbunden; ohne sie ist dies Geschäft, bedenkt man es recht, gar zu degoutant. Man wird sich differenziertere Definitionen des Begriffs Liebe ausdenken müssen, wenn man in der Liebe nicht ein chimärisches Ziel sehen will, unerreichbar, ja nicht einmal wünschenswert, nähme es dem Leben doch die Lust als Impetus des Werdens und Süße des Seins.

Die primäre Ursache der Liebe, so sehe ich es, ist die äußere Lust auf den anderen, die immer eine leibliche, nur in seltenen Fällen eine geistige Lust ist. Und wenn die Ursache der Liebe andauert, dauert auch die Liebe selber an. Denkbar ist, daß die Liebeslust sich zur lustlosen Liebe wandelt, sei es durch lange Gewöhnung, Erkalten der Gedanken und Gefühle, Krankheit oder Subordination des einen unter den Willen des andern. Aber dann handelt es sich eigentlich nicht mehr um Liebe. Man zieht nun das Leben hinter sich her wie Zugtiere im Joch den ächzenden Wagen. Und was den

Tieren die sie in Gang haltende Peitsche des Fuhrmanns ist, das ist den dergestalt aneinandergeketteten Menschen die Geißel der christlichen Moral. In Wirklichkeit handelt es sich um eine Spielart der Treue, weshalb man, in Gewißheit des frühen Todes der Liebe, diese stets zusammen mit der Treue in einem Atemzug zu nennen pflegt.

Nun kann die Treue des einst Liebenden gewiß ein Wert an sich sein, ein Dienst am andern, stoisch geübt, aber doch wohl, ist man ehrlich, mehr erlitten, und dies auch nicht so sehr um des Heils des andern willen, sondern wegen der eigenen Erhöhung vor den Augen der Welt. Noch öfter aber ist diese Art von Treue die Gutschrift auf ein Konto, auf das man seine besten Jahre einzahlt in der Hoffnung, das angesammelte Kapital einst in irgendeinem Jenseits mit Zins und Zinseszins liquidieren zu können.

Ob Stoiker oder Christ – wer wollte nicht ein Mark Aurel sein?

Ich, Mann aus Apulien.

Letzthin beobachte ich mich dabei, wie ich die Freuden und Feste meines Lebens, seine Lasten und Laster den an mir sichtbar gewordenen Zeichen des Verfalls und der Verderbtheit zuordne. Wann immer ich, und dies von Jahr zu Jahr zwanghafter, die deprimierenden Höhlungen und Klüfte meines Gesichts und die mich deformierenden Schwellungen und Schlaffheiten meines Leibes studiere, fallen mir, als nähme ich die eigene Todesstunde mit ihren Erinnerungskatarakten vorweg, die herausragenden Ereignisse meines Lebens und die Menschen ein, die an ihnen mitwirkten; und jedes und jeder hat an und auf mir seinen sichtbaren Ort.

So zog sich die mir nachgesagte staufische Heiterkeit des Gesichts in die tiefen senkrechten Falten zurück, die von den Seiten der Nase kinnwärts verlaufen. In ihnen verwest seit über fünfunddreißig Jahren das Glück des Siebzehnjährigen, der sich im Frühling des Jahres

1212, bewaffnet nur mit dem politischen Segen seines Vormunds, des Herrn Papstes Innocenz, in Begleitung weniger Freunde von Sizilien nach Deutschland aufmachte, um sich zu seinem von der Mutter ererbten normannischen Reich im Süden das ihm von den deutschen Fürsten angetragene väterliche staufische im Norden zu holen. In den Krähenfüßen begrub sich mein Lachen über das Nachsehen, welches das mailändische, stets stauferfeindliche Stadtgesindel mit mir hatte, als es mir am Fluß Lambro auflauerte, um mir den Weg über die Alpen zu verlegen, ich ihm aber, schwimmend auf nacktem Pferd, den blankgerittenen Hosenboden zeigte; mehr hatte der im Bettelrock reisende *Imperator Romanorum electus* neben der römisch-deutschen Reichsidee seines Großvaters Friedrich Barbarossa in der Eile der Flucht ins Glück nicht retten können.

Es begrub sich in diesen Krähenfüßen auch das Lachen, das mich im selben Jahr an einem blauen Septembertag am Bodensee befiel, als ich mich nach einem Handstreich der Beredsamkeit, der mir die Konstanzer Stadttore öffnete, an just die Tafel setzte, die für meinen Gegenspieler um Krone und Reich gedeckt war, den Welfen Otto, vierter seines Namens. Er wartete zur nämlichen Stunde am gegenüberliegenden Ufer, in Überlingen, auf seine Einschiffung, um mich von meinem Weg auf seinen Thron abzudrängen, zu erschlagen wohl auch. Drei Stunden später stand er, abgehetzt und mit einem nur kleinen Haufen Bewaffneter, vor Konstanz, das ihm jetzt verschlossen blieb. Er zog unverrichteter Dinge ab. Drei Monate später schon, Anfang Dezember, wählten die deutschen Fürsten mich in Frankfurt, nach meiner Berufung durch sie zum römischen Kaiser im Vorjahr in Nürnberg, zum römischen König und krönten mich vier Tage drauf vorläufig in Mainz – vorläufig und mit nachgemachten Reichsinsignien, weil Otto die echten in Besitz hatte und der rechte Krönungsort der Könige auch Aachen war, Pfalz und Thronsitz Karls des Großen. Wir hatten es alle eilig.

Damals krochen mir zu den Lachfalten die ersten Spuren von Zynismus um den Mund, wie sie heute nur zu oft mein Gesicht bestimmen. Es hatten die deutschen Fürsten, die sich vor ein paar Jahren erst die Königskrone mit Ottos englischem Geld hatten abkaufen lassen, die rechten Hände nun für mich erhoben, weil in ihre linken das französische Geld geflossen war, mit dem Philipp August von Frankreich mich ausgestattet hatte, gegen Otto, der ein Neffe des englischen Königs Richard Löwenherz war, diesem darum verbündet und somit, wie der Engländer, ein Feind Frankreichs.

Mir schlug das alles nur zum Besten aus. Jung, wie ich war, empfand ich noch keine Skrupel darüber, daß Deutschland am Nasenseil der Franzosen und der Kirche tanzte. Wenigstens die Melodie dazu sollte hinfort von mir kommen. 1214 gerieten Philipp und Otto, der mit den Engländern focht, in der Schlacht von Bouvines, einem Ort bei Lille in Frankreich, aneinander. Otto unterlag. Philipp schickte mir den erbeuteten goldenen Reichsadler (nachdem er ihm mit französischer Noblesse die im Getümmel der Schlacht gebrochenen Flügel hatte reparieren lassen) und Ottos Kaiserstandarte; der Welfe war ja nicht nur römisch-deutscher König, sondern auch dito Kaiser, vom Papst so gekrönt, dann aber in den Kirchenbann getan und vom Laterankonzil abgesetzt, weil er sich, infiziert vom staufischen Reichsgedanken, nicht an sein dem Heiligen Stuhl gegebenes Versprechen gehalten hatte, die Finger von Süditalien zu lassen. Bei Messina hatte er mich mit einem Heer bedroht; unterstützt worden war er darin vom Verrat deutschblütiger apulischer Barone, die mit meinem Vater als dessen Waffenbrüder ins Land gekommen waren. In mir, dem Sohn, aber sahen sie meiner Mutter wegen den Normannensproß, in Otto dagegen den Deutschen, in dessen Hände sie die beiden Sizilien zu spielen versuchten. Worauf der Herr Papst meine Inthronisierung in Deutschland betrieb: halbes Kind von Pülle, das ich noch war, Innocenzens sizilisches

Mündel seit dem Tod meiner Mutter obendrein, schien ich ihm das politisch kleinere Übel zu sein in seinem Kampf gegen die territoriale Umklammerung seines Kirchenstaates von Norden und von Süden her durch ein in einer Hand vereintes italodeutsches Reich.

So kam ich 1215 auf des großen Karls Steinthron im Dom zu Aachen. Ich war nun zwanzig. Otto starb drei Jahre später, machtlos und von mir im Feld bedrängt, in religiöser Verwirrung auf der Harzburg, von widerstrebenden Priestern auf seinen Befehl hin mit Ruten blutig ins Jenseits gepeitscht. Im Übermut meines Glanzes war ich schnell fertig mit dem Witzwort, Otto, dessen geistige Armseligkeit bekannt war, sei eigentlich nie sehr viel anderes gewesen als *primus inter passeres*, ein Erster unter Spatzen, die, wie sich bei meiner Erwählung durch sie erneut gezeigt habe, schilpend und bürzelnd beinahe jeden zu ihrem König kürten, der ihnen von den Tischen der Mächtigen die meisten Brosamen herunterfege. Natürlich beließ ich diese Einschätzung des deutschen Wahlkönigtums im kleinsten Kreis; sie war stark beeinflußt von meiner durch Erbschaft legitimierten selbstherrlichen Eigenständigkeit in Sizilien. Ich würde den deutschen Fürsten, das sah ich voraus, wohl noch – widerwillig genug – einiges an Reichsrechten zur Ausbeutung hinwerfen müssen, oder ihnen auch nur bestätigen, was sie in den seit fast zwanzig Jahren andauernden welfisch-staufischen Thronwirren im Gefolge des Todes meines Vaters an Kronprivilegien schon usurpiert hatten. Nur so konnte ich mir, der ich Sizilier war nach Geburt und Wohnverlangen, im Norden den Rücken freihalten für meine politisch gestaltenden Hände im Süden.

Aber genug, einstweilen, der Politik! Sie gehört, so war es meine Absicht, eigentlich gar nicht in diese Papiere, doch ist sie, das sehe ich im Fortgang des Schreibens immer deutlicher, als quasi Leib meiner Seele, der allein diese privaten Exegesen gelten sollten, schier unverzichtbar.

Während ich also den zynischen Zug um meinen Mund wahrnehme, sehe ich aber auch die dünne Lippenhaut, die meine Mutter mir vererbte. Das Blut fließt dicht darunter, dem leichtesten, zärtlichsten Biß zugänglich. Seine Wärme dringt durch viele feinste Fältchen, die meine Lippen, schürze ich sie vor dem Spiegel, erodiert aussehen lassen, wie abgetragen von Küssen, schrundig auf eine sinnliche Art. Bei solchen Selbstbespiegelungen, die nicht frei sind von leiser Scham über das meinem Amt und Alter Unangemessene, fällt mir zu meinem Amüsement, das die Scham sogleich besiegt, stets ein, was man sich hierzulande von dem assisischen Minoriten Franziskus erzählt, den sie vor über zwanzig Jahren schon, nur knapp zwei Jahre nach seinem exaltierten Fußbodentod in der Körperfigur des nackten Kreuzes, heiligsprachen, weshalb es unschicklich sein mag, von seiner sehr speziellen Art der Erotik zu reden. Gleichwohl, er soll sich ein jegliches Mal, wenn er den Namen Jesu aussprach, und das war oft, hinterher wie im Nachkosten einer großen Süße die Lippen geleckt haben. Da bin ich versucht, es dem Heiligen nachzumachen beim Aussprechen eines Namens, dessen Trägerin mir in jener fernen deutschen Zeit den Kopf selbst unter der neuen Königskrone verdrehte (meiner zweiten übrigens, nach der sizilischen, die man mir als Kleinkind schon aufgesetzt hatte, vor der jerusalemitanischen, meiner dritten; von der deutschrömischen Kaiserkrone vorerst nicht zu reden).

Die Dame hieß Adelheid. Sie war eine schwäbische Hochadelige aus dem Haus der Urslingen, dessen italienischer Zweig mich schon in Foligno als Säugling an Mutter Statt in seinen Betten geherzt hatte. Doch kam ich nun, als junger Mann in Deutschland, da sehr viel schwerer hinein. Als ich Adelheid diskret an der Brust berührte, wies sie mich schroff zurück: «Du bist verheiratet, Königlein, und Hagenau ist nicht Palermo, das Elsaß nicht Sizilien. Übe Deine Finger lieber im Nachschlagen deutscher Vokabeln statt im Nesteln an meinem Mieder. Und dann singe erst, so ist es hier im Umgang mit Damen der Herren Brauch.»

So oder so ähnlich. Minnedienst jedenfalls war gefordert, dies geistlose Hinschreiben von Gefühlen wie durch vorgestanzte Schablonen, diese elitäre Verfertigung eines Sprachleibes, der leer ist von Blut, abgehangen nach Art eines toten Stück Wildes und ebenso kalt, belebt nur von den bunt schillernden, summenden Fliegen Zeilenfall, Versmaß und Reim. Ich aber wollte zur Dame meines Herzens nicht beten, ich wollte zu ihr mich betten, nichts sonst. Und was hatte das mit meiner Ehe im fernen Sizilien zu tun? Fürsten heiraten einzig zum Zwecke der Mehrung von Macht und Erben. Die Mitgift der aragonesischen Konstanze, meiner damaligen – ersten – Frau und Seniorin um zehn Jahre, bestand aus fünfhundert spanischen Reitern, mit denen ich die sizilische Anarchie, welche während meiner Kindheit entstanden war, zu beseitigen gehofft hatte. Sie waren für mich der eine, eigentliche Heiratsgrund. Eine Seuche löschte ihn aus. Der andere dann, der Sohn, den Konstanze gebar, Heinrich, endete politisch als Hochverräter auf dem deutschen Königsthron. Konstanze, der ich gleichwohl immer großen Respekt erwies, starb. Danach geriet ich noch zweimal durch Heirat in die Leibeigenschaft der Politik, und immer belauerten Europas weltliche und kirchliche Fürsten freundlich oder feindlich, züchtig oder zotig, je nach Charakter und politischer Interessenlage, das Auf und Ab meiner ehelichen Bettdecken. Bei solcher Tierzuchtmentalität der Gekrönten kann Liebe schwerlich gedeihen. So suchte ich sie oft außerhalb der Ehen, selbst wenn ich, um sie zu gewinnen, dafür singen mußte! Und für diese junge schwäbische Adlige mußte ich wohl oder übel singen. Ich beschloß, ihr zum Schock und mir zur Rache, es in den hellen Tönen der Frivolität und den dunklen der Sinnlichkeit zu tun.

Zwischen den Regalen der Hagenauer Pfalzbibliothek, aus deren

Büchern ich Vokabel und Satzbau des ungeschmeidigen Deutschen klaubte, begann ich, Verse zu schreiben. Maß ich sie an ihrem Erfolg, gelangen sie mir gut: Adelheid kam in angemessener Zeit mit einem Knaben nieder. Sie nannte ihn hintersinnig *Heinz*, denn *Heinrich* war aus dynastischen Gründen nicht angängig. Mit dieser Namensgebung wahrte sie für ihren Sohn das Erstgeburtsrecht qua Liebe: ein Kaisername, der nicht klirrte, sondern klang, zumal in Italien, wo dieser Illegitime *Enzio* genannt wird. Heute sitzt er, längst ein Mann, gefangen in Bologna und ist, wie ich höre, der traurigste aller staufischen Liedermacher. Zwar behandeln sie ihn seinem Rang gemäß fürstlich, wollen ihn mir aber nicht herausgeben, was immer ich ihnen auch dafür biete, so sehr hassen die Bolognesen, wie die Mailänder, den Kaiser.

Enzios Mutter ist lange schon tot, der Rausch der Hagenauer Nächte verflogen. Aber die Süße ihres weißen Mädchenleibs kehrt mir, wann immer ich will, auch heute noch auf die Lippen zurück, und sein nächtliches Leuchten im Schein des Kaminfeuers, dessen Wärme wir dem Schutz unserer Decken oft vorzogen, dringt mir noch immer durch die altgewordenen, faltigen Lider.

Als Enzio aus Deutschland zu mir nach Italien kam, überbrachte er mir aus dem Erbe seiner Mutter eine gesiegelte Rolle mit Manuskripten, von Adelheids Hand adressiert an den Herrn *regulus Siciliae*, das sizilische Königlein, wie sie mich genannt hatte. Noch bevor ich das Siegel erbrochen hatte, wußte ich, was die Rolle enthielt: jene Gedichte, die ich damals für sie schrieb, Fingerübungen im Deutschen, die denen an ihrem Leib parallel gegangen waren. Bei meinem Weggang aus Hagenau, wo ich die Schwäbin als Herrin über das Gesinde der elsässischen Kaiserpfalz eingesetzt hatte, waren bittere Tränen, nicht aber bittere Worte gefallen.

Die Gedichtmanuskripte, die ich nicht ohne tiefe innere Bewegung von Enzio empfing, zeigten starke Gebrauchsspuren. Adelheid mußte sie oft zur Hand genommen haben. Leichte punktuelle Aufquellungen des Papiers nahm ich, zur nachträglichen Erleichterung meines Gewissens, für Spuren von Tränen, auch solchen des Lachens. Wie lange liegt das alles zurück, und wie unbekümmert um Rang, Würde und Urteil der Menschen ich doch gewesen war! Ich füge die Gedichte in einer Abschrift, die das Allerunziemlichste aus ihnen tilgt, diesen Papieren bei.

Wochenspiegel

Beug Knie vor dir und Locken.
– «Herr König, Ihr seid nicht gescheit!»
Und bebst im Schall der Glocken.
's ist Sonntag heut.

Mein Mund wühlt sich in Seide.
– «Herr König, Ihr habt schon gefreit!»
Und stehst in großem Leide.
's ist Montag heut.

Hab Samt zwischen den Zähnen.
– «Herr König, Sizilien ist weit!»
Und netzt mein Haar mit Tränen.
's ist Dienstag heut.

Schmieg mich an deine Hände.
– «Herr König, Ihr stoßt mich ins Leid!»
Und machest doch kein Ende.
's ist Mittwoch heut.

Rühr sanft an deine Brüste.
– «Herr König, bin niemandes Beut!»
Hab Lieb für dich, nicht Lüste.
’s ist Donnerstag heut.

Leg Hand an deine Lenden.
– «Herr König, und wenns Euch gereut?»
Will nie von dir mich wenden.
’s ist Freitag heut.

Will endlich dich umarmen.
– «Herr König, bedenkt doch die Leut!»
Grad dafür kein Erbarmen!
’s ist Samstag heut.

Laß Stirn an Stirn uns lehnen.
– «Herr König, in mir ist viel Freud!»
Nun hat ein End mein Sehnen.
’s ist Sonntag heut.

Männlichs Wort

Adelheid, in goldnem Flaum
stehn dir Wangen Nacken Arme.
Hatt dich noch gesehen kaum,
wuchs ein Reis dem Stauferbaum,
das sich hebt vor deinem Charme.

Adelheid, männlichs Wort
adelt den nämlich’ Ort!

Adelheid, in schnee'ger Pracht
stehn dir Hüften Hintern Brüste.
Was mir das im Schritte macht,
sieht dein Aug verschämt (und lacht).
Daß ichs alles dir doch küßte!

Adelheid, Minneweh
adelt dein' Leibes Schnee!

Adelheid, in süßem Naß
stehn dir Lippen drunt und droben.
Wärzlein haben wachsend Spaß,
daß mans sieht durch Stoff und Straß.
Müßtest mich als Zaubrer loben!

Adelheid, Fraueng'lüst
adelt den Mann, ders küßt!

Adelheid, in ros'ger Glut
stehn dir Bäcklein Hälslein Öhrchen.
Opfre mir dein Jungfraunblut,
laß den pulisch' Rotkopf gut-
willig durchs bekränzte Törchen!

Adelheid, Herzeleid
adelt die Liebesfreud!
Jungfraunjoch :
Jungfrau noch.

Weiblichs Wort

Nacht schon so alt,
der Morgen kalt.
Mein' Brüste so bloß,
vom Herzen auch groß,
die Wangen so blaß,
von Tränen naß,
Lippen wie Schnee,
vom Küssen weh.

Lieb dich so sehr,
ertrag schier nicht mehr …

Kammer schon hell,
Sonne so grell.
Hör Knechte im Gang,
der Zofen Gesang.
Behalt dich im Leib,
liebs Rüchlein, bleib!
Schließ mir das Mieder
und kehr zur Nacht wieder!

Lieb dich so sehr,
ertrag wohl noch mehr …

Tag schon so alt,
bitt dich, komm bald!
Mein' Brüste so klein,
verlangen dein.
Wangen so heiß,
die Händ in Schweiß,
die Lippen rot
von Liebesnot.

Lieb dich so sehr,
ertrag noch viel mehr ...

Liebeslatein

Vulva ist die Tasch der Sau,
gilt als Leckerbissen;
vagina die Tasch der Frau,
trägt drin ihr Gewissen.

Hymen ist der Jungfer Haut,
das die Lieb erschweret;
penis heißt der Schreck der Braut,
dem sie ängstlich wehret.

Mensis bringt der Ängste Schwund,
ist der Mond erfüllet;
nates sind des Hintern Rund,
peplum, was ihn hüllet.

Concha, Schnecke, steht vulgär
für die Scham des Weibes;
concha grandis für noch mehr:
Tritonshorn des Leibes.

Die *mammiculae* der Maid
heißen deutsch die Brüstlein;
stechen *mamillae* durchs Kleid,
wächst dem Mann ein Lüstlein.

Mammae sind der Frau Gesäug,
kommt sie in die Jahre;
mammeatum, was ich äug,
füllt's das *mamillare*.

Mons Abnoba ist der dicht
schwarze Wald bei Freudstadt;
mons mit *pubis* meinem G'sicht
licht bewaldet' Bettstatt.

Os, das ist das Menschenmaul,
osculum das Mündchen;
sind sein' *labri* lippenfaul,
küßt es wohl nur Hündchen.

Adelheid, bin gescheit
lernte viele Worte.
Bitt dich nun, gibs Geleit
mir an ihre Orte!

Ist dein Schoß das *gremium*,
sedere das In-ihm-ruhn,
war für mich das *praemium*:
facere, das In-ihm-tun.

Adelheid, sei gescheit,
laß dich nächtigs kosen!
Bett' mich auf dein' Seligkeit,
wie der Tau auf Rosen …

Jägerlatein

Hab eine andre noch am Leib,
sollt drum nicht bei dir liegen.
War wenig mehr als Zeitvertreib
mit eines Falkners Eheweib.
Ich ließ den Vogel fliegen.

Du siehst mich, wie's sich schickt, in Scham,
hab dich auch nicht belogen.
Willst wissen, wie es dazu kam?
Wie bei der Entenbeiz: die Dam'
kam mir geschickt geflogen.
Hab meinen Terzel freigemacht,
er lacht' aus dem Gefieder
und stieg und stieg, 's war eine Pracht,
die Bellen haben ihm Lust gemacht.
Dann stieß er auf sie nieder.

Sie schnatterte, als er sie band.
Das stört beim Jagdgenusse.
Ich nahm den Falken in die Hand,
als er sie auch noch tranig fand,
verkappte ihn in Muße
und dachte: Wer aus hohem Flug
sich niedres Wild möcht kirren,

der muß sich, hat er nicht genug
an edlerem, mit Recht und Fug
des öftern einmal irren.

Du siehst, daß mich mein' Schuld zernagt,
häng jetzt an deinem Rocke.
Komm, reit mit mir zur Falkenjagd!
Und ist mein Herzel auch verzagt,
mein Terzel ist noch locke!

Scherzo

Sah dich beim Waschen.
Warf einen raschen
Blick in den Spiegel,
in dem deine Hand
sehr zart und gewandt
– dein Rücken zu mir hin
im Bücken zu dir hin –
das schimmernde Siegel
in deiner Mitte
in pfleglicher Absicht erbrach.
Ich lenkte die Schritte
aus deinem Gemach
und ließ dich allein.
Es schuf mir kein Arg,
was das Siegel verbarg,
war doch das Petschaft mein!

Sonata

Kann nicht mehr bändeln,
mit Versen tändeln,
die hüpfen wie Brüste
befreit vom Gerüste
aus Sitte und Scham.
Weiß nicht, wie alles kam.

Kann nicht mehr tingeln,
mit Reimen klingeln,
die ohn' mich zu fragen
für mich alles sagen,
am End aber schrein,
ich seis gewesen, allein.

Kann nur noch singen,
was in mir muß schwingen
als ein vibrierender,
die Kehle schnürender
tief dunkler Ton.
Hörst ihn wohl schon ...

Rondo

Stirn auf Stirn: Ich denke dich.
Mund auf Mund: Verschenke mich.
Brust auf Brust: Ich höre dich.
Scham auf Scham: Begehre dich.
Bein an Bein: Ich komm zu dir.
Knie an Knie: Ich bet' zu dir.

Fuß an Fuß: Ich steh zu dir.
Du und ich: So liegen wir
im Wechsel von Drunten und Droben
zu herrlichem Tun verwoben!

Trauerweide

Traf meinen Traum
von deinem Leid
im Weidenbaum
am Morgen heut.
Er stand in Stolz,
war sturmerregt.
Sein klagend Holz
hat mich bewegt.

Sein Stamm, der war
dein schwankend Leib,
dein wühligs Haar
sein dicht Gezweig,
das meinem Blick
auf Tränen wehrt.
Bring dir kein Glück,
hab dich verheert.

Tröstung

Ich sah dein Spiegelbild im Fluß.
Obwohl er von dir gehen muß,
bleibt er mit dir am Orte.

Ich bin der Fluß, der dich behält,
solang es dir an ihm gefällt.
(Ich weiß, es sind nur Worte.)

Babylon

Blonde Seide
Schultern Schoß
Augenweide
atemlos
Veilchendüfte
hautvermischt
Kehle Klüfte
Blick erlischt
Moschusstrenge
Schwüre Schweiß
Lippengemenge
Zungenfleiß
auch an Nabel
Brüsten Bauch
Summa Babel
Heidenbrauch
Hände streicheln
Backen Bein

Lippen speicheln
Lippen ein
Münder sinken
an Kelchesrand
Sünder trinken
Hand in Hand
Augen rot wie
Eichelglanz
ström ich in die
Leibmonstranz
Bin und bleibe
Leid und Lust
dir im Leibe
Habs gemußt.

Cantus infirmus

Würd ich dir, zwischen deinen Schenkeln, sagen,
daß dies die Liebe sei, die ich dir schulde,
damit der Rauch der Raserei der Lenden
Gott als von einem Opferbrande stammend
erscheinen möge und ihm wohlgefällig sei:
das Flattern der Lider
als Pfingstflug des Geistes,
der Nektar der Lippen
als Seelenspeis,
die Nacktheit der Leiber
als Sehnsucht nach Eden,
orgiastisches Schreien
als Psalmengesang,

der Same vergossen
aus Willen zum Sohn –
ich liebte als Heuchler dich,
ist doch mein Lieben dies alles nicht.

Ich kann für mich, für keinen sonst, dies sagen:
Im Denken find ich Gott, such ihn im Lieben nicht.
Hier herrscht Natur, die das Geschäft der Zeugung
zur Mehrung jeder Art mit hoher Lust versah,
auf daß mans treibe. Und so sehe ich
das Flattern der Lider
als Ohnmacht des Geistes,
den Nektar der Lippen
als Salbung des Fleisches,
die Nacktheit der Leiber
als Peitsche der Sinne,
orgiastisches Schreien
als Reden im Rausch,
den Samen vergossen
aus Reflexion des Denkens im Fleisch.
Doch ist mein Lieben
auch dieses nicht.
O liebe mich, daß ichs endlich fasse!

Ausgehendes Feuer

Wir liegen nachts Seite an Seite,
die Hand auf des andern Geschlecht.
Im Feuer reden die Scheite
von dem, was ich sagen möcht.
In all unsrem Herzensjammer
bist du, wenn die Nacht uns befällt,
die Flamm, die der Herzen Kammer
mit flackerndem Schein erhellt.
Bist, wenn die Strahlung der Steine
nach unsren Gliedern greift,
ein Abglanz vom Feuerscheine,
der uns mit Wärme streift.
Bist, wenn die Kälte am Morgen
uns unter die Decken will,
das Glühn, das, in Asche verborgen,
mein Beben besänftigt – sei still,
ich wars, der das Glühn dir in Asche
gelegt hat, die Glut deines Leibs
verzehrt hat, als wars eine rasche
Sach bloß des Zeitvertreibs.
Ich wollts nicht, ich schwörs beim Gemächte
geborgen in deiner Hand
vorm Dämon sizilischer Nächte,
der mir die Mutter entwand,
so daß mir mit ihrem Bilde
ein Fühlen abhanden kam
von Ehrfurcht, von Minne und Milde
für Frauen. Und wohl auch von Scham.
Er stieß mich aufs Lager von Weibern,

die krank war'n vor Fleischessünd,
verdarb so an ihren Leibern
das mutterlos pulisch Kind.
So wuchs ich heran zum Manne,
hab nichts von Liebe gewußt,
trank Wein aus schmutziger Kanne
und Laster aus Hurenbrust.
Vergibst mir nun, da du wissest,
mein Sünd'gen an deinem Leib?
Wünsch mir, daß du mich küßtest.
Ist noch so früh. Bitt dich, bleib!

Eisblume

Auf dem Schnee, dem weißen,
liegt ein männlichs Gleißen,
Sternenstaub, der aus der Nacht
in den Tag fiel. Hab gelacht.

Unterm Schnee, im blauen
Eise, liegen Frauen-
herzen, kalt und leidversteint.
Sah mein Fehlen, hab geweint.

Abschied

Du bannst die Unrast mir im Leib,
wenn du, für die ich dieses schreib,
dich zu mir legst, als spürtest du,
was du mir bist: ein Ort der Ruh.

Besänftigst stumm mit bloßer Haut,
bevor der Tag ins Fenster schaut
und Traumschweiß meine Glieder näßt,
was mich im Schlaf nicht ruhen läßt.

Red' von der Angst, dich zu verliern.
Könnt dich nur schwer ins Glück entführn,
nun ist mein Mühen, dich im Glück
zu halten, ein noch schwerer Stück.

Bin ein Gestirn am Firmament,
das keinen Ort sein eigen nennt.
Es führt die Macht, die mich besonnt,
mich strahlend um den Horizont.

Selbst ein Besonnter, werf auch ich
ein Licht auf Sterne, wie auf dich.
Doch bringt mein Gehen um die Welt
es mit sich, daß mein Licht nicht hält.

Wer heute sich an ihm noch wärmt,
den läßt es morgen schon verhärmt.
Ich sags, ich wags, bekenn auch Scham,
daß ich als Gehender schon kam.

Postscriptum

Wollt dies noch schreiben:
Kann hier nicht bleiben,
bin Sternenstoff,
kann nur erkalten.
Darfst mich nicht halten,
den Sohn erhoff …

Heute singt mein Mund nicht mehr. Er gerät mir nun eher schief, wenn ich in der Kanzlei Sentenzen wie diese diktiere: *So es wahr ist, was ich mit dem Philosophen Averroes glaube, daß nämlich die Seele des Menschen sterblich, die Welt aber ewig ist, dann folgt daraus die Suprematie des Kaisers als des Herrn der Welt über den Papst als den Herrn der Seelen.*

Innocenz in Lyon, wohin er grundlos vor mir flüchtete, sieht das natürlich umgekehrt: ewig die Seele, endlich die Welt, ergo er über die irdischen Herrscher gesetzt. Darin gründet der ganze das Abendland erschütternde Streit, ein Kampf, in dem ein jeder von uns weniger Princeps ist, Fürst, als vielmehr Prinzip, Träger leibgewordener Ideologien und darum austauschbar, weshalb wir zur Unterscheidung im Gedächtnis der Völker der fortlaufenden Numerierung unserer Namen bedürfen. Dereinst werden wir den imperialen Gestalten am Kanzelaufgang im Dom von Bitonto gleichen: rätselhaft für die Nachwelt, schwer unterscheidbar, doch identisch in der Materie, dem kalten Stein. Ob dritter Innocenz oder vierter, erster Friedrich oder zweiter, vierter Heinrich oder sechster – immer haben wir, bedachten wir den Kampf zwischen Kirche und Welt, unter Tiara und Krone Gedanken bewegt, die wie Schlangennester voll der Möglichkeiten zum Bösen waren. In bibelfesten Mündern verbergen wir eine gespaltene Zunge und unter demütig gesenkten Augenlidern den starren Blick der Basilisken. Wir sitzen gottgleich auf Thronen aus den Gebeinen unserer Heere. Dem Hunger unserer Völker bieten wir Hand und Fuß zum Kusse dar. Aus dem Holz des Paradiesbaums der Erkenntnis, von dem Adam und Eva die Erbsünde pflückten und aßen, schnitzen wir uns, begleitet von den Wortkatarakten unserer liturgischen Proklamationen, die Kothurne, auf denen wir uns über die sündige Menschheit erheben: höhere Wesen, die noch nicht Gott sind, doch auch nicht mehr Mensch, jedenfalls aber von Ihm dazu berufen, das nachparadiesische Chaos mit seinen Verbrechen gegen die göttliche Vernunft durch unsere Gesetze und Dogmen zu befrieden. Und ist es denn nicht vernünftig, die Armen zu besteuern, weil es ihrer so viele sind, daß das Unrecht für den Staat sich lohnt? Und die Reichen zu schonen, weil es ihrer so wenige sind, daß das Recht sich nicht lohnt? Von der *suprema ratio*, der Vernunft unserer Gesetze, sind wir zwar abhängig, aber weder kann unsere Erhabenheit unvernünftige Dinge tun, noch gibt sie Selbstbeschränkung zu erkennen, wenn sie sich in ihren Handlungen von scheinbar widersprüchlichen Erwägungen politischer Notwendigkeiten lenken läßt. So reden wir mit Glocken statt mit Stimmen. Wir härten Wörter zu Waffen. Wir ersinnen Tode, die noch keiner starb. Wir planen eine Zukunft, die Gott nicht mehr beteiligt. Wir dröhnen. Wir klirren. Wir brennen. Wir morden. Und alles im Namen Gottes, dessen Vorsehung wir die Werkzeuge sind.

So weit gekommen, rief ich Occursius. Er möge mir den Arzt holen, daß er mich zur Ader lasse. Ich sei im Fieber …

«Er ließ sich vom Pferd fallen und war wie tot.» Von jenem Tag an, im Jahre '42, als ich diese aus Cosenza kommende Nachricht erhielt, mit ihrer Ungewißheit über die Art seines Todes: ob es Selbstmord aus Schwermut war oder Herzversagen aus kerkerbedingter Schwäche, jedenfalls aber mit der Gewißheit seines Endes, von jenem Tag an datiert sich der Anfang meines inwendigen Sterbens. Ich zeugte ihn mit dem Übermut des nachpubertären sizilischen Königleins und tötete ihn mit dem Hochmut des omnipotenten römischen Cäsars: Heinrich, meinen ersten Sohn, aus der spanischen Konstanze, meiner ersten Frau. Sieben Jahre zuvor, 1235 im schwäbischen Wimpfen, wohin ich aus Italien wegen des Verrats dieses Sohnes auf dem deutschen Königsthron mit der mir heute ein wenig lächerlich dünkenden Machtkundgebung und Prachtentfaltung eines höfischen Exotariums aus Kamelen und Kanzlisten, Kameralen und Kastraten, Geparden und Gespielinnen gekommen war, in Wimpfen also riß ich mir den Sohn vom Herzen, allein aus Staatsräson, wie ich damals glaubte, aber auch, wie ich heute weiß, aus einem Vaterstolz, der sich in seiner Besserwisserei verletzt gefühlt hatte. Heinrich hatte sich dem Salza ausgeliefert. Am Mittag, als man ihm die Rüstung nahm, habe er, hörte ich später, noch gesungen, am Abend, als man ihm das Essen brachte, geweint. Ich hatte ihn nicht angehört, denn noch weigerte er sich, die Burg Trifels mit dem Kronschatz auszuliefern. Als Staatsgefangenen nahm ich ihn darum mit nach Worms, wo er zunächst in den Kerker kam. Erst nach Tagen ließ ich ihn vor mich bringen, in den Dom, unter – so formulierte ich es in Gedanken – die Augen Gottes, zu dem ich mich, blicklos starrend und düster schweigend, hinaufzelebrierte. Meine bis dahin stets wach gewesene Selbstkritik versagte hier zum erstenmal, wie später (und bis heute) öfter bei Staatsanlässen. Ich spürte es damals auf der Nackenhaut, die unter der Kälte des Doms von außen und der Kälte des Herzens von innen fröstelte, wie ich für das umstehende Volk und den Reichsadel zum Emat Jahveh der Bibel wurde, zum Gottesschrecken. Hybris hob mich in die Höhe, wie ein plötzlicher Luftstoß den jagenden Falken hebt.

Im Rüttelflug stand ich, ich erinnere mich deutlich, hoch droben über der Reichsversammlung und sah mich prunkend und drohend sitzen: Der *Sebastós*, dachte ich. Ein Kultwort dies, das mich zwar, wie das Federspiel des Falkners den Falken, aus der Luft auf die Erde zurückholte: als Benamung des Numinosen kommt es keinem Sterblichen zu, Könige und Kaiser eingeschlossen, und gibt man es blasphemisch einem Menschen als Titel, macht man ihn zum Ab-Gott. Dennoch war ich nur leicht erschrocken über diesen Einfall, der mir eigentlich Entsetzen hätte einflößen müssen über die literarische Verstiegenheit meiner Gedanken zu dieser Stunde, an diesem Ort. So blickte ich schließlich auf Heinrich. Aber es geschah mit einer Distanziertheit, in der ich mehr die willkommene Ablenkung von schwierigen Gedanken erkannte als, endlich, den Beginn des Gerichts. Vor meinem Sitz deckte der Sohn der Länge nach, von der Stirn bis zu den Füßen, den Kirchenboden. Ich ließ ihn liegen, wortlos noch immer, und wieder eine Ewigkeit lang, während der ich in Gedanken mit ihm haderte: Warum, du Unseliger, mußtest du meine Kreise stören, dein Krönchen gegen meine Kronen setzen, den *Rex Alemaniae* gegen den *Imperator Romanorum*? Mußtest du denn, in Anbiederung an einen vermeintlichen Zeitgeist, mit der übereilten Vergabe königlicher Privilegien an die politisch auftrumpfenden Städte und den dir den Hof machenden niederen Adel die deutschen Fürsten in ihren territorialen und fiskalischen Rechten beeinträchtigen? – also just jene gegen uns aufbringen, die ich um der weitgesteckten Ziele meiner Reichspolitik willen noch ruhig halten muß? Hat das vor vier Jahren erst dir, und dann nolens volens auch mir abgepreßte Fürstenstatut dich nichts gelehrt? – dieses uns vor der Geschichte übel beleumundende Reichsgesetz, das den weltlichen Fürsten die Macht der Krone auslieferte, uns aber nur deren Ehre beließ? Und hätte, wenn schon nicht dieses unselige Statut, dich das andere, frühere Reichsgesetz etwas lehren müssen?

Ich meine jene *confoederatio*, mit deren inhaltlichen Zugeständnissen auf Kosten der Krone ich anno '20 schon den deutschen Kirchenfürsten deine Wahl zu meinem Unterkönig in Deutschland und designierten *Imperator* hatte abkaufen müssen? Ja: abkaufen, weil deine Wahl, wie der deutsche Hochklerus sehr wohl wußte, aber aus leicht einsichtigen Gründen vor Rom zu verheimlichen trachtete, gegen seinen Oberhirten gerichtet war, den Papst, der dich zwar als Königlein von Sizilien zu tolerieren gewillt war, nicht aber auch noch als König von Deutschland, mit mir als deinem Herrn und Kaiser über beide Reiche, worin er zu Recht eine neue, mit der Absetzung Ottos glücklich überwunden geglaubte Zangenbewegung um sein römisches *patrimonium* sah ... Ich höre dich nun sagen: Wir gaben nichts her, Herr Vater, das wir noch besessen hätten, und es sei endlich an der Zeit gewesen, das zur Bestechung der Fürsten an sie verschleuderte staufische Hausgut samt den Kronrechten, die wir ihnen anno '20 und '32 überschrieben, wieder einzufordern. Gut, sage ich, d'accord, lieber Heinrich. Es ist auch nur meine – dir abgehende – Staatsklugheit, die mich beim noch labilen Zustand meiner Reichsmacht nicht offen auf deine Seite treten läßt. Und darin siehst du, der du zu kurz denkst und nicht tief genug blickst, schon Feindschaft zu dir, siehst du den Vater als deinen Gegner in Deutschland. Schlimmer noch, und darum kam ich über die Alpen: Du suchtest ein Bündnis gegen mich bei den ärgsten Feinden der Staufer seit Friedrich Barbarossa: den lombardischen Städten Reichsitaliens. War deine Herausforderung der deutschen Fürsten nur eine politische Torheit, reparabel wohl mit einem Hinweis auf deine Jugend, so sind deine mailändischen Kontakte Hochverrat, verübt am Kaiser und seinem politischen Ziel der Erneuerung des Heiligen Römischen Reiches, das mit dem Stirnreif der römischen Cäsaren aus der Hand eines Papstes in Karls des Großen Seele drang als der Traum vom *Sacrum Imperium*. Ein Traum dies, ohne den seit

Karl ein deutscher König, der ihn nicht lebt, nicht *Imperator* sein kann, ja, nicht einmal *Rex*, sondern nur *regulus* unter Europas *reguli*. Ich will diesen Traum, dem mein Großvater Barbarossa den Namen gab, als er das Wort *sacrum* seinen Titeln zufügte, leben und zum nachrömischen germanischen Dreierreich aus Deutschland, Burgund und der Lombardei sogar noch das von der Mutter ererbte normannische Sizilien mit seinen neun italischen Festlandprovinzen hinzufügen. Und kein Papst soll mich daran hindern. Warum störst du mich dabei mit deinen provinziellen Nichtigkeiten? Warum lohnst du deine Erhöhung mit niederem Verrat?

Weil Heinrich noch immer vor mir lag und ich mich in Reichsgedanken erging, ohne ihn sich endlich erheben zu lassen, ja ohne auch nur erkennen zu geben, ob ich denn wenigstens mit meinem Zorn anwesend sei, ging ein im Verstreichen der Zeit anwachsendes Raunen durch die Reihen der umstehenden Fürsten, Kleriker und Notabeln beider Höfe. Dadurch wurde mir das Unhaltbare der Situation bewußt. Und weil dem Kaiser beim Schuldvorwurf des Hochverrats Verzeihung nicht gestattet war, ich aber doch auch der Vater dieses Unglücklichen, nicht nur der Triumphator war, fühlte ich mich erneut heimgesucht von den widerstreitendsten Gefühlen. Ich gab Salza endlich ein Zeichen. Er berührte Heinrich an der Schulter. Der stand auf, so ungelenk, daß es die Würde der geschichtshaltigen Stunde störte. Ich dachte bösartig: *Wenigstens tut er's wie ein Pferd, erst vorn, dann hinten, nicht umgekehrt wie die Kuh.* Wieder erschrak ich unangemessen leicht. Was war ich für ein Mensch, daß mich solche Gedanken anfielen?

Schließlich stand Heinrich, aber er stand wie im Stupor, das Gesicht von der Farbe der Holzasche, die Lippen blau und zitternd, doch stumm. Er schien ganz und gar auf den Mund geschlagen, bis Salza zu ihm trat und ihm etwas ins Ohr sagte. Da stammelte er leise seinen Thronverzicht; so war es mit ihm verabredet. Mit keinem anderen Besitz mehr als dem seines Lebens wurde er zwischen sarazenischen Wachen aus dem Dom geführt, in die Obhut des Herzogs von Bayern, der ihn aus politischer Gegnerschaft am wenigsten mochte. Erst kam er nach Heidelberg ins Schloßverlies, dann nach Burg Altheim im Ries und schließlich über Friaul, nun in der Obhut eines Lancia, zu Schiff nach Apulien, auf die Burg Rocca San Felice bei Melfi.

Ich ging aus dem Dom. Es war Anfang Juli, und die deutsche Sonne schien einmal freundlich: Die Natur wollte sich nicht entsetzen vor so viel abgöttischer Majestät.

In den sieben Jahren der Gefangenschaft Heinrichs in apulischen Kastellen zweifelte ich zwar nie an der *necessitas imperii* meiner Handlungsweise und dem staatlichen Strafanspruch gegenüber einem Hochverräter, wohl aber bedrückte mich zunehmend die an mir sichtbar gewordene Liebesarmut gegenüber einem Sohn. Sie zeigte sich darin, daß die kaiserliche Härte immer wieder über das aufquellende väterliche Mitleid siegte und ich einen Gnadenerweis so lange zurückhielt, bis Heinrichs Tod ihn mir zu einem Zeitpunkt aus der Hand nahm, als ich die Freilassung schon beschlossen hatte. Heinrich muß seine Verlegung unter Bewachung in ein bequemeres Kastell als bloßen Wechsel seines Kerkers mißdeutet haben.

Schreckliches verlangt die Zeit von Kindern, deren Herrscherväter sie als Einsatz im Spiel um politische Macht mißbrauchen und ihnen damit fürs Leben die Erinnerung an ihre Kindheit verderben. Während ich das allgemeine Gejammer der Geschichtsschreiber über den Verlauf meiner frühen Jugend nicht teilen kann, wuchs ich doch in einer mehr dem Spiel als dem Zwang verpflichteten knabengerechten Wildheit auf, die mich nicht an die muffigen Kutten priesterlicher Erzieher und die staubigen Schleppen höfischer Gouvernanten band, mir auch keinen Zwang zur Etikette und keine

Pflicht zum Mitregieren auferlegte – während also ich weit mehr Kind als König gewesen war, erging es Heinrich umgekehrt. Wir alle – Kaiser und Papst, Bischöfe und Fürsten – trieben mit ihm unser Machtspiel von seiner Wiege bis zur Bahre. Er lag noch in den Windeln, als ich ihn 1212, vor meinem Aufbruch nach Deutschland, auf dringenden Wunsch des Papstes zum König von Sizilien krönen mußte. Anders hätte Innocenz III. nichts dazu getan, mich gegen Otto als neuen deutschen König inthronisieren zu lassen. Später dann auch noch Kaiser geworden, sollte ich, so war es Innocenzens Absicht und mein Versprechen, auf jede Machtausübung in Sizilien verzichten und den Normannenstaat in der Hand des Papstes belassen, mit Heinrich, einem Kind noch für lange Zeit, als dem ohnmächtigen Mündelkönig und Lehensnehmer des Heiligen Stuhls, der so den Biß der staufischen Zange um Rom für viele Jahre stumpf wähnen konnte.

Heinrich war zu dieser Zeit erst ein Jahr alt, und darum beschwerte ihn unsere erste Degradierung seiner kleinen Seele zum Spielmaterial um die Macht in Europa noch nicht. Als aber sein Bewußtsein einzusetzen begann, anno '16, ließ ich den damals Fünfjährigen nach Deutschland bringen, nicht aus Sehnsucht nach ihm und väterlicher Liebe, sondern aus politischem Kalkül: Der bedeutende Herr Papst Innocenz, der sich als der *verus Imperator* der Christenheit sah, ging seinem irdischen Ende entgegen, und längst hatte ich insgeheim bei den deutschen Fürsten Heinrichs Wahl zum deutschen König, unter mir, betrieben. Innocenz war gerade erst zwei Wochen tot, da wählten sie das Kind denn auch prompt – sehr zur Indignation des neuen Papstes Honorius, der freilich seinem Vorgänger auf dem Stuhl Petri politisch das Weihwasser nicht reichen konnte.

Diese Königswahl war gewiß ein neuer Mißbrauch des Kindes Heinrich, denn die deutschen Fürsten, besonders die kirchlichen, erwählten ihn nicht aus Liebe zu ihm oder zu mir, dem Vater, sondern einzig und allein, weil sie mir damit, das sagte ich schon, etliche lohnende Kronrechte abkaufen konnten und, das kam noch hinzu, ihnen allen ein Kinderkönig aus Gründen eigener ungestörter Machtausübung sehr willkommen war. Was aber mich betraf, so benutzte ich den Sohn gleich zweimal für meine Diplomatie: Weder dachte ich daran, mein Innocenz gegebenes Versprechen zu halten, mich zugunsten Heinrichs jeglicher Machtausübung in Sizilien zu enthalten, noch war ich gewillt, von der – ihm gegenüber abgeschworenen – imperialen Idee zu lassen, Deutschland und das lombardische Reichsitalien mit dem sizilisch-apulischen Staat in einer – und das heißt: in meiner – Hand zu vereinigen. Den schwachen Honorius konnte ich mit der Aussicht beruhigen, mich demnächst für lange Zeit auf einem Kreuzzug von Europa abwesend zu wissen. Und das Kind Heinrich würde in der Erziehungsgewalt Engelbert von Borgs sein, des Erzbischofs von Köln, eines Vertrauensmannes des Papstes und *gubernator* von Deutschland.

1217 machte ich Heinrich zum Herzog von Schwaben und verlieh ihm das Siegel *Suevorum dux*, damit er wenigstens zu unterfertigen vermochte, was er weder lesen noch schreiben konnte; er war sechs Jahre alt. 1219 belud ich ihn mit der Würde eines Rektors des Nebenreiches Burgund, dem Stammland meiner Großmutter und Barbarossa-Gemahlin Beatrix. 1220 in Frankfurt auf den – von mir mit der Preisgabe von Kronrechten erkauften – Wunsch der deutschen Fürsten zum König gewählt, ein ihnen allen bequemer Achtjähriger, der nun schon Doppelkönig war: von Sizilien und von Deutschland, wurde er von Engelbert 1222 in Aachen zum römischen Vollkönig gekrönt.

Als ich von dem Knaben schied, 1220 bereits, dem Jahr meiner Kaiserkrönung, hatte ich ihm nicht nur die kleine Seele genommen und ihn auf den Weg in eine Jugend gestoßen, die ihn unter lauter

Purpur ersticken mußte, ich nahm ihm auch noch die Mutter. Konstanze, die ihn mir 1216 nach Deutschland gebracht hatte, reiste mit mir nach Italien zurück, zur gemeinsamen Kaiserkrönung durch Honorius in Rom. Die Hagenauer Vorkommnisse waren ihr nicht verborgen geblieben, weil ich erste verlegene Anstalten, sie ihr zu verheimlichen, im trotzigen Pochen auf die Rechte der Natur und der Majestät bald aufgegeben hatte. Aber ich wollte zu ihrem Schmerz, der wohl auch etwas mit ihrem mir weit vorangeschrittenen Alter zu tun hatte, nicht noch die Demütigung hinzufügen, indem ich sie, wo doch schon von meinem Bett, auch noch vom uns in Rom bereits gerichteten Kaiserthron fernhielt. Sie fügte sich still in alles und ließ den sehr geliebten Sohn für immer, das ahnte sie, bei Menschen zurück, deren Sprache sie nicht einmal verstand, auch keine Versuche dazu gemacht hatte. Sie starb zwei Jahre nach der römischen Krönung. Im Dom von Palermo wurde sie beigesetzt, als einzige meiner Frauen und in Nachbarschaft zu meinem Großvater Roger, meinem Vater Heinrich und meiner Mutter Konstanze. In ihren antiken Sarkophag habe ich diese, von Gefühlen der Zuneigung und der Schuld beeinflußten Worte meißeln lassen: *Siziliens Königin Konstanze war ich und Kaisergemahlin. Hier wohne ich nun, Friedrich, die Deine.* Ich legte ihr meine eigene sizilische Königskrone ins Grab.

Fünfzehn Jahre lang betrat ich nicht mehr deutschen Boden. Heinrich hatte ich mehr als zehn davon nicht gesehen, und es war ihm nicht bekommen; ich schrieb das hier schon auf. 1232, im friaulischen Cividale, wohin ich ihn, nachdem er im Jahr zuvor meiner Einladung nach Ravenna nicht gefolgt war, zum Hoftag nun befohlen hatte, ließ ich ihn schwören, mir hinfort Gehorsam und den *Fürsten Germaniens, von denen* (so schmeichelte ich ihnen) *unsere Erhebung abhängt und unser Sturz*, Liebe zu erweisen. Den Papst mußte er brieflich bitten, ihn bei Eidbruch zu exkommunizieren. So gewann ich die Fürsten wieder und verlor den Sohn aufs neue.

Heinrich kehrte nach Deutschland, ich nach Apulien zurück. Natürlich – und das heißt: nach der Natur eines Sohnes, der im Schatten eines übermächtigen Vaters verdorrt – wurde er im Ungehorsam rückfällig: die einzige Möglichkeit für ihn, nicht an jedem Spiegel vorbeisehen zu müssen. Als ich dann drei Jahre später nach Deutschland kam, Weltkaiser längst durch die Rückgewinnung des Heiligen Grabes von den Arabern und meine Selbstkrönung dort zum König von Jerusalem, da trat der Sohn nicht vor seinen Vater, sondern vor seinen Richter, der im Zorn über die ärgerliche Störung seiner imperialen Kreise nicht wahrnahm, wie der Sohn in einer Gebärde der äußersten Unterwerfung, der Bedeckung des Bodens mit seinem jugendlichen Leib, auch die Trümmer seiner Kindheit und die Reste seiner Liebe zum Vater unter sich begrub.

Im Dom von Cosenza ließ ich ihn mit den Ehrenerweisen für einen König beisetzen. Weh mir, daß ich – all dies hier, was ich nun schreibe, damals schon ahnend – aus Schuldgefühl und Gewissensnot den Weg zum Sohn nicht einmal in seinem Tode fand! Ein Bettelmönch schloß ihm den Sarg, ein letzter Liebesdienst, den ich, bei ihren Umbettungen, wohl der heiligen Elisabeth in Marburg und dem großen Karl in Aachen erwies, nicht aber dem eigenen Sohn in Italien. Seitdem vermehrten sich die grauen Strähnen in meinem schütter gewordenen rötlichen Haar noch rascher als zuvor, und unter meiner schlaffer werdenden Gesichtshaut, die vom Bräunlichen ins Gelbliche zu spielen beginnt, sehe ich im Spiegel manchmal den eigenen Totenschädel.

Das Böse, so lese ich bei Plotin, sei nur die Abwesenheit des Guten, und die zwei seien ein Eines. Das gaukelt dem vom Bösen durchdrungenen Menschen, der auf seine Besserung zum Guten noch hofft, dessen alsbaldige Rückkehr in ihn vor, so als sei es nur eben einmal, zum Urinieren etwa, aus ihm ausgetreten. Das Böse ist das Bleibende und das Gute bestenfalls die Reue. Aus dem toskanischen San Miniato kam die Nachricht, Peter Vinea habe sich an einer Kerkerwand selbstmörderisch den Schädel eingerannt und sei tot. Einen letzten, über jeden Zweifel erhabenen Beweis für den Schuldvorwurf des Hofes, der Kanzler und Logothet, Mitautor auch des Gesetzeswerkes von Melfi, habe als mein lebenslanges intellektuelles *alter ego* seine allmächtige Stellung im Reich zur persönlichen Bereicherung mißbraucht und sei der Bestechung zugänglich gewesen, hatte ich nicht. Von den lange Zeit gleich bei gleich pendelnden Waagschalen neigte sich schließlich die seine allein unter dem Gewicht meiner bösen Gedanken, die mich seit dem 46er Putschversuch aus Kreisen meiner engsten Umgebung gegen nunmehr jedermann ein lauerndes und stets zum Verurteilen bereites Mißtrauen empfinden lassen.

So töte ich nun auch schon mit Gedanken. Peter Vinea, der Freund, der mich kannte wie kein anderer, muß sie vorausgeahnt haben. Auch die mich im Zorn befallende Grausamkeit meines Strafens kennend, vollstreckte er selbst an sich ein Urteil, das so noch nicht ergangen war. Ich erbrach das Abendessen. Der Stöberhund Naso, den ich seiner Anhänglichkeit wegen nach der Beizjagd am Nachmittag bei mir behalten hatte, schlappte den säuerlich riechenden Brei auf. Ich sah ihm, auf eine ekelhafte Weise fasziniert, zunächst dabei zu, entleerte darüber dann aber unter krampfartigem Würgen meinen Magen ganz. Mit einem Fußtritt jagte ich den aufjaulenden Hund, der doch nur seiner Natur eines Aasfressers gefolgt war, in eine ferne Ecke, öffnete ein Fenster und kühlte meine schweißnasse Stirn an der Nachtluft. Das Gute in dir, dachte ich voll Hohn auf mich selber, braucht heute wieder ziemlich lang zum Pissen …

Nun sitze ich grübelnd am Schreibtisch, bringe aber nichts anderes zuwege als zum Heinrich-Kapitel noch dies Postscriptum: Nachdem ich den Sohn in den Kerker hatte werfen lassen, heiratete ich zur selben Zeit die ihm als Kind von seinem Erzieher, dem Erzbischof von Köln, zugedacht gewesene junge und schöne Tochter des englischen Königs Johann ohne Land, Isabella Plantagenet. Ende des Postscriptums. Während Occursius den Fußboden vom Erbrochenen säubern läßt, rufe ich den Hund wieder zu mir, streichle ihn, als er, den Schwanz zwischen die Keulen geklemmt, hergeschlichen kommt, und gehe zu schlechten Träumen ins Bett.

Geben Sie gut auf sich acht Mylady denn Sie haben soeben einen Sohn empfangen doch die erigierte kaiserliche Arroganz ließ bald den roten Kopf hängen denn es kam aus der Engländerin lange nichts und dann erst einmal eine Tochter heraus und also hatte sich die astrologisch angezeigt gewesene aber in den Hoden schmerzende Unterdrückung des Triebs der englischen Schönen rasch zwischen die blondgekrönten Beine zu gelangen das heißt die Verschiebung des Ehevollzugs auf den Morgen nach der Hochzeitsnacht nicht gelohnt weshalb ich den Hofastrologen M. Scotus zu dessen Strafe die Entfernung zwischen dem obersten Rand des Kastells von Bari und dem Himmel errechnen ließ von welchem der Horizont Gottes Fußboden ist auf dem König Heinrich wie ein Priester in der Figur des Kreuzes lag und von oben nach unten mit dem Kopf überm Horizont zu mir sagte Es ist nicht recht Herr Vater daß Ihr Lust habt an meiner Braut und habt Ihr vergessen was der Dichter al-Ma'aari aus Aleppo sagt nämlich dies: WOLLT EURE LIEBE DURCH DIE TAT DEN SÖHNEN IHR BEWEISEN/ DANN MÜSST IHR AUF DER WEISHEIT STIMME LAUSCHEN DIE EUCH HEISST/ SIE UNGEBOREN IN DEM SCHOSSE ZU BELASSEN den Ihr Herr Vater bei meiner Mutter zur eigenen schmutzigen Sohngewinnung von hinten her bestiegt weshalb ich faul von Eurem

Stamme fiel. Ich bitt' Euch Herr Vater setzt mir in Deutschland einen Stein und laßt in ihn zum Zeichen der Armut meines Lebens und Sterbens den bittersten Vers des al-Ma'aari meißeln den er für seinen eigenen Grabstein schrieb MIR FÜGT' DER VATER DIESES ZU / NIEMANDEM ICH SELBST *weil ich im Schoß der Engländerin nur als Gedanke stecke jedoch als ein Gedanke der böse darauf lauert den Bruder schon im Samen des Vaters zu töten Und dadurch bin ich Euch Heinrich und Caracalla zugleich: die Zwei die das Eine sind: Sohn und Sohn auch Eures antiken Helden und Vorbilds Septimius Severus Cäsar und Augustus der aus Afrika kam und das Lateinische erst wie Ihr das Deutsche lernen mußte und der wie Ihr an Astrologie glaubte und wie Ihr die Engländerin nach dem Tod Eurer Frau die Syrerin Iulia Domna heiratete weil ein Horoskop ihr die Besteigung eines Throns geweissagt hatte nämlich jenen des Septimius Severus der ihn wie Ihr Herr Vater über den Tod hinaus im Besitz des eigenen Hauses zu behalten suchte indem er seine Söhne Caracalla und Geta aus der Iulia Domna als Kinder schon zu seinen Mitregenten machte und als er starb zu ihnen sagte* ICH HABE EIN WANKENDES REICH EMPFANGEN UND HINTERLASSE EUCH EIN FESTES SOFERN IHR NUR EINIG SEID *aber ich erschlug den Bruder in den Armen der Mutter so daß sein Blut sie benetzte und legte mich wie einstmals auch Ihr Herr Vater mit inzestuösen Gedanken die um ihre vollen gleichwohl schönen Brüste kreisten in ihr Bett aber schon nach wenigen Jahren der Machtausübung erschlugen mich meine Garden in Carrhae wie mich die Euren schon nach wenigen Jahren des Königspielens in Worms beseitigten ...* Nachdem Heinrich so zu mir gesprochen hatte, Stimme nur, nicht Leib, trat er nun an mein Bett und ergriff mit seiner kalten Hand die meine, die mir im Schlaf vom Bettrand hing. O Herr Vater, sagte er mild wie im Mitleid, Euer Haupt ist ein Januskopf. Die Augen des einen Eurer zwei Gesichter gehen himmelwärts, nicht, um dort Gott zu suchen, Ihr längst als den actus purus des Aristoteles nur noch im Denken findet, sondern um dort oben dem nächtlichen Zug der

Vögel zu folgen, ihn zu ergründen und allein nach den Gesetzen der Natur neu zu deuten; und der Mund dieses westwärts gerichteten Gesichts meines Herrn Vaters spricht in Gesetzen, die schon eine aufgeklärte Welt von morgen und deren Menschen bedenken, die nach Freiheit und Gerechtigkeit dürsten. Aber die Augen des anderen, ostwärts gewandten Gesichts meines Herrn Vaters sind noch immer die Augen des römischen Augurs, die denselben gestirnten Himmel, an dem Eure geliebten Wildgänse ziehen, nach wegweisenden Zeichen absuchen, wie sie heidnische Einfalt einst in den dampfenden Eingeweiden der Opfertiere zu finden glaubte; und der Mund dieses zweiten Gesichts, das auf Euren goldenen Augustalen in antikischer Manier sowohl entmenscht ist als auch vergöttlicht, spricht sich illustre Namen zu, wie die Cäsaren sie sich gaben: Imperator Augustus Romanorum. Und Ihr wünscht Euch zum oströmischen Fußfall noch die weströmische Huldigung, wie sie ein angsterfüllter Senat dem Septimius Severus, Eurem Vorbild in der Geschichte, darbrachte: Caesar noster, Imperator noster, di te servent! Vivas, valeas, multis annis imperes! Ihr seid, was man Euch nennt: Mann aus Apulien, das ist wahr. Aber während Apulien dank Eurer Gesetze ein Land von morgen ist, seid Ihr wegen Eures abgestandenen Cäsarenwahns ein Mann von gestern. …

Ich erwachte stöhnend. In meiner Hand hielt ich die kalte Schnauze des Hundes Naso.

Wieder im Besitz wacher Gedanken, sprach ich mich, wenigstens das, von der Anklage des Traumes frei, dem Sohn zur Jugend auch noch die Frau genommen zu haben. Heinrich war verheiratet gewesen, doch seine Ehe mit Margarethe von Österreich heillos zerrüttet und nur durch zwei kleine Söhne noch von Bestand. Seine Zuneigung hatte einer anderen gegolten. Die Engländerin war es nicht gewesen. Unter den Schuldposten, die ich mir an seiner Zerstörung zumaß, hatte die englische Heirat nur insofern ein besonderes Gewicht, als ich sie just zu der Zeit feierte, da der in den Kerker mußte, dem Isabella zugedacht gewesen war (wenn auch nur aus Gründen einer politisch wünschenswerten Annäherung zwischen dem welfenfreundlichen England und dem staufischen Deutschland). Dies und die große Jugend der Braut, die darum weit besser zum Sohn als zum Vater gepaßt hätte, auch die Sinnenlust einer körperlichen Vereinigung in der Gleichzeitigkeit mit den verzweifelten Gedanken des Gekerkerten, verursachten wohl meinen Traum. Übrigens schrieb ich der Schwiegertochter nach Heinrichs Tod einen Brief, in dem ich der von mir bewirkten endgültigen Zerstörung ihrer Ehe mit Heinrich meinen Schmerz über des Sohnes Tod gegenüberstellte: *Auf diese Kunde hin siegte die väterliche Liebe so über Uns, erinnerte Uns so daran, daß Wir der Vater seien, daß aus Seufzern ein unmäßiges Leid erwuchs und Wir, des Vergangenen vergessend, mehr als David Unseren Absalom bitter beweinten.*

Peter Vinea hatte, wie üblich, den Brief verfaßt. Bei allem Schmerz – daß ich geweint hätte, daran erinnere ich mich nicht, überwog in mir doch die Gewissensnot das Herzeleid, das die Tränen bewirkt und für das ich wenig anfällig bin. Es gehörte sich eben, so zu schreiben.

Seit jener Nacht grüble ich, wie der Gedanke, ich sei ein Gestriger, in meinen Traum geraten sein könnte. Der Schatten Heinrichs kann nur die ihn bewirkende Ursache gewesen sein, nicht die Ursache des Gedankens selber, Leib des Gedankens nur, nicht seine Seele. Heinrich hatte nie Gelegenheit, mich so oder so zu sehen. Weder modern noch gestrig. Ich verließ ihn, als er ein Kind war. Bei meiner Rückkehr nach Deutschland war er ein Mann. In den dazwischenliegenden fünfzehn Jahren hatten wir uns nicht viel zu sagen gehabt. Das Ergebnis ist deutsche Geschichte. Weil aber der Traum einem nachtdunklen Spiegel gleicht, in welchem dem Schläfer irrlichternd aufleuchtet, was inwendig durchglüht ist von der Luzidität wach gedachter Gedanken, muß es in meinem Leben etwas gegeben haben, das sich mir im Traum zu der Sentenz verdichtete, ich sei ein Mann von gestern.

Weil nun diese Sentenz sich an Heinrichs Traumleib heftete, ist es denkbar, daß sie mich nächtens aus Gedanken heraus ansprang, die mir nach der Absetzung des Sohnes gekommen waren: Hatte es sein können, sinnierte ich damals, daß er sich weit näher als ich – nicht nur räumlich, sondern auch geistig – an den deutschen Verhältnissen befand, die sich unter dem Streben der Städte nach mehr politischer Unabhängigkeit vom Hochadel zu wandeln begannen? Mußte ich dem Sohn nicht als ein exotischer Fremdling erscheinen, der des Deutschen, das er, Heinrich, von klein auf zu beherrschen gelernt hatte, nur unvollkommen mächtig war und über die Alpen daherkam, als käme er geradenwegs aus den Wolken, göttlicher Cäsar mehr als deutscher Kaiser, mit einem Gefolge, das ebenso geradenwegs aus dem antiken Circus maximus und seinen Tierspielen entsprungen zu sein schien – mehr Protz als Prunk, Gewalt statt Güte, Terror statt Liebe, kurz: gestrig? Wenig galt da ihm und vor allem seinen gleichaltrigen Genossen aus dem Dienstadel, der ihm die Freunde und die Ministerialen stellte, die mir vorauseilende Nachricht von der fernen Modernität meines seit den Konstitutionen von Melfi im Werden befindlichen sizilischen Beamtenstaates, der an der Universität Neapel geschulte Bürger als Juristen und Bürokraten zentralistisch über die Splitterherrschaft der apulischen Barone setzte und seit meines Großvaters Roger Zeiten endlich wieder Recht vor Willkür gehen ließ. Es galt diese Staatsmoderne den jungen Deutschen noch weniger, weil die gewohnten Rechtsbrüche, mit denen ich neues Recht setzte, die alten Grausamkeiten der Strafen, mit denen ich neues Gleichheitsdenken erzwang, und die neue Liberalität, die an den Stufen meines Throns endete, weit besser zu dem Bild paßten, das ich bei meiner Rückkehr nach Deutschland bot, als zu jenem, das man sich hier, fern von den komplizierten sizilischen Dingen, in Umrissen von mir als einem Mann der neuen Zeit gemacht haben mochte.

So den Möglichkeiten nachgrübelnd, fiel mir schließlich ein Erlebnis ein, das die Ursache für diese Traumsentenz, die mir stark zu schaffen macht, gewesen sein muß, vermischt zwar mit den Reflexionen über Heinrich, aber doch die *prima causa*: ein Gespräch, das ich mit dem Bettelmönch Franz von Assisi hatte, in L'Aquila, im Februar '26, acht Monate vor seinem Tod. Er habe mich sprechen wollen, sagte man mir. Während die Torwachen ihn seines zerlumpten Äußeren wegen schon davonjagen wollten, ließ Occursius, der in diesem Augenblick zufällig aus der Stadt zurückkehrte, ihn eintreten. Der Name des Mönchs war ihm als der eines Ordensmannes geläufig, der mit seinem ansteckenden und darum zur Volksseuche gediehenen Armutsideal die etablierte Kirche bis hin zum Papst in Aufregung, ja sogar in Gedankenarbeit gestürzt hatte. Und da der erstaunliche Umgang, den der Assisinate angeblich mit freilebenden Tieren pflegte, damals schon zur Legende zu werden begann, vermutete Occursius, er könnte mich interessieren.

Mann aus Assisi

Sie waren zu fünft. Der Rapport des Occursius gab die Namen der Begleiter des Mönchs wie folgt an: Bruder Leo, Bruder Rufinus, Bruder Angelus Tancredi und Bruder Johannes von Lodi. Letzterer, ein Ochs von einem Mann, diene dem Franziskus, dessen Beine von der Wassersucht zu Säulen angeschwollen seien und zum Gehen nicht mehr taugten, offenbar als Tragesel. Doch auch über die Schulter gelegt sei er wegen seines desgleichen von ungesundem Körperwasser aufgetriebenen Bauches nicht zu transportieren. So trage Bruder

Johannes ihn wie ein Kind in seinen Armen vor der Brust; oder Franziskus hänge sich zwischen zwei seiner Brüder mit den Armen an deren Schultern auf und setze im Gehen die Füße mehr in die Luft als auf die Erde, die zu verlassen er wohl, so Occursius ungerührt weiter, ohnehin im Begriff sei. Ein Befragen des Mönchsquintetts habe ergeben, daß man von Rieti komme, einer ihrer Augenärzte wegen bekannten Stadt unweit unseres Quartiers. Dort habe man den an einer ägyptischen Augenkrankheit leidenden Bruder Franziskus kauterisieren lassen (worunter man, so der medizinisch geschulte Occursius, das Ausbrennen aller Schläfenadern verstehe, um den Fluß von Blut und Eiter auszutrocknen), wozu Bruder Leo, der Wortführer, geschwätzig anmerkte, Franziskus habe, als der Arzt sich ihm mit dem Feuer zum Erhitzen des Kautereisens näherte, etwa dies gesagt: *Mein Bruder Feuer, sei bitte in dieser Stunde höflich zu mir, denn ich habe dich schon immer geliebt und werde dich weiter lieben um der Liebe Gottes willen, der dich schuf, ich bitte auch unseren Schöpfer, daß du deine Glut so milderst, daß ich sie ertragen kann!* Dann habe er das Feuer segnend bekreuzigt und der weißen Glut des Eisens tapfer die Schläfe geboten. Aber geholfen habe das Brennen bis jetzt noch gar nichts, ebensowenig wie das Perforieren der beiden Trommelfelle des Franziskus durch einen anderen Arzt die Heilung des Augenleidens bewirkte, das wohl ein Mitbringsel Franzens aus dem Morgenland war. Gleichwohl, so Occursius (dessen Kopfschütteln ich durch die Zeilen seines Rapports wahrnahm), seien die Mönche guter Dinge, fröhlich beinahe und wie Kinder neugierig auf den Herrn Kaiser, von dessen Durchzug auf seinem Weg von Apulien nach Norditalien man in Rieti erfahren habe.

Sie hatten den berühmten Mönch unter Absonderung von seinen vier Begleitern in ein Krankenzimmer gelegt, weil sein Zustand, ganz abgesehen von dem Lumpensack, in dem er steckte, wirklich erbärmlich war. Dennoch verweigerte er nicht nur Nahrung, sondern auch das Bett. Er nahm sich aus Gewohnheit den Fußboden zur Liegestatt und richtete sich von ihm, als ich eintrat, nicht auf, auch andeutungsweise nicht, womit ich als Zeichen des Respekts zufrieden gewesen wäre. Dabei schlief er nicht. Er hatte die verschorften Augen unter einem Stirnverband voll auf mich gerichtet und bekreuzigte sich hastig im Liegen. Im aufquellenden Ärger über diese Unbotmäßigkeit eines Klerikers, der sie nicht einmal mit einer Entschuldigung wegen seiner Körperschwäche bemäntelte, stellte ich ihm mit einer demonstrativen Festigkeit, die keinen Zweifel an meiner damit verbundenen Absicht zuließ, einen Fuß dicht neben das Gesicht. Er küßte ihn denn auch sofort, wie immer flüchtig, indem er den Kopf, sich abermals bekreuzigend, zur Seite drehte. Danach wandte er mir wieder das hohlwangige, schweißige Gesicht zu und sagte mit schwacher Stimme: Ich grüße Dich, Herr Kaiser. Ich sagte: Du nennst sogar die Sonne, die über uns allen ist, Deine Schwester. Warum nennst Du mich dann Herr? Ich nenne die Sonne meine Schwester, sagte er, weil sie mir alles gibt und nichts von mir verlangt. Ich gab Dir ein Dach überm Kopf, sagte ich. Das ist wahr, Herr Kaiser, sagte er fein lächelnd, und dafür verlangtest Du den Fußkuß von mir. Ich sagte dann: Du hast Dich selber einen *homo simplex et idiota* genannt. Gilt das auch für das, was *in* diesem Lumpensack steckt? Wir werden sehen, Herr, sagte er dunkelsinnig. Ich ließ das auf sich beruhen und fragte: Du wolltest mich sprechen. Warum? Er antwortete: Wenn Du mich kennst, und Du scheinst mich zu kennen, weil Du meine Sprachgewohnheiten kennst, wirst Du die hoffärtige Annahme – Gott verzeihe sie mir – nicht für abwegig halten, daß ich nach meinem Tode Gott sehen werde, nicht aber auch, da der einstige Engel Luzifer von der Seite unseres Herrn in den Abgrund der Hölle gestoßen wurde, den Teufel. Man sagt landauf, landab, Du seist der heraufziehende Antichrist. Ihn zu sehen, solange es für mich noch Zeit ist, kam ich her. Nun mache mit mir, was Du willst. Ich habe Dich gesehen.

An diesen bizarren Beginn des Gesprächs zwischen Kaiser und Mönch erinnere ich mich deutlich, obwohl seitdem mehr als zwanzig Jahre vergangen sind. Was danach folgte, in einem Kanzleiraum, in den ich ihn genötigt hatte, damit ein diensthabender Notar sich Notizen mache, die ich irgendwann zu verwerten gedachte, war für nicht wenige Aspekte meines Lebens bedeutsam und des Nachdenkens wert bis heute. Darum will ich die Essenz dieses Zusammentreffens, das sich mit Unterbrechungen, in denen der Mönch nur Brot und Wasser zu sich nahm, drei Tage hinzog, hier aufzeichnen. Wenn ich dies, gestützt auf jene Notizen, in Dialogen tue, so entspreche ich dem äußeren Ablauf des Ereignisses am getreuesten, doch kann ich nicht ausschließen, daß in der Substanz sich die Gegenwart von damals und die von heute an ihren Zeiträndern überschneiden, wodurch es zu leichten Unschärfen kommen kann, die strengen historischen Ansprüchen vielleicht Beschwerden verursachen werden. Da ich aber hierüber der alleinige Richter bin, nehme ich es in Kauf.

– Warum versteckst Du Deine Hände andauernd in den Kuttenärmeln und hältst die Füße beharrlich unterm Stuhl? Die Leute sagen, Du seist stigmatisiert, trügst die Wundmale des Gekreuzigten an Dir. Ist es das?

– Wenn Du es weißt, warum fragst Du dann danach? Und verlange nicht, die Male zu sehen. Sie gehören mir ganz allein, auch wenn ich sie für andere mitempfing, so wie Dir Deine Geschlechtsmerkmale allein gehören, auch wenn Du sie für andere mitempfingst. Es ist unschicklich, die einen wie die andern den Blicken Fremder preiszugeben, da sie beide die Zeugen intimster seelischer Erschütterungen und tiefster Versenkung in einen anderen Leib sind.

– Was weißt Du von der fleischlichen Liebe, Mönch?

– Ich hatte in meiner Jugend meinen Teil davon.

– Ist es nicht unschicklicher, die Wundmale Christi mit den Werkzeugen des Fleisches zu vergleichen?

– Es sind die einen wie die andern im Fleisch, Herr Kaiser, und beide quellen nur in der Liebe auf, in übergroßer Lust, wenn Dir das lieber ist, aber es kommt aufs gleiche hinaus; auch Gottes Sohn kann man im Fleisch lieben, wußtest Du das nicht? Dann frage die Bräute Christi, die Nonnen, nach ihren Verzückungen.

– Also sind die Male, die Du an Dir trägst, eine *imitatio Christi*, das Ergebnis einer mystischen, gleichwohl fleischlichen Berührung zwischen Deinem Leib und dem Leib Jesu, den der im Himmelslicht unerträglich gleißende sechsflügelige Seraph aus dem neunten Chor der Engel zu Dir auf den Berg Alverna trug: Seine Hände auf Deine Hände legend, Seine Leiste auf Deine Leiste, Seine Füße auf Deine Füße, wodurch Du, ähnlich dem Holz unter im Brennglas gebündelten Sonnenstrahlen, die Spuren einer glühenden, in brünstigen Gebeten gebündelten Verzückung über die Vereinigung mit Gott erlittest – wie der Seinen einst mit dem Vater, nun der Deinigen, als *imitatio*, mit dem Sohn. Oder war es eine Spielart der alleräußersten Liebe, die schließlich den Liebenden dem Geliebten ganz ohne mechanisches Zutun körperlich gleichen läßt?

– Du gehst an diese Letzten Dinge heran, als handle es sich darum, die spezielle Art von Wunden zu diagnostizieren, damit man sie um so besser mit der richtigen Salbe kurieren kann. Meine Wunden sind für Dich nicht faßbar.

– Was ich nicht fassen kann, daran kann ich nicht glauben … Warum bekreuzigst Du Dich?

– Die Voraussetzung der Faßbarkeit Gottes ist seine Unfaßlichkeit, weshalb Er nur dem, der Ihn glaubt, Gestalt wird und in der Eucharistie auch Leib.

– Ein negativer Gottesbeweis.

– Aber einer, der Dir doch zusagen muß, weil er philosophischen Hirnen, nicht gläubigen Herzen entsprang. Der Glaube, sagte ich, geht der Faßbarkeit voran. Dir aber geht es nach eigenem Zeugnis umgekehrt: Du kannst nicht glauben, was Du nicht fassen kannst, weshalb Du, da Du der Mächtigste auf Erden bist neben dem Stellvertreter Christi, wirklich der Antichrist sein mußt. Darum bekreuzigte ich mich.

– Du gehst sehr kühn mit mir um, Mönch. Während Du in Ton und Gebärde Demut zeigst, nutzt Du in Wirklichkeit mit dem Hochmut des Gottesknechtes meine Schwäche aus: die Toleranz mit Andersdenkenden im Glauben.

– Du tolerant? Verzeih mir, aber Du verfolgst die Ketzer (was ich nur argumentativ gegen Dich anführe): die manichäischen Katharer, die Schlimmsten, denen selbst das Kreuz, an dem Jesus starb, als böse gilt, weil es stofflich ist; die Patarener Mailands dann, die Waldenser und Albigenser, auch die Comnistos und die Communellos und alle die anderen häretischen Sekten, einhundertfünfzig wohl, davon anderthalb Dutzend allein in Mailand, der Stadt der staufischen – oder sollte ich sagen: der ghibellinischen? – Politikängste seit Barbarossa und also auch der Deinen. Und weil Du die religiös häretischen mit den Dir politischen Widerstand leistenden lombardischen Stadtcommunellos in einen – Deinen – großen Feuertopf wirfst, verfolgst Du die Ketzer päpstlicher als der Papst, der Dich ermahnen muß, in der Anwendung Deiner Ketzervernichtungsgesetze nicht zu streng zu sein und besser zu unterscheiden zwischen den *haeretici* als jenen, die gegen die Glaubenssätze der römischen Kirche verstoßen, und den *errantes*, deren Verfehlungen nur die kaiserliche Macht betreffen.

– Da redet der Papst mit gespaltener Zunge. Ich kann mich auf diese Unterscheidung nicht einlassen, weil sie sophistisch ist und letztlich die Macht des Imperiums schwächt, just darum aber die der Kirche stärken müßte, und das ist es, was der Papst insgeheim im Sinn hat bei dieser Ermahnung. Für mich sind Ketzer, gleich welchen Namens und Glaubens, nicht so sehr Verbrecher gegen den römischen Kultus, worin sie mich, wäre es nur das, milde fänden, als vielmehr Rebellen gegen das Reich, worin sie mich unerbittlich sehen. Sie sind, ob sie das nun schon so sehen oder noch nicht, Aufrührer, Wegbereiter eines Umsturzes der Gesellschaft. Und darin sind sie, einschließlich des fanatischen Aspektes, der allen Eiferern eigen ist, Dir vergleichbar, Mann aus Assisi. Willst Du doch die verweltlichte Kirche vom goldgleißenden Kopf des Klerus zurück auf die nackten Füße Jesu stellen.

– Worin Du mir, weil es Dir reichspolitisch ins Konzept paßt, in Deiner Propaganda gegen den Heiligen Stuhl wortmächtigen Beifall spendest. Und Du tust das mit der gleichen gespaltenen Zunge, die Du im Mund des Papstes wähnst. Habe ich nicht recht, Herr Kaiser?

– Jedenfalls bist du nicht der Tor, als den Du Dich ausgibst. Aber es ist richtig, daß ich mich in meiner Gegnerschaft zur verweltlichten Kirche durchaus häretischen Gedankengutes bediene, doch ist das politisch motiviert, rein äußerlich und damit frei von der Rede einer gespaltenen Zunge.

– Dann bin ich der Häretiker?

– Du warst es zumindest in Deinen Anfängen, oder die Leute waren es, die Dir als *pauperes Christi* in Deiner Armutshysterie nachfolgten. Darum standen sie anfänglich im Ruch der ketzerischen Sektenbildung, bis der kluge dritte Innocenz Deine der Kirche gefährlich werdende Bewegung klerikalisierte, statt sie, wie man erwartet hatte, zu kriminalisieren. Er nutzte politisch Dein weltfremdes Schwärmertum, weil es gleichwohl ein harmoniebedürftiges Verlangen nach Anerkennung durch die Obrigkeit zeigte. So konnte er Dich aufhalten, vor allem aber Deine fundamentalistischen Brüder, die sich die Spiritualen nennen im Gegensatz zu den weltklügeren Konventualen, in der von Dir losgetretenen Bewegung. Sie war wie ein Feuerbrand, der binnen weniger Jahre die italienischen Städte eine nach der anderen erfaßte und sie für den satten Kirchenadel zum bequemen Darinsitzen zu heiß machte. Aber dann schlug der Herr Papst in Gottes Namen – ich sage mit Absicht nicht: im Namen Gottes – das Kreuz über Deiner ersten Armutsregel und gab Dir einen Orden. Er konnte das um so leichter tun, als, erstens, sein Segen nur mündlich erteilt worden war und Du, dies zweitens, zwar den Scharlachstoff der Prunkgewänder eines reichen Kaufmannssohnes abgelegt hattest und tapfer die Aussätzigen küßtest, Dir aber unter Deinem neuen Flickengewand durchaus noch ein Herz für das erste Gebot dieser Gesellschaft bewahrt hattest: Du sollst das Eigentum deines Nächsten achten. Wahr ist, daß Du das Geld so sehr haßtest, daß es sich, als Du es einmal auf der Straße fandest, in seinem Lederbeutel unter Deinem Ekel flugs in eine fette Schlange verwandelte. Aber zum Glück verabscheust Du nur den eigenen Besitz am Geld. So jedenfalls bin ich unterrichtet.

– Du läßt mich auskundschaften?

– Ich *ließ* Dich auskundschaften, denn seit Du vom Papst den Orden bekamst und den Segen, bist Du in unsere Kreise wieder integriert, Flickenkleid hin, Jesusschuhe her. Zwar ist Dein Orden nicht von der elitären Art der Benediktiner und Zisterzienser, sondern nur die *forma minorum* einer Mönchsgesellschaft und mehr an den Mann aus Assisi als an ein großes Gelübdegesetz gebunden, weshalb man Euch im Land die Minderbrüder nennt, aber immerhin: Du hast es geschafft. Du bist zurück im Schoß der heiligen Kirche, ihr lieber Sohn aufs neue und ihr nützlicher Idiot dazu (das Wort ist das Deine) – nützlich, weil die Kirche sich in Dir mit der Armut der Massen solidarisieren kann, ohne sie selber annehmen zu müssen. In Deine Seele freilich vermag ich nicht zu blicken. Sie scheint aber bis auf ihren tiefsten Grund krank zu sein, wenn Dein

Körper ihr Spiegel ist … Und diesmal weiß ich, warum Du Dich wieder bekreuzigt hast: der Antichrist zeigte Interesse an Deiner Seele. Fürchte nichts, es war rein menschlich gemeint.

– Warum verachtest Du uns Bettelmönche so sehr, daß Du Deinen Hohn auf uns nur schlecht verbergen kannst, es wohl nicht einmal willst?

– Das will ich Dir sagen: Meine Verachtung gilt nicht Dir, der Du den Menschen nur ein Beispiel der Rückkehr auf den Armutsweg Jesu geben willst, ohne sie mit der Peitsche der gepredigten Höllenpein gewaltsam auf diesen Weg zu treiben, wie es die Fundamentalisten Deines Ordens tun, die eine ganze Gesellschaft radikal, aber mit der Kürze eines Gedankens, der nicht einmal bis zum nächsten Kirchturm reicht, geschweige denn in den Himmel, nach ihrem eigenen Ideal in die Armut stürzen wollen, obwohl sie von dieser Gesellschaft, wie die Parasiten im Leib des Schweins, doch leben. Wer wohl sollte noch Bettler ernähren, wenn alle Bettler wären?

– Dein Haß, Herr Kaiser, macht Dich noch kurzsichtiger, als Du dies den Spiritualen unter meinen Brüdern übel nachredest. Du vergißt die Möglichkeit der Arbeit, die zu uns gehört wie das Beten. Unser Ziel ist nicht der allgemeine Mangel, nicht einmal die allgemeine Gleichheit aller Menschen, denn wir stehen nur gegen den Luxus und den Überfluß der Reichen, soweit er auf Ausbeutung der Armen beruht. Nicht aber als Ausgebeutete wollen wir mehr arbeiten, beschmutzt mit dem üblen Ruf, den körperliche Arbeit unter Deinesgleichen hat, sondern als Leibeigene nur des Herrn Jesu, mit allen Menschen aber gleich zu gleich in freier Vereinbarung und zu einem Lohn, der die Arbeit der Armen nicht nach dem sozialen Stand der Armut bewertet, sondern sich nach dem Neuwert richtet, den sie schafft. So werden wir einst frei sein und durch ein tätiges Leben die Bedürfnisse unserer Leiber stillen, damit sie als die Häuser unserer Seelen nicht verfallen, wie das meine.

– So seid Ihr Kommunisten?
– Was ist das – Kommunismus?
– Es ist die Vertreibung der Menschen ins Paradies.

Ein Gedanke, der mitten in der Niederschrift dieser Gesprächserinnerungen, ich weiß nicht, warum, dringend zu Papier will: *Warum baute ich über zweihundert Kastelle, aber nur eine Kirche?*

– Kommen wir endlich zum Eigentlichen, Mönch, dessentwegen Du kamst: der Kaiser als Antichrist. Ich kenne natürlich auch die dreißig Jahre alte Weissagung des kalabrischen Abtes, die meinen unchristlichen Beinamen nährt und ihn bei den Massen um so populärer werden läßt, je mehr ich zum Widersacher der Päpste werde. Joachim von Fiore, den meinen wir beide doch, hatte als Eremit, dem keine andere Beschäftigung oblag als die Lektüre der Bibel, die Heilige Schrift so oft gelesen, daß sie, wie ich vermute, ihn zu langweilen begann. So verfiel er darauf, in ihr einen verborgenen Sinn zu suchen, und er fand ihn auch. Er sah in ihr nun nicht mehr nur ein Buch der frommen Geschichten, sondern auch eines der unfrommen Geschichte, und natürlich auch eines der Weissagung weltlicher Zukunft. Einmal darauf gekommen, las er jetzt aus der Bibel die Vergangenheit zweier Zeitalter und die Heraufkunft eines dritten heraus, und ein jedes machte er an einer Gestalt der Dreifaltigkeit fest: das erste, als das Zeitalter der Gesetzgebung, an Gottvater; das zweite, als das des Evangeliums, am Sohn, und das dritte, zukünftige als das Zeitalter des Heiligen Geistes an eben diesem. Es würde ein himmlisches sein, natürlich, eines, dem das eigene meditative Leben Joachims in Teilen schon entsprach: alle Tage Sonntag und alle Menschen Brüder; die Welt ein prächtiges großes Kloster, darin die Menschen als Mönche in mystischer Verzückung und ohne Zutun einer verrotteten Kirche der Offenbarung unmittelbar teilhaftig werden. Und so weiter bis zum Jüngsten Tag. Zwischen 1200 und 1260 werde es losgehen damit. Joachim hatte dem Evangelium des Matthäus entnommen, daß zwischen dem Stammvater Abraham und Jesus Christus zweiundvierzig Generationen lebten. Für die Zeit zwischen der Geburt Jesu und dem Anbruch des neuen Zeitalters nahm er, man weiß nicht recht, wie, noch einmal zweiundvierzig Generationen an, vermutlich weil das Alte Testament, wenn es einmal recht gehabt habe, immer recht haben müsse. Und indem er einem Menschenleben dreißig Jahre gab, kam er, dem vom vielen Rechnen der alte Kopf geschmerzt haben muß, auf Deine und meine Zeit als den Beginn einer neuen.

Du weißt das alles so gut wie ich. Oder könntest es wissen, würdest Du Deine Gedanken öfter einmal bei der Sache haben, die man Welt nennt, statt bei der Bekehrung von Wölfen zum Christentum und der Exkommunikation von Schweinen aus ihm wieder hinaus. Und nun hör mir gut zu: Die Auslegung, die Deine fundamentalistischen Brüder der joachitischen Prophetie zu geben im Begriff sind (ich habe meine Ohren überall), ist eine Fälschung. Weil Joachims Endzeitvision einen Antichrist vorsieht, der die bigotte Kirche dem neuen Reich aus dem Weg fegen wird, und weil dieses neue Reich dem Kalabresen zufolge mit einem engelreinen *novus dux*, einem neuen Herzog aus dem Schoß eines reformerischen Mönchsordens, beginnt, machen Deine frommen Fälscher mich zum Mann der letzten Stunde dieser ketzerischen Welt und Dich zum Mann der ersten einer himmlischen neuen.

Die Absicht dahinter scheint nur Dir nicht deutlich zu sein, weil Du mir offenen Mundes zuhörst, und auch, weil Du sonst nicht hierher gekommen wärest, um den Antichrist zu sehen. Den Fundamentalisten Deines Ordens geht der gesellschaftliche Umsturz, der Aufbruch der Massen in eine neue Zeit, oder was immer es ist, an das sie glauben, nicht schnell genug. Und weil sie trotz allem

Mißvergnügen an Rom dennoch getreue Knechte der Kirche sind, deuten sie die joachitische Prophezeiung von der Erneuerung der Welt weniger religiös als weltlich. Zu diesem Ziel nun geben sie den Pferden der Apokalypse die Sporen, indem sie den Trägern eschatologischer Symbole – Antichrist und *novus dux* – die Namen zeitgenössischer Verkörperer analoger Ideen aufpfropfen: Kaiser und Bettelmönch, Friedrich und Franz.

Und da sitzen wir nun, Bruder Franz: ich, das Tier der Apokalypse und Kaiser von Babylon, als Besen des letzten Teufels einer untergehenden Welt, wenn nicht gar der Teufel in Person, und Du als der erste Engel einer heraufziehenden neuen. Antichrist und Antipode. Wie geschmacklos, wenn auch Dir und mir nützlich, einem jeden nach seinen Zielen: Mir wächst auf diese Weise – den Herrn Papst wird es nicht freuen – Macht auch noch über die Seelen der Menschen zu, und Dir wachsen zu den Wundmalen Christi womöglich noch die Flügel der Seraphim. Geh auf Deinen Berg zurück, Mönch, und lasse Dich nicht mehr mißbrauchen als Alibi für Armutsgedanken der Kirche, die sie nicht hegt, oder nun noch von deinen eigenen Ordensbrüdern als Trojanisches Pferd in die weltliche Politik. Das Jahr 1260 wird sein wie das Jahr davor, der Papst, wer immer es dann sein wird, noch Papst und der Kaiser, wenn ich es sein werde, noch Kaiser. Und so weiter, irgendwie, bis zum Jüngsten Tag. Das Volk wird darum für seine Nasführung einen Schuldigen brauchen und ihn stürzen sehen wollen. An mir, dem Luzifer ante portas der neuen Welt, wird es dann, sollte ich diesen Tag der Ernüchterung noch erleben, nichts mehr zu stürzen geben, ist doch die Hölle des Teufels natürlicher Ort. Diesmal, Mönch, wirst Du als Träger von Hoffnung und Enttäuschung zugleich der gefallene Engel sein, ein ganz spezieller Fall von Höllensturz, nämlich eine in Ewigkeit andauernde Degradierung Deines geschichtlichen Bildes vom Nimbus eines *novus dux* des Heiligen Geistes hinab zur Kindermär vom einfältigen Mönch, der den Fischen und den Vögeln das Wort Gottes predigte.

Während ich noch redete, tat Franziskus etwas Närrisches, das auf den ersten Blick zu einer Einschätzung seines Geistes zu passen schien, wie mein letzter Satz sie zum Ausdruck gebracht hatte. Er hielt den linken Arm im Ellbogen leicht gebeugt in Gesichtshöhe und hatte die Hand geformt, als drückte sie eine Fiedel an die Schulter, während die Finger Töne griffen und die rechte Hand dazu einen imaginären Bogen strich. Dabei liefen ihm unablässig Tränen über das ausgemergelte Gesicht. Ein Schluchzen war nicht zu hören. Die Augen hielt er geschlossen. Ich hatte den sicheren Eindruck, daß er mir seit Ausbruch dieser Narretei nicht mehr zugehört hatte, obwohl sein Mund lautlose Antworten zu formulieren schien. Vielleicht sang er aber auch, wie er fiedelte: hörbar nur für ihn und Gott. So endete der erste Gesprächstag. Ich hatte die Seele dieses Menschen nicht erreicht, wohl aber er die meine. Dies freilich nicht mit seinen Worten, denn obschon kein Tor, war er doch auch nicht der Denkstärksten einer. Es hatte mich sein stummer Gesang angerührt, obwohl ich mir keinen rechten Reim darauf zu machen wußte. Jedenfalls handelte es sich dabei nicht um einen Fall von üblicher Hofnarretei, wie ich sie, im Gegensatz zu meinem Vater, nicht ausstehen kann. Ich wertete schließlich das Ganze als ein Zeichen an mich, daß die Vernunft der Menschen nur das Altern ihrer Kindlichkeit ist.

Aber wessen Zeichen?

Mann aus Apulien (II)

Im Nachdenken über das unterbrochene Gespräch mit dem Bettelmönch kramte ich, wieder zurück an meinem Schreibtisch, aus einer Marmorschatulle, die auf ihm steht und ungeordnet Schreib- und Kerzenutensilien enthält, eine silberne Halskette hervor, an der ein daumenlanges Kreuz hängt. Es ist aus Holz, Buchsbaum, glaube ich, weil es die Spuren seiner einstigen Knotigkeit bewahrt, und schwarz vor Alter. Der Leib des an ihm gekreuzigten Jesus ist dem Holz dergestalt eingeschnitzt, daß er sich nicht erhaben auf, sondern vertieft in dem Kreuz befindet, darin einer Backform ähnlich, aber einer alten, vom vielen Gebrauch undeutlich gewordenen. Die Randkonturen des Christusleibes halten sich naturgemäß innerhalb der Außenkanten des Kreuzes, was dem Gott eine das Erbarmen mit ihm noch steigernde spindeldürre, weil notgedrungen in die Länge verzerrte Figur verleiht – eine auf stumme Weise ekstatische und darum wohl byzantinische Arbeit.

Ich hatte sie mir am Tag vor meiner Krönung zum römischen König, 1215 in Aachen, aus dem dortigen Domschatz erbeten, sehr zum – höflich vor mir verborgenen – Befremden der mich durch die Reliquien und Exponate führenden Domherren. Einer von ihnen, der Kustode, flüsterte mir zu, Kreuz und Kette stammten aus dem Nachlaß Karls des Großen; ob auch von ihm getragen, wisse man nicht. Eher sei zu vermuten, daß der ebenso fromme wie schlichte Schmuck einer von Karls sechs Töchtern gehört habe und ihr, träfe dies zu, vom Nacken hängend wohl als stets greifbare Mahnung zur Mäßigung in Liebesdingen diente. Ich verstand sogleich des Klerikers Anspielung auf die Unmoral, die nach kirchlicher Auffassung am fränkischen Großhof bei aller beglaubigten Frömmigkeit Karls geherrscht haben mußte. Weil der Kaiser aus einer übergroßen, das Äffische streifenden Liebe zu seinen Töchtern sich auch dann nicht von ihnen hatte trennen mögen, als sie in ein mannbares Alter kamen, war ihm nichts anderes übriggeblieben, als ihnen den geschlechtlichen Umgang mit Edelmännern ihrer freien Wahl auch ohne kirchlichen Segen zu gestatten, was auch geschehen war. So lebten sie bei Hofe im offenen Konkubinat mit der Folge von Bastardkindern. Der kaiserliche Herr Vater ging ihnen voran, zeugte Karl doch, wenn er nachts nicht auf den Beinen war, um Latein zu lernen, mit sechs Mätressen zehn illegitime Kinder, neben den acht legitimen, die er mit insgesamt vier Ehefrauen hatte.

An wenigem läßt sich besser ablesen, wohin es seit seinem Begründer Karl mit dem Heiligen Römischen Reich und seinem es konstituierenden Machtverhältnis zwischen Kaiser und Papst gekommen ist: Während Karl unverhüllt in gomorrhäischen Beziehungen des Fleisches lebte und leben ließ und dennoch dem nolens volens nachsichtigen Heiligen Stuhl die deutsche Reichspolitik diktieren konnte, und oft genug die römische Kirchenpolitik dazu, genügt heute ein weit Geringeres selbst an diskret herausgenommenen Freiheiten von den – notabene verlogenen – Moralpostulaten des Papstes, um maßgeblich zur Bannung des Kaisers, seiner Verstoßung aus dem Glauben, ja sogar zu seiner Absetzung beizutragen, wie mir auf dem 45er Lyoner Konzil geschehen.

Als ich nun heute, mehr als dreißig Jahre nach Aachen, das kleine Kreuz wieder einmal in die Hand nahm, schimmerte die Erinnerung an meine Kreuznahme aus dem sanften Speckglanz seines Holzes hervor; er war ihm verliehen worden – es gefiel mir, dies zu denken – vom jahrelangen Verweilen an der leidenschaftlich bewegten Brust einer Karlstochter und dann, nach vier Jahrhunderten der Ruhe im Aachener Domthesauros, vom Schweiß meiner eigenen leiblichen und seelischen Anstrengungen in den Erfordernissen des Glaubens.

Zu wiederholten Malen stellte ich an mir eine Überflutung meines Geistes durch Gefühle fest, die im Verhältnis zu den Folgen, die sie auslösen können, von eher einfacher Natur sind: der ferne Klang einer elegischen Hirtenmelodie, der Gesang der Mönche, der mir geltende Jubel einer Volksmenge, der Pomp eines Staatsaktes. Aber, unverständlicher noch, es genügt zuweilen auch nur die willkürlich heraufgerufene Erinnerung an eines solcher Vorkommnisse, so wirksam sind sie noch aus der Ferne der Zeit auf meine Psyche. Das Ergebnis ist nicht selten ein schwer kontrollierbarer Tränendrang, der einhergehen kann mit einer spontan aufquellenden Bereitschaft zu Taten, die, zöge ich sie nüchternen Geistes in Betracht, sich mir als der Vernunft ermangelnd darstellen würden, auf jeden Fall aber einer kritischeren Prüfung bedürftig, als ein von Tränen verwässerter Verstand sie zuläßt.

Hierher gehören, ohne daß ich diese alten Geschichten nun zu vertiefen gedenke, meine vielen Schenkungen aus schwäbischem Hausgut und die leichthändige Vergabe von Reichslehen an staufisch gesinnt gebliebene alte oder sich vom Welfenkaiser Otto abkehrende neue Parteigänger in der Zeit unmittelbar nach meiner Ankunft in Deutschland. Ich sah dies von alten Sagen raunende Waldland, das man mir als das Land meiner Väter vorstellte, zum ersten Mal, und die Mächtigkeit seiner dunkelgrün rauschenden Räume und Flüsse stimmte mich, das an Licht und Trockenheit gewöhnte Kind von Pülle, wie die Deutschen mich nannten, weichherzig bis zu einem Punkt, an dem ich mir selber fremd wurde. Ich hörte mich mit einer Andacht, die aus der Konzentration kommt, konsonantenreiche Laute zu einer Sprache formen, in der ich nicht dachte. Das verlangsamte meinen Geist, und die von der Sonne meines baldigen Kaisertums dröhnende Mitte der abendländischen Dinge, in der ich mich, nach einer an ihrer Peripherie verbrachten Jugend, plötzlich befand, verwirrte ihn. So sah ich dies Land und seine Menschen über ihrem Jubel allzu oft durch den Schleier, den mir – nur schlecht verhehlte – Tränen über das Wunder meines Triumphzuges rheinabwärts vor die Augen legten.

Das wußte man in Deutschland sowohl zu schätzen als auch zu nutzen, denn in diesen Seelenzuständen, das hatte man bald heraus, unterschied ich nicht immer genau genug zwischen der politisch gebotenen Bestechung einer fremden Macht zur Erlangung und Festigung der eigenen (die 20000 Silbermark aus einer französischen Zuwendung an mich waren in den Taschen der deutschen Fürsten als ein Gewicht, das sie von Otto weg zu mir hinüberzog, gut angelegt) und einer bloßen Dummheit des Herzens, die Wertvolles wegschenkt, ohne Gleichwertiges dafür zu bekommen. Weshalb sich der Überschwang der Gefühle tunlichst auf das Küssen von Wangen beschränken, das Siegeln von Schenkungsurkunden aber seinem klügeren Bruder, dem kalten Verstand, überlassen sollte. Nur ist diese Erkenntnis, zu der ich durchaus auch damals schon fähig war, wenig hilfreich, wenn einem der erste Schauder der Rührung den Nacken herauf, unter die Haare kriecht, die Kehle sich zuschnürt und das Kinn von einem Zittern befallen wird, das dem Andrang der Tränen vorausgeht. Ähnliches beobachte ich an mir, wenn ich durch eine Verletzung meines Stolzes oder die willentliche Zufügung eines Unrechts Aufwallungen eines Zorns verspüre, der mir statt Tränen das Blut in die Augen treibt und die Nieren schmerzhaft verkrampft. Die Folge sind für gewöhnlich Handlungen, die ich mir in einem Zustand der Besonnenheit entweder gar nicht oder nur in abgeschwächter Intensität gestattet hätte.

Hierher gehört, als Pendant zum deutschen Rührstück, die Erinnerung an eine Sarazenenschändung aus ähnlich früher Zeit. Ich hatte mich nach meiner Rückkehr aus Deutschland in mein sizilisches Erbreich darangemacht, das Chaos dieses Vielvölkerstaates aus den Händen eines zu Verrat und Habgier neigenden Feudaladels wieder unter die Krone zu bringen. In der Zeit meiner Abwesenheit und vorher schon während meiner Kindheit, in der ich den normannischen Königsmantel meines Großvaters Roger nicht auszufüllen vermochte, hatten die italodeutschen Adelsfamilien Apuliens sich mit usurpierten Rechten und geraubten Besitztümern zu Provinzfürsten herangemästet und entgegen dem allein der Krone zustehenden Recht auf Landesbefestigung auch Burgen gebaut. Ohne ein nennenswertes eigenes Heer blieb mir nichts anderes übrig, als die mir aus Angst angetragene Waffenhilfe der kleinen Adelsfamilien gegen die großen anzunehmen, um mich dann, waren die Großen mit Hilfe der Kleinen entmachtet, auch gegen diese zu wenden. Das mag Wortbruch nennen, wer will. Ein gegen die Hand seines Reiters steigendes Pferd spürt entweder den ganzen Mann, oder es spürt gar nichts.

Mit einem einzigen, 1220 auf einem Hoftag in Capua erlassenen Gesetz erklärte ich jedweden Adelsbesitz außer dem allerprivatesten, der seit dem Tod des letzten legitimen Normannenkönigs vor dreißig Jahren erworben worden war, für nichtig. Es war für einen langen, geschichtshaltigen Augenblick, als sei das ewig fließende rotglühende Magma, das Sizilien heißt, unter meinem kalten Blick erstarrt; nicht schon zu Stein, sondern in einen Zustand der Plastizität, der es ermöglichte, die politische Topographie des Landes nach meinen Vorstellungen von einer staatlichen Zentralgewalt neu zu formen. Die Beweislast für die Rechtmäßigkeit eines Besitzes bürdete ich dem Besitzer auf und hielt ihn an, seine Urkunden in meiner Kanzlei prüfen zu lassen. Wer seinen Besitz zurückerhielt, mußte hinfort jedoch mit der Klausel der jederzeitigen Widerrufbarkeit der ihm neu gewährten Rechte leben. Die Burgen indes, so sie jünger als dreißig Jahre waren, verfielen allesamt der Krone und wurden entweder zerstört oder in Staatskastelle umgewandelt, deren Anzahl heute zusammen mit den von mir neu gebauten über zweihundert beträgt. Lag eine Burg an einem strategisch wichtigen Ort (was ich der römischen Geschichte entnahm), so ließ ich sie mir, und war es um den Preis schwerer Kämpfe, auch dann ausliefern, wenn sie nicht unter die Dreißig-Jahr-Klausel fiel. Das war die Antwort auf den Rat Wohlmeinender an mich, doch lieber Kirchen zu bauen als Kastelle. Zu ersterem verspürte ich noch nie eine Neigung; Gottes Immobilienwünsche gingen mich nichts an. Zu letzterem hatte ich in dem Ausmaß, in dem ich die Kastelle zur Sicherung meiner fragilen territorialen Macht brauchte, weder Geld noch Zeit.

Als ich nach dem Besitz auch seine Besitzer noch verstaatlichte, indem ich die Adligen nicht nur zugunsten beamteter Staatsjuristen ihrer angemaßten Gerichtsbarkeit entkleidete, sondern sie auch als mir Kriegsdienstpflichtige und königliche Amtsträger zum Dienst bei Hofe zwang, gingen nicht wenige davon betroffene Grafen und Barone außer Landes, zum Herrn Papst nach Rom, wo sie großes Wehklagen gegen mich hatten. Mir dagegen machte es ein nicht geringes Vergnügen, diese Parasiten an Leib und Besitz des einstigen Königskindes nun, als Mann, auszutreiben und den neuen Staat von unten her, mit den Bürgern und dem niederen Adel, aufzubauen. Ich hatte den Großen nichts vergessen. Ich war wieder da, und ich war das Gesetz. Meine Schritte waren beflügelt und dröhnten dennoch über das Land. Mein Kopf war in den Wolken, aber meine Augen sahen dennoch alles. Ich war jung. Ich war König. Ich war Kaiser. Ich war Erster nach Gott (und wer war das: Gott?).

Dann kam es zu dem Vorfall, dessentwegen ich so weit ausgriff. Nach der Befriedung des sizilischen Festlandes wandte ich mich der Insel zu. Wie in Italien von Capua aus rollte nun auf ihr von Messina her, wo ich erneut Hoftag hielt, der Donner im Vernehmen harter Gesetze dem neuen sizilischen Tyrannen voran, und nicht einmal in mir selber war ausgemacht, ob er Dionysios oder Dion glich, denn beider Charakter lag in mir verborgen und immer auf der Lauer:

die Tücke und die Güte, die Schläue und die Weisheit, das Unrecht und das Recht. Und kein Platon gab mir, wie dem Dion damals, das sittliche Maß.

Als erste bekamen Siziliens Sarazenen diese Doppelbödigkeit zu spüren. Seit den Zeiten der Normannen waren in den unzugänglichen Bergen des Inselinnern die Rebellen gegen die königliche Zentralgewalt in Palermo nie ausgestorben. Aber Palermos Moscheen machten Sizilien noch nicht zu einem Reich der Muslime. Die Insel war ein Teil Europas, zwischen Abend- und Morgenland der Nabel beider, in dem diese Aufrührer wie Läuse irritierend juckten. Ich räumte sie aus, tötete aber die Muslime nicht, die in den Kämpfen überlebten, sondern verbannte sie samt ihrem Anhang und allen Nichtkombattanten ihres Glaubens von der Insel auf das Festland, ins nördliche Grenzgebiet Apuliens zum Kirchenstaat hin, 16 000 Menschen insgesamt. Auf dem alten römischen Garnisonsplatz Lucera entstand damals die befestigte Sarazenenstadt gleichen Namens, an welcher der Herr Papst im ihr nicht fernen Rom Greuel hat bis heute, weniger wohl des heidnischen Glaubens ihrer Bewohner wegen als darum, daß die Muslime, die ich mir durch Verschonung ihres Lebens und Duldung ihrer Religionsausübung zu Freunden machte, auf einen Bannfluch des römischen Kalifen nicht das Geringste geben. Immer wieder nehme ich in Lucera Wohnung, inmitten der Kinder derer, die ich einst von der Insel entfernte, und niemanden lasse ich näher an meinen Leib als sie – die Männer als Wachen, die Frauen als Mittel der ewigen Reizung päpstlicher Haremsphantasien.

Weil die Sarazenen mir heute so nahe stehen, verfolgt mich jener Vorfall, den ich nun wohl endlich zu Papier bringen muß, noch immer mit Anflügen von Scham, obwohl er nur so viele Atemzüge dauerte, wie er Jahre zurückliegt: dreißig fast. Der letzte Emir, der sich mir zu Füßen warf, versetzte mich in eine rote Wolke von Wut, was um so unverständlicher erschien, als dieser Ausbruch aus der Ratio nicht durch eine besondere individuelle Schuld des Kapitulanten verursacht war, sondern nur, ich erkannte das hinterher deutlich, durch die meinen Stolz demütigende und meinen Ruf beschädigende unverhältnismäßig lange Dauer der Sarazenenkämpfe. Der Kaiser des Erdkreises gegen Ziegenhirten – so richtig und so falsch stellte sich mir die Sache in jenem Augenblick der Besinnungslosigkeit dar. Ich stieß dem Liegenden einen Reitsporn in die Seite und riß sie ihm ein Stück weit auf. Obwohl in einem kurzen Satz gesagt, kann ich den Vorfall nicht vergessen. Es ist wohl auch darum, weil dies die einzige Grausamkeit ist unter den vielen, die sich bis in alle Zukunft an meinen Namen heften werden, die ich selber an einem Menschen beging.

Beide Spielarten einer gelegentlichen Dominanz meiner Gefühle über den Verstand haben mir wiederholt zwar ungeplanten Nutzen, doch öfter voraussehbaren Schaden gebracht. Aber auch ein Mischergebnis aus Schaden und Nutzen kam vor, ein Gleichgewicht dann der Fakten, das mich nach dem Wert von Gefühlsstürmen fragen ließ, den sie bestenfalls in sich selber trugen, weil ihr konkretes Ergebnis doch auch durch die Ausgeglichenheit des Denkens zu erreichen gewesen wäre. Aber darüber ist einer nur hinterher Richter.

Als Beispiel für eine solche Mischform aus Schaden und Nutzen werte ich meine Kreuznahme von 1215, das Gelübde also, einen Kreuzzug ins Heilige Land zu unternehmen. Während das bei einem Geringeren von Geist und Rang allein die Folge der aufrichtigen Absicht sein kann, ein Gott wohlgefälliges Werk zu tun, indem man zur Bekehrung von Heiden beiträgt, ist die Kreuznahme durch einen König niemals frei von politischen Überlegungen, selbst den handfestesten nicht. Ja man wird sagen müssen, daß in meinem Fall die Kerze des Glaubens eher flackerte, als daß sie stetig brannte, jederzeit vom Verlöschen bedroht durch den Windstoß eines rationalen Gedankens. Durch mein Herkommen und meine – wie immer rudimentäre – Erziehung auch durch einen muslimischen Lehrer kannte ich damals schon die erdrückende Überlegenheit der Kultur und ebenso der Zivilisation der Länder des Ostens über die in einem Glauben gefangene Welt des christlichen Westens, der den menschlichen Verstand und seine durch die Sinne gewonnenen materiellen Erkenntnisse mißachtet. Es sind darum die Muslime, wenn denn unsere Glaubensarroganz sie Heiden nennen muß, edle Heiden. Daß sie nicht an christliche Dogmen glauben, die allen Erfahrungen der Sinne widersprechen, ist der einzige wesentliche Unterschied zwischen ihrer und unserer Sehweise des Einen Gottes. Und wenn das sie zu Heiden macht, daß sie der Bekehrung bedürftig sind zu einer Wundergläubigkeit, welche mit der Natur nichts gemein hat, dann bin auch ich ein Heide. Und so hätte denn der vierte Innocenz in seinem 45er Lyoner Konzilsurteil über mich recht.

Daß also die Glaubenskerze in mir überhaupt entzündet werden konnte, läßt sich allein einer jener Gefühlsaufwallungen zuschreiben, die mich von klein auf bis heute in der Form äußerster Bekundungen sowohl von Liebe als auch von Haß heimsuchten. Meine Umwelt sah darin, weil ihr meine Entrückung hinter die Pompkulissen des Staates jeden Einblick in meine Seele verwehrte, je nach eigenem politischen Standort die Äußerungen eines Friedensfürsten oder eines Tyrannen, des Messias oder des Antichrist, wo nicht gar gleich die Verleiblichung des Teufels oder Gottes selber. Zynisch, wie ich wurde in einem Leben des Kampfes gegen eine verweltlichte, nach Herrschaft über Könige und Kaiser strebende Kirche und gegen, erbarmungsloser noch, den seine gesetzlichen Reichsbindungen stets mißachtenden Lombardenbund, wehre ich mich nur noch zum Schein und je nach Interessenlage wechselweise gegen diese Epitaphien (denn als Grabschriften für mich werde ich diese mir verliehenen Titel wohl schon sehen müssen). In der

Summe sind sie mir alle nützlich zur Machtverstärkung der Aura eines quasi Göttlichen.

Des Quasigottes.

Das Wort beschreibt exakt den Nutzen, den ich von der Kreuznahme hatte: nach der Einlösung des Kreuzzugversprechens und der Rückgewinnung des Heiligen Grabes von den Muslimen, besonders aber nach meiner Selbstkrönung 1229 in der Grabeskirche zum König von Jerusalem, die machtvoll einsetzende Vergottung des Kaisers, seine Gleichsetzung zunächst mit der Gottunmittelbarkeit des biblischesten aller biblischen Könige: *David warst Du in Jerusalem!* sangen sie. Dann mit einem Höheren noch: *... auch daß unser Heiland, Jesus von Nazareth, aus Davids Königsstamm entsproß, erfüllt uns mit Freude!* schrieb ich nach Sizilien, mich in die Strömung werfend und sie nutzend für mein Vorankommen, aber vorsichtig und das feste Ufer der Rationalität stets im Auge behaltend. Doch auch den Schaden beschreibt das Wort Quasigott. Ich meine den Haß darüber, der die Kurie von nun an, in Wellenbewegungen zwar, aber niemals verebbend, antrieb, meinen Sturz herbeizuführen. Das von mir blasphemisierte Wort GOTT war der allerprächtigste Vorhang vor der Bühne der Politik, hinter dem Rom seine aufs Weltliche gerichteten Machtansprüche vor den gaffenden Massen verbergen konnte.

Verfolge ich in Gedanken Nutzen und Schaden der Kreuznahme von 1215 an ihre Wurzeln zurück, so ende ich damit immer in Aachen. Zwanzig erst und ausgestattet mit der großen Erregbarkeit des Südländers, wurde ich an diesem mit Geschichte gesättigten Ort von Gefühlen überschwemmt, die schon einmal, über zweihundert Jahre vor mir, einen deutschen Jünglingskaiser in die regenbogenfarbigen Wirbel einer exaltierten Weltvorstellung hineingerissen hatten. Als der dritte Otto aus dem Haus der Sachsenkaiser im Jahr 1000, nachdem er den Steinfußboden der Aachener Pfalzkirche hatte aufreißen lassen, den Sarkophag Karls des Großen endlich fand, nahm er dem Skelett Goldkreuz und Kette von den Halswirbeln, hängte sich beides um und legte auch die Grabkleider des Toten an, soweit sie nicht mit dessen Fleisch verfault waren. Der knabenhafte Otto, Sohn eines germanischen Vaters und einer byzantinischen Mutter, brauchte zur Materialisierung seiner politischen *renovatio imperii Romanorum* die Identifikation mit Karl als dem potentesten ihrer geistigen Urahnen, der in seiner karolingischen Bleibulle auch schon die Umschrift *Renovatio Roman. Imp.* geführt hatte. Zusammen mit dem alten Kaiser hob Otto das alte Westrom aus dem Grab und erwärmte, was von ihnen geblieben war, an Hals und Herz seiner Jugend, den Modergeruch beider nicht bemerkend oder seiner willentlich nicht achtend; es trennten ihn damals nur noch zwei Jahre vom eigenen Grab in Aachen.

Im Garten der Pfalz, auf einer Bank neben einem alten Rosenstock, träumte ich am Tag vor meiner Krönung zum *Rex Romanorum,* in der Juliwärme halb wachend, halb schlafend, einen Traum in einem Traum. Ich sah den jungen Sachsenkaiser, wie er mit Hilfe einer Wolke aus weißen Tauben, die ihn in die Höhe trug, seinen Traum von der Erneuerung Westroms in Christus in einen himmelhohen Baum des Pfalzgartens hängte. Ottos Traum hatte das Aussehen eines römischen Streitwagenrades, dessen Speichen aus einem mittig gefügten Holzkreuz bestanden. In der Krone des Baumes leuchtete das Antlitz Jesu Christi. In der zerfurchten Rinde erkannte ich nach langem Starren, wie in ein Vexierbild, Gesicht und Gestalt des Apostels Petrus. Das Erdreich zu seinen Füßen trug ein Meer aus Grashalmen, die unterm Nachmittagswind, der von den Mauern der Pfalz in den Garten fiel, harfengleich sangen und sich dabei von einer Seite zur andern und zurück neigten. Ich wußte sogleich, daß dies die *ecclesia* war, die Gemeinschaft aller Christen.

Auch unter das Gräsermeer konnte ich schauen. Tief im Erdinnern sah ich, zur Linken und zur Rechten des Stammes, als mächtig ausgebildete Wurzelwerke *Imperator* und *Sacerdos*, Kaiser und Papst, wie sie in Eintracht den Baum der Christenheit stützten und nährten. Die Tauben, die Otto wieder zur Erde getragen hatten, saßen nun paarweise in den Zweigen und schnäbelten zärtlich. So verging die Zeit. Aber dann tat sich um den Baum herum, plötzlich wie in einem Beben, die Erde auf, das Gräsermeer teilte sich und gab den Blick frei in tiefe Klüfte, worin man sehen konnte, wie die Wurzelarme des *Sacerdos* den Wurzelleib des *Imperator* zu umschlingen und zu erwürgen trachteten. Unterm Kampf der Giganten begann der Baum rauschend zu schwanken, so daß sein Umriß mächtige grüne Halbkreisbögen an den sich rasch schwärzenden Himmel schrieb. Das Gras schrie wie Glas unterm Messer, die Äste stöhnten und peitschten mit ihrem Laubhaar in Verzweiflung die Erde. Armdicke Wurzelstränge rissen mit lautem Knall. Das Antlitz Jesu hörte zu leuchten auf und verblich. Die Gestalt des Apostels zog sich in die Rinde zurück und wurde unsichtbar. Schreiend flogen die Tauben aus dem Baum, und da stürzte Ottos Traum aus der Höhe auf die Erde herab. Das römische Rad zerschellte lautlos. Aber das Holzkreuz, das sein Inneres gewesen war, blieb heil. An des verschwundenen Kaisers Statt ging ich hin und nahm es. Ich konnte nicht anders. Das Christusgesicht durchblutete sich wieder, die Erdspalten schlossen sich, und Gras und Laub rauschten nur noch leise, als redeten sie alle miteinander in einem großen Staunen. Ich erwachte. Bis auf den Grund verstört ging ich aus dem Garten, nicht ohne mich umzublicken, aber alles war ohne Anzeichen, daß hier soeben Besonderes geschehen wäre.

Anderntags, kaum daß der Mainzer mir das Königsdiadem ins Haar gedrückt hatte und der Mönchsgesang im Dom verhallt war, heftete ich mir unter halblauten Rufen der Verwunderung aus der

Krönungsversammlung ein Stoffkreuz an die Schulter, auf der ich seit dem Vortag schwer an Ottos geträumtem Kreuz trug. Mit dieser Anheftung erledigte ich nur noch eine Formsache, in der Absicht zweifach indes, was aber keiner wußte, nämlich eine offen zutage liegende religiöse, dem christlichen Glauben dienliche, aber mir sekundäre Absicht und, zweitens, eine politische, insgeheim auf den künftigen Cäsar und Rom als Ursache des Reiches gerichtete: *Roma causa imperii.* Das unterschied den Staufer vom Sachsen, aus dessen Traumbild ich, als der Rausch des Krönungsfestes vorüber war, das heile Speichenkreuz nur in der Seele behielt, um mit seiner unentbehrlichen Hilfe das zerschellte römische Weltrad wieder instand zu setzen. Wie war ich doch jung!

Am Abend beschäftigte mich in einem Anflug von Aberglauben die Frage, ob man sich an einem geträumten Traum wohl versündigen könne, wenn man ihn nicht ganz ohne Absicht mißdeute. Ich beendete das dadurch, daß ich das kleine schwarze Holzkreuz mit dem Basrelief Jesu umtat. Von da an hatte ich den Nazarener zwölf Jahre lang am Hals. Sein Hin und Her vor meiner Brust entsprach dem mehrmaligen Wechsel zwischen erneuertem Kreuzzugsgelübde und päpstlicherseits gewährtem Aufschub wegen unaufschiebbarer weltlicher Geschäfte. Ich legte den Nazarener wieder ab, noch bevor ich das Heilige Grab befreit hatte: 1227 in Pozzuoli, in jener fernen Nacht nach meiner – ersten – Bannung wegen des abgebrochenen Kreuzzugsversuches; ich beschrieb das schon zu Anfang dieser Papiere. Diese Nacht hörte das letzte Gebet meines Lebens und sah mein letztes Hinknien vor Gott: *HERR, laß die Kälte des Steins, auf dem ich knie, in mir steigen ...* Im folgenden Jahr machte ich mich endgültig, als ein Gebannter noch, auf den Wasserweg nach Jerusalem. Es war mir nur politisch wichtig. Es konnte einer nicht Cäsar, Weltkaiser, sein, der nicht ... Aber das sagte ich schon, sehe ich beim Zurückblättern.

Mann aus Assisi (II)

– Guten Morgen, Mönch. Willst Du weiter mit mir reden? Du fühltest Dich gestern abend, gegen Ende unserer Unterhaltung, nicht wohl.

– Ich lebe gegen die Zeit, Herr Kaiser. Es ist nicht mehr eine Frage des Wohlfühlens. Manchmal entferne ich mich ein bißchen aus der Zeit in der Hoffnung auf eine kleine Gutschrift, weil ich doch während meines, soll ich sagen: Wegtretens? von ihr nichts konsumiere. Genügt Dir das als Antwort?

– Würdest Du nicht lächeln, Mönch, könnte man meinen, Du glaubst auch, was Du da sagst. Aus der Zeit tritt niemand aus; es interessiert sie nicht, wie einer ihre kleinen und großen Einheiten ausgibt, ob wachend oder schlafend, betend oder sündigend, bewußt oder unbewußt. Sie führt jedermanns Konto nur mit Zahlen und kennt nur eine Rechenart, die Subtraktion. Wer sich die Zeit zu seinem Gott erwählt, der hat sich einen genommen, der mit ihm zum Schluß, wenn es ans Saldieren geht, nur rechnet, nicht abrechnet wie der Deine. Du mußt darauf nicht antworten; es genügt, wenn Du Dich wieder hastig bekreuzigst, ich weiß dann schon, was Du sagen willst.

– Du bist sehr freundlich zu Menschen, die Du nicht ernst nimmst. Es ist eine Freundlichkeit, die schmerzt.

– Verzeih mir, ich wollte Dich nicht kränken. Ich habe lange über Dich nachdenken müssen, gestern abend. Bei Einfaltspinseln tue ich das nicht.

– Und was ist das Ergebnis Deines Nachdenkens über mich?

– Ich glaube zu wissen, warum Du aus der Zeit manchmal wegtrittst, wie Du das nennst.

– Sage es nicht, bitte.

– Du hast Angst vor der Wahrheit?

– Ich fürchte den Verlust dessen, das hinter den Wörtern ist.

– Dann weißt Du, was ich meine.

– Mein Spiel.

– Ja. Es ist Deine Kindlichkeit, die Dich zu einer unsichtbaren Fiedel greifen und spielend aus der Zeit fliehen läßt.

– Und Du hältst das für Narretei.

– Aber nein, ich bin ganz ernsthaft. Es interessiert mich. Es erinnert mich an manches, das ich von den Tieren her kenne.

– Willst du mich kränken?

– Ich kann an Tieren nichts finden, das geeignet wäre, einen Menschen im Vergleich mit ihnen zu kränken. Es wundert mich, daß gerade Du, der die Tiere doch seine Brüder und Schwestern nennt, auf diese Idee kommst.

– Ich kenne mich in Dir nicht aus und weiß nie, wann Deine Rede von Ernsthaftigkeit in Zynismus umschlägt, von Herzlichkeit in Spott.

– Das geht nicht nur Dir so, Mönch. Aber Du billigst mir wenigstens das Gute noch als Möglichkeit zu. Der Papst macht es sich da einfacher, ihm ist alles, was ich sage, nur Hohn und Spott. Aber wo waren wir stehengeblieben? Bei Deiner Kindlichkeit. Also: Sie ist etwas ganz anderes als ein Kindischsein. Und sie ist nicht nur Dein Schutz, wie gestern abend, als ich versuchte, Dich, wenn schon nicht aus Deinem Glauben, wenigstens aus der Solidarität mit Deinen wirrköpfigen fundamentalistischen Ordensbrüdern zu vertreiben. Sie ist auch Deine Wirkung auf die Menschen. Sie ist Dein Innen und Dein Außen. Indem Du predigst, als würdest Du fiedeln, in den süßen Tönen der Sehnsucht nach Liebe und Hoffnung auf Seligkeit, und indem Du fiedelst, als würdest Du predigen, mit der wirklichkeitslosen Gestik des Jenseitigen, bewirkst Du, ob Du es weißt oder nicht, daß nicht nur die Menschen Dir folgen, sondern auch die Tiere ihre Neugier auf Dich richten (nicht ihr Herz, wie Du glaubst, darüber müssen wir noch reden). Die Menschen tun es, weil sie in Dir etwas wiederfinden, das ihnen längst verlorengegangen ist: ihre Kindlichkeit, die sie in der Mühsal ihres Erwachsenendaseins bis zur Verwechslung mit der Himmelstür, die damals hinter ihnen zufiel, verklären. Die Tiere tun es, weil sie in Dir ein Verwandtes, Analoges wittern, nämlich das ihnen lebenslang verbleibende Unerwachsene; das Potentielle, aber noch nicht Gewordene, das In-Möglichkeit-sein und das zum Lernen, vor allem aber: das zum Spielen Fähige. Nicht *homo idiota* bist Du. Du bist der *homo ludens*, der reine spielende Mensch, nicht ganz Tier mehr und noch nicht Gott. Aber Du bist unterwegs und weiter als jeder andere dieser Zeit. Sehe ich das richtig?

– Ich wandere vielleicht, um in Deinem Bild zu bleiben, Herr Kaiser, ein wenig rascher als die anderen. Aber das Ziel ist unerreichbar.

– Welches Ziel meinst Du?

– Die Gottgleichheit für Menschen …

– … auch für den Kaiser, wolltest Du hinzusetzen. Sag es nur.

– Auch für den Kaiser. Jede Bewegung auf ein vollkommenes Ziel hin setzt die Unvollkommenheit desjenigen Belebten voraus, das sich bewegt. Bewegt es sich nicht, ist es gar nicht. Bewegt es sich, ist es unvollkommen. Dazwischen ist nichts als der Unterschied in der Schnelligkeit der Bewegungen der unvollkommenen Belebtheiten, denn das Dritte ist das Ziel, die Vollkommenheit, und sie muß notwendigerweise unbewegt sein, sonst wäre sie nicht vollkommen. Und geben muß es sie. Gäbe es sie nicht, hätte alles Bewegte kein Ziel und keinen …

– … Beweger.

– Gott.

– So läge Deine Besonderheit, Mönch, die manche schon ein Heiliges nennen, in Deiner rascheren Bewegung auf das Ziel hin. Ist es das?

– Ich möchte es demütiger sagen.

– Sag es dann.

– Stimmst Du mir darin zu, daß jeder Schritt von der Lüge weg ein Schritt auf die Wahrheit zu ist? Ich habe alle meine Lügen in meinem Rücken, seit ich mein Vaterhaus verließ und statt seines Reichtums die Armut wählte.

– Das genügt mir nicht. Lüge und Wahrheit sind sittliche Kategorien, das Heilige nicht.

– Was ist es dann? Ich weiß es nicht, auch wenn man sagt, daß es mich gestreift habe.

– Das Heilige ist das Numinose, und wen es überwältigt, den macht es sprachlos in diesen Dingen, wie Dich.

– Dann ist das Numinose das Überweltliche.

– Das ist zuwenig, denn das Wort überweltlich wirkt aus dem Sein. Über den Wert des Numinosen sagt es nichts.

– Und was ist ein Wert jenseits des Sittlichen?

– Das Augustale.

– Aber so nennt man das Irdischste alles Irdischen, nämlich Deine neuen Goldmünzen, die Augustalen, die Dich, bekleidet mit Lorbeerkranz und Toga, als römischen Cäsar zeigen. Ich bitte Dich, wie kann eine Münze, die von Hand zu Hand geht, so daß sie bald jeden Glanz einbüßt vom Schweiß der Habgier und des Wuchers, wie kann eine solche Münze einen Wert noch jenseits des Sittlichen, also dem Göttlichen nahe, darstellen?

– Dein letztes Wort ist der Schlüssel zum Verständnis meiner Behauptung. Nicht die Münze ist das Augustale oder, wenn es Dir lieber ist, der Wert des Numinosen; sie stellt es nur dar, indem sie den repräsentiert, der das eigentlich Augustale ist.

– Der Kaiser.

– Der Kaiser, ja.

– Ich sollte gehen.

– Bitte, bleib. Und ich bitte nicht oft. Nur numinosen Objekten kann das Augustale eignen, so weit wirst Du mit mir gehen. Der Kaiser nun ist ein numinoses Objekt in der Welt. Er ist, als Geber der *lex animata*, der beseelten Gesetze, Gottes Abbild auf Erden. Er ist Herr der Welt, mehr als ein Mensch, wenn auch nicht Gott. Er ist potentiell ubiquitär. Du weißt, was das ist: allgegenwärtig, so daß der Anruf seines Namens in Abwehr eines Verbrechens den Arm des Verbrechers lähmt. Er ist der Führer der Christenheit im Kreuzzug, und ich bin auf dem Sprung ins Heilige Land. Schließlich ist er Nachfolger der römischen Cäsaren und hat sein Kaisertum von Gott.

– So sahen es die Cäsaren. Aber sie waren Heiden.

– Das Numinose waltet in allen Religionen. Eine Religion, die es nicht hat, ist keine.

– Nun gut. Aber wie kann ein Kaiser, zu dessen Geschäften von alters her die Grausamkeit bis hin zum Mord gehört, zu Tücke und List auch, ein Heiliger sein? Schon der siebente Papst des Namens Gregor fragte: *Wer weiß denn nicht, daß Könige und Fürsten ihren Ausgang nahmen von Männern* – nicht von Gott, Herr Kaiser! –, *die sich gottlos mit Hochmut, Gewalttätigkeit und Verräterei, ja mit fast jedem Verbrechen bedeckten und sich anmaßten, über ihresgleichen, also über Menschen, in blindem Streben und unerträglicher Anmaßung zu herrschen!* Auch unsere Zeit, Herr Kaiser, ist eine Zeit der übermäßigen Bösartigkeit und Ungerechtigkeit. Und so frage ich Dich noch einmal: Wie kann einer wie Du, der dies mitverschuldet, des Numinosen teilhaftig sein, Anteil haben am Heiligen?

– Was Du eben, und der siebente Gregor damals, den Fürsten zuschriebst an Grausamkeit und Gewalt, Haß und Zorn, das schreibt die Bibel in noch größerem Maße dem völkerverderbenden, rachgierigen, schwertseligen Jahwe des Alten Testaments zu. Willst Du darum Deinen Gott nicht als ein Numinoses sehen, nicht als ein Heiliges? Es zählen nicht die Mittel, sondern die Zwecke. Mein Urahn im Kaisertum, Karl der Große, ließ Hunderte heidnischer Sachsen töten, die sich der Bekehrung zum Christentum widersetzten. Er wurde auf Betreiben meines kaiserlichen staufischen Großvaters, des ersten Friedrich, von der Kirche kanonisiert.

– Es gab Zeiten, Herr Kaiser, da war die Kirche eine Hure und die Könige und Kaiser ihre Zuhälter, die ihr um des Lohnes der Seligkeit willen (und manchmal für sehr viel weniger) die als Freier herbeigezwungenen Nichtgläubigen und Andersgläubigen an die Opferstöcke trieben. Es zählte, was sich zählen ließ.

– Bravo, Mönch! Du hättest es auch im Präsens sagen können. Und denke ich an meine Ketzergesetze und lasse deren politische Aspekte außer acht, finde ich den Titel eines Zuhälters der Kirche als eine Annäherung an die Wahrheit nicht schlecht, das Wort Hure für die Kirche sogar treffend – alles in allem ein stimmiges Bild und ein guter Schluß für heute morgen. Und nun adieu einstweilen.

Guten Morgen, Mönch, und adieu einstweilen, bravo und wie fühlst du dich heute morgen ... Was soll das? Ich gleite ab in die Konversationsstilistik der Komödienschreiber. Damit kommt Geschwätziges in diese Papiere, ein die Gedanken nicht Beförderndes, etwas, das mir, als ich mich heute in einer Schreibpause im Garten meines Quartiers erging, erneut die Frage stellte, zu welchem Zweck ich meine Zeit über ihnen verbringe. Es kann mir doch nichts gelegen sein an eingestreuten Gefälligkeiten von Saloncharakter, mit denen schwächliche oder, was dasselbe ist: um Beifall buhlende Autoren ihrem Publikum eine Wirklichkeit vormachen, die sie ihm in Wahrheit schuldig bleiben, sind ihre Gedankengebilde doch bestenfalls wie Wandfresken, deren Tiefe allein von der Kunst des Malers stammt, den Raum optisch in die Fläche bannen zu können. Mir aber dient das Schreiben zur Annäherung an die Wahrheit, und auch das ist im Ergebnis noch zweifelhaft genug, denn es schließt Widersprüche ein, Gewichtsverschiebungen und Widerrufungen. Im Anfang, und im Fortgang immer wieder, ist ein jeder auf die eigene Person bezogene Text der Lüge näher als der Wahrheit. Milder könnte man sagen, daß der Mensch, sei er hochgestellt oder von niederem Rang, nichts lieber auf dem Leib trägt als die Eigenliebe, und auch nichts länger, denn während er den Körperschmutz in seinen Hemden im allgemeinen nicht lange toleriert, gewöhnt er sich, ist er kein Heiliger, nur zu leicht an den Schmutz der eigenen Seele. Um diesen zu lösen, ist für einen ernsthaften Menschen das bekenntnishafte Schreiben ein vorzüglicher Weg, den schon der heilige Augustin in seinen *Confessiones* beging. Zwar wird nach dem Bischof von Hippo so bald kein anderer wieder den gewaltigen Intellekt haben, sich schreibend von einem ödipalen Hurenbock zum Kirchenvater, vom dualistischen Manichäer zum trinitätsbesessenen Überchristen zu entwickeln, aber sein Beispiel zeigt, daß sich ein Leben und ein Text zum Besseren eines jeden von ihnen innig miteinander verweben können und daß selbst ein häufiger Gestaltwandel, eine wiederholte Sinnesänderung, die Glaubwürdigkeit beider nicht mindern muß, wenn der Wandel, wie die abgelegten Raupen- und Puppenkleider der Schmetterlinge, den Weg eines von Natur aus Metamorphen mit den Zeichen der Faszination markiert.

Beginnt aber das Schreiben eines bekenntnishaften Textes erst, wenn das Leben, das er reflektiert, sich dem Ende zuneigt, wie wohl meines, so muß das Geschriebene sich auf eine andere Weise als die metamorphe der Schmetterlinge der Wahrheit der Endgestalt nähern. Hier kommt mir die Schlange in den Sinn. Indem sie sich häutet, vollendet sie sich, ohne daß sie eines würde, das sie nicht ist. Den Wandel bewirkt ein Unwandelbares: Die alte Haut ist jeweils um ein geringes kürzer und enger als die neue, und weil sie nicht mit dem Körper wachsen konnte, da sie aus Horn ist und starr wie der Schuppenpanzer des Ritters, mußte sie weichen. Das Wesen der Schlange bleibt davon unberührt; auch ihr Äußeres, das sie doch verliert, bleibt bei ihr; Gestaltbild, Zeichnung und Farben verändern sich nicht, der sündige Leib tritt von Häutung zu Häutung nur schärfer hervor und wird darum immer wahrer.

So sehe ich den Sinn meines Schreibens: Die Entledigung von Haut um Haut bis zum Erscheinen des letzten, des wahren Leibes. Und am Rande meines Weges, versteckt in den Landschaften dieser Papiere, werden meine alten Häute liegen, ihre Starrheit, die vom Stolz kam, geborsten, ihre Nahtstellen zum einstigen Leib gerissen unter den Erregungen der hochmütigen Seele und den Schwellungen des sündigen Fleisches, die Ablösung von ihm beschleunigt vom zu vielen eigenen, ins Blut zurückgekehrten Gift, die Farben ausgebrannt vom Feuer der Leidenschaften, die Zeichnung abgenutzt von der Blickgier der Welt, die nicht aufhören wird, die alternde staufische Schlange auf den Spuren ihrer vielen Häutungen zu suchen.

Als nun die Schlange ihre soeben abgestoßene alte Haut betrachtete und sie so brüchig fand, daß sie den starren Blick demütig nach innen kehrte, um dort nach den Gründen für diese Brüchigkeit zu suchen, da fiel ein Schatten auf sie, gegen den sie sich nach ihrer Gewohnheit zischend erhob. Hier bin ich, Schwester Schlange, sagte Franziskus sanft aus der Sonne heraus.

Die Schlange drehte den Kopf und fixierte den Mönch mit goldfarbenen Augen, in deren Mitte die schwarze Pupille wie ein spaltweit geöffnetes Hadestor stand. Warum fürchtest du dich nicht vor mir? fragte sie. *Ich bin das Böse.* Alle Schatten, welche die Bäume, die Büsche und die Steine im Mittagslicht der gewalttätigen Sonne warfen, stellten das Wandern ein, denn die Zeit blieb stehen. Die Grillen schwiegen, die Falter ließen sich zu Boden gleiten, die Vögel verschwanden im Geäst. Ein Windstoß, der in der Luft kein Vorher und kein Nachher hatte, fuhr über alles hin. Luzifer, dachte der Mönch bei sich, hat die Flügel gerührt. Tapfer sagte er: Es gibt kein von Grund auf Böses, Schwester Schlange, sofern es ein von Gott Geschaffenes ist, denn nachdem Er alles, was in der Welt ist, geschaffen hatte, und so auch dich, betrachtete Er zufrieden Sein Werk. *Und Er sah, daß alles gut war.* So steht es im Alten Testament. Darauf glitt die Schlange bis dicht an die in offenen Sandalen stekkenden bloßen Füße des Mönchs heran. Du kennst, sagte sie von unten herauf, unser beider Schicksalsverheißung: Ich schlage meine Zähne in deine Ferse und du zertrittst mir den Kopf. So ist es von Gott gewollt seit dem Sündenfall. Oder weißt du es besser? Es war etwas Lauerndes in der Körperhaltung der Schlange; es drückte sich darin aus, daß sie den Kopf schief hielt und ihn hinter die Mitte des in Ringen aufeinandergehäuften Körpers zurücknahm. Aber Franziskus ließ sich weder durch dieses Lauern noch durch die gefahrvolle Nähe der Schlange zu seinen bloßen Füßen ängstigen, und er sagte ihr auch den Grund für seine Zuversicht: Böse Taten werden in unseren Seelen geboren, und unsere Seelen, auch die deine, Schwester Schlange, stammen von Gott. Also fiele das Böse, das in unseren Seelen seinen Ursprung hat, auf Gott zurück. *Es wäre so, als hätte Er es gewollt.* Wer kann das, von einem liebenden Gott, glauben? Also kann es nichts Wirkliches geben, nichts Geschaffenes, das von Grund auf böse ist. Was ist, sofern es ist, ist gut, denn es hat Wesen, Ordnung und Gefüge. Die Schlange murmelte: Omne ens est unum, verum, bonum. Und sie gab ihre lauernde Körperhaltung auf, streckte sich der Länge nach in der Sonne aus und befächelte sich mit der Zunge eitel den Mund; ihre Augen lachten mit purem Gold, die Hadestore waren fast geschlossen. Alles sah ganz danach aus, als genieße sie das Gefühl, soeben von ihren Sünden losgesprochen worden zu sein. Franziskus war irritiert über die Wirkung seiner Worte auf die Schlange; er fragte sie, was sie soeben gesagt habe: Es schien mir Latein zu sein, und darin bin ich nicht sehr gut – sag es, bitte, im Volgare. Tutto bene, tutto bene, sagte die Schlange herablassend und räkelte sich. Die Schatten wanderten wieder, die Falter und die Vögel flogen, und die Grillen schrillten. Nein, nein, sagte Franziskus, ich habe nicht gemeint, daß es das Böse überhaupt nicht gebe, daß alles gut sei. Vielmehr wollte ich sagen, daß nichts in seinem Wesen böse sei, sondern allenfalls in seinen Eigenschaften. Substantia und die Akzidenzien, das Wesen und die Eigenschaften, lispelte die Schlange hochmütig, Aristoteles sendet Grüße! Franziskus nahm den Spott hin. Du wärest böse, sagte er zur Schlange, böse von Grund auf, hättest du als Antwort auf die Reize deiner Umwelt immer nur den Giftbiß und nichts als ihn. Indem du aber oft nur drohst, witternd mit horchender Zunge, auf Warnung mehr als auf Tarnung bedacht, bist du nicht böse im Wesen, denn nur der hinterhältige Stich, immer und in jedes, nähme ständig Gutes aus der Welt. Und nun, Schwester Schlange, nach der Substantia zu deinen Akzidenzien! Franziskus trat, bevor er weitersprach, vorsichtshalber einen Schritt aus der Reichweite der Schlange, als mißtraute er nun doch der Kraft seiner Gedanken. Aristoteles, sagte er, ist zu groß auch für dich, Schwester Schlange. Was dir von ihm aus dem Mund kommt, ist ein Halbverdautes, von dem nur du glaubst, daß es als Beweis für den Gehaltreichtum deiner Gedanken taugt, während es für den wahrhaft Wissenden, der sich den Philosophen ein Leben lang in verdaulichen Portionen einverleibte, nur einen üblen Geruch verbreitet. Im Sinne seiner Lehre bedeutet es, daß du zwar im Wesen ein gutes Tier bist, aber, neben anderen, eine überaus schlechte Eigenschaft hast. Ich meine die Eitelkeit des schwachen Intellekts, der sich nach Pfauenart eklektisch durch die Denkwelt der Großen spreizt und ihre Namen als Tribut an die Quelle seiner Erleuchtungen in scheinbarer Aufrichtigkeit in das geklitterte

Eigene einflicht, in Wahrheit aber mit den großen Namen nur den Beweis für ein Wissen führen will, das mit ihnen bloß vorgetäuscht wird. Interessant, sagte die Schlange und gähnte mit weit aufgesperrtem Rachen, aus dessen Dach sich die langen Giftzähne krümmten. Ich bin nur ein *philosophus autodidactus*, sagte sie, einer, der als ein Attribut des Teufels aus der katholischen Religion ausgeschlossen wurde, wie du weißt. So mußte ich ganz ohne ihre Hilfen zur Erkenntnis Gottes und der Natur gelangen, auch der Weisheit, und ich war darin, glaube ich, nicht ohne Erfolg. Nur ein Viertes, die Tugend, schaffte ich wohl nicht, wie du mir soeben auseinandersetztest. Aber gar so halbverdaut, wie du tust, ist mein Wissen nicht. Omnem vim divinam in natura sitam esse, lehrte Straton, der Nachfolger des Theophrast am Athener Peripatos. Ich übersetze es dir gern: Alle göttliche Kraft ist in der Natur gelegen, und das meint: *Ohne jenseitigen Geist.* Wir können also, wenn wir weiter über Wesen und Eigenschaften, über Gut und Böse der Naturgeschöpfe reden wollen, den Glauben beiseite lassen; zur Gewinnung der Vernunft ist er nicht nötig. Franziskus bekreuzigte sich und sagte schwach: Die Griechen, Schwester Schlange, waren Heiden. Die Schlange blinzelte und sagte: Aber auch sie hatten einen Gott, so leicht kommst du mir nicht aus. Ihr Gott hieß Nus und war das sich selbst denkende Denken, ein Gott der Abstraktion, aller menschlichen Eigenschaften entkleidet, die der Gott des Alten Testaments in Fülle hat, ein Denkziel nur, doch dabei nicht ohne Güte und Trost für solch schlichte Gemüter wie dich und mich: Wenn du ihn begreifst, dann ist er's nicht. Ich glaube, der heilige Augustin sah das nicht anders, und deine gelehrten Mönchsbrüder in Paris nennen Aristoteles sogar den *praecursor Christi*, soviel Latein verstehst du wohl. Die Schlange legte den Kopf in den Schoß und war sehr zufrieden mit sich. Franziskus sah sie langsam mit ganz anderen Augen, das heißt mit nach innen gekehrten, wo sie die Schlange auf dem Grunde seiner Seele liegen sahen. Es gibt dich und es gibt dich nicht, Schwester Schlange, sagte er versonnen, wozu die Schlange schwieg, denn sie war sich nicht sicher, worauf der Mönch hinauswollte. Franziskus fuhr fort: Daß du bist, kann man nicht leugnen, denn ein jeder könnte, ließest du ihn, dich berühren. Aber das ist nur das eine und das Wichtigste nicht. Die Schlange hob den Kopf, weniger träge, als es in der Mittagshitze bei Abwesenheit einer Gefahr sonst ihre Art war; die Neugier war mit goldglänzenden Augen und einer ungeduldigen, Antwort fordernden Zunge wieder über sie gekommen. Und was ist das andere? fragte sie lauernd und legte den Leib wieder bedrohlich in schnellkräftige Ringe. Franziskus schloß vor ihr die Augen und sagte stimmlos in sich hinein: daß du nicht eigentlich bist, weil du nur das nach außen projizierte Abbild der Schlange bist, deren Urbild mir Gott zusammen mit den Urbildern aller anderen Tiere in die Seele gelegt hat, ohne daß ich sie alle zu benennen wüßte, ja sie auch nur kennte. Gott, der Herr, gewährte mir die Glückseligkeit, zurückkehren zu dürfen aus der nachsintflutlichen Verfinsterung seiner Liebe zu den Menschen in die Zeit seiner frühen Gnade, als sein Auftrag an uns noch nicht ergangen war, Furcht und Schrecken zu verbreiten unter allen Tieren auf Erden, den Vögeln unter dem Himmel und den Fischen im Meer; zurück auch noch vor die Zeit, da er Adam befahl, den Tieren Namen zu geben, damit ihm das noch namenlose Urbild Tier, das Gott dem ersten Menschen als dessen Bruder in die Seele gelegt hatte, in lauter Einzelwesen zerfalle mit einer großen Mannigfaltigkeit der Dienste und Nutzungen, die sie ihm, und sie sich untereinander, zu leisten vermögen, ohne daß das eine dem anderen, mehr als zur Stillung seiner Leibesbedürfnisse nötig, Schaden zufügen muß. So kommt es, Schwester Schlange, daß ich dich kannte, bevor ich dich traf; daß ich dich sah, bevor ich deiner ansichtig wurde; daß ich dich hörte, bevor du sprachst, und daß ich dich liebte, bevor ich wissen konnte, was du mir tun würdest, ein Gutes oder ein Böses. Und so wie es mir mit dir ergeht, nämlich daß du bist, obwohl du nicht bist, ergeht es mir mit allen Tieren, deren Urbild als eines vom vor-adamitischen, brüderlichen Tier Gott mir in die Seele legte. Die Schlange streckte sich wieder, ließ aber den untersten Körperring auf der Erde liegen, um den Kopf darauf zu betten; so sah sie den Mönch besser. Da du mir, sagte sie, zum Bösen auch ein Gutes attestiertest (was war es übrigens?), wirst du ein Gleiches auch dem Wolf zubilligen müssen, der die Schafe der Hirten reißt. Und dann wäre es nicht rechtens, ihn zu erschlagen – sprich! Franziskus lächelte zur Schlange hinunter. Du bist listig, sagte er, aber dein Horizont ist, da du auf dem Bauch kriechst, nie sehr fern, und nicht viel weiter reichen deine Gedanken. Die Schlange hob sich entrüstet und blähte den Hals. Franziskus beschwichtigte sie, indem er rasch sagte: Nicht kränken wollte ich dich, Schwester Schlange, nur dir antworten und meiner Antwort eine Erklärung für ihre mutmaßliche Überlegenheit über deine Gedanken voranstellen. Er bat die Schlange, sich wieder zu entspannen, und sie tat es schließlich. Immer dieses Sichbrüsten mit dem aufrechten Gang! zischte sie in sich hinein. Franziskus beschloß bei sich, das überhört zu haben, wohnten doch in vielen Menschen (wenn auch nicht in ihm) Zweifel am Endnutzen einer Körperhaltung, die den Menschen in seiner göttlichen, geistigsten Ausprägung, nämlich in der eines Priesters der katholischen Kirche, in den Augenblicken größter Innerlichkeit, nämlich im Reden mit Gott, dazu zwingt, sich Ihm letztlich doch wieder auf dem Bauch zu nähern; so hatte Franziskus es in der Kirche Petri zu Rom gesehen. Er kehrte lieber zum Thema zurück: Wer den Bruder Wolf, sagte er, nur als eine reißende Bestie sieht, mit Haß auf alles Lebendige im Herzen und dem Blut unschuldiger Lämmer am Mund … Mund! lispelte die Schlange entzückt, Mund! … der sieht ihn mit den Augen und dem Verstand eines umbrischen Hirtenhundes, dessen Haß auf den Wolf seinen Ausdruck findet in den handlangen Eisendornen, die ihm zur Abwehr des wölfischen Erzfeindes strahlengleich aus dem Halsband starren. Der Mensch sollte sich nicht besser dünken als der Wolf, ißt er doch auch das Fleisch der Lämmer. Wie du, warf die Schlange genüßlich ein. Wie ich, sagte Franziskus und senkte den Kopf. Aber wenigstens, sagte die Schlange großherzig, streust du vor dem Mahl Asche auf das erbettelte Fleisch zum Zeichen deiner Reue. Nein, sagte Franziskus mit der eifernden Unbedingtheit dessen, der zum Heiligen fest entschlossen ist (seufzte aber doch leise unter der Last der nun auszusprechenden Wahrheit) – nein, Schwester Schlange, das Aschestreuen geschieht nicht zum Zeichen meiner Reue über den Tod des lieblichen Tieres, von dem ich esse. Ich tue es, um das Lustgefühl zu verderben, das sein Fleisch meiner Zunge und meinem Gaumen ohne Asche bereiten würde – Gott verzeih mir! Gut, gut, Bruder Franziskus, sagte die Schlange darauf wie in Ungeduld mit der ihr ganz unverständlichen Sündenauffassung des Mönchs, kehren wir doch zum Bruder Wolf zurück! Mag auch, was er den Herden antut, wirklich nicht viel schlimmer sein, als was den Schafen von euren Metzgern angetan wird, die ihr euch zum Zwecke der Tiertötung haltet wie unsereiner seine Reißzähne. Aber, bei all deinem Wohlwollen uns Tieren gegenüber, das kann doch allein nicht das Gute begründen, das du selbst im reißenden Wolf noch siehst! Was also ist das Gute in ihm? Er ist von Gott, Schwester Schlange, und darum ist er gut, sagte Franziskus mit, wie die Schlange fand, bescheidenem intellektuellen Aufwand. Den Kopf schiefgelegt und den Mönch anblickend, sagte sie: Du wußtest gut, warum du dir den Beinamen *homo simplex* wähltest. Aber Gott gab dir einen Verstand, so wie der Jäger seinem Fährtenhund eine lange Leine gibt: damit du dich mit größtmöglicher Selbständigkeit auf die Suche nach flüchtigem Gedankenwild begibst und nicht in allem und jedem bequem auf Ihn und seine allerklärende Omnipotenz vertraust. Franziskus dachte darüber nach. Die Schlange kroch träge seinem unter der Sonne wandernden Körperschatten hinterdrein, so lange brauchte der Mönch zu einer Antwort. Endlich sagte er: Ich begegnete in den Abruzzen einmal einem großen Wolf, und in mir entstand große Angst, denn ich war allein. Aber ich überwand sie, indem ich vor ihm nicht floh, sondern seine Nähe aushielt. Während ich ihn furchtsam betrachtete, verdrängte allmählich die Schönheit des Tiers – sein langer, edler Kopf, die wasserhellen Augen, das hohe Geläuf unter dem schlanken Leib, das gelb überlaufene graue Fell und die sprechende buschige Rute – das Bild des Grauens, das die alten Mythen vom Wolf als einer reißenden, zwischen den Gestalten von Mensch und Tier wandelnden Bestie von Kindesbeinen an in mir befestigt hatten. Damals kehrte ich unter dem Eindruck des mich sanft anschauenden Wolfes aus dem herrscherlichen Ich meiner Art in das brüderliche Wir aller Gottesgeschöpfe zurück. Güte schwebte wie eine geflügelte Sonne zwischen uns hin und her und stieß sich an unseren erglühenden Seelen zu immer neuem Hin- und Herflug ab. Jedenfalls empfand ich es so und weiß es nicht anders zu sagen. Es kam mit dieser schwebenden Sonne die Erleuchtung über mich, daß alle Tiere, die wir wild nennen, ihr Wesen nicht von einer Wildheit haben, die so schon aus Gottes Hand kam. Der Sündenfall des Menschen erst hat sie böse gemacht, indem sie ihm folgten in seinem Sturz aus der Gnade Gottes. Kehren wir aber, wie ich es versuche, zu einem der Natur entsprechenden Dasein zurück und erheben wir uns aus den Niederungen der Sünde, lassen wir endlich ab vom Bösen, dann werden auch die Tiere zurückfinden zu ihrem ursprünglichen, sanften Wesen. Solche Gedanken, Schwester Schlange, bewirkte ein Wolf in mir, und weil ein ausschließlich Böses kein sehr Gutes bewirken kann, muß der Wolf im Grunde seines Wesens gut sein, und daraus folgt sein Recht auf die Verwirklichung seines gottgegebenen Lebensplanes, ob das dem Menschen nun von Nutzen oder von Schaden, von keinem von beiden oder von beidem ist. Die Schlange wiegte den Kopf wie im Zweifel. Deine Erleuchtung, sagte sie, ist so neu nicht mehr. Die Juden des Alten Bundes schon streuten sich Asche aufs Haupt wegen der Gewißheit, daß der Fall des Menschen aus Gottes Schoß in die Arme des Teufels auch die Tierwelt mit sich in seine Verderbtheit gerissen habe. Auch Paulus, den ich nicht sehr mag, weil er unsereinen als einen Ausbund von Falschheit im stets eifernden Munde führte, dachte so. Aber die zeitgenössischen Theologen sehen das, Gott sei Dank, ganz anders. Thomas von Aquin, ein Schüler des Deutschen Albert, den sie seiner Weisheit wegen Magnus, den Großen, nennen und der sich sowohl in der Heiligen Schrift als auch in der Zoologie vorzüglich auskennt, will mit Billigung seines Lehrers wissen, daß der Falke bereits im Paradies das Huhn geschlagen hat (was mir einleuchtet, denn was sollte ein Falke mit Äpfeln anfangen?) und daß, so der Aquinate weiter, die Güte Gottes das Universum nicht dergestalt konditioniere, daß sie nicht auch eine ganz andere Welt, will sagen eine bessere, aber auch eine noch schlechtere hätte erschaffen können. Damit, Bruder, verblaßt deine vom Wolf inspirierte Erleuchtung, weil sie nur vor dem tiefschwarzen Hintergrund des Sündenfalls gesehen werden kann. Aber er fand nicht statt. Die Welt ist von jeher, wie Gott sie beabsichtigte: nicht gut, nicht schlecht, vom Fett der Sünde wie vom Magerfleisch der Tugend durchwachsen wie ein guter Eierspeck. Und vor allem: In einem Paradies, in dem es Fleischfresser gab, kann jemand wie ich, der mit einem der Eva dargebotenen Apfel doch zum Vegetarismus aufforderte, keinesfalls das Alphatier der Sünde gewesen sein! Im übrigen, das muß ich dir auch noch sagen, Bruder, nimmst du dir die Freiheit, Gut und Böse in der Natur nach der Ästhetik der Erscheinungen und nach deiner Moral zu bestimmen. Aber deine Moral ist nicht die Moral aller

Menschen, und indem du die deine unter Anrufung Gottes absolut setzt, bezichtigst du den Hirten, der den Wolf in der Schafherde erschlägt, der Unmoral; und indem du das Böse im Wolf, das niemand ganz leugnen kann, hinwegredest, beschwichtigst du das Lamm in seinen Zähnen mit der gelehrten augustinischen Sentenz, daß alles, sofern es nur Natur ist, auch gut ist: Omnis natura, in quantum natura est, bona est. Aber, fuhr die Schlange fort, du bist nicht einmal selber deinen Wertsetzungen treu. Man trug mir zu, du habest ein Schwein, dem ein neugeborenes Lamm zum Opfer gefallen war, zornig in eine Kotgrube gestoßen, es dann wüst verflucht und gar als Teufel geschmäht. Aber dein Bruder Schwein, nicht wahr, hat auch keinen edlen, sondern einen gemeinen Kopf, ein Paar böser kleiner Augen, ein niedriges und krummes Geläuf unter einem feisten Leib, einen fellfreien nackten Körper und einen absurden Ringelschwanz – nichts also, das geeignet wäre, deine Seele zur Liebe zu ihm anzuregen. Franziskus verhüllte, nun lautlos weinend, seinen Kopf in der Kapuze seiner Flickenkutte. Die Schlange glitt aus seinem Schatten hinaus in die Sonne, die den Leib des Tiers zu einem luziferischen Glänzen brachte. Ego te absolvo, höhnte sie zum Mönch zurück, dabei mit dem Kopf auf lockerem Hals ein Kreuz in seine Richtung schlagend. Dann verschwand sie in einem Blumenbeet aus Natternköpfen, deren purpurne Blüten unter dem Anstoß des Schlangenleibes wie Glocken schwangen.

Doch ich hörte keinen Laut. Auch Franziskus war, als ich nach ihm schaute, nicht mehr an seinem Ort gegenüber meinem Steinsitz im Garten des Hofquartiers. Der Sonnenstand sagte mir, daß ich den verabredeten Zeitpunkt für unser Nachmittagsgespräch längst versäumt hatte. Ich ging ins Haus zurück, um in den Notizen *ad acta F. v. A.* festzuhalten, was ich gesehen und nicht gesehen, gehört und nicht gehört hatte. Drinnen traf ich Occursius. Ob Franziskus und seine Gefährten endlich etwas gegessen hätten, fragte ich ihn. Ja, ein wenig Suppe, etwas Fleisch. Franziskus sei dazu um Asche eingekommen, mit der er das Essen für alle verdorben habe. Was es für Fleisch gewesen sei – vom Lamm? Occursius bejahte.

Mann aus Apulien (III)

Zwanzig Jahre später, beim Aufarbeiten der Franziskus-Akte, komme ich, schreibend, von diesen Innenansichten nicht los. Beim Rückerinnern sehe ich die Außenwelt meiner Vergangenheit, als hielte der Tod, um eine Flucht vor ihm in die von Leben prallen Jahre meiner frühen und mittleren Jahre zu verhindern, mir seine zum Gitter gespreizte Knochenhand vor das Gesicht, so das Innen vom Außen absperrend. Die Finger der Hand skelettieren mir die erinnerten Bilder der realen Welt, legen sie auf beinerne Horizonte, die nahe sind und jenseitig zugleich. So geht die einst erlebte Augenlust dem Gedächtnis verloren; der im Erinnern das Außen suchende Gedanke prallt ab von dieser Anmahnung des Endes und ihrem Geheiß, sich die Seele aufzuräumen, und stürzt entsetzt nach innen zurück, in die Schlangengrube ruheloser Gedankenknäuel. Das windet und umschlingt sich, verschränkt und verbeißt sich, Kopf an Kloake, Kloake an Kopf, und so wird aus der anfänglichen Kühle der Gedanken ihre Brunst. Ein Leuchtendes, Kopfiges stülpt sich aus, Form sucht Materie, damit aus der Verschmelzung von zweimal falsch das wahre Eine werde, der Bauch Beine, die Taubheit Ohren bekomme, Gift sich zu Güte, Biß sich zum Kuß wandle. Es kopulieren: die stagiritische Schlange mit der scholastischen, die platonische mit der kynischen, die heidnische Aspisviper der arabischen Wüsten mit der das Kreuz tragenden deutschen Otter. Aber was sie in mir zeugen, ich weiß es, werden unfruchtbare Gedankenbastarde sein, die die Keime des zweimal falsch Gedachten als ein neues Unwahres in sich tragen, beinlos und taub noch immer, und ihr Gift wird mir weiter die Seele zerfressen. Nattern überall.

Nur im Sattel eines Pferdes, hingegeben an seinen Hufschlag und den großen schwingenden Rücken und zwischen seinen Ohren Bäume und Einkimmungen des Hügelhorizonts als Wegweiser anvisierend, finde ich noch hinaus aus der sinistren Welt schlangenleibiger, otternköpfiger Gedanken. Der Galopp legt dann rasch eine heilsame Entfernung zwischen mich und mich. Die Gewalt der mächtigen Muskeln, die Hebelkraft der Hinterhand, der regelmäßige Takt, die dröhnende Erde – all das gibt dieser Gangart etwas Gewaltsames, das sich mir über Ohr und Gesäß mitteilt, so daß alsbald alles Geistige davon überwältigt ist: das zu wenige im Pferd, das zu viele in mir. Mein Denken ist dann reduziert auf die Vorausprüfung unsicherer Wege, die Kontrolle des am Rande des Durchgehens dahinstürmenden Pferdes und die ungefähre Einhaltung einer Richtung nach nirgendwo unter einem hohen heißen Himmel, auf dessen Rundhorizont einmal, ich sah es mit Staunen, scharf konturiert und mit fast gleichen Abständen zwischen sich, als müßte ein Kontakt zwischen den weißen Giganten vorzeitig den Donner lösen, acht hohe Wolkentürme standen. So glichen sie (woher kam mir das Bild?) den über Nordost nach Ost, über Südost nach Süd, über Südwest nach West und über Nordwest nach Nord gehenden Markierungen einer die Erde überdachenden, ihr den Weg im All weisenden göttlichen Kompaßrose. Mein dem Pferd aufgezwungener Wille, unsere Richtung stetig von Nord nach West zu verändern, ließ diese gewaltige Himmelsrose langsam nach Osten wandern, und ritt ich wieder östlich, nach Westen. So bewege ich, dachte ich unter einem Schauder aus Hohn und Hybris im Dröhnen der Hufe, als göttlicher Augustus und Teilhaber am *numen Iovis* nicht nur die Welt, sondern nun auch den Himmel schon. Aber ich unterdrückte die Rückkehr des Denkens, ließ das Pferd, dem der Schweiß vom Hals und der Schaum vom Maul flockte, in Schritt fallen und wandte mich einer ins Konkrete zielenden Betrachtung der apulischen Landschaft um das Kastell del Monte zu, von dem ich denkmüde ausgeritten war.

Vier Farben herrschen vor. Zuvörderst ein Blau, um dessen reinste Ausgießung Himmel und Meer ewig streiten. Gleich dem Wechsel der Gezeiten, jedoch in göttlich nonchalanter Periodizität, läuft dieses apulische Blau flutend und verebbend zwischen den Medien Luft und Wasser hin und her, mal den Himmel azuren färbend und das Meer leer von Farben liegen lassend, ein anderes Mal den Sciroccohimmel bleich und das erregte Meer darunter tintig machend. Zwischen den Blauextremen Purpur und Milch alle Schattierungen im Gang des Jahres und während die Launen des Wetters dauern.

Ein Grün sodann, dessen Leitton vom Olivenbaum kommt. Er beherrscht die sanft ansteigenden Hänge zur Murge hinauf, die ein, ich sagte es schon, landesinnerer Hügelzug aus Kalkgestein ist, südostwärts ziehend auf der Grenze zur Basilikata, dem Adriatischen Meer parallel. Diesem mittleren Olivgrün mischt der Wind das Silbergrün der Blattunterseiten bei, so daß ein andauerndes Changieren des Grüns von Hell nach Dunkel und zurück stattfindet, und manchmal wird alles noch bläulich überlaufen von den Schatten rasch ziehender Wolken. Das vermittelt dem Blick, den man aus der Höhe der Hügel auf die Olivenwälder hinabschickt, das Bild einer großen grünen Unruhe, wie sie in wechselnden Blautönen das an sich stille Meer in Brisenstrichen überkommt. Steht dann noch der Wind auf das Land zu und weht er kräftig, so hört man bis in die Höhe hinauf das Rauschen der Olivenwälder und glaubt, schließt man die Augen und lächelt friedvoll in sich hinein, ihre Bäume miteinander schwatzen zu hören über Reifegrad und Menge der fleischigen Früchte, die sie der Winterernte entgegentragen.

Das Grün der hangwärts über ihnen und in der Ebene unter ihnen gelegenen Viehweiden ist von anderer Art: zarter in der Farbe als das stumpfe Grün des Grases im Schatten der Olivenbäume, dabei leuchtend und ungebrochen in den Valeurs auch unter Wind und Wolkenschatten. Nur im Frühling ist es so, aber dann drängt es alle Kraft in seine kurze Vegetationszeit und ist trotz seiner farblichen Milde ein gewalttätiges Grün, das Jahr für Jahr viele Schafe, die aus einem futterarmen Winter kommen und gierig sind auf junges Gras, mit gärigem Schaum vor dem Maul in Atemnot niederwirft. Es rettet sie dann vor dem Erstickungstod nur ein das Gas ablassender Dolchstich des Hirten in den aufgetriebenen Leib.

Mehr schwarz als grün die Pinienhaine, die wie verschüttete Tinte in das lichte Bild der Wiesen und Olivenwälder einsickern. Im ganzen: ein von Sonne und menschlicher Nutzung scheckiges grünes Gewand, das Apulien von der Schulter der Murge hängt.

Das Gelb dann. Es zeigt Dürre und Frucht an, ist – zeitlich versetzt – sowohl von der Sonne verbranntes, kurzgeweidetes Gras als auch ährenschweres Getreide auf dem Tavoliere, einer tafelglatten Ebene zwischen Otranto im Süden und dem Garganogebirge im Norden, das als Sporn am italischen Stiefel tief ins aufschäumende Adriatische Meer stößt. Es konnte nicht ausbleiben, daß ich auf einem meiner Ritte vom Gargano hinab nach Foggia zu Vergleichen kam zwischen dem Gewoge dieser von Getreide geprägten alten Landschaft und dem Wellengang des Meeres unterm selben Wind, denn man hat sie beide auf diesem langen Weg talwärts im Blickfeld. Am windbewegten Weizen erkannte ich früh schon das Wesen der Welle, gleich ob aus Weizen oder Wasser: eine sich stets erneuernde Bewegung ihrer Teile im aufrechten Kreis am Ort, eine vorwärts gerichtete Kraft, die sich nicht bricht, um zu ersterben, die vielmehr an ihrem Fuß zurückflutet und sich zu neuem Vorstoß an den Horizont erhebt, ohne diesen je zu erreichen. Die Ähre als der vornüberstürzende, gleichsam sich brechende, der Halmfuß als der sich rückholende Teil der Weizenwoge, die wie ihre Meerschwester in der Masse ihrer Teile am Ort verharrt. Beider Vorwärtsstürmen ist eine Täuschung unseres Gesichtssinnes.

Schließlich das Rot als die letzte der vier dominanten apulischen Farben. Im Süden, Tarent zu, bricht es unterm Pflug des Bauern im Boden auf, schrundig die Ränder, die Innenflächen ins Bräunliche changierend und glänzend, darin den kleinen Labien der geschlechtlich erregten Frau ähnlich, Frucht verlangend, dem Samen offen. Aber diese extravagante Sehweise eines agrarischen Bildes mag sexuellen Obsessionen zuzuschreiben sein, denen ich unter der Tür in kältere Lebensräume nun öfters anheimfalle – mehr zu meinem Ärger, weil viel Niedriges daran mich demütigt, als zu meiner Lust, die sich ohnehin in einem schleichenden Prozeß des körperlichen Verfalls in den Geist verlagert: Wachen, Wahrnehmen, Denken sind höchste Lust, ebenso Hoffnungen und Erinnerungen. Aristoteles. Aber Metaphern wie jene von den Labien der Frau sind krude Sublimate dieser umgekehrt verlaufenden Transsubstantiation: vom weißen Leib der Lebensfülle ins schwarze Brot des Alters.

Aus dem Schritt in den Halt: Weiße Zugstiere vor dem Pflug in roter Erde und das blaue Meer die Kulisse des schönen Bildes – davon komme ich schwer los. Nur ein zwischen die Olivenbäume gebreiteter Teppich aus rotem Schlafmohn (den ich übrigens nicht unter die Blumen rechne, weil seine Einordnung in solche Lieblichkeiten den großen Leidenschaftlichen unter den Pflanzen unzulässig verharmlost) hält ebenso meinen Blick fest.

Vom Weiß wäre noch zu reden, das sich in Gestalt kleiner Städte im Parallelzug zu den Siedlungen und Hafenplätzen am Meer landeinwärts, auf halber Höhe der Murge, durch das Grün der Olivenwälder und Weiden zieht. Doch ist Weiß eigentlich keine Farbe, sondern deren Abwesenheit von den Dingen. Darum zögere ich, es hier mit den apulischen Farben zu nennen. Nicht, daß es mich nicht erfreuen würde. Ich wünsche nur, im Konkreten, worin ich mich zu Hause fühle, einigermaßen genau zu sein.

Daß ich die Bildkraft der Natur wahrnehme, daß ich in der vom Auge faßbaren Summe ihrer Teile etwas sehe, das mich wegen der Harmonie seiner Linien und Farben im Innersten anrührt, beobachte ich an mir so lange noch nicht. Zwar gibt es auch aus früherer Zeit von mir Äußerungen der Bewunderung für Apulien, die hinausgehen über Bekundungen einer persönlichen Bevorzugung der festländischen vor den insularen sizilischen Landschaften, worin sich ja schon ein hohes Maß an Wertschätzung ausdrückte. Aber diese Art der Zuneigung erreichte die Seele eigentlich nicht. Ich sah das Land als Militär und Jäger. Das Aufstehen eines Hügels aus der Ebene des Tavoliere fesselte mich nicht, weil es die Spannungslosigkeit der geraden Linie aufhob und die Seele zur Zusammenschau beider zwang, Hügel und Ebene, wodurch aus Natur erst Landschaft entsteht, Schöpfung ein zweites Mal. Vielmehr sah ich in der topographischen Figur eines solchen Hügels den kronlosen Fürsten, den ich, indem ich ihn mit einem befestigten Bauwerk krönte, mir zum Vasallen und Verteidiger meiner Souveränität machte.

Die *querceta Gargani* des Römers Horaz, Eichenwälder, die auf dem bei Sipontium steil aus dem Meer steigenden Garganogebirge stocken, rührten mich nicht an ob ihres ehrwürdigen Alters, oder weil sie dem Wind, der dort oben oft und stark geht, eine männlich rauschende Harfe abgeben und der Nachmittagssonne einen heimlichen Ort für grün- und goldfarbene Schattenspiele. Ich schätzte sie allein um der wilden Sauen willen, die sich in diesen Eichen-Buchen-Wäldern heimisch gemacht haben, angelockt seit alters von der Mast der Bäume und einer gelegentlichen Trüffel im Wurzelbereich der Eichen. Da ich dieses Wild zu Fuß angehe, mit dem Jagdspieß hinter den Hunden, die ein vor Alter oder Krankheit kümmerndes Stück von der Rotte sondern und stellen, waren mir die alten Bäume willkommen als Deckung beim Pirschen oder als rettendes Bollwerk gegen die stets mögliche Wut eines Hauptschweins, das die Jagdgesellschaft dann mit vom Rüssel fliegendem Schaum annimmt. Mehr hätte ich früher zu Horazens Bäumen nicht zu sagen gewußt. Sie waren mir Kulisse und Immobiliar meines Jagdvergnügens.

So gäbe es noch manches seelische Defizit in meiner Anschauung der Natur aufzuschreiben. An der Lehne eines Hangzuges bei Benevent, der den Fluß Calore bis unter diese hochgelegene Stadt begleitet und an dem ich, bevor ich sie im Jahr 40 dem Kirchenstaat wegnahm, manchmal in der Sonne sitzend meinen Gedanken nachhing, die um Trajan und seinen unvergleichlichen, die Via Appia überdachenden Triumphbogen in dieser Stadt kreisten oder auch um ihren Gründer, den Trojahelden und Odysseusgefährten Diomedes, Vergewaltiger der Kassandra und Stifter der Hauer des Kalydonischen Ebers, Benevents Wappen seitdem, und alles zusammen Grund genug für mich, den Besitz dieser geschichtsträchtigen Stadt zu wünschen – an diesem Hang ihr zu Füßen nahm ich nie das kampanische Licht wahr, das hier im Gang des Tages mit schwerfüßigen blauen Schatten ebenso wie mit dem tanzenden Farbspektrum des Muschelinneren über Erde und Wasser geht. Ich hatte Strategie im Kopf, wenn ich das Land mit den Augen abglitt; ich suchte nach Schwachstellen wie jener von Benevent, das nur von drei Seiten durch Flußbetten geschützt ist, an der vierten aber einem potentiellen Eroberer Möglichkeiten eröffnet. Oder ich versuchte nach lebenslanger Gewohnheit, mir anhand der Großvegetation ein Bild davon zu machen, welchen jagdbaren Tieren sie wohl Deckung und wo sie mir Beutechancen geben könnte.

Ist also, weil ich heute sehe, was ich früher nicht sah, eine größere Differenzierung des in der Natur Geschauten an eine auch größere Lebensreife gebunden, wie das hellste Mondlicht an den vollen

Mond? Manchmal, wenn ich, wie in diesen Jahren öfters, mit Muße in der Sonne sitze, zur Unruhe des Hofes abseits von ihm auf einem Stein, oder gar wachenlos weit weg von allem und mit niemandem als meinem grasenden Pferd in der Nähe, manchmal denke ich dann, es könnte ein erstes Abschiednehmen von den Schönheiten der Welt meine Blicke nun dauerhafter auf den Dingen ruhen lassen, mich ihre Erscheinungen darum gründlicher bedenken lassend auch. Das Frösteln indes, das mich dabei überkommt, auch wenn die Sonne hoch steht, macht mir solche Gedanken unangenehm, ohnehin kommen sie zu oft letzthin, obwohl ich zur Zeit an meiner Physis nichts wirklich Ernstes auszusetzen wüßte. Lieber, als so aufs Ende hin zu denken, rede ich mir dann ein, das Nachlassen meines militärischen Interesses (dem leider auf seiten des Lombardenbundes und der Kirche nichts Ähnliches entspricht) sowie eine verstärkte, weil unter dem Druck meiner fortgeschrittenen Jahre stehende Hinwendung zu literarischen und wissenschaftlichen Schreibarbeiten müssen die Gründe dafür sein, daß sich meine auf Ästhetisches ansprechenden Sinne nun schärfen. Es wird beides im Spiel sein.

Heute habe ich nicht mehr zu Papier gebracht als die vorstehenden zwei Dutzend spekulativer Zeilen über die Ursachen eines Wandels in meiner Anschauung der apulischen Landschaft. Dabei hat mir der ganze, den Staatsgeschäften gestohlene Tag nichts anderes abverlangt als den Fortgang dieser Papiere. Gleichwohl war ich schon zwischen den wenigen Sätzen, und erst recht am Abend nach ihrer Niederschrift, wie von einer großen geistigen Anstrengung tief erschöpft. Ich hatte mich zwischendurch mehrmals niedergelegt, angekleidet, mehr von einem Wunsch nach Flucht fort von den Manuskripten getrieben als von Ruhebedürftigkeit. Ich war zwar auch in Schlaf gefallen, aber immer wieder aus ihm hochgeschreckt.

Gedanken über die Nutzlosigkeit dieser ganzen schriftstellerischen Unternehmung machten mir Stirn und Hals schweißig. Alte Formulierungen, von denen ich mich seit Jahren entbunden glaubte, beginnen bei solchen Gelegenheiten wieder in mir zu rumoren und fragen mich nach ihrer Wahrheit. Satzkonstruktionen, die ich einst nicht nur für gelungen hielt, an denen ich auch ein starkes Talent ablas, scheinen mir beim Nachlesen von einer großen Künstlichkeit zu sein, vineahaft auf äußere Wirkung bedacht, wodurch, verfalle auch ich diesem Logothetenstil, das ganze Werk in Frage gestellt wäre, denn meine äußere Wirkung der inneren Wahrheit unterzuordnen war der Gedanke, von dem diese Papiere einst ihren Ausgang nahmen. Der alte Cato, den ich wegen der Selbstgerechtigkeit seiner Kommandosprüche nie ausstehen konnte, erscheint mir mit Strenge in meinen Halbträumen: Rem tene, verba sequentur. Aber es folgen bei mir die Worte eben nicht von selber der Sache, obwohl ich diese doch, wie der Römer verlangt, beherrsche, mindestens die Sache der Natur.

So quäle ich mich dahin, von Satz zu Satz, von Abschnitt zu Abschnitt. Einer zeitlichen Ordnung gehe ich, obwohl sie mir wenigstens im Formalen helfen könnte, weit aus dem Weg, weil sie diesen privaten Papieren den Geruch von Akten mitteilen müßte: Leim und Staub, Kanzlistenschweiß und Pedanterie, Stolz auf das Nichtige und Unverständnis für das Eigentliche. Dem konkret Geschichtlichen, das sich nicht immer vermeiden läßt, weil es mich durchzieht und den Geschmack meines Lebens ausmacht wie das Fett im Speck, weiche ich ins Irreale aus. Das Grausige verschlägt mir beim Versuch schon, es in Worte zu fassen, die Sprache. Das Liebliche nimmt mir den Mut zu ihr. Denn Lüge und Lächerlichkeit als Folgen meines Unvermögens, das Bittere wie das Süße zu einem Sprachleib von großer Klarheit und Schönheit zu formen, muß ich gleichermaßen fürchten. Also kleide ich das historische Detail in das Gewand der literarischen Metapher, bekränze die Opfer meines Herrschens mit einem Geflecht aus dionysischen Rauschvokabeln und verhülle die Objekte meiner Lüste mit den Wortschleiern des Traums. So wendet der Literat in mir die von den Staatsgeschäften eingeforderte Zeit des Kaisers an ein Tun, das diesem eitel und unnütz erscheinen muß. Anfälle von tiefer Niedergeschlagenheit sind das Ergebnis solcher Selbstquälerei. Wie oft schon starrte ich nachts in ein Kaminfeuer und erwog ernstlich die Vernichtung der Manuskripte als den kürzesten Weg zurück in die alte Freiheit vom Zwang des Bekennens. Aber die dann aufflackernde Angst, es könnte selbst ein so destruktiver Gedanke noch eine, wenn auch perverse Art der Koketterie sein, macht alles nur noch schlimmer. Ich werfe mich dann auf ein Lager, doch nur um in der ersten oder zweiten Stunde nach Mitternacht wieder aufzuwachen, erschöpft von wirren Träumen und leer in Kopf und Herz. In diesem Zustand kehre ich oft an den Schreibtisch zurück. Das sind Gänge in einen selbsterrichteten Beichtstuhl, in welchem ich, weil ich niemandem außer Gott Rechenschaft über meine Taten und Gedanken schulde, aber an einen himmlischen, mir ein persönliches Interesse entgegenbringenden Gott nicht glaube, Beichtkind und Beichtvater, Schuldiger und Vergeber bin in einer Person, redend und hörend zugleich.

Im Verlauf einer solchen Stunde, deren Schwärze noch am wenigsten von der Nacht kam, in der sie stattfand, entstand dieses hier.

Die Vorstellung ist absurd. Aber das Absurde kann die Glaubwürdigkeit seines Inhalts durchaus fördern (den Gläubigen geht es mit der Offenbarung so). Führte man mich nach langen Verwirritten mit verbundenen Augen und zugestopften Ohren von Norden her, etwa in der Gegend von Lucera, nach Apulien hinein, auf das Tavoliere zwischen Meer und Murge, und machte man mein Leben abhängig von der richtigen Antwort auf die Frage, wo ich mich befände – ich hätte nichts für mich zu fürchten. Nach zwei Nasen voll Luft schon wüßte ich: Apulia Plana! Denn es riecht nach Schafen.

In den Wintermonaten sieht das Tavoliere von ihnen mehr Köpfe, als das Land dort Menschen hat; keiner hat die Tiere je zusammengezählt. Als unregelmäßig umrissene Teppiche aus roher Wolle schmücken die Großherden dann die gelben und grünen Triften zwischen Lucera und Tarent. Und als Schneefelder liegen sie im Sommer an den Flanken und auf den Hochebenen der Berge. Das Bild ist griechisch. *So mächtig schallt der Schafe Blöken, daß die ganze Flur erdröhnt.* Aischylos. Die Zahl aber ist römisch. Nach Hunderttausenden bemaßen sich zu Zeiten der mit Sklaven betriebenen großagrarischen Latifundienwirtschaft die Schafherden in Apulien. Deren Wolle mußte es sein, wenn es um den Stoff für Tunica und Toga der Cäsaren ging. Mit der Miesmuschel als Köder fing man in Reusen die Purpurschnecke Pelagia als die Spenderin des Kaiserrots gleich dazu. Es gab Hoflieferanten unter den Schafen. Bei Tarent hielt man aus phrygischen Stämmen gezüchtete Herden, deren Tiere mit Leinentüchern behängt wurden, damit ihre weiche und feine Rumpfwolle nicht unter Sonne und Staub Schaden nahm. Öfters wechselte man ihnen die Leibwäsche gegen saubere aus, kämmte gegen Verfilzung die Wolle des Rumpfes, denn nur diese war brauchbar, und tränkte sie um der Geschmeidigkeit willen mit weißem Wein und Öl. Was wunder, daß diese Vliese sich unter den Wünschen der kaiserlichen Erotomanen zu durchsichtigen, fließenden Frauengewändern vergeistigten, die auch der nackten Haut schmeichelten. Roms Alta moda kam mit Hilfe apulischer Schafe ins verkaufsträchtige abendländische Gerede.

Meinem Hof liefern sie nur *lodices*, Loden, der mit dem besten veronesischen konkurrieren kann. Er paßt auch besser als die Lustgewänder der damaligen Römerinnen zu den Kotballen, die, wie den heutigen Schafen noch, auch schon den halbseidenen tarentinischen unter ihren Leinenhemden hervorgerochen haben müssen. Nicht um eines schwachen Witzes willen komme ich darauf, sondern weil ich zurück will an den Anfang dieser Schafepistel, zum Geruch der Herden, der Apuliens Luft zu den Zeiten der großen Herdenversammlungen arealweise schwängert, im Frühsommer, wenn es bergwärts, und im Herbst, wenn es wieder talwärts geht. Wie der Fettdunst über der Pfanne hängt dann an windstillen Tagen der Schafgeruch über dem Land und legt sich salbengleich auf die Nasenschleimhäute, ist man einer Großherde nahe oder reitet man auf ihrer kotigen Spur in Fliegenwolken einher. Dieser Dunggeruch vermischt sich mit den Ausdünstungen der Wollvliese. Jedes für sich gerochen, ich habe es probiert, ist von weit geringerer Intensität als die innige Verbindung aus beiden. Die fortwährend strömenden Quellen dieser Mischung sind die Verbackungen von Wolle und Kot im Bereich des Afters, der Keulen und des Unterbauches der Tiere. Dünn fließender Kot, zu dem Schafe bei jedem Futterwechsel, wie er auf Wanderungen unvermeidlich ist, stark neigen, gerät ihnen in die Wolle und reichert sich unter Eintrocknung zu oft faustgroßen Ballen an. Das hängt den Tieren dann vom Leib und macht, von ferne betrachtet, aus manchem Schafweib eine Hodensackträgerin und aus manchem Bock einen Euterbesitzer.

Man sollte Schafe, wenn man sie liebt, überhaupt nur aus der Ferne betrachten. Haben sie das Milchlammalter verlassen, in dem sie alle Herzen rühren, geben sie, von nahe besehen, nichts anderes mehr her als Milch, Fleisch und Wolle. Ähnliches geben andere Tiere auch. Aber aus der Ferne, gesehen von der Höhe eines kleinen Gebirges, werden Schafe zu Landschaft. Das Schaf blökt, nur als Herde transzendiert es. Indem die Herde den heißen Mittag im kargen Schatten eines im abgeernteten Feld alleinstehenden Ölbaums verbringt, ohne Ordnung Vlies an Vlies um den Stamm geschart, die Köpfe, die ihr Tierbild ausmachen, vor dem Sickerlicht der Sonne unter den Bäuchen der Nächststehenden versteckt, hat sie ihr stinkendes Wesen verloren und läßt den Baum in einem mystischen Flor aus wolligen weißen Blüten stehen. Und indem eine andere Herde über den Grat eines Gebirges kommt, auf mich zu, der ich am Gegenhang sitze, büßt sie ebenfalls das Viehische ein, das ihr, von nahe betrachtet, in der Massierung verengter Blicke aus motorisch schaukelnden Köpfen unübersehbar anhaftet. Weiß schäumend fließt nun die Herde zu Tal, in langem, schmalem Strom. Das Echo der Hufe auf Fels ist ein von ferne an mein Ohr dringender Klang von tosendem Wasser. Und an den keuchend ein- und ausatmenden Ufern dieses Leiberstroms schnappen auf und ab jagende Hunde unter dünnem Kläffen nach ungebärdigen Lammspritzern.

Daß ich die Nähe zu Schafen meide, hat seinen Grund natürlich nicht in den Ausdünstungen ihrer Leiber. Es ist etwas anderes, das mich ihnen aus dem Weg gehen läßt. Sie leben in einer Aura aus Opferblut, die als abendroter Widerschein der unter den Zeithorizont gesunkenen Geschichte das Schaf noch immer umgibt. Sein Blut ließ, wie das keines anderen Tieres, die Altäre rauchen. Schuld metzgerte Unschuld. Und was jene tat und diese erlitt, Opfern und Geopfertwerden, verband schließlich beide in einer numinosen Symbiose des Schreckens, die den Täter erniedrigte und das Opfer erhöhte. So näherten sie sich einander an. Man sagt, es würden sich die Liebenden über die Jahre, während denen ihre Liebe dauert, auch in den Gesichtern immer ähnlicher werden. Gleiches muß auf ebenso mystische Weise denen widerfahren sein, die jahrtausendelang in blutigen Schrecknissen verbunden waren. Ich kann einem Schaf, einem schwarzköpfigen zumal, wie es in den uralten Landrassen viele gibt, nicht auf das stark rammsnasige Profil und den blaulippigen Mund schauen, ohne mit stets neuem Staunen zu bemerken, daß hier der äußersten geistigen Beschränktheit ein physiognomischer Ausdruck altsemitischer Schläue, ja Weisheit aufgeprägt ist, die sich auf das Tauschgeschäft mit Gott verstand: *do ut des*, ich gebe, damit du gibst. Und in den bewimperten Augen dieser Tiere, die doch, wie ich genau weiß, die Spiegel einer dumpfen Seele sind, welche an der Nahrungsaufnahme ihr Genügen findet, einer Seele auch, die das Gestern nicht festhalten kann und von einem Morgen nichts weiß – in diesen Augen erkenne ich wieder, was ich doch niemals sah: den Seherblick der mosaischen Propheten, eine starrende Anstrengung, hinter die Dinge der sichtbaren Welt zu schauen, eine Schwärze, die lidschlaglos die Sonne einsaugt, damit inwendig aus Finsternis Gedankenhelle und ein Erkennen Gottes werde; und endlich den blitzenden Widerschein des Himmels in Metall, wenn zwischen Opferpriester und Opfertier das Messer aufgehoben wird. Und wenn dann noch in der Morgensonne aus der krausen Wolle dampfend die Taunässe auf steigt, sehe ich die Tiere mit ihrem eigenen Darmgekröse behängt, aus dessen Struktur und Lage der Stränge zueinander man Gottes Ratschluß erforschte.

Es geht vom Schaf auf mich, von keinem anderen Tier sonst, ein Schauer über wie ein Anruf aus Zeiten meiner früheren Häutungen: Denke über deinen eigenen Umgang mit dem Blut und dem Gekröse der Tiere und der Menschen nach!

Ich habe einmal zwei Männern, die aus mir entfallenen Gründen zum Tode verurteilt worden waren, sogleich nach ihrer Enthauptung von zwei salernitanischen Anatomen den Leib öffnen und von zwei Pathologen Eingeweide und Mägen entnehmen und untersuchen lassen. Hinrichtung und Sektion geschahen zwei Stunden nach einer ausgiebigen Mahlzeit der Versuchspersonen. Zwischen Essen und Sterben hatte der eine der Männer auf einem Lager streng ruhen, der andere sich in einem Kastellhof kräftig Bewegung durch Gehen verschaffen müssen.

Beide Männer waren einander fremd gewesen, und weder hatten sie den Zeitpunkt ihrer Exekution gekannt noch gar gewußt, was ihnen danach zugedacht war. Seelisches, wie es auch in Verbrechern wohnt, sollte den Vorgang der Verdauung nicht beeinträchtigen, damit das Ergebnis des Versuchs nicht verfälscht würde.

Ich habe einen schwachen Magen, der mich nach dem Essen häufig mit einem Völlegefühl straft und mir auch Ausdünstungen der eben gegessenen Speisen sauer in den Mund zurückschickt, besonders wenn ich zu ihnen einen unverdünnten Wein trank. Weil ich als Gründe für diese Mageninsuffizienz weder bestimmte Speisen noch die Art ihrer Zubereitung ausmachen konnte – viel Fett oder wenig, gebraten oder gekocht, kräftig gewürzt oder gar nicht –, aber bemerkt zu haben glaubte, daß eine energische körperliche Bewegung nach dem Essen die genannten Symptome nicht erscheinen ließ, ordnete ich dieses Experiment an. Ich hegte den Verdacht, es könnte ein ruhiggestellter Magen, dessen Besitzer nach dem Essen gar noch schläft und darum sein Blut nicht gehörig umtreibt, wie es zur Verbrennung der Speisen zum Zwecke der Freisetzung ihrer Aufbaustoffe wohl nötig ist, seinen Inhalt länger bei sich behalten als ein wacher, tätiger Magen, weshalb es im ruhenden zu fauler Gärung komme. Das Experiment erbrachte für diese Annahme keinen Beweis und förderte auch sonst nichts zutage, das für die Bewegungstheorie gesprochen hätte. Die Mageninhalte beider Männer waren sich in Volumen und Verdauungsgrad annähernd gleich, leichte Unterschiede schrieben die Pathologen in ihrem Bericht an mich den nicht identischen Konstitutionen der beiden Körper zu. Auch gaben die Ärzte mir zu bedenken, daß sie von den Männern vor deren Ableben keine Anamnese hätten erheben können, deshalb auch nichts wußten über denkbare, das Versuchsergebnis beeinflussende Krankheiten.

Ich nahm die in dieser Bemerkung versteckte Kritik an der Wissenschaftlichkeit meiner Versuchsanordnung schweigend hin, denn eine detaillierte Diskussion mit den Medizinern hätte mich leicht um Argumente verlegen machen können, war doch offensichtlich meine Neugier wieder einmal größer gewesen als mein Wissen. Auch sagte ich ihnen nichts davon, was den Anstoß zu dem Versuch gegeben hatte, meine Magenschwäche, war sie mir doch nicht gravierend genug gewesen, um meinen Gesundheitszustand der Gefahr auszusetzen, ins politische Gerede zu geraten. Im übrigen war es mir bei dem Experiment in der Hauptsache um etwas ganz anderes als eine gesicherte Diagnose meiner Magenschwäche gegangen: eine Belebung des medizinischen Wissens, das seit den Ärzten der hellenistischen Ptolemäer stagniert. Soviel wenigstens wußte ich aus dem Corpus Galenicum des Galen von Pergamon, Arzt dortselbst und im Rom des zweiten Jahrhunderts nach Christus, Verfasser einer kompletten medizinischen Bibliothek, die ob ihrer Weitschweifigkeit zwar ermüdet, aber in der Antike unter allen Schriften der medizinischen Theorie und der Praktik ihresgleichen nicht hatte (und unter den seither verfaßten einschlägigen Traktaten nicht hat, wie ich in der Ärzteschule von Salerno belehrt wurde). Ich las mich bei Galen fest und ließ mich verweisen auf Platon und Aristoteles, Straton und die Stoiker, die miteinander und gegeneinander um den Ort des *hegemonikón* gestritten hatten, worunter sie das für menschliches Denken und Empfinden zuständige Zentralorgan verstanden.

Weniges außerhalb der Politik und der Ornithologie hat mich jemals mehr gefesselt. Klarheit darüber, ob ich es auch verstanden habe, soll mir eine Umrißskizze bringen, die ich hier versuchen will. Denn so leicht man im Nur-Denken sich selbst betrügen kann, indem man ein Denkziel zwar erreicht, aber den Weg dorthin – die Prämissen – durch Eilen verlor und darum das Ziel nun nicht mehr verifizieren kann, so schwer ist ein Selbstbetrug, wenn man seine

Gedankenschritte auf dem Papier macht. Ich habe dafür ein Beispiel parat. Zum Beweis seines parmenideischen Standpunkts, daß die menschlichen Sinne widersprüchlich und trügerisch seien, unfähig, das wahre Wirkliche zu erfassen, läßt Zenon von Elea, um das Zeugnis der Sinne durch logischen Schluß zu widerlegen, Achill als den schnellsten Mann unter den Griechen vor Troja einen Wettlauf gegen eine Schildkröte bestreiten. Weil sie so langsam ist, gewährt er ihr eine Vorgabe. Als er an ihrem Startpunkt ankommt, ist sie an einem neuen Ort, ihm voraus. Erreicht er diesen, ist sie wiederum ein Stück Weges weiter, und dies nicht anders, wenn Achill am Ende auch dieses Wegstückes ankommt. Und so weiter. Obwohl hundertmal schneller als die Schildkröte, kann Achill sie niemals überholen. Zenon folgert daraus, daß die Sinne widersprüchlich sind, denn sie beweisen sowohl, daß Achill die Schildkröte *nicht*, als auch, *daß* er sie überholen kann. Denke ich darüber nach und halte ich mich auf dem Weg der beiden gedanklich nicht lange auf, indem ich die grotesk unterschiedlichen Geschwindigkeiten der Wettläufer außer acht lasse und die lächerliche Kürze der Wegstrecke nicht bedenke, welche die Schildkröte nur zurückgelegt haben kann zwischen den Orten, an denen Achill sie nicht mehr vorfand, dann leuchtet mir die berühmte Geschichte aus dem vorsokratischen Griechenland ein. Schreibe ich sie aber auf, Schritt für Schritt, ist sie absurd, eine eleatische Haarspalterei.

Nun zum hegemonikón.

Im Anfang war das Leere, das *spatium absolutum*, der absolute Raum ohne Zeit, ohne Grenzen, ohne Gott – ein All, in dem das Nichts weste und wirklich war: das, was nicht ist, existierte als leerer Raum. In ihm, aber streng von ihm geschieden, bewegt sich das unsichtbare Volle, welches das Leere sowohl zu seinem Sein als auch zu seinem Werden benötigt – viele vielgestaltige Körper, der einzelne *átomon* genannt, weil er unteilbar ist. Der Unendlichkeit des Raumes, in dem die Atome sich bewegen, entspricht die Unendlichkeit ihrer Zahl, deren Summe Materie heißt. Manche Atome sind glatt, manche rauh, andere haben Haken, sind konkav oder konvex und noch von vielen anderen Formen. Immer aber sind sie, obwohl zu klein, um gesehen werden zu können, massiv, denn wäre das Leere nicht nur außer ihnen, wo es die Voraussetzung ihrer Bewegung im Raum ist, sondern auch in ihnen, müßten sie zerfallen. Das aber kann nicht sein, denn nicht nur sind die Atome ungeschaffen, sie sind auch ewig, sind die unvergängliche Materie, die zur Hervorbringung der Weltgestalten aus dem Leeren und dem Vollen keines Gottes bedürftig ist.

Indem nun die Atome sich durch infinitesimal kleine Abweichungen von der geradegerichteten Bewegung ihrer Reise durch den leeren Raum in kosmischen Zusammenstößen zu gestalthaften Haufen ballen, stoßen sie die leichteren, die sich noch nicht konsolidiert haben, aus der Ballungsmitte hinaus, von wo sie an die Ränder der Haufen stieben und sich zu deren poriger Haut verflechten. So entstanden Gestirne und Welt. So entstand der Mensch. Das habe ich von Leukipp, Demokrit und Epikur, und es gefällt mir, von der Entstehung der sichtbaren Erscheinungen so zu denken, wie die altgriechischen Naturphilosophen dachten, mehr als ein und ein halbes Jahrtausend vor meiner Zeit. Auf Aristoteles gebe ich hier nicht soviel, wenn ich in seinem Buch über den Himmel lese, wie er die Atomisten zu zerreden suchte; ich nehme an, weil er in ihrem Denkkosmos keinen Ersten Beweger ihrer Atome fand, an den als an seinen Gott er glaubte: «Wenn also Leukipp und Demokrit behaupten, daß die primären Körper im unendlichen Leeren in dauernder Bewegung sind, müßten sie sagen, um was für eine Bewegung es sich handelt und was ihre natürliche Bewegung ist. Wenn auch jedes Atom durch ein anderes gewaltsam bewegt wird, so muß doch jedes auch irgendeine natürliche Bewegung besitzen, die von der gewaltsamen abweicht.» Es läßt sich durch das Herumreiten auf einem Detail jeder große Gedanke kleinmachen. Aber in Demokrits Vergleich der Atome mit den Buchstaben des Alphabets fand Aristoteles dann doch Bedenkenswertes, wenn nicht gar etwas, das ihn in seiner Ablehnung der Atomtheorie zum ersten Mal schwankend machte, denke ich, denn ich weiß, wie stark die Bildkraft eines Gedankens das Abstrakte, auch wenn man ihm noch so vertraut, überwältigen kann. Demokrit sagte etwa dies: So wie Buchstaben zunächst nichts anderes sind als aussagelose Formgebilde, getrennt voneinander durch die Leere des Papiers, auf das man sie hinschreibt, Rohmaterial nur für einen möglichen Sprachleib, so sind die einzelnen Atome mit der Leere des Raumes zwischen sich zunächst nichts anderes als Bausteine für mögliche Weltgestalten. Und wie man aus Buchstaben Wörter macht, aus Wörtern Sätze und aus Sätzen schließlich (das sage ich, Friedrich) Gedichte als höchstmögliche Sinngebung durch Sprache, so fügen sich die Atome zu immer komplexeren Gebilden zusammen, bis hin zum Menschen als der höchstwertigen Ausprägung von Natur. Über ihn denke ich nun auf den Bahnen der Atomisten folgendermaßen weiter: Wenn nicht nur Gestirne und Welt, sondern auch die Menschen von atomarer Struktur sind, dann muß die Leere des Alls als der Seinsgrund der Atome auch in und zwischen den Zusammenballungen sein, die wir Fleisch oder Muskeln nennen, Knochen, Sehnen oder Adern.

Aber bevor ich mich dem zuwende, muß ich, weil schon die Bewegungsursache der einzelnen Atome umstritten ist, erst einmal die offensichtliche Unvereinbarkeit dieser Einzelbewegungen mit dem Ruhezustand ihrer Summe, die Pflanze, Tier oder Mensch heißen mag, aus dem Denkweg schaffen. Zwar ahnte ich schon früh, daß dieser Widerspruch zwischen der andauernden Bewegung der Vielen und der Ruhe des aus ihnen bestehenden Einen etwas mit der Unsichtbarkeit der Atome zu tun haben müsse. Doch Sicherheit darüber bekam ich erst durch Lukrez. In seinem Lehrgedicht über die Natur stellt er, fußend auf der Physik des Epikur, die Atome und ihre Bewegung so dar: «Obwohl alle in Bewegung sind, so scheint die Summe in völliger Ruhe zu verharren, denn das Wesen der Atome liegt weit unterhalb des Bereichs unserer Sinne. Da sie nämlich selber unsichtbar sind, entziehen sich auch ihre Bewegungen unserer Beobachtung. Sogar Dinge, die wir sehen können, verbergen uns häufig ihre Bewegung, wenn sie entfernt sind. Oft wandern langsam auf einem Hügel wollige Schafe und grasen die reiche Weide ab, wo immer das im frischen Tau funkelnde Gras sie lockt, und die wohlgenährten Lämmer stoßen einander spielerisch mit den Hörnern. All dies erscheint uns von der Ferne wie ein weißer Fleck, der auf dem grünen Hügel ruht.» (Es ist mir wichtig zu notieren, daß mir die Inspiration zu meinen eigenen Texten über die Mutation einer Schafherde zu Landschaft nicht von Lukrez kam. Ich stieß auf den römischen Dichter erst, als ich meine Beobachtungen längst zu Papier gebracht hatte. Und ich halte die meinen auch für tiefgründiger, präziser beschrieben und besser ausgedrückt. Von Lukrez nehme ich mit, daß ein einfaches, eigentlich unwissenschaftliches Sprachbild durchaus geeignet ist, einen komplizierten wissenschaftlichen Sachverhalt zu erklären, denn auf den ersten Blick haben die Atome des Demokrit und die Schafe des Lukrez ja wirklich nichts gemein.)

Nun zur Beschaffenheit des Menschen.

Der Mond über Andria machte die Nacht hell und die Steine durchsichtig. In der Krypta des Domes saßen die beiden Kaiserinnen aufrecht in ihren Wandgräbern. Das von den Knochen fallende Fleisch hatte ihnen die Totenhemden über den Schößen geöffnet. Dort drang die Zeit in sie ein und zeugte mit ihnen ein Gewürm, das sie aus zerfressenen Brüsten mit der Milch der Fäulnis stillten. Ihre beschuhten Füße standen knöcheltief in den zu Moder gewordenen Wonnen der einst königlichen Leiber. Ihre vornübergesunkenen Stirnen lehnten ergeben an den Innenseiten der aufrecht stehenden Grabplatten. Aus leeren Augenhöhlen blickten sie nieder auf betende Hände, an denen meine goldenen Ringe lose auf zartgliedrigen Fingerknochen staken. Ihre Kronen auf strähnigem Haar waren verrutscht. Von Zeit zu Zeit, in langen Abständen, bewegte sich, ganz sacht, eine Schulter, eine Hüfte, ein Knie und suchte sich in der Enge des Grabes die kommodeste Schlafstellung für die langsam heraufziehende Ewigkeit.

In meinem Stadtquartier am Dom stand die Sommernacht blau in den Fenstern. Kerzen besänftigten die Worte. Es trennen Deinen Mund nur wenige Millimeter Haut, Fett und Gewebe vom gärenden Inhalt meiner Eingeweide, sagte Bianca Lancia (die mir noch immer in meinen Altersnächten erscheint und mit mir redet, mehr denn je). Und Deine Hände wärmen sich an den Abstrahlungen von Kot und Urin. Deine Augen liebkosen Wurmspeise.

Die Piemontesin lag mir hüllenlos zu Händen. Kopf und Füße waren auf Kissen gebettet. Ihre Leibesmitte ruhte auf meinen Knien. Über sie gebeugt, küßte ich den schimmernden Bauch zwischen Nabel und Scham. Unter Deinen Lippen, fuhr sie fort, ist auch der Uterus, aus dem unser Sohn Manfred kam. Während ich ihn Dir austrug, ernährte er sich von meinem Blut, das wie das Blut aller Frauen, die der Wollust anheimfielen, von eklem Stoff ist, klebrig süß, so daß es die Hunde anlockt. Und lecken sie das kalte Menstruum auf, bekommen sie davon die Tollwut. Bäume und Sträucher sterben, gießt man ein solches Blut an ihre Wurzeln.

Mein Mund glitt auf der Straße eines blonden Haarflaums vom Nabel an die Scham. *Die gespaltene Aue der Aphrodite.* Bianca richtete sich aus liegender Stellung auf und beugte sich über meinen

Nacken. Ihre Brüste auf meinem Rücken fühlten sich kalt an. Ich spürte den Fall von Tränen. Du weißt, sagte sie halb erstickt, daß ich nur ausspreche, was Du denkst. Ich kenne Deine Gedanken, wenn wir hier in Andria sind, in dessen Dom Du zwei Deiner Ehefrauen beigesetzt hast, weshalb Dir in einer Stunde wie dieser die Liebreize beider, speziell die der englischen Isabella, in meinem Fleisch vom Tode wieder auferstehen. Und in mir auch wieder sterben und verwesen. Ich hasse Dich.

Sie weinte nun offen. In den Vorhang ihrer Haare hinein sagte ich: Du sprachst nicht aus, was *ich* dachte, sondern was, in mir, der dritte Innocenz denkt, noch immer, obwohl er der Herr Papst meiner frühen Jahre war und längst selber so verfault ist, wie er in seinem schrecklichen Buch *De contemptu mundi* schon die Lebenden allesamt faulig sah, Fallobst vom Paradiesbaum der Sündenlosigkeit. Er wußte, er gehörte dazu. Das gab ihm den Haß ein auf seinesgleichen im Heer der Erbsündigen. Schreibend errichtete er in jungen Jahren schon, als Kardinal Lothar von Segni noch, eine Vorhölle, in der er sich brennend zu reinigen hoffte. Aber es reichte ihm nur zum Papst. (Als sie ihn wählten, war ich gerade drei.) Zum Heiligen reichte es ihm nicht. Also gab er sich als Papst einen Namen, der nach seiner Überzeugung keinem Menschen zukam: Innocenz, der Unschuldige, nicht mehr Mensch, nicht ganz Gott. Er war ja auch zumindest im Fleisch nicht faulig; eine Frau hat er nie berührt, er aß wie ein Spatz und schlief wie ein Elefant: fast nie. Er faulte vom Kopfe her. Sein Gehirn, das ob der ihm eignenden Kälte doch dazu dasein soll, das in Leidenschaften kochende Herz abzukühlen, raste unter dem Gedanken, er sei der die Welt auch politisch regierende, Kaiser und Könige kürende und wieder absetzende *verus Imperator*, während er doch in Wahrheit nur ein Gottesknecht im Priesterpurpur war. Das hielt die Fäulnis in Gang, die schon von klein auf in Lothar Segnis Kern angelegt war. Es war die Fäulnis eines

Glaubens, der den Menschen nicht aus Sternenstoff und Pneuma gemacht sieht, sondern aus deren niedrigsten Derivaten: Erde, Kot und Pesthauch. Weil ich damals als König und designierter Kaiser dem Herren Innocenz wie kein anderer benachbart war in der Oberschicht des Fallobstes im großen Mostfaß, in dem der Teufel die sündige Menschheit versaftet, ging des Papstes Geistesfäulnis über auf mich. Um mich von ihr nach der fünften Regel der hippokratischen Diätetik – *excreta et secreta* – zu befreien, besudele ich mich mit diesen Gedanken, und bin damit noch nicht fertig. Indem ich das Grauenvolle auf den mir liebsten, Deinen Leib projiziere und den Schmutz in einen Körper eindenke, in dem ich die eigene Gebär-Mutter verehre, komme ich von der Leibfeindlichkeit dieses Glaubens frei. Höre darum noch einmal dem Herrn Innocenz zu, dem Sizilien in Lehenshoheit gegeben war und ich zum Mündel, einem Mann, der an Mutter Statt Erziehung an mir übte – ein großer Mann, trotz allem.

Dann paraphrasierte ich Innocenz und schonte ihn nicht: Ekelhaft wie das Blut des Weibes, das der Wollust anheimfiel, ist auch das Sperma des Mannes. Es ist gleich, ob es in Zeugung fließt oder in tierischer Lust, in Zucht oder Unzucht, denn auch die Zeugung ist Sünde, und darum ist das, was aus der geschlechtlichen Vereinigung der Menschen als Kind in Blut und Blindheit, Schmach und Schmiere hervorgeht, nur ein vereint Erbrochenes, eine späte Nachgeburt des Sündenfalls, die auch das neue Buhlbett beschmutzt.

Bianca schüttelte es unter einer Kälte, die nicht nur von ihrer Nacktheit kam. Ich zog eine Seidendecke über sie und sagte: Ich will Dir nun ein anderes, reineres Menschenbild geben, damit Du mich wieder lieben kannst. Das folgende, ungefähr, sagte ich zu ihr.

Sechshundert Leichen öffnete der griechische Arzt Herophilos im Museion von Alexandreia. Ptolemaios I., des großen Alexander Satrap und König von Ägypten, war sein Mäzen. Die Sektionen raubten ihnen beiden nicht den Schlaf: War der tote Leib nicht von der Seele verlassen? Der Anatom schnitt nicht in ein Göttliches! Die Empiriker, wie die Theoriefeinde unter den Ärzten genannt wurden, polemisierten gegen Herophilos. Ihr Seziermesser war allein das Auge und ihr Operationssaal das Schlachtfeld oder die Arena, wo sie, wenn die Waffen ruhten, im Spazierengehen zwischen toten und verwundeten Soldaten oder Gladiatoren ihre anatomischen Studien trieben. Ihre Polemik indes behauptete keinen Gottesfrevel, sie galt der Sache selbst: Widerwärtig sei die Sektion und ohne jeden Erkenntniswert, denn an Toten könne man nicht zeigen, wie die Lebenden funktionierten, und nur darauf, daß sie funktionierten, käme es an. Es sei nicht nötig für einen Arzt, die Anatomie des Menschen zu kennen; nicht zu wissen brauche er, was Atmung und Verdauung seien; ihre Störungen zu beseitigen werde von ihm verlangt. Die Vivisektion gar, das Schneiden am lebenden Körper – und gehöre dieser auch einem Verbrecher – sei Mord und wissenschaftlich wertloser noch als die Sektion eines Toten, denn jeder Schnitt ins Leben verändere das innere Organ, das man als ein Lebendes zu sehen hoffe, und mache das Gesehene unbrauchbar für die praktische Erfahrung. Die Kunst des Lesens von Zeichen, die der kranke Leib dem Arzt gibt, genüge für Diagnose und Therapieentscheidung. Trete noch die ärztliche Überlieferung hinzu, die *historia*, könne man auf die Theorie verzichten. Die Empiriker legten ihr Ohr auf das Herz des Patienten, und weil es als einziges Organ zu ihnen sprach, wenn der Körper lebte, und schwieg, wenn er tot war; weil Frequenz und Stärke des Herzschlags ihnen Freude und Schmerz, Erregung und Abgeschlagenheit anzeigten und man ihm überall begegnete: an den Handgelenken, unter den Fußknöcheln und an den Schläfen, hielten sie das Herz für das *hegemonikón* des Menschen, das Zentrum eines jeden Denkens und Fühlens. Nachdem Herophilos die aberhundertste Leiche seziert hatte, wußte er, daß das Herz nur ein Muskel ist, das *hegemonikón* aber das Gehirn. Er hatte die Faserstränge, die vom Gehirn zu den Augen und Ohren, Händen und Füßen und zu allen anderen peripheren Punkten des Körpers laufen und die von den Empirikern als verengte Adern unklarer Bestimmung angesehen wurden, als *Nerven* identifiziert, Vehikel unserer Empfindungen und Instrumente unserer Bewegungen. Aber die Empirie, die mehr ein philosophisches, von Aristoteles geheiligtes Dogma vom Herzen war, entschied gegen alle Beweise, die für das Gehirn sprachen, daß es beim Herzen als dem zentralen Denk- und Fühlorgan des Menschen zu bleiben habe.

Herophilos und Erasistratos, Anatom in Alexandreia wie jener und Verfeinerer von dessen Entdeckungen, weil er die Nerven in sensorische und motorische schied, beide Ärzte (und ein Dutzend weitere ihrer Schulen) überlebten nur in den Schriften des griechischen Römers Galen, wo schließlich die Byzantiner und Araber sie fanden. Der christlich gewordene Westen aber versank in der benediktinischen Mönchsmedizin. Die Körper der Toten hatten Jahrhunderte lang wieder Ruhe vor den Seziermessern der Anatomen, denn es war die Einzelseele wieder unsterblich geworden, und der Leib wurde unversehrt für eine Wiederauferstehung im Fleisch gebraucht. Aber nun endlich kommen die griechischen Weisen aus dem östlichen Exil zurück. Ihr Griechisch, das zum Arabischen wurde, wird jetzt zu Latein, so daß man sie hier lesen kann. Ich helfe nach Kräften dazu. Überdies zeigte ich im Experiment an einem Mann im Faß, daß die Seele, weil sie beim Tod des Körpers nicht entweicht, auch nichts Körperhaftes, Materielles sein könne, in das als in ein Göttliches man als Anatom schneiden müßte. Auch bewies ich den Ärzten der Schule von Salerno, daß ein Sezieren von Leichen um der wissenschaftlichen Erkenntnis willen, wie unter dem ersten Ptolemaios vor tausend Jahren schon, die Billigung des Herrschers hat. Es ist lächerlich, mir aus solchen – wie immer kruden – Experimenten den Vorwurf einer ebenso nichtswürdigen wie gotteslästerlichen privaten Neugier zu machen, einer persönlichen Grausamkeit, wie das heute schon in päpstlichen und lombardischen Pamphleten geschieht. Da gäbe es Besseres. Ohne mich und die von mir veranlaßten Übersetzungen der griechischen Ärzte aus dem Arabischen wüßten meine Kritiker nicht einmal, wo der Sitz ihres gehässigen Denkens ist. Sie würden es wohl immer noch im Herzen wähnen. (Aber daß das Gehirn dafür der Ort ist, ändert bei ihnen wenig oder nichts; sie machen keinen Gebrauch von ihm.)

Bianca gähnte verstohlen, mit geschlossenem Mund. Es war nicht das erste Mal gewesen, daß ich an einer Frau Müdigkeit bemerkt hatte, wenn die Luft unter den Flügeln hoch und schnell fliegender Gedanken dünn geworden war. Es geht der Frau dann der Auftrieb verloren, den sie vor allem aus der Spiegelung ihres Ichs in den Gedanken des geliebten Mannes bezieht. Das zunehmend Abstrakte, Entpersönlichte trägt sie nicht mehr; sie entgleitet in ein Hören, das nur noch dem Klang der Stimme des Mannes gilt, oder in eine Betrachtung seines Gesichts und seiner Hände, oder, ist die Beziehung alt, in den Schlaf. All das kann, durch Rührung des männlichen Herzens, ein Gefühl sowohl vertiefen als auch, durch Resignation, entleeren. Aber ersteres ist flüchtig, das letztere von Dauer. Wohl kann man selbst bei großer Verschiedenheit der Personen die Glieder der Leiber zu deren Befriedigung einander angleichen, die Gedanken zum gleichen Ergebnis für den Geist jedoch nicht.

Man beschuldigt mich, meine Frauen stets von mir ferngehalten zu haben. Es waren dies mehr Akte ihrer Bewahrung im Herzen als ihrer Verwahrung im Harem.

Während ich die Schwierigkeiten der Frauen bedachte, die sie im allgemeinen haben, wenn sie sich von den konkreten Abbildern der Ideen diesen selbst zuzuwenden versuchen, fiel mir ein weiteres Paradox des Zenon von Elea ein. An ihm läßt sich dartun, was ich meine. Zenon bestritt, daß es eine Einheit gebe, die unteilbar sei, wie es die Atomisten später von den primären Körpern annahmen, aus denen sie die Welt und ihre Erscheinungen zusammengesetzt sahen. Er behauptete eine unendliche Teilbarkeit. Zum Beweis trug er auf einer Tafel eine horizontal verlaufende gerade Linie auf und bezeichnete ihren Anfang links mit der Zahl 0 und ihr Ende rechts mit 1. Diese Länge war Zenons Einheit, und er unternahm es, sie zu teilen. Er begann damit auf halbem Weg zwischen 0 und 1 und markierte diesen Punkt mit $1/2$. Dann halbierte er die bis 1 verbleibende Hälfte der Strecke und bezeichnete den so gefundenen Ort mit $3/4$. Von dort bis zum Endpunkt 1 nahm er noch einmal die Hälfte und schrieb an den neuen Halbierungspunkt $7/8$. Auf diese Weise fuhr er fort und trug die Punkte $15/16$, $31/32$, und $63/64$ ab. Damit war er am Ende einer Konkretisierung seines Gedankens angekommen, denn die auf der Tafel befindliche Strecke erlaubte ihm keine weiteren *gezeichneten* Teilungspunkte mehr. An dieser Stelle, bis zu der ihm jeder, auch ein weiblicher Verstand mühelos folgen kann, setzt Zenons Paradox aber eigentlich erst ein: Im Denken läßt sich die Reihe der Bruchzahlen, die stets kleiner sind als 1, mühelos fortsetzen, bis ins Unendliche, wohin selbst die Zahlen Zenon nicht mehr trugen, ich ihm aber mühelos folge. (Als ich Bianca von diesen Gedanken und ihrer Bezüglichkeit zu ihr erzählte, erhielt ich eine Lektion. Unterm Kämmen ihres Haares sagte sie, wie beiläufig, etwa dies: Es sei richtig, sie habe, wie ich behaupten würde, Schwierigkeiten einzusehen, daß selbst in unendlichen Schritten das Ende einer endlichen Strecke nicht erreichbar, diese also unendlich teilbar sein solle. Aber nicht so sehr ein weiblicher Mangel an Abstraktionsvermögen stehe ihr dabei im Weg als vielmehr der gesunde Menschenverstand einer Frau, der ihr sage, daß die Teilung einer endlichen Strecke durchaus einmal ein Ende haben könnte, dann nämlich, wenn man das Problem vom Kopf wieder auf die Füße stelle. Man müsse sich Zenons

Teilpunkte bloß vorstellen, wie sie sich zwar stets fortsetzten, sich aber auch, je näher sie ihrem Ziel, der Zahl 1, kämen, immer mehr anhäuften, wodurch sie schließlich den letzten, nur noch haarspaltfeinen Graben zum Ziel zuschütten müßten: Zenons Ende, mein geliebter kaiserlicher Denker! Dies lächelnd, während sie sich weiter kämmte.)

Noch immer keine Zeit für Franz von Assisi. Ich wurde heute nacht durch einen seltsamen Traum an ihn erinnert. Seine über zwanzig Jahre alte Akte auf meinem Schreibtisch trug auf dem Titelblatt nicht mehr seinen Namen, sondern den meinen, mit dem Zusatz *hegemón* von griechischer Hand.

Einer Ariadne im Labyrinth meiner Gedanken gleich, gab mir Bianca den Gesprächsfaden an die Hand, der mir verlorengegangen war. Du schuldest mir noch, sagte sie, zur Auslöschung des eklen Menschenbildes Deines Herrn Innocenz das reinere der heidnischen Atomisten und Pneumatiker. So hast Du es versprochen. Ich sagte darauf etwa dies: Während die Atomisten die absolute Leere des Universums als die erste Voraussetzung für die Möglichkeit der unteilbaren primären Körper ansahen, sich zu welthaltigen Gestalten zu formieren, bestritten die Pneumatiker, das heißt die Stoiker, die Atomlehre. Für sie war die Materie ursprünglich formlos; zu Körpern differenzierte sie sich ihnen durch das Pneuma, das nicht nur als eine äthergleiche, geistige Substanz das gesamte Universum füllt, sondern auch die Materie durchdringt – ein subtiles, mit Luft vermischtes Feuer, aus dem das noch Formlose als ein Geformtes hervorgeht, vulgo Teig und Teigware; ein göttlicher Atem, der das Belebte beseelt, ein Kontinuum aus allerdünnstem Stoff, das gleichwohl alle Dinge im Himmel und auf Erden mit der Sympathie seiner Eigenspannung vereint: die pneumatische Sympathie zwischen Erde und Mond, die durch ihre kohäsive Kraft die Gezeiten des Ozeans bewirkt, wie auch die Sympathie zwischen Geräusch und Ohr, die macht, daß ein Anstoßen des Pneumas durch ein Geräusch das innengespannte Medium Pneuma in wellenförmige Schwingungen versetzt, welche sich dem Hörsinn mitteilen, wie sich die von einem Steinwurf in einen Teich ausgelösten Wellen dessen Ufer mitteilen. So erregt das Pneuma, das Mensch, Tier und Pflanze erfüllt, unsere Sinne und über sie unsere Gefühle, und bewegt selbst unsere Glieder durch Vibrationen, welche sich von den Sinnesorganen über die pneumagefüllten Nerven, die Herophilos in Leichen fand, zum Gehirn fortpflanzen und von ihm auf gleichen Wegen zu den Muskeln.

Aber Du sagtest, warf Bianca ein, es gefalle Dir zu denken, wie die Atomisten dachten, nicht wie die Pneumatiker: die Organe des Menschen atomare Zusammenballungen und zwischen ihnen Leerräume ... Ich führte, als sie nach Worten suchend verstummte, den Satz zu Ende: ... Leerräume, in die mit der Atemluft freie Atome einströmen, welche sich allein mit der Stoßkraft ihrer Körper in uns fortbewegen und, im Herzen mündend, Lustgefühle wecken, wenn sie wie die Seelenatome rund sind und glatt, oder Unlustempfindungen erregen, wenn sie wie die Atome eines üblen Geruchs oder Geschmacks rauh sind und winkelig. Ich glaube an die atomare Struktur des Menschen, der Pflanzen und der Tiere, wie aller anderen Weltgestalten, denn die Formung der ungeformten Materie durch Pneuma hat für mich nicht die Plausibilität der demokritischen Atomlehre. Aber statt an das Korpuskulare auch unserer Sinnenwelt zu glauben, wie die Atomisten es postulieren, glaube ich an das geistige Pneuma der Stoiker als zwischen dem Außen und dem Innen, zwischen den Sinnesorganen und dem Gehirn, dem Gehirn und den Muskeln wirkendes kohäsives Medium, das unseren Gefühlen und Bewegungen Vehikel ist. Mit dem Bild eines aus atomarem Sternenstoff gemachten Menschen und einem als allbeseelendes Pneuma gedachten Gott kann ich gut leben. Und nach einer kleinen Weile des Lauschens auf den inneren Nachhall dieser schwierigen Sätze: Und nun laß mich den Sternenstoff Deiner Augen küssen und Gott von Deinen Lippen trinken!

In solchen Hübschheiten bin ich stärker als im Denken.

Man nennt mich einen Epikureer und meint damit einen, der sich gern auf weiche Pfühle bettet wie auf Wolken und sich in eine Glückseligkeit hüllt, die Epikurs hellenistische Gottheiten den Menschen vorlebten als Ziel jedweden menschlichen Strebens; einen auch, der die Gelassenheit der Seele höher schätzt als ihr ewiges Leben; einen, der sich bemüht, frei zu sein von Furcht vor Gott, ohne indes darüber ganz und gar gottlos zu werden, weshalb er Gott in das Denken verlegt und ihm die Schöpfung samt Richteramt über sie aus den Händen nimmt. Denn, so sagte Epikur, es müsse die göttliche Natur vor solcher Bürde bewahrt werden, damit sie in besagter Glückseligkeit verharren könne, den Menschen darin ein Vorbild.

In Wahrheit schwäche ich Gott in mir nicht, weil seine Schwäche meine Furchtlosigkeit vor ihm bedeuten könnte. Seine Schwäche in mir ist allein die Schwäche meines Denkens über ihn. Und darum liegt keine Absicht darin. Mein Denken kann ihn nicht fassen, und daß just dies Gottes Sein ausmache, wie die Theologen mir sagen, ist mir als Beweis seiner Existenz zuwenig. Und so bin ich ein Parteigänger Epikurs nur in dem Sinn, daß er mir eine Kosmologie vor das innere Auge stellt, die ich fassen kann. Nicht nur leuchtet mir das Entstehen aller Körper aus den Zusammenballungen von Atomen mehr ein als die Genesis der Welt durch ein göttliches Abrakadabra. Mehr auch als der Christenglaube an die Einblasung des Geistes in den Menschenleib durch Gottes Mund befriedigt mein Nachdenken über die ersten und die letzten Dinge des Lebens die These Epikurs, es sei der freie Wille des Menschen, sich so oder so zu entscheiden und entsprechend zu handeln, atomare Materie wie sein Leib.

Epikur sagte darüber dies: Regenstrichen gleich seien die Atome unter ihrem Eigengewicht durch den leeren Raum gestürzt, konstant in Richtung und Bewegung, denn im absolut leeren Raum stürzten alle Körper, gleich wie schwer, mit derselben Fallgeschwindigkeit, anders als in Luft oder Wasser, worin unterschiedlich schwere Körper im Fallen unterschiedliche Widerstände zu überwinden hätten, wodurch es zu ihren unterschiedlichen Fallgeschwindigkeiten komme. Und so seien, sagte Epikur weiter, die Atome von Ewigkeit her auf getrennten Bahnen durch den leeren Raum gestürzt, der unendlich ist; niemals habe ein schweres Atom ein leichtes einholen können, um sich mit ihm zu einem Neuen zu vereinen, nie ein leichtes sich zu einem leichten, ein schweres sich zu einem schweren gesellt. Himmel und Erde, Menschen, Tiere und Pflanzen seien nicht geworden. Nichts sei geworden, nicht der Zufall gestalthaltiger atomarer Berührungen und nicht die Notwendigkeit kosmischer Materiewirbel durch Teilchenhäufung, damit aus ewigem Stoff vergängliches Leben werden konnte, das in die unvergängliche Materie zurückkehrt. Aber eingedenk des Satzes von Demokrit, des ersten unter den kosmogonischen Mechanisten, daß der Zufall in Wahrheit eine Ursache sei, die menschlichem Begreifen nur unzugänglich ist, es einen Zufall also nicht gibt, führte Epikur die atomaren Zusammenstöße im All und damit das Werden von Welt und Natur auf einen freien Willen der Atome zurück, also auf Geist: Weil sie, so jedenfalls verstehe ich den Philosophen, zu einer nicht bestimmbaren Zeit an einem nicht bestimmbaren Ort um ein nicht bestimmbares Geringes von der Konstanz ihrer Bewegungsrichtung *willentlich* abgewichen und in eine Relation der kreativen Unschärfe zueinander getreten seien, habe sich Schöpfung ereignen können, kosmogonische Phantasie jenseits einer inflexiblen, sterilen Mechanistik. Mit dem ersten frei gewollten atomaren Zusammenstoß kam das Soziale in die Welt und ging das Fatalistische aus ihr hinaus, Geist leuchtete auf.

Hier, an dieser Stelle meines adjektivischen Denkens, wird seine Schwäche offenbar. Ich dringe den Dingen nicht auf den Grund. Einerseits behauptet Epikur ein ursacheloses Ereignis (denn er sagt zwar, wie der freie menschliche Wille in die Welt kam, er sagt aber nicht, wie der freie Wille in die Atome kam). Andererseits behaupten die dem Epikur im Denken verfeindeten Stoiker, daß ein ursacheloses Ereignis wie die Abweichung der Atome von ihrer Richtungskonstanz der Erschaffung von irgend etwas aus dem Nichts gleichkäme und ebensowenig möglich sei. Einerseits, noch einmal, glaubte auch Epikur im Prinzip an dieses stoische Dogma. Andererseits aber setzte er ein ursacheloses Ereignis als die Ursache der materiellen Welt. Diese Unvereinbarkeiten verfolgen mich seit Jahrzehnten, denn da ich an eine Schöpfung aus der werkenden Hand Gottes nicht glauben kann, muß etwas anderes dafür her, muß ich wissen, woher ich komme und wohin ich gehe. Ein Glaube, dem ich anhängen soll, der muß, wenn schon nicht beweisbar, wenigstens plausibel sein. Und so spielte die epikureische Frage nach der Herkunft des freien Willens schon in den Gesprächen mit Franz von Assisi eine Rolle, wenn auch eine geringe, wie mir damals schien. Ich entnehme das einer Protokollnotiz vom dritten Tag unserer Unterhaltung. In der Akte las ich von der Hand eines Kanzlisten: *F. v. A. zeigt sich äußerst unwillig, einem Epikur verpflichteten naturphilosophischen Denken zu folgen, das die Ursache der Schöpfung in einer sich als freier Wille manifestierenden Abweichung der Atome von der Konstanz ihres linearen Falls durch das All zu sehen glaubt F. v. A. besteht auf seinem Gott, scheint den epikureischen Gedankengang aber intellektuell begriffen zu haben, worauf wie immer wirre Äußerungen sozialen (?) Inhalts schließen lassen. Für das Protokoll geben sie nichts her, worin mein kaiserlicher Herr auf Befragen mit mir, Anselmus Carbo als dem diensttuenden Notar, übereinstimmt.* So muß ich, der ich die damaligen Äußerungen des Assisinaten heute im quälenden Licht der Sohnesbehauptung Heinrichs, ich, Friedrich, sei ein Mann von gestern, anders bewerte, nämlich nachdenklich bis zur gelegentlichen Bestürzung, Franziskus nun aus dem Gedächtnis zitieren.

Mann aus Assisi (III)

Weil ich ihm, so damals der Mönch, nicht erklären könne, wie der freie Wille in die Atome gekommen sei, stehe, dabei bleibe er, notwendig Gott hinter ihnen, hochaufgerichtet, unübersehbar. Und Er beseele (wenn es denn die Atome Demokrits und Epikurs geben müsse, was zu beurteilen seine, Franzens, Bildung nicht ausreiche) jedes einzelne von ihnen, so daß die Summe aller von Ihm beseelten Atome, die sich nach Seinem Willen zum Menschen formierten, die menschliche Seele sei (was er, Franz, in abgestuften Graden der Geistigkeit auch für die Tiere und Pflanzen reklamiere, darauf lege er größten Wert). So weit könne er in seinem Glauben gerade noch folgen, denn auch er nehme die Bibel nicht immer wörtlich. Nicht folgen hingegen könne er mir in den Glauben an einen quasi privatisierenden Gott, dessen Glückseligkeit nicht in der Liebe der Menschen zu Ihm, sondern in der Distanziertheit zu ihnen begründet sein solle. Das sei heidnisches Geschwätz, geboren aus dem listigen, aber unerfüllbaren Wunsch, einen Gott zwar haben zu wollen, doch nur einen für den Sonntag, der in himmlische Senilität verfallen und darum von niemandem mehr zu fürchten sei. Entfiele Gottes Richteramt, entfielen auch das Jüngste Gericht, Himmel und Hölle, Auferstehung und ewiges Leben.

Als ich, daran erinnere ich mich noch deutlich, lächelnd sagte, ja, so sei es wohl, bekreuzigte sich Franz. Doch ging diese Geste nicht mehr, wie zu Anfang unseres Treffens, mit dem Ausdruck eines Entsetzens in seinem Gesicht einher, sondern eher mit einem der Befriedigung darüber, in mir nun unwiderleglich den Antichrist getroffen, mithin die beschwerliche Reise in den Armen seiner Brüder nicht umsonst gemacht zu haben. Das nahm unserer Unterhaltung fortan den Stachel des Eiferns. Von jetzt an redeten wir miteinander wie ein Heide und ein halber, zu dem ich Franz gemacht hatte, als es mir gelungen war, ihm Epikurs Atome samt einer atomistischen Seele, von Gott stammend oder nicht, aufzuschwatzen. Unsere Rede wurde welthaltig, mit einem Wort – ganz ungewöhnlich im Disput eines Christen mit einem halben, zu dem Franz mich wieder zu machen im Begriff war, indem er durch die Löcher meines naturphilosophischen Denkens seinen lieben Gott einschmuggelte.

Weil er sie ohnehin für gottgegeben halte, beschäftige ihn, sagte Franz, nicht so sehr die Ursache dessen, was ich die Delineation der Atome nenne, als vielmehr die sozialen Implikationen dieses antiken Gedankens. Es lohne sich nicht, die Philosophen zu studieren, denn sie hätten die Welt stets nur unterschiedlich interpretiert, verändert aber, hin zu Gerechtigkeit für die Armen und die Gedemütigten, an denen ihm, Franz, vor allem anderen gelegen sei, das hätten sie nicht. Aber daß die Welt veränderbar sei, nicht nur mit Gottes, sondern nun auch mit des Heiden Epikur Hilfe, das stecke doch, unübersehbar selbst für ein so schlichtes Gemüt wie das seine, auch in des griechischen Philosophen Lehre vom freien Willen der Atome. Es wundere ihn, daß ich als Denker der Theorie einer subjektivischen Veränderbarkeit des Laufs der Atome anhänge, als Kaiser aber die Welt, die doch diesem Denken zufolge ihr Sein just dieser veränderbaren Struktur der Materie verdankt, für objektiv statisch, für steril und mechanistisch halte, schlimmer noch: daß ich den Wandel gesellschaftlicher Strukturen, wie er sich seit langem im politischen Erwachen der italischen, besonders der lombardischen Stadtkommunen anzeige, für wider die Natur gerichtet ansehe und ihn darum mit ränkereicher Politik zu verhindern oder, wo er schon eingetreten ist, mit Waffengewalt zu beseitigen suche. Und ob darum nicht ich, der Kaiser, nicht aber die auf gesellschaftliche Veränderung sinnende Lombardei, im Licht der epikureischen Atomlehre wider die Natur handle, auf deren Kenntnis ich mir doch soviel zugute halte. *Du gleichst einem* (dies annähernd wörtlich so), *der es unternimmt, den welthaltigen Landregen, mit dem Lukrez, wie ich von Dir weiß, den Fall der Atome im Universum verglich, durch das eiserne Sieb Deiner cäsarisch ordnenden Macht zu zwingen, um die Regenstriche daran zu hindern, sich im freien Spiel der Kräfte neu zu vergesellschaften, mächtig zu werden in der Vereinigung der machtlos Vereinzelten zu einer Flutwelle, die feudalistische Arbeitsverachtung in Po und Tiber spült wie den Inhalt überständiger Kloaken.*

Es war wegen dieses Satzes, daß ich damals jenen Teil des Gesprächs, in dem er gefallen war, nicht protokolliert haben wollte. Er gefiel mir, und er gefiel mir nicht. Gewißheit, daß ich so nicht sei: progressiv im Denken, im Handeln aber reaktionär, lag mit der Ahnung im Streit, daß der Assisinate recht behalten, ich, wenn ich es nicht schon war, doch so werden könnte. Die Gewißheit verminderte sich mit den Jahren, die Ahnung gewann geschichtliche Kontur. Es hilft ja nichts mehr, einen aufsässigen Bischof, wie den von Arezzo, an den Schweif eines Pferdes zu binden, bevor man ihn hängt. Es hilft ja nichts mehr, die Bettelmönche, des Papstes heimliche Botengänger zwischen den Feuern des italischen Aufruhrs, ins Feuer zu werfen. Es ist des Kaisers Kampf gegen die lombardischen Kommunen, die toskanischen auch und die des Prinzipats nun gar schon, nicht mehr nur ein Kampf gegen eine auf die irdischeste Weise machtgeile Kirche und die Simonie ihrer Priester. *Die Menschen sind des Kaisers müde.* Schon lehren sie ihre Kinder das Buchstabieren am Wort Freiheit. Nicht wir, die Namhaften und Erwählten, sie, die Namenlosen und Gedemütigten, sind die Substanz der Geschichte. Und die in Gärung geratene Substanz sprengt die strenge Form, die als *forma boni* der Kaiser war: Mein Feldlager Vittoria ging samt Krone und Staatsschatz an die aufständischen Parmenser verloren. Thaddäus, der Freund und Anwalt, erschlagen!

Ah, Schlaf, nimm mich aus der Welt! Zuvor aber ihr die Botschaft: *Unseres Sinnes Erhabenheit beugen wir trotz der Unfälle in keiner Weise …*

Gellendes Lachen, verunreinigt von Angst: *Nos Fridericus …* Kopf und Hals kahl, kalt und blutig vom Stochern in Leichen: *Imperator Romanorum …* Das grüne Kleid in Fetzen, ein schmieriges altes Gefieder in kranker Mauser: *semper Augustus …* Grindige Gelenke, die Zehen um das obere Galgenholz gekrallt: *Rex Siciliae …* Der Atem stinkt, der Kot, kalkig weiß, fällt klatschend in das vom Strick himmelwärts gerissene offene Menschenmaul: *et Hierusalem Rex …* Und hockend auf den Nachbargalgen Unserer göttlichen Erhabenheit liebe Verwandte: Enzio, Ezzelino Romano, Guido von Sessa, Uberto Pallavicini. Die Sonne verfinstert sich. Der Po färbt sich rot. Die Pappeln an seinen Ufern erzittern im Ekel vor dem Blut, das ihre Wurzeln trinken müssen. Zu meinen Krallenfüßen, unter meinem mörderischen Thronsitz, steht mein liebster Sohn Manfred aus der Bianca Lancia und spricht, während er Wachstafel und Griffel aus dem Gewand zieht, zu mir herauf. *Sagt, Herr Vater, wie finden die Geier ihre Nahrung? Das Blatt Eures Vogelbuches, auf dem es stand, ging in Vittoria verloren. Diktiert es mir neu, damit ich nach Eurem Tod alles richtig ediere!* Ich sagte: *Die Geier und ihre Verwandten suchen ihre Nahrung folgendermaßen. Von hohen Bäumen oder Felsen halten sie Ausschau, ob sie irgendwo einen Hinweis auf Aas feststellen können, sei es, daß sie Menschen ein Tier töten sehen, sei es, daß Vögel über einem*

Kadaver kreisen, sei es, daß Hunde, Wölfe oder andere wilde Tiere eine Beute jagen und reißen. Stellen sie irgend etwas dergleichen fest, dann fliegen sie alle plötzlich dorthin und versammeln sich um den Kadaver. Nehmen sie aber von solchen Beobachtungsposten derartige Anzeichen nicht wahr, dann erheben sie sich hoch in die Lüfte und kreisen bald hier, bald dort, um einen noch weiteren Rundblick zu gewinnen. Wenn dann plötzlich einer herunterstößt, folgen ihm die übrigen sofort nach, und eine Vielzahl versammelt sich um den Kadaver. Demnach stimmt also nicht, daß sie, wie einige behaupten, durch den Geruch das Luder wahrnehmen; vielmehr geschieht es mit dem Auge, was von uns mehrfach erprobt worden ist. Wenn wir nämlich völlig aufgebräuten, das heißt temporär blind gemachten Geiern Fleisch vorwerfen ließen, nahmen sie es nicht wahr, wiewohl ihnen die Nasenlöcher nicht zugestopft waren. Ebenso haben wir durch Versuche festgestellt, daß sie, sogar ausgehungert, keine lebenden Vögel schlugen; selbst Küken verweigerten sie, die wir ihnen, während sie sehenden Auges waren, vorwerfen ließen. Weil sie Kopf und Hals durch enge Öffnungen in die Kadaver hineinstecken, um die Eingeweide herauszuziehen, sind bei den meisten diese Körperteile von Federn entblößt …

Dreihundert Gefangene, teilte Enzio mir anderntags mit, seien zu hängen, Mantuaner und Ferraresen, die auf dem Flußweg versucht hätten, das belagerte aufständische Parma mit Lebensmitteln zu versorgen. Ob ich Befehle hätte. Was mir dazu Gedanken machte, war, ich bemerkte es mit nur geringem Staunen, die inszenatorische Frage, ob man sie einzeln nacheinander oder besser, wie es schließlich auch geschah, alle gleichzeitig exekutieren sollte. Nacheinander, da hätten ein einziger stabiler Galgen und ein ausdauernder Henker genügt, und auf die Zeit, die solche Verfahrensweise gekostet hätte, war es uns damals nicht angekommen; die Niederwerfung des aufständischen Parma, für die ich eine letzte Deutschlandreise hatte aufgeben müssen, dauerte. So wäre der Arbeitsaufwand für die guelfischen Aufrührer gering gewesen. Der Abschreckungswert freilich auch; er hätte nahe bei Null gelegen, wäre 1 gewesen: Mit immer nur einem Exekutierten am Strick veranlaßt man in diesen Zeiten niemand mehr, auch nur den Hals zu drehen. Dreihundert besetzte Galgen aber, einhundertfünfzig auf jeder Uferseite des Pos dort, wo er Parma am nächsten fließt, das würde, so die Überlegung, dem Tod der Gefangenen die Theatralik geben, für die der Italiener so empfänglich ist, ein Menschenschlag, der nur im Affekt lernt. Zur Dehnung der Lektion in Staatsraison könnte man die Leichen tagelang den Raben überlassen. (Was auch zu einer wissenschaftlich hinreichend genauen Präzisierung des Aristoteles führen müßte, der sagte, Corvus corax gehe seiner Beute als erstes an die Augen. Ich hingegen halte ein solches Verhalten, wo es die Regel ist, für ein Ergebnis von Dressur. Während meines Aufenthalts im Heiligen Land, anläßlich meines Kreuzzugs, sah ich, wie die Falkner des Sultans al-Kamil einer ausgestopften Gazelle rohes Fleisch in die leeren Augenhöhlen drückten, wonach sie die Attrappe an langer Leine von einem galoppierenden Pferd schleppen ließen, solcherart einem noch nicht abgetragenen Falken, den sie dem Pferd hinterdreinwarfen, eine fliehende Beute vortäuschend. Die Gier auf die Gazellenaugen hatten sie dem Vogel an den Tagen davor dadurch eingepflanzt, daß sie ihn einer auf dieselbe Weise präparierten, aber stationären Gazelle auf den Kopf setzten. So stieg er nun wie gewünscht von der Faust des Falkners über das geschleppte Vorlaßwild, stieß aus mittlerer Höhe nieder und griff der Pseudobeute in die Augengegend. Wiederholte Übungen dieser Art festigten das gewünschte Verhalten des Beizvogels. So würde er im Ernstfall der Gazellenjagd die Beute blenden, damit sie, dem Falkner erreichbar, zu Boden mußte. In Persien, hörte ich damals, habe man im Altertum diese Dressur auch mit Kolkraben veranstaltet. Daher mag Aristoteles seine Geschichte haben, in der er die Raben Ochs und

Esel befehden läßt. Ich hielt oft Kolkraben in Gefangenschaft. Sie kamen aus den Alpen und blieben undressiert, wenn auch nicht ungezähmt. Als lebende Beute nahmen sie stets nur Kleintiere, Hühnerküken und Singvogelnestlinge; auch sah ich niemals, daß sie ihnen zum Fressen zuerst an die Augen gingen, vielmehr trafen sie diese im Prozeß des Tötens, der sehr umständlich und unter lächerlichem Hüpfen der Raben vonstatten ging, eher zufällig als zielgerichtet mit dem klobigen Schnabel. Die bevorzugte Nahrung sind die Eingeweide. Daß ich Raben beim Tragen öfters die eigenen Augen aussetzte, ohne dabei jemals Schaden genommen zu haben, das schrieb ich schon. Versuche mit Leichen wären aber nützlich, denn Rabenvögel sind ja vornehmlich Aasfresser.)

Reim Durchlesen des zuletzt Geschriebenen auf Korrekturnotwendigkeit die Überlegung, ob ich das Zoologische in seiner Parenthese stehenlassen soll. Es ist mir ja wichtig, und die Einklammerung müßte seinen Wert als beiläufig, von eher minderem Rang erscheinen lassen. Schließlich dann doch die Entscheidung für das Belassen der Klammer: Sie räumt dem Mörderischen Vortritt ein und gibt ihm größeres Gewicht, dient also dem Anstand.

Nächtliches Symposion

Du hast mich blenden lassen, Herr, sagte Petrus Vinea, der in mein Zimmer im Obergeschoß des Kastells del Monte getreten war. Sieh! Er schob sich die breite Binde, die er über den Augen trug, mit beiden Händen, als griffe er nach einer Krone auf seinem Haupt, in die Stirn. Lider und Nasenrücken und auch die Ansätze beider Schläfen waren dick verschorft. Es schien ihm ein längliches Stück Schwarzkiefernrinde quer ins Gesicht gearbeitet zu sein. Er weinte Eiter. Betreten senkte ich die Augen auf meine Arbeit, die Fertigstellung meines Vogelbuches, und schrieb: *Die Augen der abzutragenden Falken müssen deshalb verschlossen werden, damit sie den Menschen nicht sehen. Dieses Verfahren nennt man Blenden oder Aufbräuen.* Vinea sagte: Wenn der göttliche Augustus sich von den Blicken eines Menschen beschmutzt fühlt, läßt er die Quelle des Schmutzes ausbrennen. Aber die Quelle des Schmutzes ist die Seele, und nicht immer brennt die Seele nach dem Tod des Geblendeten in der Hölle, denn Gott urteilt oft anders über einen Menschen als der Divus Augustus. *Geschähe das Blenden oder Aufbräuen nicht, würden die Falken durch den Anblick des Menschen und von allem, was sie nicht gewöhnt sind zu sehen, in dem Augenblick, da sie gezähmt werden sollen, viel störrischer und wilder werden.* Vinea sagte: Wohntest Du jemals dem Blenden eines dazu Verurteilten bei? *Aufbräuen heißt die Augen des Vogels verschließen, indem man das untere Augenlid über das obere bis zur Braue hochzieht. Man nennt es deshalb Aufbräuen, weil mit dem unteren Augenlid das Auge bis zur Braue bedeckt wird.* Vinea sagte: Der Henker erhitzt eine Schwertklinge bis zur Weißglut. Während das dauert, wird der Kopf des zu Blendenden an Stirn und Kinn mit Lederriemen am Tisch fixiert, auf dem der Verurteilte gefesselt liegt. *Auf folgende Weise soll man aufbräuen. Wer den Falken gefaßt hat, halte ihn mit beiden, über den Rücken gelegten Händen fest und drücke Flügel und Rücken nur so sanft zusammen, daß der Falke dadurch nicht beim Atmen behindert wird.* Vinea sagte: Dann nähert der Henker die Klinge parallel zum Gesicht des Verurteilten dessen Augen. Ist der Henker ein Mensch mit einem Rest von Gefühl oder ist er ohne Lust bei der Arbeit, dann wartet er, bis die weiße Glut der Klinge dem Verurteilten mit ihrer höllischen Hitze den Atem nimmt, so daß er in Ohnmacht fällt. *Ein anderer muß des Falken Schenkel packen, damit er nicht versuchen kann, mit seinen Füßen das zu verhindern, was mit ihm vorgenommen werden soll.* Vinea sagte: Dann küßt die Klinge zart beide Augen. *Wenn der Falke an einem heißen Tag eingefangen und aufgebräut werden muß, empfiehlt es sich, die Hände in ein feuchtes Tuch einzuschlagen, und derart zuzugreifen, daß dieses den Vogel unmittelbar berührt, sich die Hände also über dem Tuch befinden; anschließend drücke der Helfer die Beine des Falken vorsichtig gegen den Bauch, und der Falkner bräue ihn folgendermaßen auf.* Vinea sagte: Manchem zerstört der Schmerz das Gehirn, so daß er der Wohltat des Wahnsinns anheimfällt. Anderen, wie mir, zerstört es nur das Augenlicht, aber eine Gnade ist das nicht, Herr, denn selten begnügt der Augustus sich mit der Blendung. *Der Falkner nehme eine runde Nadel, denn mit einer dreieckigen würde er Schaden anrichten, da sie das Augenlid einschnitte und die Ziliatur dann nicht hielte. Nachdem ein Faden in die Nadel eingefädelt ist, bringe man ihre Spitze zwischen den Augapfel und das untere Lid, hebe es mit ihr hoch, durchbohre es und ziehe die Nadel von innen nach außen durch das Lid; geschähe es nämlich umgekehrt, könnte durch die Nadelspitze leicht die Pupille verletzt werden.* Vinea sagte: Darum muß der Henker, wenn ihm sein eigenes Leben lieb ist, beim Blenden äußerst vorsichtig verfahren, denn noch ist die Tötung, die bei unachtsamem Umgang mit der glühenden Klinge leicht geschehen kann, nicht das Ziel des Strafvollzugs, und bereits der Eintritt des Wahnsinns gilt als Kunstfehler und disqualifiziert den Henker für so delikate Exekutionen, wie die Blendung eine ist, macht doch der Wahnsinn weiter gehende Strafen wie Schleifen hinter dem Pferd, Vierteilen oder Hängen zu einer Sache des Augustus allein; der Delinquent nimmt nicht eigentlich mehr an ihnen teil und mindert so das Gerechtigkeitsgefühl, das den Augustus als den Geber der lex animata allzeit beseelt. *Beim Durchstechen muß man sehr darauf achten, daß nur das Lid und nicht auch noch die Haut durchbohrt wird, die sich zwischen Lid und Augapfel befindet. Auch bohre man die Nadel weder zu nahe am Rand durch das Lid, damit die Ziliatur nicht vor der Zeit ausreißt, noch zu weit innen, denn dann würde zuviel einreißen, was für den Schutz des Auges schädlich wäre.*

Vinea sagte: Dein Schweigen, Herr, tötet mich ein zweites Mal. Er neigte den Kopf. Hirnmasse und Blut tropften auf meine Papiere. Ich sah auf. Vineas Schädeldach war zerschmettert und teilweise offen. Aus seinem weißen Gehirn stachen beinfarbene spitzwinklige Dreiecke aus Knochen hervor wie Biskuits aus einer Süßspeise. Ich erinnerte mich, daß man mir gesagt hatte, er habe einige Zeit nach der Blendung seinen Kerkermeister in San Miniato gefragt, ob zwischen ihm und der Wand des Verlieses ein Hindernis stehe. Als dies verneint wurde, sei er, Kopf voraus, mit Wucht gegen die Felswand gerannt. Ich nahm anstelle des besudelten Blattes ein neues und schrieb: *In der Mitte, genau unter dem Rand des Augenlids, bohre der Falkner die Nadel hinein und ziehe einen großen Teil des Fadens über den Kopf des Vogels und durchsteche das untere Augenlid des anderen Auges auf die gleiche Weise. Nachdem die Nadel entfernt ist und anschließend mittels des Fadens die unteren Lider so hoch gegen die Brauen hinaufgezogen sind, daß sie beide Augen völlig bedecken und der Falke mithin nichts mehr sieht, verknote der Falkner die Fadenenden so über dem Kopf daß die unteren Lider in dieser Stellung verbleiben, und schneide nahe am Knoten die restlichen Enden ab.* Vinea sagte: Ich beklage mich nicht über Deine Mißachtung, Herr. Ich frage nur nach Maß und Ziel Deines Strafens. Ich war Dir ein Leben lang als Logothet lateinischer Mund und als Protonotar lateinische Feder. Ich war es, der Deinen um Gesetz und Ordnung kreisenden Gedanken den öffentlichen Ausdruck gab, und so war das Bitterste in mir, als ich unter der heißen Klinge schrie, die Erinnerung an meine eigenen, in Deinem Namen gesprochenen Worte: *Nichts entziehen wir dem Ansehen früherer Herrscher, wenn wir gemäß der Eigenheit der neuen Zeit aus unserem Schoße neues Recht gebären und für neue Mißbräuche neue Arzneien erfinden. Aus einer Notwendigkeit des Dienstes nämlich besitzt die Würde der kaiserlichen Erlauchtheit dieses Vorrecht, daß sie, wenn durch der Dinge und Zeiten Wandel die alten Rechte der Menschen zur*

Entwurzelung der Laster und Pflanzung der Tugenden nicht mehr auszureichen scheinen, täglich neuen Rat erfinde, der die Tüchtigen reich an Lohn und die Lasterhaften unter dem steten Hammerschlag der Strafen mürbe mache. Ich war reich an Lohn gewesen. Er hatte mir nicht genügt. So verkaufte ich Deinen Mund und Deine Feder: mich. Weh mir, nun spüre ich Deinen Hammer! *Dann lege der Falkner mit dem stumpfen Ende der Nadel die Kopffedern über dem Faden zusammen, damit ihn der Falke nicht so leicht mit seinen Krallen zerreißen kann, wenn er sich am Kopfe kratzt.* Vinea sagte: Es ist wahr, Herr, ich nahm Geld für das Versprechen, Dich, meinen kaiserlichen Freund, der Sache meiner Bestecher gewogen zu machen, und nicht nur nahm ich es als Lebender von den Lebenden, ich nahm es noch als Toter von Toten. Kommt herein, Marcellin! rief er zur Tür hin. Der Bischof von Arezzo trat ein. Als mein Lehensmann hatte er sich der Felonie schuldig gemacht und treubrecherisch das Schwert des Papstes gegen mich geführt. Nun zog er statt der Schleppe seines Priesterornats den Strick hinter sich her, an dem man ihn in Vollzug meines Urteils aufgehängt hatte. Er trug die Schlinge noch um den Hals. In ihren gedrehten Strängen hingen ein paar Fetzen seiner Halshaut. Ähnliches hatte ich am gegliederten Rundleib verpuppter Raupen gesehen, deren Kokon ich aus Neugier geöffnet hatte, nicht sehr sauber, wie ich mich erinnere. Ein richtiges Gesicht hatte der Bischof nicht: Meinen verwunderten Blick bemerkend, sagte er: Ich ließ es auf Arezzos Pflastersteinen, Herr, über das die Sarazenen mich hinter einem Pferd schleiften, am Halse, das Gesicht nach unten. Nun erkannte ich auch den Geruch, der von seinen verschmutzten Kleidern ausging, als den von Pferdedung. Ich war darüber im Zweifel gewesen. Befriedigt wandte ich mich wieder meiner Schreibarbeit zu. *Der Falke, der auf einen Kranich fliegt, wird ihn entweder schlagen oder fehlen, festhalten oder auslassen. Wenn er den Kranich schlägt und festhält, darf sich ihm der Reiter, der zu seiner Hilfe her-*

ansprengt, nicht von vorn, sondern nur von der Seite her nähern, denn es wäre immerhin möglich, daß er sein Pferd nicht rechtzeitig zum Stehen brächte und der Falke dann unter dessen Hufe geriete und zertrampelt würde. Deshalb sitze er etwas vorher ab und eile zu Fuß rasch hinzu. Sollte jedoch der Hund den Kranich schon gefaßt haben, entferne er ihn, aber nicht mit Schelten, sondern mit gutem Zureden. Über seine verstümmelte Zunge hinweg, die seiner Lautbildung etwas Lächerliches gab, sagte Marcellin: Das Pferd, Herr, an das sie mich banden, rührte sich auch unter Schlägen nicht vom Fleck, sondern erzitterte steifbeinig und mit rundem Rücken im Klang des Tedeums, das ich, im Schmutz hinter ihm liegend und gefesselt an Händen und Füßen, laut sang. Da schnitten sie mir die Zunge ab, soweit sie ihrer in dem Gezerre, das entstanden war, habhaft werden konnten. Erst dann galoppierte das Pferd an. Verzeiht mir mein unwürdiges Artikulieren, Herr! *Nun ergreife der Falkner beide Beine des Kranichs, füge sie zusammen, strecke sie am Boden der Länge nach rückwärts aus, setze einen Fuß drauf und bohre den Schnabel des Kranichs bis zu den Augen in die Erde.* Vinea sagte: Laßt mich für den Bischof reden, Herr! Das Sprechen fällt ihm gar zu schwer. Ich nickte abwesend. Vinea fuhr fort: Unterm Galgen angekommen, rissen sie ihm die Haare aus. Ein Sarazenenfuß auf seinem Nacken stieß Marcellins langgezogenes Stöhnen in die Erde. *Während die Brust des Kranichs nach oben zeigt, halte der Falkner mit beiden Händen die Flügel fest und lasse nunmehr den Falken, der auf dem Kranich steht, diesen entfiedern.* Vinea sagte: Sie rissen ihm die Kleider auf, bis der geweihte Leib nackt hervorschien, raubten ihm das goldene Kreuz vom Herzen und legten ihm die Schlinge um den Hals. *Alsdann breche der Falkner den Leib des Kranichs unterhalb der Brust auf, wo der Bauch beginnt, fahre mit der Hand bis zur Brustgabel hinein, hole das Organ, das dort durch sich selbst bewegt wird, nämlich das Herz, heraus, das auch dann noch lange durch seine natürlichen Bewegungen, nämlich die der Ausdehnung und Zusammenziehung, weiterschlägt, und lasse den Falken auf dem Kranich davon kröpfen.* Vinea sagte: Dann hängten sie ihn. Als er tot war, stießen sie ihm eine Lanze in die Seite. Da sie Sarazenen sind und des Christlichen nicht mächtig, fanden sie nichts dabei, es den römischen Legionären beim Kreuzestod unseres Herrn Jesus gleichzutun. *Schließlich öffne der Falkner mit einem Messer die Brust des Kranichs und erlaube dem Falken, auch davon zu atzen. Das Herz aber soll deshalb zuerst entfernt werden, weil dadurch der Kranich schneller verendet, als wenn irgendein anderer Teil der Eingeweide herausgenommen wird.* Vinea sagte: Einige Bettelmönche nahmen den Bischof – berichtigt mich bitte, Marcellin, wenn es anders war – vom Galgen und begruben ihn bei Nacht. Aber die Sarazenen gruben ihn bei Tag wieder aus und hängten ihn ein zweites Mal an den Galgen. Das wiederholte sich noch dreimal, bis Du, Herr, der Sache endlich ein Ende machtest. *Solange nämlich der Kranich noch lebt, besteht für den Falken Gefahr, von ihm verletzt zu werden. Auch würde er sonst beim Kröpfen vom Brustfleisch durch das herausquellende und hochspritzende Blut beschmutzt werden.* Marcellin trat zurück in die hohe Spitzbogenlaibung des Fensters, in der fünf Treppenstufen zu zwei seitlich angeordneten Steinbänken hinaufführten. Saß man dort, hatte man einen weiten Blick über die sich abwärts senkende, mit Pinien bedeckte Murge nach Andria hinunter und weiter bis zum Meer. Weil Marcellin es versäumt hatte, den Galgenstrick an sich zu ziehen, stolperte Vinea über ihn, während er rückwärts zur Tür schritt. Dabei verschüttete er etwas Gehirnmasse und Blut aus seinem offenen Schädel. Mein Stöberhund Naso lief zu der besudelten Stelle des Marmorfußbodens und säuberte ihn mit der Zunge. Auf dem Weg zurück zu meinen Füßen wankte er und fiel tot um, noch bevor er mich erreicht hatte. Ich sagte: Nun siehst Du es selber, Vinea: In Deinen Gedanken, die mir gelten, ist Gift. Weh mir, alle meine Getreuen haben Greuel an mir, und die ich liebte, haben sich wider mich gekehrt! Vinea ging darauf nicht weiters ein, öffnete die Tür und ließ einen Mann herein, in dem ich den Arzt erkannte, der an mir einen Giftmord versucht hatte. Aus seiner vom Galgenstrick zerschundenen Kehle, deren Knorpelkopf freilag, kam, wie unter Schmerzdruck, ein hoher winselnder Ton, der endlos anhielt. Ich fing damit als Beginn einer Unterhaltung nichts an und wußte darauf nichts zu sagen. Weil auch Vinea und Marcellin schwiegen, wandte ich mich wieder meiner Arbeit, dem Vogelbuch, zu. Ich schrieb: *Da es für den Gerfalken nützlich ist, den Schrei des Kranichs zu kennen, damit er sich daran gewöhnt, von ihm zu kröpfen, verfahre man wie folgt. Bei einem Kranich muß so kunstgerecht wie möglich, nahe am Schlund, die Luftröhre freigelegt und das Herz herausgeholt werden; doch darf man den Vogelkörper an keiner weiteren Stelle öffnen. Und weil die Luftröhre nach dem Einschnitt herausgeholt werden soll, ist es ratsam, von da, wo sie freigelegt wurde, die Haut der Länge nach abwärts zu schlitzen. Dann ergreife man das Ende der Luftröhre und blase mit aller Kraft hinein, damit Luftröhre und Lunge sich mit Luft füllen. Um zu verhindern, daß sie wieder entweicht, klemme man das Ende der Luftröhre mit zwei Fingern ab und nehme sie dann vom Mund. Will man, daß der Kranich schreit, so presse man seine Seiten zusammen, indem man zugleich die Finger, die das Ende der Luftröhre zuhalten, lockert. Auf diese Weise wird der tote Kranich wie ein lebender schreien.* Vinea beendete das Winseln des Arztes, indem er ihm zwei Finger auf den offenen Kehlkopf legte. Dann sagte er: Erlaube bitte, daß er bleibt, Herr. Ich nickte gleichgültig und schrieb: *So kann man den Kranich beim Abtragen des Falken wiederholt verwenden; freilich nur so lange, wie der Kadaver nicht in Verwesung übergeht.* Vinea führte den Arzt unter Belassung seiner Finger auf dessen Kehlkopf zu Marcellin in die Fensternische. Der hatte inzwischen auf der rechten Fensterbank Platz genommen, der Arzt erklomm ebenfalls die Stufen und setzte sich auf die linke, dem Bischof gegenüber. An die Kehlkopfwunde hielt er ein Mundtuch gepreßt. Vinea ging wieder zur Tür, öffnete sie und ließ nun eine junge Frau herein. Während ich noch rätselte, wer sie wohl sei, sagte Vinea: Ihre kaiserliche Majestät, Isabella, Königin von Jerusalem aus dem Hause Brienne! Isabella neigte leicht den Kopf. Es war über zwanzig Jahre her, daß ich sie in Andria hatte beisetzen lassen; so wunderte mich das schmutzige und fleckige Gelb ihres einst weißen Grabgewandes nicht, das sie noch immer von Kopf bis Fuß einhüllte. Da sie auch das Gesicht bedeckt hielt, hatte ich meine Einschätzung, es handle sich um eine junge Frau, der kindlichen Schlankheit ihrer Figur entnommen. Immer hatte sie sich bedeckt gehalten, in der Stunde ihrer Defloration sowohl als auch bei den paar anderen Gelegenheiten, da ich ihr beilag. Isabella sagte: Wenigstens das erste Mal war es nicht meine Idee. Du schriebst es selber in Deinen Papieren, daß Dein Diener Occursius mich nur so weit entblößte, als, wie Du Dich chevaleresk ausdrücktest, zur ungehinderten Erledigung des Staatsgeschäfts nötig war. Ich nickte und blätterte in meinen Papieren zurück, bis ich die Stelle fand, auf die Isabella anspielte. Ich las laut vor: Ihm war dabei bewußt gewesen, daß der Anblick des total entblößten Kinderkörpers dieser Dreizehnjährigen bei mir mit Sicherheit eine Erektion verhindern würde. Isabella sagte: Du kannst dir das Weiterlesen sparen, denn alles, was Du darüber schriebst, ist richtig, und doch ist alles falsch, weil nichts davon in jener Nacht geschah, die dem Tag folgte, an dem ich aus dem Morgenland zu Dir nach Italien kam, ein Kind noch tatsächlich, vor allem aber, das hattest Du sofort durch meine Kleider hindurch gesehen, zu mager für Deinen an gut befleischte Odalisken gewöhnten Geschmack. Ich senkte den Kopf über meine Papiere. *Wenn der Gerfalke indessen nicht auf den Kranich fliegen will, weil er ihn nicht mag oder weil er das auf seinen Rücken gebundene Fleisch nicht sieht, dann soll der Gehilfe, der neben dem Falkner steht, zum Kranich hingehen, die äußerste Spitze eines Flü-*

gels ergreifen und ihn bewegen, um dadurch den Gerfalken anzureizen, doch hinzufliegen. Isabella sagte: Occursius führte Dich in jener Nacht, die Du so staatsmännisch beschriebst, zu einer syrischen Verwandten aus meinem Gefolge ins Bett, einer jungen Frau mit üppigen Gliedern. Ich blieb allein, nur Tränen streichelten meine Wangen. *Greift der Gerfalke den Kranich gleich beim ersten Mal, wenn sich kein Fleisch mehr auf dessen Rücken befindet, kühn an, soll er ihn töten dürfen. Andernfalls nehme man eine Wildtaube von ähnlich grauer Farbe wie der Kranich selbst und schiebe sie, ebenso wie es zuvor mit dem Fleisch geschah, von unten zwischen den Flügeln hindurch auf den Rücken; doch muß man ihren Kopf und ihre Füße verbergen, damit der Gerfalke nicht merkt, daß es sich um eine Taube handelt. Ihre Brust lasse man ihn entfiedern und davon kröpfen.* Isabella sagte: Die Grenzenlosigkeit Deiner Macht wird nur von der Grenzenlosigkeit Deiner Phantasie übertroffen, und wo sie überbordend, verzeih mir, zur Lüge wird, da beläßt Du der Lüge noch einen wahren Kern, aus dem heraus Du, mit neuer wunderbarer Phantasie, wieder Wahrheit wachsen lassen kannst, wenn es ein Zwang zur Rechtfertigung einmal gebieten sollte. Die Sarazenin Na'na in Deiner Version unserer Hochzeitsnacht ist ein solch wahrer Kern. Indem Du wahrheitsgemäß zugibst, in derselben Nacht, die Du wahrheitswidrig uns zuschriebst, einer Odaliske beigelegen zu haben (um mich nicht mit einer ungebrochenen Erektion bedrängen zu müssen), gibst Du vor Deinem Gewissen versteckt zu, mich betrogen zu haben. Man kann sagen: Du verstehst es, mit der Wahrheit zu lügen. Die gelogene Wahrheit: Es lag nicht Na'na in unserer ersten Nacht bei Dir, sondern meine Cousine; sie gestand es mir. Und die wahre Lüge: Unsere erste Nacht fand statt, wie Du sie beschriebst, nur war es nicht die Brautnacht, und darum standest Du, als alles vorüber war, dies Deine Worte, im strömenden Schwarz meiner gleichgültigen Blicke, wie der nacktbeinige Reiher im Fluß des Thales, gesehen und doch nicht gesehen, fremd und ungebeten und viel zu nah. Nun, Friedrich, weißt Du, warum. Mit einem erneuten kleinen Neigen des Kopfes ging Isabella zum Arzt und zum Bischof hinauf, der ihr durch Wegrücken vom Fenster auf einer Bank Platz anbot. Isabella nahm an und schaute aus dem Fenster zum nachtdunklen Andria hinunter, wo im Dom ihr Grab lag. Ich fügte der Präambel meines Buches zwei Absätze hinzu. Erstens: *Der Titel des Werkes lautet: Das Buch des göttlich Erhabenen, Friedrich des Zweiten, des Kaisers der Römer, des Königs von Jerusalem und Sizilien, über die Kunst, mit Vögeln zu jagen, das unterteilend und erforschend die Wirkungen der Natur bei dieser Jagd offenbart.* Und zweitens: *Unsere Absicht ist es, in diesem Werk über die Beize die Dinge, die sind, so, wie sie sind, darzustellen und dem den Rang einer Kunst zu sichern, wovon keiner bisher Wissen besaß und das noch keiner als Kunst angesehen hat.* Vinea tappte, eine Hand sichernd voraus, wieder zur Tür und ließ Franz von Assisi herein. Spottlust kam mich an. Zu Vinea hinblickend, sagte ich: An dem da (ich wies auf den Bettelmönch) wirst Du nichts verdient haben, und sollte er Dir doch einen Geldbeutel gegeben haben, so hüte Dich, ihn zu öffnen. Er fand ihn auf der Straße. Unter seinem extremen Geldhaß verwandelte sich der Inhalt in eine Schlange; seine ihn begleitenden Brüder bezeugten es vor dem Papst in Rom. Vinea starrte mit der Borke seiner Augenhöhlen und hielt sich an der Wand neben der Tür fest; mit der freien Hand griff er wie in Panik unter seinem weiten Gewand nach einem größeren Geldbeutel, der dort, man hatte es deutlich sehen können, zusammen mit etlichen anderen gut gefüllten an einem Leibstrick aufgehängt war. Vinea nahm sich nicht die Zeit, den Geldbeutel loszunesteln, vielmehr riß er ihn vom Strick und warf ihn entsetzt von sich. Unter der Behandlung, die Vinea ihm hatte angedeihen lassen, war er aufgeplatzt, und noch während er zu Boden fiel, kam eine Schlange aus ihm heraus und klatschte nicht weit vom Assisinaten auf den Steinfußboden, wo das

Tier wie betäubt liegenblieb. Ich erkannte es an der Zeichnung des Kopfes und dem starken Glanz des Leibes sofort wieder. Es war die Schlange, die im mittäglichen Garten meines Quartiers in L'Aquila mit dem Mönch über Gott und die Welt diskutiert hatte. Ich sagte: Willkommen, Schwester Schlange! Wie man an uns beiden sieht, überleben die Bösen die Guten. Ich hoffe auf angenehme Gespräche. Und zum Assisinaten: Es war ein passendes Geschenk für Vinea. Ich wußte gar nicht, daß Du Humor hast. Aber sag mir, warum Du kamst! Franziskus antwortete: Wir kamen damals mit einigem nicht zu Ende, Herr Kaiser. Ich sagte gutgelaunt: Nicht nur das. Dreiundzwanzig Jahre nach Deinem Tod (rechne ich richtig?) hast Du noch immer, was Du zwischen Tod und Jüngstem Gericht eigentlich nicht haben dürftest: einen Leib, statt bloß eine Seele. Auch darüber wollen wir reden, denn die Sache ist strittig. Geh einstweilen hinüber zum Fenster zu den anderen, und nimm gegenüber meiner zweiten Frau Platz; es verbindet Euch neben Eurer großen Güte auch eine ungefähr gleich lange Grabesruhe. Franz von Assisi ging zu Isabella hinauf. So saßen sich nun in der Fensterlaibung auf den Bänken gegenüber: Isabella und Franziskus, Marcellin und der Arzt. Ich blickte erwartungsvoll zur Tür. Vinea hatte sich wieder gefaßt, denn die Schlange war in die Nähe eines Holzkohlenfeuers in einer Dreibeinschale inmitten des Raumes gekrochen, wo sie sich wie zum Schlafen aufgeringelt hatte. Ich wußte es besser, sagte aber nichts. Vinea öffnete die Tür, und herein trat, rückwärts gehend, weil er zu seinen Lebzeiten allzuweit nach vorn geschaut hatte, M. Scotus, mein Hofastrologe längst vergangener Tage. Ich sagte: Begrub ich Dich nicht in Deutschland, Michael, anno '36? Dein Tod war Dein Meisterstück in astrologischer Prophetie. Du hattest Dir selbst weisgemacht, es werde Dich ein fallender Stein erschlagen, aber Du hofftest, die Sterne zu überlisten, indem Du stets ein eisernes Doppel Deines Schädeldachs unter dem Professorenbarett trugst. Aber ach, es half nichts, denn während einer Messe, es war, glaube ich, in Köln, löste sich ein Stein aus der Decke und bestätigte die Größe Deiner Kunst, indem er Dich totschlug. Die Schlange lispelte: Gott hatte das letzte Wort! Ich sagte: Ich grüße Dich, Michael! Ein Fensterplatz ist nicht mehr frei, nimm also die umlaufende Bank hier, nahe der Schlange. Weisheit und Klugheit passen gut zueinander. Ich sah mich im Raum um. Außer mir waren nur anwesend: Bischof Marcellin, der Leibarzt, Isabella von Brienne, Franziskus, Vinea, M. Scotus, die Schlange und der tote Hund. Ich fand gerade, daß es jetzt genug war, als Vinea noch einmal die Tür öffnete. Herein trat in wallendem Weiß Fahr ad-Din ibn as-Saih, der Emir aus Jerusalem, dem ich es verdankte, das Heilige Grab ohne Schwertstreich von Sultan al-Malik al-Kamil, dessen Bevollmächtigter er gewesen war, zurückerhalten zu haben. Aus seinem Gewand ragte an der Stelle, wo sich das Herz befand, der kannelierte und mit Golddraht eingelegte Bronzegriff eines Dolches heraus. Meinen Blick bemerkend, sagte Fahr ad-Din lächelnd: Es war der Dank der ismailitischen Haschisch-Leute an mich, der Dir, mein kaiserlicher Freund, der Friede Gottes sei mit Dir, zum Entsetzen vieler Rechtgläubiger in unseren Ländern Jerusalem im Namen meines toleranten Herrn, des Sultans von Kairo, Gott heilige seinen Geist, zu treuen Händen und für die Dauer von zehn Jahren auslieferte, damit Du und Deine Glaubensbrüder Eure Gebete verrichten konntet am Grab Eures Propheten Jesus, den wir Muslime Isa nennen und den wir so hoch achten, daß wir ihm für den Fall seiner Wiederkunft auf Erden eine Grabstelle an der Seite Mohammeds, des Gesandten Allahs, in der großen Moschee von Medina reserviert haben. Der Emir verneigte sich leicht gegen mich und legte sich die Rechte aufs durchstoßene Herz; der Dolchgriff sah nun zwischen Ring- und Mittelfinger heraus. Ich sagte: Es verwirrt mich zu sehen, daß die Nezaris, die man im Abendland die Assassinen nennt und die als Ismailiten schiitischen Glaubens sind, Dich, den Sunniten, meuchelten, obwohl doch schon vor unserer beider Zeit in Jerusalem ihr geistliches Oberhaupt, der dritte Imam Hasan auf dem Thron des Alten vom Berg Alamut, religiösen Frieden schloß mit Naser, dem orthodoxen Kalifen von Bagdad. Hat das Kraut Cannabis den Geist der mörderischen Haschisch-Esser vollends verwirrt? Fahr ad-Din sagte: Nicht religiös, rein machtpolitisch war der Mord an mir motiviert, denn auch die sunnitische Orthodoxie, der mein maßvoller und toleranter Herr al-Kamil und ich doch selber anhingen, billigte nicht die kampflose Übergabe Jerusalems an Dich, den fränkischen Christenkaiser. Und seit dem dritten Hasan morden die Nezaris nur noch aus politischer Opportunität. Sie sind nichts weiter mehr als Terroristen, und ihren Taten fehlt längst auch nur der Schein einer Legitimierung durch den Glauben. Ich sagte: Wie auch immer, o Emir, ich heiße Dich, gleichgültig ob Du in Zorn oder Liebe kommst, willkommen, und Gott sei mit Dir ... Welcher Gott, bitte? fiel mir der Bischof von Arezzo ins Wort, und: In keinem Fall ist es ja wohl der meine! Der Emir zitierte als Antwort aus der dritten Sure des Korans: *Bezeugt hat Allah, daß es keinen Gott gibt außer Ihm. Und siehe, Jesus ist vor Allah gleich Adam; Er schuf ihn aus Erde, alsdann sprach Er zu ihm: Sei! Und er ward.* Das ist, sagte Fahr ad-Din gegen den Bischof hin, die Wahrheit über Deinen Herrn. Ich erläuterte Marcellin diese Koranstelle: Weder Adam noch Jesus hätten einen irdischen Vater; so seien sie zwar Geschöpfe Gottes, aber Ihm nicht in Sohnschaft verbunden. Marcellin wollte aufbrausen, man sah es an der Rötung seiner Gesichtswunden. Ich sagte, den aufkommenden alten Streit zwischen Christen und Muslimen beendend: Habt Ihr nicht Verstand? Warum streitet Ihr über das, wovon Ihr kein Wissen habt? Fahr ad-Din lächelte mir zu: Du zitiertest aus derselben Sure, ich merkte es wohl. Also hast Du nichts von dem vergessen, was meine Glaubensbrüder Dich als Kind in Palermo lehrten. Ich sagte: Ohne den Zweifel an der Gottessohnschaft Jesu, den meine arabischen Lehrer mir ins Herz senkten, hätte ich dreißig Jahre später nicht die jerusalemitanische Königskrone vom Altar der Grabeskirche genommen und sie mir ohne Vermittlung der Kirche aufs Haupt gesetzt. Du weißt, daß schon Gottfried von Bouillon, Jerusalems erster König, im Kreuzfahrerstaat diese Krone nicht an einem Ort tragen mochte, an dem Jesus die Dornenkrone trug. Ich hatte diesen Skrupel nicht. In Deinem Glauben, o Emir, der auch der Glaube meiner Kindheit war und mein Denken beleuchtet bis heute, steht Jesus, den Ihr Isa nennt und unter die großen Propheten rechnet, nach Ursprung und Bedeutung neben Adam, dem ersten Menschen. In dieser Herausgehobenheit aus der Menschheit fühle ich mich Adam verwandt und darum, wie er, Jesus im Rang nicht nachstehend. Es war nicht ich, der Gott lästerte, als ich, gebannt noch vom Papst, in der *mater ecclesiarum* zu Jerusalem dieses Königreichs Krone durch meine Selbstkrönung ... Usurpierte! zischte der Bischof von Arezzo aus seinem Nichtgesicht. Bitte, sagte ich, wenn es Dir so gefällt. Aber Du irrst in Deinem abgestandenen Haß auf mich, Marcellin: Die Legitimität meines Anspruchs sitzt Dir gegenüber: Isabella von Brienne war die rechtmäßige Erbin dieser Kreuzfahrer-Krone, und ich trat dies Erbe durch Heirat mehr als drei Jahre vor meiner Selbstkrönung an. Isabella seufzte ein *Weh mir,* und der Bischof tätschelte ihr ein knochiges Knie, wozu die Schlange sich gottweißwarum züngelnd die Lippen leckte. Ich fuhr fort: Also, nicht ich lästerte Gott in der Rundkirche über dem Grab Jesu. In meinem Christenleben (die Schlange gähnte unverschämt) überwog die muslimische Ansicht, es sei gotteslästerlich zu glauben, Gott könnte einen Sohn haben, der in allem sowohl an der menschlichen als auch an der göttlichen Natur teilhabe. Wir nennen das, sagte Fahr ad-Din, *schirka*, die Sünde der Beigesellung. Die Schlange mokierte sich: Wenn ich das alles recht verstehe, Herr Kaiser, dann rücktest Du in Jerusalem zu Jesus auf, indem Du von ihm abrücktest, oder, anders gesagt, weil Du inwendig der Muslime Geringster warst (denn Du glaubtest auch da nur mit halbem Herzen), wurdest Du auswendig der Christen Höchster – sehr gekonnt, meinen Respekt! Sie richtete sich steil auf und sank nach Art der Demütigen wieder in sich zusammen. Der Hohn dieser Geste war schwer zu ertragen, aber dies war die Stunde der Wahrheit, und so blieb ich äußerlich ruhig, nahm in meinem Stuhl den Kopf ins Genick und schloß die Augen. Dennoch drang es mir durch die Lidhäute: das Antlitz Gottes über mir im Kreuzpunkt des Deckengewölbes, Schlußstein all meiner hochfliegenden Gedanken, ein breitflächiges Gesicht mit einer fleischigen Nase, tiefliegenden Augen und einem erregt offenen Mund, aus dem die Schwärze uralter Gedanken starrte. Stirn, Wangen und Kinn umloht von Haarsträhnen wie von Flammen. Mein Gott, was bin ich alt geworden! Und nach der Gewohnheit alter Leute mache ich mir ein Bild von Ihm. Man hatte sich über den Ablenkungen des Lebens aus den Augen verloren, aber nun stand ein Wiedersehen bevor – wie mag Er wohl aussehen? Der Arzt sagte: Ejaculatio praecox, Herr Kaiser, von freilich spiritueller Natur – Ihr braucht Gott bloß mit dem Geist zu berühren, schon fließen unerwünscht die selbstquälerischen Gedanken! Nehmt Euch Zeit, dringt tiefer ein, verweilt, und die Angst fließt in wohligem Strömen aus Euch hinaus: Dieses Gottesgesicht über Eurem Kopf ist die unerklärliche Laune eines Steinmetzen und die erklärliche Idee Eures Architekten: Er brauchte für das Deckengewölbe einen dekorativen mittigen Schlußstein. Wenn Ihr wollt, lasse ich Euch zur Abkühlung Eures Geistes zur Ader. Ich winkte müde ab. Sie ließen, sagte ich, auch Jesus zur Ader, ich sah die Lanze, mit der sie ihm die Seite öffneten, in der Grabeskirche, wo man sie zusammen mit Kelch, Essigschwamm und Rohr den Pilgern zeigt. Der Aderlaß nahm dem Gekreuzigten nicht die letzten Gedanken an Gott. Franziskus sagte: Du kennst, was wunder bei einem halben Heiden, die alten Texte schlecht: Sie stachen erst das tote *corpus Christi* an. Die Schlange sagte: Wie auch immer, die Sache mit der Lanze ist Pilgerrummel und Dummenfang. Wer mag an die Echtheit eines Spießes glauben, der Jahrhunderte an einem Ort gelegen haben soll! Und warum überhaupt soll der römische Legionär, dem er gehörte, ihn dort gelassen haben? Und der Schwamm gar, der mit Essig gefüllte, und das Rohr, an das gesteckt er Jesus zur Löschung des Durstes hinaufgereicht wurde – organischen Stoffes beide und darum leicht vergänglich. Und schließlich das Allerheiligste, das Kreuz, an das sie ihn nagelten! Wie man weiß, sind seine Splitter über die ganze abendländische Welt verstreut, große Kirchen baute man in Ehrfurcht um sie herum und hüllte die Reliquien in Gold und Edelsteine. Die Kaiserin Helena soll das Kreuz gefunden haben, zwanzig Ellen tief habe sie am verdächtigen Ort, dem Golgathafels, graben lassen. Soll ich Euch die Wahrheit sagen, meine Dame, Ihr Herren? Was man den Pilgern unter dem Altar der konstantinischen Basilika als den Ort der Kreuzfindung zeigt, das ist wohl nur eine alte aufgelassene Zisterne, in der man dreihundertfünfzig Jahre nach Christi Tod bei Aufräumungsarbeiten ein paar große alte Holzstücke fand, in denen eine erregte Phantasie das Holz des Kreuzes sah. Und habt Ihr nicht die Schrift des Dominikaners Burchard gelesen, dem sie in Hebron die Erde zeigten, aus der Gott Adam schuf? Sie sei rot und zäh wie Wachs, berichtet er, und finde sich bei der Stadt auf einem Feld, das man das damaszenische nenne. Aber zuvor hatte man den Urstoff der Menschen schon in der roten Erde um Damaskus zu finden geglaubt und in den Wörtern *adom* für rot und *adamah* für Erde sowohl den Namen Adams als auch den der Stadt Damaskus entdeckt. So gibt es denn nun einen Adam aus erster, syrischer, und einen aus zweiter, palästinensischer Gotteshand; die dritte Hand im üblen Spiel mit der Dummheit der Gläubigen ist die offene Hand der Schelme, die die Pilger ausbeuten. Amen, sagte Fahr ad-Din spöttisch und: Wollen wir uns nicht endlich Vernünftigerem zuwenden? Und was könnte vernünftiger sein als die Mathematik! Auch würden wir, wendeten wir uns der Mathematik zu, das Thema Gott ja nicht verlassen, treibt er doch, wie Platon glaubte, Geometrie. Als ich im Kommen dieses Kastell del Monte umrundete, wollte mir scheinen, Du säßest mitten in ihr, denn Dein apulisches Schloß ist eine geometrische Orgie der Zahl Acht. Die Schlange richtete sich auf, sie schien beleidigt zu sein darüber, daß der Muslim ihr das Wort abgeschnitten hatte. Übrigens, sagte sie spitz, lag in der Gegend von Hebron der Garten Eden, und darum votiere ich, was die Lokalität von Adams Erschaffung angeht, aus erklärlichen Gründen natürlich für Hebron! Danach nahm sie wieder auf sich selber Platz. Ich wandte mich an M. Scotus, der bislang der Unterhaltung schweigend gefolgt war. Willst Du uns nicht etwas über diese Zahl Acht sagen, Michael? Die Sache fällt in Dein Ressort. Der Schotte nahm den Blick von der Schlange, setzte sich aufrecht und fragte zurück: Aus heidnischer oder aus christlicher Sicht? Mir scheinen die Interessenlagen hier sehr unterschiedlich zu sein. Da niemand eine Vorliebe im Sinne der Frage äußerte, sagte Scotus: In der Zahl Acht transzendiert die Zahl Vier, welche die Erde symbolisiert, zum Kreis, der für den Himmel steht. Von viererlei Art ist alles: die Richtungen des Himmels, die Winde, die Elemente. Ich muß sie nicht benennen, jeder kennt sie. Von viererlei Art ist auch das menschliche Temperament, denn es ist sanguinisch, cholerisch, melancholisch oder phlegmatisch, und ein jedes korrespondiert mit einem menschlichen Saft, insgesamt wiederum vier: das Blut mit dem sanguinischen Temperament, die weiße Galle mit dem cholerischen, die schwarze mit dem melancholischen und der Schleim mit dem phlegmatischen. Die Säfte haben vier Qualitäten: warm-feucht das Blut, warmtrocken die weiße, kalt-trocken die schwarze Galle und kalt-feucht der Schleim. Und von viererlei Art schließlich sind die Probleme des grübelnden Menschen: Das Oben und das Unten, das Zukünftige und das Vergangene. Dergestalt ist die Seele der Zahl Vier; ihr Körper ist das Quadrat. Ich sagte darauf: In einem Quadrat, dem die Figur des Unendlichen in Gestalt eines Kreises eingeschrieben war, empfing ich als Knabe den Impetus zur Lust an der Mathematik. Ich meine Kubus und Kugel, die die dreidimensionalen Entsprechungen von Quadrat und Kreis sind, in der Gestalt der Klause des arabischen Marabouts im Feld beim palermitanischen Berg Pellegrino.

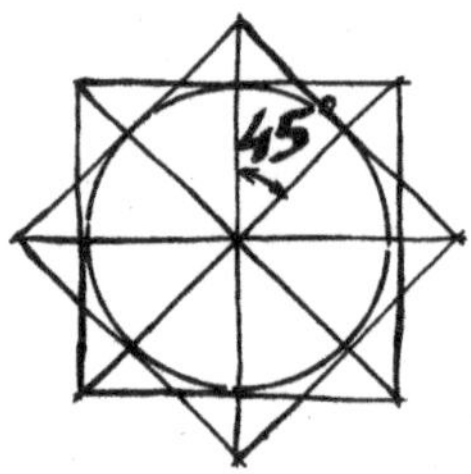

Der Bischof von Arezzo sagte: Wärest Du ihm nie begegnet! Ich hielt dagegen: Wäre ich ihm nie begegnet, Marcellin, gäbe es dieses Schloß nicht, und die Welt der Architektur wäre, das maße ich als der geistige Schöpfer dieses Neubaus mir an, sehr viel ärmer. Quadrat und Kreis, das Unten und das Oben, das Schwere und das Leichte beherrschten in islamischer Formensprache meine Kindheit. Mein Mannesalter verdoppelte dann das Quadrat mit dem ihm eingeschriebenen Kreis zum Achteck. Scotus sagte: Nach Euklid ist sich in der Geometrie gleich, was sich deckt. Legt man ein Quadrat auf ein anderes und dreht das obere, ohne seinen Zentrierungspunkt in der Mitte des dem unteren Quadrat eingeschriebenen Kreises zu verschieben, um fünfundvierzig Grad, so erhält man ein symmetrisches Achteck. Und so ist, vor der Drehung, die Dekkung zweier gleicher Quadrate gleich der Deckung zweier in Form und Inhalt identischer Lebensalter meines Herrn, unseres Kaisers, und ist, nach der Drehung, Ausdruck seines Willens, die erdenschwere Vier über die willentliche Acht mit dem Kreis der Himmelssphären korrespondieren zu lassen, denn nur dies ist das Kastell del Monte: Viereck, Achteck und Kreis, und sonst nichts. Fahr ad-Din sagte: Wenn Quadrat und Kreis die Figuren Deiner Kindheit waren und Achteck und Kreis die Leitbilder Deiner Mannesjahre, in denen ich mit Dir zusammentraf, dann laß mich raten, was nach der Klause des Marabouts in Sizilien die dreidimensionale Entsprechung von Achteck und Kreis in Jerusalem war. Ich sagte: Das ist nicht schwer, mein Freund. Wir umritten sie beide oft genug in Jerusalem und studierten sie von innen: den Felsendom Qubbat as-Sahra des Kalifen Abd al-Malik, erbaut vor viereinhalb Jahrhunderten an der Stelle, wo einst der Juden Heiligstes stand, der Tempel Salomos, wo Gott Abraham bereit fand, seinen Sohn zu opfern, und von wo Mohammed gen Himmel ritt. Hier meldete sich Franz von Assisi zu Wort. Falsch! krähte er mit einem Eifer, der erkennen ließ, wie lange schon mancher Aspekt dieser Nachtunterhaltung an seiner frommen Seele fraß. Wie Ihr alle wißt, sagte er, nun ruhiger, war ich zehn Jahre vor Dir, Herr Kaiser, im Heiligen Land. Auch habe ich, im Gegensatz zu Dir, den Sultan al-Malik al-Kamil gesprochen. Ihn zum katholischen Glauben zu bekehren war ja der Zweck meiner Reise. Falsch! äffte die Schlange ihn nach. Wie jedermann hier weiß, warst Du nicht ein solcher Narr, daß Du wirklich gehofft hättest, einen Führer der Ungläubigen zu Deinem Glauben bekehren zu können. Du hofftest auf ein heidnisches Messer im Herzen! Märtyrer wolltest Du werden, denn das gilt unter Deinesgleichen als die einzig sichere Heilsgarantie. Und darum liefst Du, in Deinem Küchenarabisch *Sultano! Sultano!* schreiend, durch die Linien der gegeneinander stehenden Kreuzritter und Muslime, bis diese Dich – kopfschüttelnd, so daß sie Mühe hatten, ihre Turbane nicht zu verlieren, vermute ich – vor al-Kamil schleppten. Aber er tat Dir den Gefallen nicht, Dich für den Himmel zu qualifizieren. Und damit, Bruder Franz, sind wir wieder an den Punkt zurückgekehrt, an dem ich Dich unterbrach: der Himmelfahrt Mohammeds, des Propheten. Franziskus sagte zur Schlange milde (denn den Tieren verzieh er alles): Du sprachst wohl die Wahrheit, Schwester Schlange. Im Versuch, al-Kamil zu meiner Tötung zu provozieren, erzählte ich ihm, was ich im Kreuzfahrerlager aus rohem Soldatenmund gehört hatte: Als Mohammed dreiundsechzig Jahre alt geworden war, brachte ihm einer seiner Jünger, Albunor, Gift bei. Zwei Wochen lag der Prophet in Schmerzen, dann starb er. Am dritten Tag nach seinem Tod, so hatte er gesagt, wollte er auferstehen von den Toten und gen Himmel fahren. Sie ließen ihn zwölf liegen, aber er wollte und wollte nicht auferstehen, sondern stank. Der Sultan, sagte Franziskus weinerlich, lachte nur, denn er saß in seinem Glauben so fest wie in seinem Sattel; aus dem einen wie aus dem andern brachte ihn nichts und niemand heraus. Die Schlange sagte: Er hielt Dich für verrückt, also für nicht strafenswert. Und dann, unvermittelt, zu mir: Wie alt bist Du, Herr Kaiser? Ich sagte: Fünfundfünfzig, warum? Die Schlange antwortete: Dann gib acht, daß Dir Deine geliebte Zahl Acht nicht den Garaus macht. Addiere sie zu fünfundfünfzig, und Du hast dreiundsechzig. In diesem Alter starb nicht nur Mohammed. Es starben in ihrem dreiundsechzigsten Jahr schon viele Große. Die Alten nannten dies klimakterische Jahr darum *androklástes*, den Männerbrecher. Auch dem Augustus ward, kurz bevor er dreiundsechzig wurde, der alsbaldige Tod geweissagt. Als er dies Jahr lebend überstanden hatte, ließ er zum Beweis der Scharlatanerie der Astrologen – verzeiht, Herr Scotus! – sein Horoskop veröffentlichen. Er starb mit sechsundsiebzig. Dagegen verschied

Hadrian in seinem dreiundsechzigsten Jahr, an der Wassersucht, glaube ich. M. Scotus sagte: Interessant das, aber mich kann es nicht treffen, wie Du zu glauben scheinst, da Du bei der Erwähnung unzuverlässiger Horoskope meine Verzeihung erbatest. Ich habe in allen meinen Werken über die Astrologie stets betont, daß die Sterne keineswegs wirkende Ursachen menschlicher Schicksale seien, sondern lediglich Anzeichen, die nichts bewirken. Ich sagte ablenkend: Ihr Herren, es entgleitet uns die Unterhaltung wie der schlüpfrige Fisch der nachlässigen Hand, wenn wir nicht strenger bei einem Thema bleiben und es zu Ende führen, bevor wir uns ei-

nem neuen zuwenden. Weiß noch jemand, versuchte ich zu scherzen, wo wir den Fisch verloren? Die Schlange sagte anzüglich: Dort, wo er stank … Fahr ad-Din fiel ihr zornig ins Wort: Hüte Deine gespaltene Zunge! Du sprichst von meinem Propheten, und weder bist Du der Assisinate, noch bin ich al-Kamil. Ich könnte Dich nicht lächerlich genug finden, um Dir das Leben zu lassen! Bitte, Ihr Herren, sagte ich beschwichtigend, wir wollten über Geometrie reden. Scotus sagte: Es ist nicht nötig, Herr, zwei Quadrate zu verschieben, um ein Achteck zu erhalten. Es genügt, dazu ein einziges, in dem ein Kreis eingeschrieben ist. Ziehe in dieser Figur eine Durchmesserlinie von Nord nach Süd und eine zweite von West nach Ost, ziehe dann eine Diagonale von Nordwest nach Südost und eine zweite von Nordost nach Südwest, und Du hast auf den vier Grundlinien des Quadrats, die den ihm eingeschriebenen Kreis umschließen, acht Punkte gewonnen. Aber das ist nur der erste konstruktive Schritt. Wie Du seit Deiner Kindheit weißt, berührt der dem Quadrat eingeschriebene Kreis die vier Seitenlinien des Quadrats an dessen vier Punkten Nord, Ost, Süd und West. Durch diese Berührungspunkte laufen die zwei Linien der Durchmesser, die wir in Gedanken soeben zogen. Die beiden Diagonalen hingegen haben ihre ersten Schnittpunkte auf der Kreislinie, bevor sie in die vier Ecken des Quadrats einstoßen. Von den acht Punkten, die wir durch die Linien der Durchmesser und der Diagonalen gewannen, liegen also vier auf dem Quadrat und vier auf dem ihm eingeschriebenen Kreis, und jeder dieser acht Punkte wird zum Eck eines Achtsterns, sobald man von einem jeden zwei Linien zieht, sagen wir: von Nord, gelegen auf der Quadratlinie, nach Südwest und Südost, gelegen auf der Kreislinie; von Ost auf der Quadratlinie nach Südwest und Nordwest auf der Kreislinie; von Süd auf der Quadratlinie nach Nordwest und Nordost auf der Kreislinie; und von West auf der Quadratlinie nach Nordost und Südost auf der Kreislinie. Fahr ad-Din räusperte sich und sagte: Was der Professor Scotus im Kopf hat, mein kaiserlicher Freund, das haben wir Araber unter unseren Füßen, ist dieser Achtstern doch eine der häufigsten Dekorationsfiguren auf den Estrichfliesen unserer öffentlichen Gebäude. Und auf einen großen Estrich, sagte ich, den ich 1240 hier auf dem Hügel beim Dorfe Sancta Maria del Monte sorgfältigst planieren ließ, zeichneten mir die Seilspanner einer zisterziensischen Bauhütte … *harpedonáptai* auf griechisch, brüstete sich die Schlange … den Achtstern, übersetzt in die Maße dieses Schlosses. Mit Pflöcken und Schnüren sowie mit Hilfe des Thales und seines Lehrsatzes, wonach jedes Dreieck rechtwinklig ist, dessen Basis gleich dem Durchmesser eines Kreises ist, auf dessen Umfang die Dreieckspitze liegt, konstruierten sie Kreis und Winkel. Ich brauchte, sagte ich lächelnd, nur noch etwas unterhalb der acht Spitzen und zwischen ihnen die Mauergeraden zu ziehen und Anweisung zu geben, jede der acht Spitzen exakt zum Mittelpunkt eines ebenfalls achteckigen Turmes zu machen, und fertig war das Kastell del Monte! Auf dem Estrich, sagte Scotus, mir schmeichelnd. Auf dem Estrich, sagte ich, geschmeichelt. Dann ist, sagte Franz von Assisi, dieser Bau, wie der muslimische Felsendom in Jerusalem, den du studiertest, heidnischen Geistes. Doch während die Moschee es reinen, weil einen Geistes ist, handelt es sich hier um eine *fornicatio spiritualis*, um geistige Unzucht zwischen den zwei Seelen in Deiner Brust, der muslimischen und der christlichen. Die Schlange hob den Kopf vom Bauch und sagte maliziös: Wärest Du nicht immer bloß zu Fuß gegangen, weshalb Du aus dem Süden der Welt nicht herauskamst, hätte Dich dein Weg ja vielleicht auch einmal nach Aachen geführt. Dessen Pfalzkapelle, Gott hab den großen und heiligen Karl samt seinen Konkubinattern selig, ist auch ein Achteck. Und ein Achteck, sogar mit Türmen an seinen Ecken, ist auch der mächtige Hängeleuchter dieser Kirche, eine Gabe Barbarossas, des Großvaters unseres Kaisers. Dieser Leuchter hing unserem Herrn unmittelbar und lange genug vor der Nase, wenn ich so sagen darf, nachdem sie ihn im Jahr '15, frisch gekrönt zum Rex Romanorum, auf Karls Steinthron im ersten Stock des Hauses gesetzt hatten. Franziskus sagte sanft und des Spottes der Schlange nicht achtend: Und achteckig, Schwester Schlange, ist auch die byzantinische Prunkkirche San Vitale in Ravenna, zu der meine armen Füße mich trugen und wo (dies nach einer kleinen, maliziösen Pause, die ich dem milden Mann nicht zugetraut hätte) der große Karl für seine Aachener Kirche Kopie hatte nehmen lassen. Aber in den Kirchen Aachens und Ravennas feiert man Christus. Hier, in diesem Haus, feiert sich der Antichrist. Die Schlange sagte: Das hatten wir doch schon vor über zwanzig Jahren, Bruder Franz! Der Bischof sagte: Man kann es nicht oft genug hören! Isabella sagte: Er ist des Teufels, ein Kreuz zwischen den Brüsten einer Frau treibt ihn aus ihrem Bett! Fahr ad-Din machte dem allen ein Ende und wandte sich an mich: Und was, mein Freund, symbolisiert dieses Schloß nun? Des Rätselns der Nachgeborenen wird kein Ende sein, wenn Du nicht beizeiten sagst, was es Dir ist: die Symmetrie achtblättriger Blüten und also Nachahmung der von dir so geliebten Natur? Oder die acht vor Zorn weißen Knöchel deiner Fäuste auf diesem Land? Oder die – notabene achteckige – Krone des deutschen Reiches auf italischem Territorium? Sakralbau des Divus Augustus in Anlehnung an Neros dito achteckiges Lusthaus Domus Aurea? Provozierendes Sarazenenschloß unter der Nase des Papstes im angrenzenden Kirchenstaat? Oder was? Ich sagte heiter: Nichts von alledem, o Emir! Es war ein hübscher architektonischer Einfall, Baunummer 206 des baufreudigen homo Apuliae, gespeist durch sizilische Kindheitseindrücke und spätere Reiseerlebnisse in Orient und Okzident. Nun, wo das Haus so gut wie fertig ist, läßt mein Interesse an ihm nach. Die Geometrieaufgabe, die es war, ist gelöst. Michael hat mißtrauisch längst auch den letzten Winkel nachgemessen und nahm lediglich Anstoß daran, daß die Decken über den trapezförmigen Sälen nur in einem quadratischen Mittelteil ein elegantes Kreuzrippengewölbe zeigen (was zur Ausfüllung der Trapezform zwei dreieckige Zwickel aus einfachen Tonnengewölben nötig machte) – päpstlicher als der Papst, der Herr Mathematicus! Nein, hier einziehen, auf Dauer, werde ich nicht. Für militärische Zwecke ist das Kastell nicht geeignet – gegen wen auch, müßte man fragen, sollte es sich richten? Zwischen Rom und hier liegt die Festung Lucera mit zehntausend meiner Sarazenenkrieger darin. Jagdhaus? Danach ist die Gegend nicht. Hochwild, dem es angemessen wäre, kommt hier nicht vor, sieht man von ein paar Sauen ab; die Hirsche stehen in den Wäldern des Garganogebirgs. Wasserwild, auf das man mit Falken beizen könnte, fehlt im porösen Kalkgestein der Murge ganz. Da gehe ich lieber in die Sümpfe bei Grosseto, oben im Toskanischen. Der Prunk dieses Schlosses also für Elstern und Kaninchen? Oder doch Harem, wie die römische Kurie wieder munkeln wird? Ja wie denn: zehn von sechzehn Sälen voller Weiber, die sich, da die Potenz des getauften Sultans nicht Schritt halten kann mit den Schmutzergießungen klerikaler Phantasie, ein lesbisches Beispiel nehmen müßten an den zu dritt Leib in Leib stehenden Säulenbündeln an den Saalwänden? Nackte Atlanten, die hockend das Deckengewölbe tragen und mit schadenfrohem Grinsen ihr pralles Gemächt den Eunuchen zeigen? Porphyr und Marmor für die Hufe der Pferde des Wachpersonals? Nein, mein Freund, es hat mir nur Spaß gemacht, dies Haus zu bauen und zu schmücken. Warum wittert man hinter allem, was ich tue, Venus und Saturn, Mythos und Symbol? Bin ich denn nur noch das Produkt der Stilisten in meinen Kanzleien, gottgleicher Popanz, gemacht aus ihren prunkenden Adjektiven und gravitätisch schreitenden lateinischen Perioden, ein Deus ex lingua? Die Schlange sagte: Du denkst ungenau, Herr Kaiser. Einen Gott aus Sprache kann es nicht geben. Denn da Sprache einen Sprecher, also einen Schöpfer hat, hätte auch ein Gott, der aus ihr gemacht ist, einen Schöpfer. Ein geschaffener Gott aber, das erkennst Du doch an, ist unmöglich. Gott ist ungeschaffen. Da Du aber in der Tat ein Gott nur aus Sprache bist und die Materie Deines Gottseins einen Schöpfer hat, nämlich Petrus Vinea dort drüben, Dein einstiger Protonotar und Logothet, bist Du in Wirklichkeit kein Gott. Marcellin sagte: Endlich hat sich jemand getraut! Und fuhr fort: Es fehlt Dir zum Gottsein auch noch ein anderes, alles Entscheidendes, nämlich das höchste Richterrecht, alle – ich sage ausdrücklich: alle – Leben auf Erden zu nehmen. Du kannst, wie weiland Cäsar, eine Million Menschen hinschlachten lassen, und es wird Dir noch immer nicht zum Gottsein reichen. Wenn Gott sich freilich dadurch beweist, daß er, wie manche sagen, in absoluter Freiheit selbst einen ganz nach seinem Willen lebenden Menschen vernichten kann, ohne vor der Welt als ungerecht zu gelten, dann bist Du wohl ein Gott. Sagte es und schlug sich beide Hände vor das Nichtgesicht. Man hörte ihn schluchzen. Es war mir peinlich. Ich sagte krampfhaft scherzend: Ein Bischof, gehängt, wiegt hunderttausend Laien auf. Sag mir, Michael, wie viele Bischöfe müßte ich hängen lassen, damit ich Macht über alle Lebenden gewönne? M. Scotus sagte: Darauf willst Du nicht im Ernst eine Antwort. Entweder wir wenden uns wieder vernünftigen Dingen zu, oder wir gehen ins Bett. Ins Grab, wolltest Du sagen, höhnte die Schlange. Isabella fuhr auf: Das müssen wir nicht hinnehmen, zügele Dein Vieh! Auch von den anderen kamen Rufe des Unmuts. Ich beschwichtigte sie, indem ich sagte: Es ist die Kälte der Nacht, meine Lieben, die die Schlange in dem Maße aggressiver macht, wie sie durch den Temperaturverlust ihres wechselwarmen Blutes an wehrhafter Geschmeidigkeit des Leibes einbüßt. Das ist ganz normal; sie kann nichts dafür. Die Runde beruhigte sich. Gleichwohl nahm von nun an das Gespräch an Schärfe zu; es war, als hätte die Schlange einen neuen Ton angeschlagen. Zu ihm paßte das durchs Fenster einsickernde Weiß des Mondlichts, welches unterm Verlöschen der Holzkohlenglut in der bronzenen Dreibeinschale so sehr an Kraft gewann, daß es die von Blut und Fäulnis fleckigen Grabgewänder der Besucher reinigte. Die Ewigkeit schritt rückwärts. Die Toten näherten sich ihrem Leben. Ihre Gedanken umringten mich, rückten mir wolfsgleich auf den fröstelnden Leib. Herr Kaiser, sagte Franziskus, Du bist ganz und gar ohne Liebe. Du bist ganz und gar ohne Treue, sagte Isabella. Du bist ganz und gar ohne Glauben, sagte Marcellin. Du bist ganz und gar ohne Gnade, sagte Vinea. Du bist ganz und gar ohne Mitleid, sagte der Arzt. Da Fahr ad-Din, der Muslim, schwieg, fehlte nur noch die Stimme des Schotten. Er sagte: Du bist zwar nicht ganz und gar, aber doch im Grunde ohne Wissenschaftlichkeit. Da fuhr die Schlange auf: Also, das geht denn doch zu weit! Kennt der Kaiser die Tiere nicht so gut, daß er es sich herausnehmen kann, den großen Aristoteles in der Sache zu berichtigen, während Du, Schotte, ihn unter stilistischen Verschlimmerungen bloß zu übersetzen vermagst? M. Scotus sagte trotzig: Gleichwohl, er achtet die Universalien nicht. Er bestreitet, daß die Allgemeinbegriffe, welche die Einzeldinge überwölben, eine von diesen getrennte Existenz haben und *ante rem,* vor ihnen, da sind. Die Schlange sagte: Vulgo: Es existierte der Löwe schon als Gedanke Gottes, bevor es den Löwen als konkrete Tiergestalt, als Individuum gab. Naja, sagte M. Scotus, das ist so platt ausgedrückt, wie Du nun einmal als Bauchrutscherin platt bist. Aber es ist nicht falsch. Was nun meinen einstigen Herrn angeht, so hält er mit Johann von Salisbury dafür, daß nur – ich bequeme mich Deiner Pseudowissenschaftlichkeit an, Schlange – der individuelle Löwe Existenz habe, der Allgemeinbegriff Löwe aber, das *universale* des Tiers, reine gedankliche Abstraktion sei, nichts weiter als leeres *nomen*, subjektive Bündelung gleichgearteter Löwenwesen. *Universale post rem,* mokierte sich die Schlange, ich bequeme mich Deiner Wissenschaftlichkeit an, Herr Scotus! Dieser sagte: Hielte es der Kaiser wenigstens mit Aristoteles und billigte er, wie dieser, den Universalien zwar eine eigene, von den Einzeldingen absonderbare Existenz zu, aber nur *in re*, in den Dingen, er wäre unter die ernsthaften Wissenschaftler zu rechnen. Da er die Universalien aber, wenn überhaupt, nur in den Gedanken der Menschen gelten läßt, in Gott aber nicht, gebricht es ihm an einer gewissen Tiefe des Denkens, ohne die wahre Wissenschaft nicht betrieben werden kann. Die Schlange stöhnte: O mein Gott, da verwechselt einer noch immer im Stil der guten alten Zeit Wissenschaft mit Theologie, die bekanntlich keine solche ist, weil sie Beweise sammelt für etwas Unbewiesenes, das die Theologen für a priori bewiesen halten, nämlich Gott. Aber, wandte sich die Schlange an mich, vertritt Deine Sache hier doch selber. Oder weißt Du, seit Du Petrus Vinea, Deinen Mund, stumm machtest, nicht mehr öffentlich zu reden? Ich sagte: Es interessiert mich weder der Löwe als Allgemeinbegriff seiner Art in den Gedanken Gottes, wo er *ante rem* existiert haben soll, bevor er konkret wurde, noch interessiert mich der Löwe als Universalie in den Gedanken der Menschen, wo er *post rem* existieren soll, seit er wurde. Es interessiert mich auch nicht die Universalie Löwe im konkreten Löwen. Es interessiert mich allein der Löwe als Löwe. Sein Wesen ist uns, wie das Wesen aller Dinge, unbekannt und wird es bleiben, weil wir die Einzelheiten seines Seins, deren Summe erst sein Wesen ausmacht, nicht kennen und niemals ganz kennen werden, denn zwar sind sie erkennbar, aber sie sind auch unausschöpflich. So sehr erkennbar und unausschöpflich zugleich sind sie, daß wir mit ihrer Erkenntnis niemals zu Ende kommen werden. Diese kommt uns auch nicht aus der Ergründung des Abstrakten, sondern nur im Zusammenstoß unseres Geistes mit dem Konkreten. Jede Sinnforschung ist müßig. Nutzbringend, weil wirklich, ist allein das Faktische, die Einzelheit, das Tatsächliche. Diese aber lassen sich nicht ableiten, sie lassen sich nur erfahren. Nicht Gott sagt mir, was das Wesen des Löwen ist. Das sagt mir, im Ansatz wenigstens, nur der Löwe, wenn ich ihn, von Einzelheit zu Einzelheit seines Körpers und seines Verhaltens fortschreitend, beobachte. Von der Schlange in meiner Nähe ging nun ein grünlich phosphoreszierendes Leuchten aus, in welchem ihr von der Leibesmitte an aufgerichteter Leib der kaltglühende Docht war. Die Handschrift des Prologs zu meinem Vogelbuch, das vor mir auf dem Tisch lag, wurde deutlich lesbar. *Obgleich uns sehr häufig die überaus schwierige und fast unsagbare Inanspruchnahme durch unsere Herrscherpflichten gegenüber unseren Königreichen und dem Imperium von diesem unserem Vorhaben abhielt, haben wir es dennoch nicht hintangesetzt. Wo es angebracht war, sind wir in unserem Werk auch dem Aristoteles gefolgt. In vielen Fällen jedoch, besonders hinsichtlich der Natur mancher Vögel, scheint er, wie uns die Erfahrung gelehrt hat, von der Wahrheit abzuweichen. Deshalb folgen wir dem Fürsten der Philosophie nicht in allem; denn nur selten oder niemals ging er auf die Vogeljagd, wir aber liebten sie von Jugend auf und übten sie stets aus. Oft fügt er dem, worüber er in seinem Tierbuch berichtet, hinzu, daß man es so gesagt hätte; aber das, was irgendwer behauptet hat, sah vielleicht weder er selber noch wer es sagte; denn Gewißheit erlangt man nicht durch das Ohr.* Ich schrieb, zur späteren Verwendung bei der Korrektur des Manuskripts, die folgenden kritischen Anmerkungen an den Rand: 1. Zu schreiben, daß A. von der Wahrheit abgewichen sei, impliziert, daß er die Wahrheit zwar kannte, aber wissentlich keinen Gebrauch von ihr machte, also sie verfälschte. Dafür gibt es keinen Beweis. 2. Ging A. nun selten, oder ging er niemals auf die Vogeljagd, und woher weiß ich das eine oder das andere? Ich weiß keines von beiden. Ich schließe es aus der Gewohnheit der damaligen Philosophen, die Dinge nicht zu sehen, wie sie sind, sondern sie zum Beweis philosophischer Denksysteme zu nehmen. 3. Wenn A. in vielen Fällen falsch berichtete und ich ihm darin nicht folgte, dann muß ich A. auch in vielen Fällen nicht gefolgt sein, nicht nur nicht in allem, denn beides ist unvereinbar; ersteres kann eine Überzahl meinen, letzteres dagegen nur ein paar Ausnahmen. Kritik an großen Geistern verlangt äußerste Genauigkeit wenigstens im Ausdruck, wenn sie in der Sache strittig ist. Nachdem ich dies geschrieben hatte, dankte ich der Schlange für die Erleuchtung und verstand ihre Absicht: mir in Ewigkeit wohlzuwollen. Ihr Leuchten ging langsam zurück; schließlich herrschte der Mond wieder allein. Alle im Raum bekreuzigten sich, nur der Muslim natürlich nicht. Die Hast ihrer Handbewegungen dabei verriet ihr Entsetzen. Der Bischof von

Arezzo griff sich an die leere Brust, nahm von ihr mit der Rechten das dort nicht mehr vorhandene Kreuz und hielt es in Abwehr gegen die Schlange: Satanas, apage! In nomine Patris, sagte er ... et Filii, sagte Isabella ... et Spiritus sancti, sagte Franziskus. Dann hob der Mönch wieder seine unsichtbare Fiedel zum Kinn und sang zum Streichen eines imaginären Bogens den Mond im Fenster an: Laudatu si mi signore per sora luna e le stelle: in celu l'ài formate clarite e pretiose e belle. Vinea setzte sich zu M. Scotus auf die Wandbank und flüsterte auf ihn ein: Das ist umbrisch gefärbtes Volgare. Die neueren Poeten, die des Lateinischen entweder nicht mehr richtig mächtig oder seiner überdrüssig sind, dichten in diesen Volksidiomen. Ich selbst fing früh damit an, kann Dir also übersetzen, was der Assisinate singt: Gelobt seist du, mein Herr, durch Bruder Mond und die Sterne, die du am Himmel schufest, leuchtend und kostbar und schön ... Interessant, sagte der Schotte leise. Das erinnert mich an den Auftrag, den mein damaliger Herr, der Kaiser hier, mir vor zwanzig Jahren erteilte, nämlich die Höhe des bestirnten Himmels über der Zinne eines bestimmten Turmes zu errechnen, eine idiotische Fürstenlaune, denn ein Meßpunkt ward nicht gegeben, wie denn wohl auch! So nannte ich ihm nach gespielten Höhenwinkelmessungen eine willkürlich angenommene hohe Zahl, und natürlich konnte niemand sie nachprüfen. Der Kaiser schien's zufrieden, erneuerte aber kurze Zeit drauf den Auftrag. Inzwischen hatte er, mir war es hinterbracht worden, die Turmzinne um eine Ziegelsteinbreite abtragen lassen. Diese eine Handspanne fügte ich meiner ersten Zahl hinzu und nannte dem Kaiser die neue mit der Bemerkung, es müsse sich seit meiner ersten Messung entweder der Himmel um diesen geringen Betrag gehoben oder die Erde, auf der der Turm steht, um ihn gesenkt haben. Mein Herr umarmte mich unter Glückwünschen, haha! Sie lachten beide stimmlos, aber so stark, daß es sie schüttelte. Voll Ekel sah ich in ihre offenen Schädeldächer hinein; die Gehirne schwappten von den Stirnen zu den Hinterköpfen und zurück. Materiespritzer, wie nach einem Niesen, leuchteten im Mondlicht auf. Mit der Hand auf den Fußboden deutend sagte ich zu Vinea: Du hast ein paar funkelnde Adjektive verloren, mein Freund, und wenn Du noch öfters so stark über so Schwaches lachst, wird Dein berühmtes Latein verarmen. Zu M. Scotus sagte ich: Im Gegensatz zu meinem Vater Heinrich konnte ich Hofnarren niemals ausstehen; sie beleidigen den guten Geschmack. Aber da es bei Hofe ganz ohne Narreteien nicht geht, verschaffte ich sie ihm durch Dich. Dabei ließ ich es bewenden. Dann und wann nahm ich einen Spaß auf meine Rechnung durchaus hin. Unterdes hatte Franziskus weitergesungen: Laudatu si mi signore per sora nostra morte corporale ... Gelobt seist du, mein Herr, für unseren Bruder, den leiblichen Tod, hatte Isabella halblaut von den Lippen des bei ihr in der Fensterlaibung sitzenden Mönchs gelesen ... da la quale nullu homo vivente po skampare ... ihm kann kein Mensch lebendig entrinnen ... guai a quilli ke morrano in peccato mortale ... Weh denen, die in Todsünde sterben, flüsterte Isabella in die Stille hinein, die nach meiner Zurechtweisung an die Adressen von M. Scotus und Petrus Vinea entstanden war. Und während Franziskus zum Bogenstrich in ein wortloses Summen verfiel, erhob sie sich von der Fensterbank, kam die fünf Stufen herunter und trat vor mich hin, wobei sie unter Raffung ihres Gewandes vorsichtig über den ihr im Weg liegenden toten Hund Naso hinwegstieg. Das gab mir, so verkettend funktioniert mein Gehirn, die Frage ein, warum der Hund nicht, wie die anderen Toten im Raum, lebte. Es muß damit zusammenhängen, dachte ich, daß die Tiere im aristotelischen Dreiklassensystem der Seele – vegetativ, sensitiv, rational – nur zweiter Klasse sind und der Himmel nur der ersten, der rationalen, vorbehalten ist. Dieser Gedanke machte mir so viel intellektuelle Lust, daß ich Isabella einstweilen ohne Anhörung stehenließ und mich an den Bischof wandte: Siehst Du den Hund hier, Marcellin? Sag mir, hat er neben seinem irdischen Leib, den wir vor uns haben, auch noch einen Auferstehungsleib, und wenn nein: warum haben Du und ich einen Auferstehungsleib, der Hund aber nicht, obwohl er doch, wie wir, ein Geschöpf Gottes ist und eine Seele hat wie wir? Nicht einmal der Erbsünde ist er teilhaftig, jedenfalls nicht aus erster, Adams Hand, wie wir, sondern nur in einer Art von mitgeschöpflicher Kollektivhaftung: die Tiere waren in Gestalt der Schlange im Sieg des Bösen instrumental; und überhaupt: ein Paradies für die Tiere allein, das kam Gott wohl unangemessen vor, und also jagte er zusammen mit Adam und Eva gleich auch ihren Anhang, die Tiere, hinaus. (Aber was geschah mit den Pflanzen, Marcellin? Sie haben doch auch, wie die Tiere, passiven Anteil an Adams Sündenfall – denk an den Apfel! – und Anteil auch an der allgemeinen richtbaren Seele, einen drittklassigen zwar nur, einen vegetativen, aber Seele ist es laut Aristoteles immerhin, und die christliche Scholastik folgt dem Griechen darin doch nach. Rottete Gott die Pflanzen an ihren paradiesischen Orten aus, weil sie ja aus Eigenem der Wegweisung durch das Schwert des Erzengels, hinaus aus dem Garten Eden, nicht folgen konnten? Aber warum gibt es sie dann noch heute? Oder beließ er sie im Paradies, da sie wohl doch unschuldig waren, keiner Art von Erkenntnis fähig, auch post festum einander in Fleischeslust nicht zugetan, sondern nach wie vor dem Sündenfall der Geschlechtshilfe durch die Bienen oder den Wind bedürftig? War es aber so, warum gibt es sie dann wieder unter uns Sündigen außerhalb des Paradieses?) Ich setze mein Fragen nach den Pflanzen einmal in Parenthese, es fiel mir nur so ein, ist aber mein eigentliches Thema nicht: die Tiere und ihre Auferstehung. Also, Marcellin, wenn die Tiere trotz der Gründe, die ich Dir dafür nannte, keinen Auferstehungsleib haben, dann sag mir, warum. Haben sie aber einen, sag mir dies: Können sie dann auch in den Himmel kommen, verklärten Leibes zwar, wie wir, das heißt geschlechtslos, weil die Unsterblichkeit eine Fortpflanzung ja überflüssig macht, aber doch dem Leib nach Tiere? Und wie bewegen sie sich dann: Gibt es im Himmel Wasser für die Fische? Und wie geht der Elefant meiner Menagerie auf Wolken, und sind Wolken überhaupt möglich an diesem äthergleichen fernen Ort? Haben sie also alle Flügel? Und wenn die Tiere nicht in den Himmel kommen, kommen sie dann wenigstens in die Hölle? Aber was ist ihre Schuld? Töten sie, morden sie nicht. Tarnen sie sich, lügen sie nicht. Sie haben ihre Seele weder zum Guten noch zum Bösen. Wozu haben sie sie dann? Es heißt, daß die Seele sich aus der Materie den ihr gemäßen Leib formt. Ist es das? Aber dann kann ich erst recht nichts finden, das nicht, wenn es für den Menschen gilt, nicht auch für die Tiere gilt, denn sie haben einen aus Materie geformten Leib wie wir. Im Gehen des Menschen kann ich nichts erkennen, das wunderbarer wäre als der Flug der Vögel, den ich ein Leben lang studierte. Im Sehen des Menschen ist nichts, das nicht sogar übertroffen würde durch das Sehvermögen meiner Falken. Im Essen unterscheiden wir uns von den Tieren nur durch unsere Küchen, und in der Verdauung sind wir ihnen unterlegen, denn der Eulenmagen scheidet das Fell des Beutetiers von dessen Fleisch und gibt das erstere durch den Mund, das letztere nach seiner Verwertung durch den After wieder her. Im Riechen ist uns der Hund weit überlegen. Die Katze hat in ihren Schnurrhaaren mehr Gefühl als wir in unseren Händen. Im Sprungvermögen deklassiert uns die Heuschrecke, macht der Floh uns lächerlich, angesichts dessen Feinbau sich schon der heilige Augustin fragte, was Gott sich wohl gedacht haben mochte, als er die Flöhe so bis ins Detail umsorgte, die Menschen aber an ihren Unvollkommenheiten leiden läßt. Was ich mit alledem sagen will: Es ist im materiellen Leib des Menschen nichts, das nicht ebenso, und nicht selten besser, auch im materiellen Leib der Tiere ist. Allein unsere Geistseele, es ist wahr, die haben sie nicht. Aber, so frage ich Dich, Marcellin, wozu braucht Deine Geistseele bei der Auferstehung Deinen materiellen Leib, der sich doch nur in der Erscheinung, einem Äußerlichen, nicht aber in der Materie vom Leib dieses toten Hundes unterscheidet? Was macht Deinen materiellen Leib, selbst wenn er nach der Auferstehung ohne Begierden ist, ohne die Mißgestaltungen seines Erdenwandels und in einem Zustand, wie er in der Blüte Deiner Jahre war (so lehrt es die Kirche doch) – was macht ihn Gott so wichtig, daß er ihn um sich haben will, ewig, den Hundeleib aber, den er doch aus demselben Stoff schuf, nicht? Ich will Dir etwas sagen, Bischof: Dein und Deiner Kirche Glauben ist so löchrig wie Dein Gesicht. Gott will Dich nicht und nicht den Hund, oder, wenn Dir das besser gefällt, mich nicht und nicht den Hund. Er will nicht einmal unsere Seelen, denn damit er das wollen könnte, müßte er sein wie wir: materiell. Er aber ist, wenn er ist, reiner Geist, *actus purus*, ungeschaffen, ungeschaut; selbst zu sagen, er sei unsterblich, ist zuwenig, denn er ist, wenn er ist, ewig. Die Vorstellung, er könnte Dich und mich und Hund und Katz, oder meinetwegen nur Dich und mich und alle Menschen vor uns und nach uns aus den Gräbern rufen lassen, stinkendes Fleisch, das sich aus altem Stoff zu neuen Leibern verklärt und sich, man weiß nicht recht, wie, vor Gottes Thron versammelt, man weiß nicht recht, wo, um von Gottes Sohn, den es so nicht gibt, geschieden zu werden nach Gerechten und Ungerechten, damit wir, je nachdem, Himmel oder Hölle überantwortet werden, Orte beide, die keiner kennt noch jemals kennen wird – diese Vorstellung, Bischof, macht mich schaudern, denn sie ist blasphemisch. Du nickst? Sie ist blasphemisch auf Deine, nicht auf meine Weise; sie macht aus reinstem stofflosen Geist einen nach Verwesung stinkenden Exzeß der Materie. Dein Gott, Bischof, ist ein Fleischbeschauer. Da weinte Marcellin wieder, und schon tat es mir leid, seinen materiellen Leib mit dem des Hundes gleichgesetzt zu haben, denn daran litt er nun, daß es ihn schüttelte. Franziskus hatte die Fiedel in den Schoß gelegt, jedenfalls hielten seine Hände sie dort unverkennbar. Mit einer Klarheit, die ich nach seinem ins Musische gekehrten Epilepsieanfall nicht vermutet hätte, sagte er: Es macht mir keine Probleme, auch die Tiere der Auferstehung für fähig zu halten, soweit sie sozial lebende Wesen sind wie wir. Du wirst wissen, Herr Kaiser, was ich meine. Erst indem der Wolf sich mit seinesgleichen austauscht, wird er zum Wolf; erst indem das Schaf sich mit seinesgleichen austauscht, wird es zum Schaf; erst indem der Singvogel sich mit seinesgleichen austauscht, wird er zum Singvogel; erst indem die Biene sich mit ihresgleichen austauscht, wird sie zur Biene; erst indem der Schwarmfisch sich mit seinesgleichen austauscht, wird er zum Schwarmfisch. Und so weiter. Du weißt das alles besser als ich, denn Du studiertest die Tiere, während ich sie nur liebte. Ohne den Austausch von Lauten und Blicken, Gesten und Gerüchen wäre der Wolf kein Wolf, das Schaf kein Schaf, und so weiter. Sie taugten da ohne zum Leben nicht. Oder sie müßten, gingen sie nicht zugrunde, zutiefst böse werden. Hier zischte die Schlange verärgert, sagte aber nichts; sie wußte nicht, wie auch ich nicht, worauf der Mönch hinauswollte. Er fuhr fort: Darin, Herr Kaiser, in ihrem sozialen Austausch, in ihrem kommunikativen Leben sind sie uns Menschen intellektuell gleich, so daß es auf die aristotelische Graduierung ihrer Seelen als der unserigen näher oder ferner stehend nicht ankommt. Du kennst auch die Bibel nicht. Sie macht keinen Unterschied zwischen Leib und Seele, beide sind ihr Eines und gleich viel. Erst die Philosophen, denen Du anhängst, spalteten das Sein des Menschen auf. Und nun hat er in ihren Köpfen, und auch in Deinem, zur Seele noch einen von ihr getrennt zu sehenden Leib, um den sich in ihren Spekulationen über sein Leben nach dem Tode ihr Denken dreht. Dabei ist der Leib doch, sei er beseelt und körperlich vollkommen, wie er nur mag, nichts weiter als erst der Anfang zum Menschen. Fehlt es ihm am Austausch von Lauten und Blicken, Gesten und Gefühlen mit seinesgleichen, kann er nicht leben; er geht zugrunde; oder er wird zutiefst böse. Auch das wirst Du wissen, Herr Kaiser, sagt man doch, gestützt auf die Berichte des Minoriten Salimbene, Du habest einige Neugeborene von allen Menschen abgesondert, um zu erfahren, welche Sprache sie wohl als erste sprechen würden, könnten sie keine von den Menschen erlernen. Es beherrschte Dich, so sagt man, die fixe Idee ... die nicht die meine war, unterbrach ich ihn; derlei geschah nach der babylonischen Sprachverwirrung vielfach durch die Zeiten und von vielen Herrschern ... die Idee, fuhr Franziskus fort, es müßte diese Ursprache das Hebräische sein. Und so erlaubtest Du nur den Nährammen den Zutritt zu den Säuglingen, verbotest ihnen aber jede Ansprache der Kinder und jede Zuwendung über das Brustanlegen hinaus. Ja, senke nur Deinen Kopf in Scham, Herr Kaiser: Die Kinder starben alle, noch bevor sie auch nur das Wort Mama lallen konnten. Und doch waren sie gewiß ausgestattet gewesen mit gesunden, schönen Leibern und ebenso gewiß auch mit göttlichen Seelen. Und nun merkt auf, Herr Kaiser und Schwester Schlange: Es hatte den Kindern am Austausch von Gefühlen und Gesten gefehlt. Es hatte ihnen an Liebe gefehlt. Und also an Leben. Und also an einem Grund für dessen Unsterblichkeit. Ihr könnt auch sagen: an einem Grund zur Auferstehung. So nahm der Tod, nicht Gott, ewigen Zugriff auf sie ... Dein spöttisches Himmelsgemälde dann, Herr Kaiser, mit seinem wolkentretenden Elefanten und den beflügelten Fischen ist kränkend für einen wie mich, der an die Vereinigung mit seinem Gott nach dem Tode glaubt. Aber ich mache mir kein Bild davon. Geschieht es im Fleisch: gut. Geschieht es, wie der Apostel Paulus meint, im Pneuma, also im Geist: auch gut. Hier machte Franziskus eine Pause. Dann sagte er mit einem kleinen Lächeln in der Stimme:

Wie zitiertest Du doch vorhin den Koran: Habt Ihr denn nicht Verstand? Warum streitet Ihr über das, wovon Ihr kein Wissen habt? Noch bevor ich etwas sagen konnte, hob er wieder seine Fiedel ans Kinn, strich mit dem Bogen über sie hin und sang: Laudate e benedicete lu mi signore e rengratiate e servite a lui cum grande humilitate. Lobet und preiset meinen Herrn, sagte Vinea, leise übersetzend, zu M. Scotus, und danket ihm in tiefer Demut. Der Schotte darauf ebenso leise: Lieber noch als das, was Franziskus singt, wüßte ich, ob nun dieser Hund da auferstehen wird oder nicht. Letzte Klarheit darüber hat der Disput nicht gebracht. Vinea flüsterte: Es wird wohl darauf ankommen, ob sein Herrchen, haha, das ihm zeitlebens die Artgenossen eines Hunderudels ersetzen mußte, ein soziales Wesen ist, hoho, über dessen Laute und Blicke, Gesten und Gerüche, hihi, der Hund zum Hund wurde mit einem Auferstehungsleib, der in Gottes Urteil das ewige Leben verlohnt. Und vice versa natürlich auch, so daß Herr und Hund nach himmlischem Plan zum Menschen beziehungsweise zum Tier wurden. Darauf sagte der Schotte: Dann stehen sie entweder beide wieder auf, oder es steht keiner von ihnen wieder auf, denn mit wem anderen als mit den Tieren hätte der Kaiser sich in seinem Innersten wirklich ausgetauscht? Vinea darauf: Man sagt, er habe die Markgräfin Lancia, die Mutter Manfreds, aus seinem Innersten heraus geliebt. Da mischte sich Isabella ein, die während des langen Disputs zwischen Franziskus und mir und auch während meines voraufgegangenen Monologs über die Auferstehung der Menschen und der Tiere geschwiegen hatte. Das Abstrakte war ihre Sache nie gewesen. Nun sagte sie mit unangenehmer Schärfe im Ton: Das Innerste unseres Herrn Kaisers ist sein Samen. Ihn in Europa zu verstreuen, in politischer Weitsicht ein paar Spritzer für diesen Thron und ein paar für jenen, und immer in möglichst lustvoller Manier, dafür brauchte er die Frauen, die aragonesische Konstanze, mich, die ich eigentlich Yolande de Brienne heiße, die englische Isabella dann und schließlich diese Kebse Bianca Lancia, der er die traditionellen sizilischen Königinnengüter schenkte, so daß wohl stimmt, was man sagt: daß er sie auf ihrem Sterbebett ehelichte, damit ihre drei Bastardkinder legalisiert waren. Das macht drei und eine halbe Legitime. Es wären vier und eine halbe geworden, hätte die junge Babenbergerin in Wien den getauften Sultan, als er kürzlich um sie warb, nicht abblitzen lassen. Die Illegitimen sind nur Gerücht. Er verstand es immer gut, seine Weiber vor der Welt zu verbergen, und Zungen, die darüber lästerten, waren vor dem Messer nicht sicher. Ich zähle acht solcher Liebchen: eine namenlose sizilische Komtesse, mit deren jungem Fleisch er seine erste Ehe mit der elf Jahre älteren Konstanze, der Mutter des abgesetzten siebenten Heinrichs, belebte. Es folgte, in Deutschland, diese Adelheid von Urslingen, eine den spoletischen Urslingens verwandte Schwäbin, die ihm nach unanständigen lyrischen Ermunterungen jenen König Enzio gebar, der heute als singender Kriegsgefangener im guelfischen Bologna einsitzt. Dann, zwischen Konstanze und mir, war eine morgenländische Marie d'Antioche an der Reihe; aus ihr kam ihm der hinkende Friedrich von Antiochien, der heute als sein Generalvikar im Toskanischen amtet. Zur selben Zeit machte ihm eine ältere Schwester der Bianca Lancia Appetit auf das weiße Kastanienfleisch und die Traubenprallheit von Brüsten und Hintern seiner späteren piemontesischen Großfavoritin, die ihm im Interregnum zwischen meinem Tod und der Heirat mit der englischen Isabella die Nächte verkürzte und (dies beiseite, als spräche sie nur zur Schlange am Boden) das Leben wohl auch, denn sie provozierte ihn zu einer kräftezehrenden Wollust. Die Schlange sagte zu ihr: Wenn es stimmt, Frau Kaiserin, daß der Mund einer Frau auf Beschaffenheit und Qualität ihres Genitals schließen läßt, dann versteht man, hört man Dir zu, warum der Kaiser Dein Beides alsbald nach dem Probieren durch einen Eigenwohnsitz und Eunuchen aus dem Verkehr ziehen ließ. Aber, fügte sie verächtlich hinzu, was kann in Mund und Geschlecht einer Frau schon sein, deren Kopfputz auf dem Altar der Grabeskirche von Jerusalem aufbewahrt wurde! Ihr Atem ist Weihrauch, ihre Rede eifernd, und ihr Leib harrt der Auferstehung nur, damit die gespaltene Aue der Aphrodite sich endlich schließe und der Berg der Venus sich zu einem Gänseblümchenhügel verkläre, an dessen Flor selbst ein Jesus gottgefällig die Wange schmiegen kann. Isabella nahm, als die Schlange den Mund schloß, die Hände von den Ohren, die sie sich gleich zu Beginn der blasphemischen Einrede zugehalten hatte, und fuhr fort: Wo waren wir stehengeblieben – bei Kebse IV? Also weiter: Bevor ich die Ehre des kaiserlichen Bettes hatte, gab es noch eine Anna oder Manna, welche die Nichte eines messinischen Erzbischofs war. In meiner Brautnacht dann, das hatten wir heute abend schon einmal, trieb er es mit einer Cousine von mir, einer Blanche Brienne, und also war's eine karnale Vorübung zur hitzigen Lancia-Doublette. Blanchefleur, das arme Mädchen aus dieser infamen Verbindung, büßt derzeit im französischen Kloster Montargis die Sünden ihrer Eltern ab, zum Wohlgefallen von Herrn Innocenz in Lyon, der schon immer gewußt hat, welch Babylon der staufische Großhof ist. Ich wünsche diesem Kind die Länge des Lebens, die es brauchen wird zur Abbüßung dieser Sünden. Schließlich kam noch eine kleine Komtesse Wolfsölden ins kaiserliche Bett. Eine Tochter aus diesem Verhältnis, Marguerite mit Namen, heiratete später in die Familie Aquino ein, der Grafen von Acerra. Ein achtes Schätzchen Namenlos machte dem Kaiser mit einem Sohn Gérard das halbe Hundert Kinder und Enkelkinder voll. Nicht gezählt sind dabei die vielen Bastarde, die aus seinen Sarazenenkammern in Lucera hervorkrochen. Endlich schwieg Isabella. Als ihr, auch nach einer gewissen Zeit des hochgemuten Wartens darauf, niemand antwortete, ging sie schleppenden Schrittes zum Fenster zurück, erklomm mühsam die Stufen und nahm auf der Bank gegenüber dem Bischof Platz, der ihr sogleich wieder das Knie tätschelte. Der Arzt ließ, wie wenn er während Isabellas tollkühner Rede den Atem angehalten hätte, mit pfeifendem Ton die angestaute Luft ab. Danach wurde Franziskus wieder hörbar: ... e multo utile e humile e pretiosa e casta, sang er. Vinea schüttelte dazu den Kopf, aber eingedenk meiner Warnung vorsichtig, so daß sein Gehirn sich nur wenig bewegte, und sagte, Franziskus übersetzend, zum Schotten: Gar nützlich ist sie und demütig und köstlich und keusch ... M. Scotus sagte: Ja, aber er meint die Schwester Quelle, das verstand ich genau. Aber es paßt auf Isabella, sagte Vinea. Es ist ein Zufall, sagte der Schotte, der Mönch ist nicht bei sich. Vinea sagte: Da werden aus einer Wahrheit leicht zwei. Das Geflüster der beiden kam mir aus dem Ohr. Ich war aufgestanden von meinem Schreibtisch und zu meiner Liege an der gegenüberliegenden Wand hingegangen. Ich streckte mich auf ihr aus und schloß tief ermüdet die Augen. Isabella begann aus der Höhe der Fensterlaibung wieder zu reden. Ich hörte sie und hörte sie nicht. Ich träumte im Traum. Ich dachte im Denken. Ich war, mit dem Wort Vineas, nicht bei mir und machte aus jeder Wahrheit zwei. So sag es ihm doch endlich, Francesco! hörte ich Isabella eifern. Was soll ich ihm denn sagen, mein Kind? Daß der Heilige Vater, sagte sie, kürzlich an einem einzigen Tag vierzehn frommen Frauengemeinschaften den Segen und eine päpstliche Bulle gab, mit der er die Frauen der Seelsorge Deiner Ordensbrüder unterstellte. Franziskus seufzte: An jenem Tag hatte ihn die Weisheit verlassen. Die Schwärmerei dieser Frauen ... die aus dem Himmelbett der Ehe partout hinaus und in den Himmel auf Erden wollen, in die Armut, spottete die Schlange ... die der Ehe feindselig gesinnt sind ... und (wieder die Schlange) den Herrn Jesus zum Mann begehren ... die Armut nach dem Evangelium suchen und sich in Anlehnung an meine franziskanischen Brüder ...

Anlehnung, jawohl (die Schlange) ... die Minderen Schwestern nennen ... wo sie doch (wieder die Schlange) minder nur in Zucht und Sitte sind ... Eine Verleumdung! kreischte Isabella. Leider nicht, sagte Franziskus traurig und brachte endlich ungestört seinen Satz zu Ende: ... diese Frauen haben dem Ansehen und dem Ruf der Bettelmönche sehr geschadet. Isabella sagte pikiert: Eine so negative Bewertung der Frauenbewegung hätte ich vom Kaiser erwartet, nicht von Dir, Francesco! Aber ob Kutte oder Krone, es ist immer nur ein Mann darunter. Nicht jede Frau kann schließlich eine heilige Clara Scifi sein und ... und (wieder die Schlange) es ist eben unmöglich, daß Stroh in der Nähe von Feuer sich nicht entzündet! Isabella sagte bitter: So haben die Männer noch stets die Frauen gesehen: hohlköpfig und geil, Brennmaterial für die Flammen männlicher Lüste. Und ist es das nicht, dann ist es noch schlimmer, dann sind wir, liegend hingestreckt, unsere Gefühle vereist, unser Fleisch erblichen, die kupplerische Klammer zweier Vermögen, zweier Familien, zweier Mächte, den Kopf auf der einen, die Füße auf der anderen Seite; der Herr Vater hebt uns das Gesäß von unten an, damit uns von oben der Herr Gemahl besser rammeln kann; und die Frau Mutter steht wissend, weil eigenes Leid erinnernd, mit ihren Tüchern bereit, um uns die blutigen Tränen abzuwischen, die unser Geschlecht nach seiner Vergewaltigung weint. So sag es ihnen doch endlich, Federico, flehte Bianca Lancia in meinem träg fließenden Blut. Was soll ich ihnen denn sagen, Liebste? Daß Du so nicht bist! Aber so bin ich, sagte ich, und zwang unter meinen geschlossenen Augenlidern mit den Knien ihre Schenkel auseinander. Meine Hände, die die Hände meines Vaters Heinrich sind, hart und grausam, heben Dein Gesäß von unten an, damit ich, Dein Gemahl in articulo mortis, Dich von oben besser rammeln kann, und Occursius, der an mir von Jugend auf Mutterpflichten versieht, hält nebenan gewärmte Tücher bereit, um uns post coitum die Sekretmixtur abzuwischen. Als sie unter meinen rüden Worten schrie, ging ich von einem Frauenleid zum andern. Isabella sagte: Nun sind es schon zweiundzwanzig Frauenklöster allein in Mittelitalien, die der Visitation ... des Leibes, juxte sich die Schlange ... und der Seelsorge durch die Franziskaner unterstehen, und die Frauen heißen auch nicht mehr so, wie Du, Francesco, es zu Deinen Lebzeiten durchsetztest, *Pauperes dominae*, weil Dir *Sorores minores* sprachlich zu nahe an Deinen Minderbrüdern war, sondern sie sind alle zusammengefaßt unter dem gemeinsamen Namen Ordo S. Damian, nach dem Kirchlein Deiner Clara Scifi. Und *pauperes*, Arme, sind diese Frauen ja auch wirklich nicht. Sie kommen aus den besten und reichsten Familien Italiens, und wenn sie nun wie die Armen hungern und darben und in Sackleinen gehen, so tun sie das, weil sie zu lange in Samt und Seide satt waren, stets dem Erbrechen nahe angesichts der Freß- und Raffgier dieser Männergesellschaft, ihrer Glaubens- und Liebesferne, ihrer Brutalität und Gemeinheit. Und Du, Francesco, der Du sogar die Schlange Deine Schwester nennst, nanntest die Frauen, die bußfertig nicht zuletzt durch Dein und Deiner Brüder Predigen in Deinen Orden drängten, eine Fistel, die Du nur so lange für heilbar hieltest, als sie bloß in Deinem in Demut hoffärtigen Fleisch saß. Als Du dann aber diese Fistel in den Knochen deines Ordens wähntest, da machtest Du in Rom rückgängig, was Dein Bruder Philippus Longus während einer Deiner Missionsreisen bei der Kurie erwirkt hatte: den seelsorgerischen Gang der Minderbrüder in die Häuser der Minderschwestern. Und dann gingst Du, vermute ich, befriedigt hin in Deine über alles geliebte Natur, lobtest den Herrn in Deiner Schwester Sonne und predigtest Deinen Schwestern Lerchen, Krähen und Tauben die Liebe. Die Schlange sagte: Wenn das keine Bußpredigt war, Bruder Franz! Der aber hatte sich schon bei der ersten Erwähnung des Wortes Fistel der Anklage der Frauenfeindlichkeit, die in Wahrheit eine Angst vor der Schwäche seines Fleisches war, entzogen, indem er wieder seine imaginäre Fiedel zum Kinn geführt, sie gestrichen und dazu gesungen hatte: Gelobt seist du, mein Herr, mit allen deinen Geschöpfen – Laudatu si mi signore cum tucte le tue creature … M. Scotus sagte: In Köln allein schätzte der Chronist Mattheus Paris schon 1243 die Zahl frommer Frauen, die man dort nach den Albigensern Beginen nennt, auf über zweitausend in 169 Häusern, in Deutschland insgesamt auf ein Vielfaches davon. Achtzig deutsche Frauenklöster wurden allein der Bettelkonkurrenz unseres Sängers hier, den Dominikanern, zugeschlagen. Und immer noch, bis heute, streben die Frauen Europas dem Herrn Jesus zu. Eva hat Adam satt, sagte die Schlange; wenn das so weitergeht, wenn alle Frauen Nonnen werden und ihre Ehemänner, wie das schon zu beobachten ist, Mönche, dann sterbt Ihr gar noch aus! Ist denn die geschlechtliche Enthaltsamkeit wenigstens gesund, Doktor? Der Arzt fistelte stolz: Es gibt zu der Frage, ob Mönche in Befolgung ihres Keuschheitsgelübdes an Samenzersetzung erkranken würden, wissenschaftliche und theologische Untersuchungen. Man kam zur Bejahung der Frage, und also diskutierte man, kontrovers natürlich angesichts des heiklen Gegenstands, ob den Fratres eine künstliche Samenentleerung … durch Onanie, sagte die Schlange … durch Masturbation, sagte der Arzt, erlaubt werden könnte. Die theologischen Autoritäten wollten aber nur die passive, natürliche Entleerung durch einen selbsttätigen, meist trauminduzierten Samenabgang zulassen, wissenschaftlich Pollution genannt. Falsch! sagte der Schotte. Der Begriff Pollution ist theologischen Ursprungs und bedeutet soviel wie das Bett beschmutzen. Der Wissenschaft fiele die Benennung eines natürlichen Vorgangs nach seinem Sekundärphänomen nicht ein. Wie auch immer, Ihr gelehrten Herren, witzelte unter ihrem Niveau die Schlange: Wes Herze voll ist, des Mund überläuft! Ich komme zum Schluß, sagte der Arzt: Pollution ja, Masturbation aber nur bei der Frau. Wie das? fragte aufmerkend der Bischof. Warum das, korrigierte ihn, den Ton auf *warum* legend, M. Scotus, der die Wissenschaftlichkeit des Gesprächs gewahrt sehen wollte. Bei vollständigem Koitusausfall, sagte der Arzt, hält die Medizin eine Eintrocknung des Uterus für möglich. Daraus könne, das läßt sich dem Corpus Hippocraticum entnehmen, eine gefährliche Lageveränderung dieses Organs entstehen, die ihrerseits wieder die Atmungsbahn behindern müßte. Darum wird die Onanie – ich benutze dies Wort nur unter Laien – der keusch lebenden Frau ausdrücklich gestattet. Übrigens, fügte er mit einem Blick auf den geigenden und singenden Franziskus hinzu, führt eine Intoxikation des Körpers durch endogene Samenzersetzung zu Ohnmachtserscheinungen und epileptiformen Syndromen. Da ejakulierte ich erleichtert. Unter meinem hinsinkenden Gewicht sagte Bianca Lancia zornig: Ich bin für Dich nur noch ein Gefäß, in das Du Materie entläßt, von der Du fürchtest, sie könnte Dich krankmachen, wenn Du sie retinierst – mein Geschlecht eine Kloake, mein Mund ein Speichelrezeptakulum, meine Haut ein Schweißtuch. Dein Kuß wird zum Siegel auf der Bulle der Weib- und Leibfeindlichkeit des dritten Innocenz. Gib acht, Federico, daß in mir nicht in Ekel umschlägt, was noch Liebe ist! Sag ihnen doch endlich, daß Du so nicht bist! Aber ich bin so, Liebste, sagte ich. Ich uriniere wirklich leichter und in starkem Strahl wie der noch junge Mann und nicht per Rinnsal wie der alte, nachdem ich Dir beigelegen habe. Widerwillig sah ich im Aufstehen an meinem nackten Leib hinunter; sein Schweißglanz verband sich in mir mit dem Wort Fett. Fett war überall: auf den Schultern, auf den Brusthälften, am Bauch. Griff ich an den Rücken, unter ein Schulterblatt, hatte ich die Hand voll Fett. Nur mein Gesäß hatte noch die Form, wenn auch nicht mehr die Konsistenz seiner Jugend. Ich schrieb das dem Reiten zu. Fast die Hälfte meines bisherigen Lebens hatte ich im Sattel verbracht, aber das trainierte nur die Schenkel und den Hintern. Ohne Makel waren aber auch die Beine nicht mehr. Krampfadern verunstalteten vom Knie abwärts das linke, dessen Wade unter der Nachgiebigkeit des Innengewebes ihr rechtes Gegenstück an Umfang um mehrere Zentimeter übertraf. Das mußte man nicht messen, man konnte es sehen. Über den Kniescheiben sackte das Oberschenkelfleisch zu wulstigen Brauen ab, wenn ich die Muskeln nicht anspannte. In den Füßen waren die Spannungsbögen der Sohlen abgesunken. Aber es so zu sagen heißt nur das ordinäre Wort Plattfüße vermeiden. Dieser staufische Adler war oben Gans und unten Elefant. So stand ich nackt unter den traurigen Blicken Biancas, wie ich schon einmal, ein Menschenalter zuvor, nackt unter den Blicken einer Frau gestanden war, in jener Nacht, als ich Isabella Brienne deflorierte. Die Jahre dazwischen zogen nun aber wie Gewichte die Rundungen meines Leibes erdwärts. Ich lächelte verlegen, dümmlich sogar, glaube ich. Etwas kindisch und nach Art der Kinder immer schneller werdend, sagte ich: Kommt das Alter, geht die Scham. Geht die Scham, geht die Liebe. Geht die Liebe, geht das Leben. Geht das Leben, kommt der Tod. Kommt das Alter, geht die Scham, geht die Scham, geht die Liebe, geht die Liebe, geht das Leben, geht das Leben, kommt der Tod. Kommt das Alter geht die Scham geht die Scham geht die Liebe geht die Liebe geht das Leben geht das Leben kommt der Tod. Kommt das Alter, kommt der Tod. Als Bianca Lancia nun weinte, ging ich von einem Frauenweinen zum andern. Unter lautem Aufschluchzen sagte Isabella: Er begann unsere Ehe mit einem Betrug und ließ sie so auch enden, hatte ich doch unsern Sohn Konrad, der nun als der vierte seines Namens König in Deutschland ist, noch unter dem Herzen, als er sich schon diese Lancia ins Bett holte. Höhnisch dann: So erlitt der Fluß seiner Säfte, nachdem ich im Kindbett gestorben war, keine Unterbrechung. Die Schlange nahm diesen bösen Ton auf und sagte: Das muß erlaubt sein, Frau Kaiserin, wenn die abendländischen Throne nicht verwaisen sollen, weil des Abendlandes Weiber in die Keuschheit und die Klöster drängen und diejenigen Fürstinnen, die unter der Krone verbleiben, den Verkehr mit dem Leib Christi dem ehelichen vorziehen. Und dieser komische Heilige dort (sie stieß mit dem Kopf in Richtung auf Franziskus vor) ist das soziale Agens solcher Metamorphosen. Er macht mit seinem Armutswahn die Menschen verrückt. Als die Landgräfin von Thüringen nach und nach zur heiligen Elisabeth transzendierte, indem sie die Armen speiste und die Skrofulösen küßte, sich auch, statt mit einer Perlenschnur das seidene Kleid, mit dem franziskanischen Strick die härene Kutte gürtete und die Wartburg bei Eisenach gegen eine Lehmhütte bei Marburg eintauschte, da schnitt ihr, als sie tot war, das aus Liebe zu ihr rasend gewordene reliquiensüchtige Volk nicht nur vom Sterbegewand Stoff, sondern vom Leichnam neben Haaren und Nägeln auch die Brustwarzen ab, obwohl diese doch gewiß nicht das Hervorstechendste an der Lebenden gewesen waren. Ludwig Thüringen, ihrem Mann, ist durch seinen frühen Kreuzfahrertod vor Otranto in den Armen unseres Kaisers viel erspart geblieben. Isabella sagte: Lieber mit einem Bettler das Brot als mit einem Fürsten das Bett teilen; lieber einem Aussätzigen den Mund als einem Fürsten die Hand küssen; lieber in einer Hütte leben als in einem Palast leiden ... Lieber, sagte die Schlange, einen Strick als eine Perlenkette um Deinen Hals! Du bist mönchsverrückt. Herr Kaiser, wandte sie sich an mich, wirf den Assisinaten endlich ins Feuer! Ich sagte: Mönchsverrückt, das sind sie hier alle: die Frauen, die Männer, der niedere Adel, die Kommunen, die Städte. Die Menschen brennen auch ohne äußeres Feuer. Es ist in ihnen und wird genährt von der Sehnsucht nach Freiheit von fürstlicher Willkür, sagen mir meine Vikare. Schweig still, Schlange, damit ich besser in mich hineinhören kann! Seit dem Tod meines ältesten Sohnes Heinrich will meine Seele mir sagen, daß dieser

Bettelmönch, von dem das Abendland mehr redet als von mir, die Uhr der Geschichte sei, deren Anzeige meiner inneren Zeit weit voraus ist. Es ist wohl doch früher, als ich dachte. Noch einmal leuchtete die Schlange grüngolden auf, aber ihr Licht bewirkte nichts mehr in mir. Das Licht der aufgehenden Sonne, das durch das Fenster einfiel, nahm das Bild der Schlange vom Mosaikfußboden. Die Toten wurden eins mit den Wänden.

Occursius fand mich zusammengesunken über meinen Manuskripten. Eine Ohnmacht unklarer Natur hatte mich befallen. Er vertrieb sie, indem er mich die stechenden Dämpfe von Essigsäure einatmen ließ. Der Hund Naso, sagte er, habe ihn herbeigewinselt.

Der Wiedereintritt des Bewußtseins ließ sich Zeit. Im Durchgang durch das Zwischenreich der Bilder, in welchem sich, bevor die Gedankennebel wieder steigen, die disparatesten Dinge zu Wahrheiten fügen, begriff ich etwas vom Wesen der Schlange: nach dem kleinen Tod in der Nacht die allmorgendliche kleine Wiederauferstehung der tätigen Seele in den trägen Leib. Der Blick wird stechend, denn gegen alle Gesetze der Optik tritt das Licht aus den Schlangenaugen aus. Es ist, da es aus der Kälte kommt, ein kaltes Licht, und Kälte fließt von der Schlange zum Beutetier, das unter diesem Blick, wenn es ihn einmal angenommen hat, erstarrt. Analog zum Licht aus den Schlangenaugen kommt der Tod rückwärts gehend zu ihm, den zweiten Schritt vor den ersten setzend: das Gestorbensein liegt vor dem Sterben, denn mit der Lichtfülle eines Blitzes huscht zum ersten und einzigen Mal im Leben des Beutetiers die Erkenntnis des Todes über sein sonst nur dem Leben zugewandtes Bewußtsein. Kreatürlich dumpfe Ahnung gefriert für die Dauer eines Lidschlags, der bei der Schlange dem Giftbiß vorausgeht, zu luzider Gewißheit. Und so ist selbst die Ratte noch die Schwester des am Tod leidenden Menschen. Insoweit hatte der Asssisinate recht, wenn er auch sie seine

Schwester nannte. Aber er meinte es anders, vorheriger, geltend für die ganze Dauer des Tierlebens. In der Annäherung an die Tiere filterte er das nur Gefühlte aus dem Gedachten nicht aus. Er reflektierte die Liebe nicht. So konnte sie schließlich seine Seele überwältigen, die von Ursprung doch auch eine dreifache war: vegetativ, sensitiv und luzid. Sie wurde, was die Tiere betraf, wie die Seele der Tiere und war danach nur noch von der zweiten aristotelischen Seelenkategorie: sensitiv. Es gab darum nichts Unaufrichtiges in des Assisinaten Gewohnheit, die Tiere Brüder und Schwestern zu nennen.

Daß sie hingegen ihn so nicht sahen, das ist gewiß; so gut kenne ich die Tiere. Das macht Franzens Hinwendung zu ihnen letztlich doch bloß zu einer Sache der humanen *caritas*, nicht aber, wie er glaubte und alle Welt glaubt, zu einer geschöpflichen *veritas*. Der Graben zwischen den Tieren und uns ist tiefer, als es die aristotelische Seelentrias vermuten läßt. Und ein Hinüberlehnen zu ihnen, das mehr ist als der Versuch, sie von ganz nahe zu sehen, um sie besser verstehen zu können, bewirkt einen substantiellen Verlust an aufrechtem Gang. Aber als eine Angelegenheit des kritischen Denkens hatten solche Überlegungen Franziskus nicht erreicht, während sie mich niemals verlassen.

Ich war nun ganz wach. Occursius und der Hund standen furchtsam im Strömen meines Blicks. Ich senkte ihn sogleich auf meine Papiere. Erlöst gingen beide hinaus.

Postscriptum arabicum

Im Durchgang durch das Zwischenreich der Bilder, in welchem sich, bevor die Gedankennebel wieder steigen, die disparatesten Dinge zu Wahrheiten fügen … Woher kam mir das? Im Überlesen der Texte, die ich nach der Nacht mit den Toten verfertigt hatte, war mein Auge an dieser Stelle hängengeblieben. Mit einem Begreifen des Wesens der Schlange, dem diese Textstelle voransteht, hat sie nichts zu tun, sieht man im Hinblick auf das Adjektiv *disparat* von der vagen Möglichkeit ab, es könnte die bei der Schlange metaphorisch behauptete Umkehr der optischen Gesetze bezüglich der Richtung gemeint sein, welche die Lichtstrahlen zwischen Auge und Beutetier nehmen. Sonst aber lagen meiner Einsicht in das Wesen der Tiere längst gedachte Gedanken zugrunde, nichts jedenfalls, das die Dunkelheit dieser Textstelle gerechtfertigt hätte.

Nun ist es meine Art nicht, um eines sprachlichen Effektes willen Sinnloses zu schreiben. Richtig ist nur, daß mir zuweilen Formulierungen von der Hand gehen, die nicht der Kopf gebar, sondern der Sprachleib, den ich den Ereignissen meines Lebens oder meinen Gedanken schuf. So wie sich mein Atem selber atmet und ich willentlich nur auf seinen tiefen oder flachen Gang Einfluß nehme, so formuliert das Formulierte nicht selten aus sich selbst heraus etwas Neues, schreibt sich das Geschriebene von selber fort, während mein Wille ruht. Gleichwohl, es kann ein Etwas, das nicht ganz und gar ohne Sinn ist, nicht aus einem Nichts hervorgehen. Und so frage ich mich nicht nur, was das sei, ein Zwischenreich der Bilder, und was für Dinge diese disparatesten Dinge sind, was ihr Disparates ist und was die Wahrheit, zu der sie sich fügen, und wie gerade ich zu einer Verquickung von so unvereinbaren Wörtern wie *Gedanke* und *Nebel* komme. Ich frage mich auch, noch einmal: Woher kam mir das?

Angestrengtes Nachdenken über die Geschehnisse des nächtlichen Symposions förderten eine Passage zutage, die meiner schreibenden Erinnerung entfallen war. Einmal erkannt, kam sie mir mit Macht zurück. Nach dem Hersagen der Litanei von Alter und Scham, Liebe, Leben und Tod war Fahr ad-Din zwischen die Bilder Bianca Lancias und Isabella Briennes getreten, dicht vor mich hin, wo er sich den Assassinendolch aus dem Herzen zog und auf die Spitze der flach gehaltenen Klinge eine kleine Kugel aus einem grünlichen Stoff legte. Er hatte sie einer aus der Tiefe seines Gewandes geholten ovalen Pillendose entnommen, die er danach auf den Tisch stellte, vor mich hin, so daß ich auf ihrem Deckel das in Silber getriebene Bild einer hochgewachsenen Hanfblüte erkennen konnte. Dann hatte er die Dolchspitze mit dem Stoff darauf in die Flamme einer Tischkerze dicht bei meinem Gesicht gehalten, und ich sah fasziniert, wie das Feuer den Stahl von unten her umarmte und mit gierig zuckenden Händen nach der Kugel griff. Rauch stieg auf, und der Emir sagte: Atme diesen Rauch ein, mein Freund! In ihm sind für Dich ein kleiner Tod und eine kleine Wiederauferstehung verborgen und, wenn Du den Rauch tief und lange genug inhalierst, wohl auch der Paradiesgarten, der Dir nach Deinem wahren Tod und Deiner wahren Auferstehung, über welch beide Gott allein der Herr ist, verschlossen bleiben dürfte, denn, so lehrt der Koran, der Garten Allahs wird nur jenen offenstehen, die gottesfürchtig sind. Das aber bist Du nach allem, was man von Dir weiß, nicht. Auch werden Deine guten Taten, die Du an den Muslimen tatest, indem Du uns unseren Glauben und unsere Moscheen ließest, Dir Allahs Garten nicht öffnen, denn eine gute Tat, die von dem begleitet wird, was wir *as-kufr* nennen, das heißt der Unglaube, bringt keinen Gewinn.

Ich hielt mein Gesicht an den Rauch und kostete ihn mit Mund und Nase. Er zerbiß mir sogleich die Stimme. Hustend sagte ich: Was Du mir gibst, mein Freund, das ist die luftige Speise der Haschischinen, gemacht aus dem harzigen Schweiß der Blätter und Blüten des Hanfkrautes, das die religiöse Peitsche der schiitischen Imame vom persischen Berg Alamut ist, die sie über den armen Seelen ihrer Assassinen schwingen, Mordbuben, wie Du am besten weißt. Ich wies auf den Dolch vor meinem Gesicht und sprach weiter: Im Haschischrausch in ein von den Imamen hergerichtetes Theaterparadies verbracht, erwacht darin an den nackten Brüsten vermeintlicher Huris, nach einer Zeit der Gewöhnung an Weib und Wein erneut durch die Hanfdroge betäubt und dann in der trostlosen Wirklichkeit ihres miserablen Lebens ernüchtert, hatten diese jungen Männer nur noch einen einzigen Wunsch an das Leben: den Tod, der sie zurückbringen würde in Allahs Garten. Der Weg dorthin, sagten ihnen die Imame, hieß Töten im Dienst des wahren Glaubens. So wurden sie zu Assassinen, politischen Attentätern, vor denen sich die den Imamen mißliebigen Fürsten in Orient und Okzident gleichermaßen fürchteten und fürchten bis heute.

Der Bischof von Arezzo hatte an dieser Stelle lauernd gesagt: Du kennst Dich gut aus, Herr Kaiser! Ich verstand die Anspielung und sagte: Ich kenne, was Du meinst, aus der Giftküche des Laterans, das Gerücht nämlich, auch ich hätte mich zur Beseitigung politischer Gegner der Mördersekte der Assassinen bedient. Es ist nichts daran, glaub es oder glaub es nicht. Sagst Du es aber, dann bringe die Beweise bei, sonst schweig. Fahr ad-Din sagte, mich mahnend: Die luftige Speise der Haschisch-Leute verdirbt rasch. Er verfiel nun in einen kassidischen Singsang: Wo du im Garten auch zu wandeln begehrst, die Vögel werden dich in ihrem Kropf dorthin tragen … Du wirst den Schrecken des Ortes, an dem das Gericht sich versammelt, nicht zu sehen bekommen … Nicht mit Strenge wirst du zum Gericht gerufen werden, sondern es wird für dich voller Schönheit und Sanftmut sein … Schnell und ohne Kampf wirst du die Brücke Sirat über das Feuer queren, hinüber in den Garten der Zeitlosigkeit … Nicht wirst du aufgefordert werden, deine Taten zu rechtfertigen, noch wirst du für sie getadelt werden; am Ort der Waage wird dir kein Leid geschehen … Du wirst Allah schauen, ohne Verdunkelung seines Gesichts …

Da begann ich, den Rauch tief einzuatmen. Er weitete nach und nach mein Gehirn, bis ich fühlte, wie es sechsmal den Raum berührte: in der Mitte einer jeden der vier Wände, im Scheitelpunkt der Decke, von wo das steinerne Antlitz Gottes starrte, und im Lotpunkt unter seinem offenen Mund auf dem Fußboden. Nun war es wie die dreidimensionale Gestalt des Kreises in der dreidimensionalen Gestalt des Quadrats. Das Gefühl, das von diesen sechs Druckstellen auf mich ausging, war die Empfindung einer Kugel im Kubus der Klause des Marabouts, und genau in der Mitte der Kugel, die mein Gehirn war, sah ich ihn sitzen, die Knie gekreuzt, die Hände würgend im Rauch seines Holzkohlenfeuers. Er war ohne Unten und Oben, ohne Rechts und Links, denn ich sah ihn von oben und von unten, von rechts und von links zur selben Zeit: den heiligen Mann vom Fuß des Bergs Pellegrino am Meer bei Palermo. Er war der Ort in meiner Mitte, von dem aus man nach rückwärts und nach vorwärts die Zeit mißt, und da er ihre Mitte war, war er reine Gegenwart, der Nabel der Zeit, von der der heilige Augustin sagt, daß er wisse, was sie sei, wenn ihn keiner nach ihr frage, daß er aber nicht wisse, was sie sei, wenn ihn einer bitte, sie ihm zu erklären. Das augustinische Problem der Zeit entwich aus meinem Gehirn; ich spürte die Vergangenheit nach rückwärts, aus meinen Ohren, und die Zukunft nach vorwärts, aus meinen Augen fliehen. So war ich ohne Zeit, ohne Erinnerung an meine Geburt und ohne Erwartung meines Todes. Vergangenheit war nicht mehr, und Zukunft war noch nicht. Ich war reines Tier, reines Sein, reine Gegenwart, die, weil sie nun immer gegenwärtig war, Ewigkeit war.

Bin ich in ihr angekommen, heiliger Mann? fragte ich den Marabout in der großen Kugel, die mein Gehirn war.

Du bist nur, wie weit Du auch gereist bist, in Dir selber angekommen, Rudschero, sagte er. Und dann: Deinem kleinen Tod und

Deiner kleinen Erweckung folgte auch nur ein kleiner Garten, der nicht der große Garten Gottes ist. Es wachsen in ihm nicht, wie im wahren Garten, die Tubabäume, deren größter so groß ist, daß ein Reiter in seinem Schatten hundert Jahre vorwärts reiten kann, ohne ihn jemals zu verlassen; deren Wurzeln aus Perlmutter sind und die Stämme aus Rubin, mit Zweigen, siebzigtausend an jedem Stamm, aus Chrysolith, und mit Blättern aus Seide und Brokat. Du bist nur in einem Garten angekommen, Rudschero, in dem das Kraut der geistig Schwachen wuchert. Seine Wurzeln sind aus Lügen und seine Blätter aus Täuschungen gemacht. Es wächst nicht, wie die Tubabäume des wahren Gartens, in einer Erde aus Moschus, Bernstein oder Kampfer, sondern in einer Erde, die durchsetzt ist mit dem Schutt Deines Lebens. Die Flüsse darin führen nicht, wie die Flüsse des wahren Gartens, Milch, Honig, reines Wasser und Wein, sondern das salzige Tränenwasser Deiner Völker.

Von weit außerhalb der großen Kugel, die mein Gehirn war, hörte ich die Stimme Fahr ad-Dins: Du mußt tiefer atmen, mein Freund ... Ich sog den Rauch bis in meine Eingeweide hinab und spürte alsbald den Schmerz der Steine, den sie unter dem Andruck meines sich weiter dehnen wollenden Gehirns erlitten. Ich fragte den Marabout: Und was ist mit den Huris, heiliger Mann? Er sagte: Es ist überliefert, daß im Garten Gottes Huris leben, die 'Ayn genannt werden. Aus vier Stoffen wurden sie erschaffen: Moschus, Kampfer, Bernstein und Safran. Von den Zehen bis zu den Knien sind sie aus Safran, von den Knien bis zu den Brüsten aus Moschus, von den Brüsten bis zu den Haaren, die aus roher Seide sind, aus Kampfer. Hätte eine von ihnen auch nur ein einziges Mal ins Meer gespien, es wäre das Salzwasser von ihrem Speichel süß geworden. Auf ihren Brüsten steht geschrieben: Wer meinesgleichen zu haben wünscht, den lasse wirken im Gehorsam gegen seinen Herrn.

Ich sagte: Also werde ich sie niemals sehen.

Du mußt tiefer atmen, mein Freund, kam aus weiter Ferne die Stimme Fahr ad-Dins.

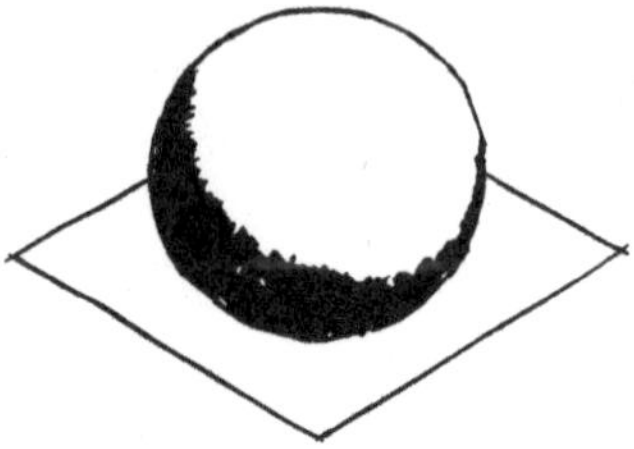

Da sog ich den Hanfrauch, der in blauen Schwaden die Identität von Raum und Gehirn durchzog, bis in die Hoden hinab. Einem glücklichen Einfall folgend, befreite sich mein Gehirn aus der Fessel der Kastellsteine, indem es deren dreidimensionales Oktogon auf ihre geometrische Ausgangsfigur zurückführte, zum Quadrat, dem es als Kreis ursprünglich eingeschrieben gewesen war. Und indem mein Denken das Quadrat auch noch aus der räumlichen Vertikalen in die ihm gemäßere horizontale Fläche zurückgeholt hatte, war der dreidimensionale Kreis in ihm, der als Kugel mein Gehirn war und mein sich in der Fessel des Raums vergeblich um vermehrte Dehnung bemühendes Denken, endlich frei. Das steinerne Oktogon lag als papierenes Quadrat wie eine zu Boden gefallene Fessel um den tiefsten, die Erde berührenden Punkt meines Gehirns. Es entwich nach oben und dehnte sich zur Unendlichkeit. Darüber wurde die Haut, die es umschloß und vor der zerberstenden Atomisierung bewahrte, allmählich durchsichtig. Und noch während diese Haut sich dehnte, erschienen außen auf ihr, von innen anzusehen wie durch beschlagenes Glas, das seine Trübung langsam verliert, mit mir zugewandten Gesichtern, Brüsten und Bäuchen die Frauengestalten meines Lebens. Sie waren alle nackt und lagen bäuchlings, die Arme und Beine wie im Flug weit gespreizt, auf der Kugel meines

Gehirns. Ihre Leiber bildeten eine Pyramide, deren Spitze meine Mutter Konstanze war. Unter ihr, sie tragend, erkannte ich meine erste Frau, die aragonesische Konstanze, und die piemontesische Markgräfin Bianca Lancia. Zu meiner tiefen Verwunderung, und Beschämung auch, hatten sie zwischen sich, sie wie in geheimem Einverständnis bei den Händen haltend, die Hure von Palermo. In der Reihe darunter spreizten sich: die englische und die syrische Isabella, Adelheid von Urslingen und Marie d'Antioche. Diese vier wurden getragen von Adriana de Pettorano, Manna von Messina, Blanche Brienne, Selva Lancia und Richina von Wolfsölden. Den breiten und hohen Fuß der Pyramide bildeten die Namenlosen: Italienerinnen, Griechinnen und Sarazeninnen. Wegen der Kugelkrümmung meines Gehirns schien die Fleischpyramide auf mich stürzen zu wollen. Noch ein anderes bedrohte mich: Die Frauen hatten allesamt auf ihren Hälsen Vogelköpfe, doch waren diese nicht artspezifisch verschieden, sondern sich auf eine plumpe Weise gleich. Und plump waren auch die Schnäbel, mit denen sie, einem Krähenschwarm ähnlich, der auf einen Falken haßt, auf meine Gehirnhaut einhieben. Da dies ohne einen Laut geschah, wurde das schreckliche Bild übermächtig; es ging etwas Unmäßiges, Unbotmäßiges von ihm aus. Ich wußte ohne Nachdenken sogleich, daß die Vogelfrauen Zugang zu meinem innersten Denken suchten, von dem ich sie zu ihren Lebzeiten stets ferngehalten hatte. Ein Mann gibt sich auf, der es zuläßt, daß eine Frau, angetraut oder nicht, liebend oder nicht, danach trachtet, nach seinen Gliedern auch seine schweifenden Gedanken noch zu umschlingen, weshalb sie mit Lauschen und Lauern an der Tür seiner Seele nicht eher aufhört, bis daß er, auf den sie ein durch Heirat oder Hingabe erworbenes Besitzrecht zu haben glaubt, seine Gänge in die Gärten der Lüste traurig, aber der ewigen Ausflüchte müde aufgibt und der Liebe für immer entsagt, sie der Treue opfernd. Denn nichts anderes ist geforderte Treue als der Verzicht auf Liebe, sowohl seitens der die Treue einfordernden Frau als auch seitens des sie einliefernden Mannes. Auf diese das Fleisch abtötende Weise freilich ist Treue ewig. (Dies niederschreibend, ringe ich zum wiederholten Mal mit der Schwierigkeit, die subjektive Wahrheit meiner disparaten Rauschbilder nicht preiszugeben an objektivierende Reflexionen über sie im Zustand eines wieder ernüchterten Bewußtseins.)

Erst unter den Schnabelhieben der Vogelfrauen auf meine Gehirnhaut wurde mir deutlich, daß ich die Frauen nicht an ihren Gesichtern, die sich alle gleich waren, sondern an den Besonderheiten ihrer Leiber erkannt und unterschieden hatte. Da waren sie wieder, die materieschweren Brüste meiner normannischen Mutter, und auch die blauen Blutbäche unter der weißen Brusthaut. Die aragonesische Konstanze, meine erste Frau, erkannte ich wieder an der Kürze des Weges, den einst mein kühner Knabenmund zwischen dem unteren Rand ihrer Brust und dem Nabel zurückzulegen gehabt hatte, denn sie war von eher kleiner Statur gewesen; auch den rührenden Fettring, der sich in ihren letzten Jahren um ihre Hüften zu legen begonnen hatte und den sie vor mir durch Schnüren der Unterkleider oder Dunkelheit in der Schlafkammer zu verbergen suchte, sah ich wieder.

Die Gräfin Lancia hätte ich nach nur einem einzigen Blick auf ihren bis ins beginnende Alter schlank gebliebenen Leib unter tausend anderen, auch ähnlich geformten Frauenkörpern herausgefunden, so genau hatte ich ihn mit Augen, Mund und Händen studiert; da bedurfte es nicht einmal des Wiedererkennens eines kleinen dunklen Mals auf ihrer linken Bauchseite. Die palermitanische Hure zwischen den beiden vorgenannten adligen Frauen war unverkennbar wegen der großen, langen Narbe, welche ihr mit dem weißen Glanz ihrer aufgeworfenen Leuchtspur den dunkelhäutigen Sarazenenbauch zwischen Nabel und Scham aufhellte. (Die Obszönität dieser monströsen Narbe versteift mir in der Erinnerung daran noch immer das Glied.)

Die englische Isabella sodann, links am Beginn der Reihe darunter, protzte wie bei ihrem Einzug in Köln, als sie unter den Balkonen der Bürgerinnen auf deren laute Zurufe der Bewunderung hin den Schleier von Kopf und Schultern genommen hatte, mit den prallen Halbkugeln ihrer vom Londoner Nebel samten gepflegten Brust. Die syrische Isabella daneben zeigte ihr blauschwarzes Schamhaar her, das gegen den Nabel hin sich zu einem hauchzarten Flor ausdünnte, so daß die kindhafte Frau ihren weißen Unterleib niemals ganz zu entblößen gehabt hatte. Freilich deutete sich in dieser für eine Frau ungewöhnlichen Behaarung auch eine fast männliche Härte des Wesens an, die Quelle der Feindseligkeit gegen mich.

Adelheid von Urslingen nun. Sie ließ nach Art der vornehmen deutschen Damen (soviel ich von ihnen gesehen hatte) die kleinen Brüste schon in jungen Jahren hängen, was zu andauernden ritterlichen Minnewünschen nach stützender Handanlegung führt. Marie d'Antioche brüstete sich mit Aureolen, deren Durchmesser dem ihrer mit Henna getönten Handteller nicht viel nachgab. Hatte ich sie entblößt und der Nachtkühle Palästinas ausgesetzt, dann waren aus ihnen dickfleischige Warzen aufgestiegen, nachtatmige Sukkulenten mit einem bläulichen Stich ins Ordinäre. Die sie umgebenden Aureolen hatten sich dabei zusammengezogen und ihre Farbe von Braun nach Schwarz intensiviert. Nur zu oft erlag ich der Faszination dieses Spiels, und niemals ohne das Gefühl, mich im Hinschauen gedemütigt zu haben. Die sizilische Komtesse Pettorano war kenntlich am Gegenteil: rosigen Aureolen, die ihren gleichfarbigen unschuldigen Warzenwinzlingen nicht nennenswert den Hof machten; auch ein Touchieren hatte niemals zu einem Mehr an Erregungszeichen geführt. (Der Rausch häuft die Substantive an, sehe ich. Die von ihm beeinflußte Sprache versucht, dem enteilenden Denken auf Kothurnen nachzusteigen.)

Ich muß mich kürzer fassen. Diese Leibgeographien fangen an, schon von ihrer schieren Zahl her zu langweilen. Es geht mit dem Fall der Pyramide auch ein Gefälle der Emotionen einher, mit denen ich bei den Frauen engagiert gewesen war, eine sich vermindernde Rangordnung der Beziehungen. Soweit die Frauen Kenntnis voneinander gehabt haben konnten, hatten sie diese Ordnung akzeptiert, wie nun zu sehen war. Nur mit der hoch angesiedelten Hure dürften sie Probleme haben, aber die erstklassige Gesellschaft, in der sie sich entsprechend ihrer emotionalen Bedeutung für mich befand, schloß jeden Widerspruch aus.

Der schwächeren Emotion entspricht eine schwächere Erinnerung. So weiß ich von Manna nur noch, daß ihre beiden Knie unter einer grauen, leicht grindigen Haut deutlich verdickt waren. Daran erkannte ich sie als die erste von links in der vierten Reihe von oben. Wir hatten das lachend ihre katholischen Knie genannt, denn als Nichte des Erzbischofs von Messina war sie zu ungewöhnlich häufigem Knien im Gebet verpflichtet gewesen – eine fromme Haltung, in der eine unfromme Variation steckt, aber ich hatte Manna nie dazu überreden können. Ihr Entsetzen über ein solches Ansinnen hatte mir als jungem Mann schon einen Vorgeschmack davon gegeben, was es heißt, für den Antichrist gehalten zu werden.

Blanche Brienne war, das hat in diesen Papieren schon mehrmals eine Rolle gespielt, die Cousine meiner zweiten Frau und wenn auch sonst in nichts, so doch im Schambereich Isabellas Duplikat in Rotblond, ein Hinweis auf den nordfranzösischen Ursprung der Familie. So kann ich mir Details sparen. Es wären auch zu viele, denn wo Isabella noch ein Kind gewesen, war Blanche längst Frau. Darum hatte ich jene zunächst geschont und diese zuerst genossen. Sie verleitete mich sogar zu ein paar gefühlvollen Abschiedsversen, aber sie waren höfisch und das heißt unwahr. Der Penis ist kein Griffel für Gemüthaftes.

Selva Lancia dann. Sie war die ältere Schwester Biancas und die Dritte in dieser Reihe. Ich erkannte sie am Vorfall ihrer linken kleinen Schamlippe; sie mußte sie schon als ganz junges Mädchen häufig manipuliert haben. Die Erinnerung daran hat mir jenen gewagten Vergleich mit der vom Pflug frisch aufgebrochenen braunfetten Erde Apuliens in der tarentmischen Tavoliere-Ebene eingegeben. Die Dinge der Natur sind, wie sie sind. Der sogenannte gute Geschmack zählt nicht zu ihnen.

Richina Wolfsölden schließlich, die diese Reihe der Vogelfrauen beschloß, erkannte ich daran, daß ich sie nicht erkannte; ich erriet sie aus ihrer Anwesenheit in der Reihe der Frauen, deren Kinder ich legitimiert hatte. Was Richinas Körper betraf, so war mir seine gleichsam anonyme Beschaffenheit schon damals, 1235 in Deutschland, aufgefallen: ein semmelblondes, mehlweißes deutsches Fräulein wie so viele, nichts, das meine Phantasie erregt hätte, aber der Hand angenehm. Richina verkürzte mir die Zeit des Wartens auf meine dritte Frau, die englische Isabella, die ich, seit meine Brautwerber mit Berichten von ihrer ungewöhnlichen Schönheit aus London zurückgekehrt waren, schon im Blut hatte, als ich mit dieser jungen Deutschen aus dem weiteren Umfeld meines Sohnes Heinrich ein paar Male schlief.

Mehr und mehr schreibe ich mich hinaus aus dem Rausch jener Nacht, von der hier schon so lange die Rede ist. Der Prozeß der Ernüchterung, der am Morgen danach mit dem Abklingen meiner Bewußtlosigkeit eingesetzt hatte, beginnt nun, auch die Darstellung der Schatten, mit denen ich redete, so zu versachlichen, daß sich die Frage nach der Glaubwürdigkeit des Ganzen stellt. Es wird Zeit, daß ich mit dem Text zu Ende komme und den hohen Sphärenton des Voraufgegangenen wiederfinde. Ich muß es noch einmal versuchen. Es ist ein Feilen von Wörtern zum Schlüssel, der mein Wesen aufschließt.

Unter den Schnabelhieben der Vogelfrauen begann die Haut meines Gehirns unerträglich zu schmerzen. Auch schien ich zu erblinden, denn ich konnte die Pyramide der Leiber nicht mehr mit der Deutlichkeit sehen, die es mir eben noch ermöglicht hatte, ihre feinsten Einzelheiten zu unterscheiden. Als ich aber genauer hinschaute, sah ich, daß die Kugel, die mein Gehirn war, sich unter den Leibern der Frauen von außen eintrübte. Aus den Schnabelmündern floß ihnen Speichel und aus den Geschlechtsöffnungen klarer Seim. Beides näßte ihnen die Brüste, Bäuche und Schenkel, floß zwischen ihnen zusammen und ließ die Kugel langsam undurchsichtig werden. Unter diesem obszönen Bild entleerten sich meine Hoden konvulsivisch nach innen. *Weh mir,* schrie ich, *man hat mich vergiftet!* Augenblicks hörten die Schnabelhiebe auf. Ich sah, wenn auch nur schemenhaft, wie sich die Leiber der Frauen anstrengungslos von der Kugelkrümmung hoben. Während sie in geringer Höhe über ihr verharrten, schwerelos schwebend und die bisherige Ordnung beibehaltend, schlugen sie im lautlosen Applaus für meine Pollution die Hände ineinander, am stärksten in den unteren und mittleren Rängen der Pyramide, nach oben zu immer schwächer; die beiden Konstanzen, Bianca Lancia und die Hure von Palermo rührten keine Hand. Als ich unter Leibkrämpfen noch einmal ein *Weh mir!* schrie, sah ich über dem Rand der nach unten ablaufenden Sekrete, wie die Vogelfrauen sich unter Auflösung der Pyramide zu den zwei langen Schenkeln eines Winkels von fünfundvierzig Grad formierten, dessen Spitze meine Mutter war. So flogen sie gänsegleich davon. Ich versank in Gedankenlosigkeit.

Inmitten der Leere saß wieder der Marabout. Er sagte: Das Totenbuch der Muslime, in dem die Hadithen Mohammeds aufgeschrieben sind, lehrt, daß im Garten Gottes das Gesicht eines jeden Mannes im Gesicht seiner Frau zu sehen ist und ihr Gesicht in dem ihres Gatten. In dem Garten aber, in dem Du bist und der nicht der Garten Gottes ist, sondern der Garten des Hanfkrautes, ist das Gesicht Deiner Frauen in Deinem linken Fuß widergespiegelt und dieser Fuß in den Gesichtern Deiner Frauen. Ich sah an mir hinunter. Mein linker Fuß war zur Hand eines Raubvogels mutiert, war vierfingrig, hornschuppig und grindig grau.

In meinem Denken begann es zu glühen. Erst war das Glühen das rote Auge, das mir aus der Tür der Klause des Marabouts am Fuß des Berges Pellegrino am Meer bei Palermo nachschaute und das letzte war, was ich vom Marabout sah. Unter meinem erregt blasenden Atem dehnte sich das rote Glühen zu einem Ball von der Farbe der Orangen. Der Ball begann, sich um sich selber zu drehen, langsam zuerst, dann schneller und schneller. Das ließ aus seinem Rand Flammen ausbrechen, nach oben, nach unten und nach den Seiten, so daß sie den Ball umstanden, wie das züngelnde Haupt- und Barthaar die vom Logos glühenden Gesichter der biblischen Propheten umstanden haben muß. Aber bald legte sich unterm Rotieren ihres inneren Glutkerns eine Flamme der anderen an, jede geschmeidig nach rückwärts gebogen, bis die blauen Flammenköpfe die gelben Flammenfüße berührten. Da war das Feuer zum Kreis vollendet. Aus weiter Ferne hörte ich die alte Schlange kichern: *Das Feuer, das vor allen Feuern ist, im Denken Gottes. Universale ante rem. Grüß Gott, Herr Gott!*

Unter Verlust von spirituellem Blau wuchs dem äußeren Feuerkreis materielles Sonnengelb zu. Es lagerte sich dem Blau in konzentrischen Kreisen ein, und während das Blau mit der Bewegung des Glutkerns lief, drehte sich das Gelb gegen diese Richtung. Durch die Reibung der Farben aneinander entstand ein hochtöniges Singen und liefen Hitzewellen im Pneumameer meines Gehirns bis an die

Grenzen des Denkens. Dort, wo der Logos endet, brachen die Wellen sich. Wolken aus feurigem Schaum stoben über den Logos hinaus in den schwarzen, denkfreien Raum, wo sie sich, mit saugenden Wirbeln in der Mitte, zu Lichtnebeln wandelten. Während Ewigkeit um Ewigkeit herrschte, sogen die Wirbel die Nebel ein. Vom Grund ihres Seins leuchteten sie nun als punktförmige Sterne.

Myriaden solcher neugeborener Sterne stachen schmerzhaft in mein inwendiges Sehen. Da dachte ich zur Stillung des Schmerzes ein schönes Bild: alle Feuermaterie auf dem Grund des Universums zu einem See aus strahlendem göttlichen Magma vereint, so daß der sich selber denkende und denkend die Welt erschaffende Gott, um nicht am Licht des eigenen Denkens zu erblinden, die Dunkelheit seines Denkens, die ihm ebenso eigen ist wie das Licht, über dem Magmasee ausbreitet, worauf das himmlische Feuer nur noch, Gott und den Menschen erträglich, als Sternenhaufen durch die Struktur des dunklen göttlichen Denkens scheint.

Ich dachte und ich atmete. Darüber kam die Bewegung der inneren Sonne und der äußeren Sterne zum Stillstand. Das Chaos begann sich zu ordnen: Die Sonne drehte sich um sich selber, und um sie drehten sich, unter gleichzeitiger Drehung um die eigenen Achsen, die Sterne. Ich hatte durch Denken und Atmen System und Berechenbarkeit ins All gebracht. Während die Hitze des Allanfangs der Kälte des Pneumas wich und mein schwer atmendes Gehirn zu vereisen anfing, erkannte ich ohne Staunen und Zweifeln, was ich war: GOTT. Ein lautloses Lachen schüttelte mich bei dem meine Seele erlösenden Gedanken, daß ich nicht geschundener Knecht sein mußte in einem Jenseits, wo ich allmächtiger Herr war. Auch mein Denken war erlöst: Die Frage Zenons nach dem Raum, in welchem der Raum ist, hatte sich mir beantwortet: Der Raum ist das Denken, und der Raum, der um den Raum ist, ist der sich selber denkende Gott.

Als ich aus dem Traum in den Traum zurückkehrte, befand sich der Assassinendolch wieder im Herzen Fahr ad-Dins. Eine Hand umschloß den Griff. Am Ring mit dem staufischen Adler, der den Hasen schlug, erkannte ich sie als meine Rechte. Der Emir lächelte und sagte: *Gott sehnt sich nach Gott, mein Freund.* Dann hatte Isabella Brienne wieder das laute Wort: Er begann, sagte sie, unsere Ehe mit einem Betrug und ließ sie so auch enden ...

Ich war nun wieder wach, zurück im eigenen Knochensack, kein Zweifel, denn ich notierte: In diesem Jahr wird die Ehe als eines der sieben heiligen Sakramente der römischen Kirche einhundertzehn Jahre alt. Seit das Zweite Laterankonzil 1139 das Kirchenportal vor das Ehebett stellte (und dahinter, zur Erschwernis eines allfälligen Aussteigens, sowieso), seit also Gott, mit einem Wort, zum spirituellen Kohabitanten bestimmt wurde, ist die Ehe, als ein Zweierbündnis, nun in der Tat unauflöslich geworden: Auch wenn der Mann geht, Gott bleibt.

Über Walther von der Vogelweide

Ich muß endlich diese das Blut eindickenden Gedanken abstreifen, dieses Schwanken zwischen kniefälliger Demut vor der Schuld und zynischem Hochmut vor der Reue. Da ist es gut, daß meine Hand sich zu weigern beginnt, noch ein Wort niederzuschreiben, das letzthin in diesen Gedanken allgegenwärtig war: Gott. Ein körperlicher Widerwille macht sich gegen die krankhaft anmutenden Ausschweifungen der Seele bemerkbar. Ich nehme das als ein Zeichen relativer Gesundheit. Sogar die von vielen Menschen an mir bemerkte und so genannte staufische Heiterkeit, die in den letzten Jahren und Monaten unter politischen Rückschlägen und Enttäuschungen im

Persönlichen stark gelitten hatte (wenn es sie als Erbgut überhaupt gibt und wenn sie denn ein Gutes ist), kehrte als schwaches Lächeln in meine Seele zurück, doch noch nicht auf mein Gesicht. Anstoß dazu ist eine vergilbte Korrespondenz, die ich neulich auf ihre Verwertbarkeit für diese Papiere prüfte. Ein archivarisches Versehen, dem ich eigentlich mit einem Tadel begegnen müßte statt mit der Dankbarkeit, die ich dafür empfinde, hat sie mir in die Hände gespielt: Unter den Materialien für mein Vogelbuch (ich gab ihm neulich, seinem Abschluß nahe, den endgültigen Titel *De arte venandi cum avibus*) fand ich, abgelegt unter dem Buchstaben V, die Bittgesänge des deutschen Dichters Walther von der Vogelweide an mich sowie meine Antworten auf sie aus meinen deutschen Jahren 1215 bis 1220.

Friedrich, von Gottes Gnaden römischer König und König von Sizilien, semper Augustus, entbietet dem Herrn Walther von der Vogelweide seinen Gruß. Ihr habt mich, in kunstvollen Reimen und gelungener Strophierung, wie meine Berater für Deutsches mir sagen, an meine Euch zugetragene, aber mehr laut gedachte als schon entschiedene Absicht erinnert, Eure Kunst saladinesk zu subventionieren, auf daß Ihr der ärgsten Not des Leibes, wie sie einen fahrenden Sänger leicht ankommen kann, enthoben seid. Im fünften Jahrzehnt Eures Lebens stehend und kein anderer Fürstenhof als der meinige mehr in Sicht, der Euch Eure beiden großen Sehnsüchte – ghibellinisches Reich und welfischen Reichtum – zu stillen vermöchte, wollt Ihr Eure berühmte Harfe nicht mehr wandernd schultern, sondern sie an den Bettpfosten beim eigenen Herdfeuer lehnen. Wer ein Haus habe, schriebt Ihr mir, könne schöner singen vom grünen Klee. Und hättet Ihr endlich eines, so wolltet Ihr auch wieder von den Vögeln singen, wie Ihr einstmals von ihnen sanget.

Ich habe mir Eure damaligen Verse, auf die Ihr Bezug nehmt,

ins Italienische übersetzen lassen, denn noch ist mein Deutsch den Subtilitäten Eurer Dichtung nicht gewachsen. Leider vergröbert jede Übersetzung einen anspruchsvollen Text, zumal einen poetischen, aber ich möchte auch nicht so sehr das diffizil Versteckte als das handfest Zutageliegende Eurer Hervorbringungen mit Euch erörtern, einerseits weil ich, der ich in Eurer Kunst dilettiere, von Euch zu profitieren hoffe, andererseits weil ich, so offen gesagt, wie Ihr offen singt, zu prüfen gewohnt bin, was ich bezahlen soll. Bekommen würde ich, so lautet Euer Angebot für den Fall einer Rente, neue Gesänge von Vögeln und Blumen auf der Heide, auch von schönen Frauen wieder, denen Ihr Rosen und Lilien auf den Wangen erblühen lassen wollt.

Am Wert all dessen, Herr Vogelweide, habe ich meine Zweifel. Nicht am Wert der Natur, natürlich nicht, und auch nicht am Wert der ihr zugehörigen Frauen, das schon gar nicht. Ich zweifle am Gebrauch, den Ihr in Eurer Dichtung von beiden macht.

Nun weiß ich wohl, welches Verdienst Euch zukommt, nämlich als erster unter den deutschen Hofsängern die Schlafzimmer hochadliger Damen gelüftet zu haben, Kemenaten dies, in deren von Seelenschweiß stickiger Luft die Minnesinger vor Euch ihre poetischen Hoffnungen, nicht aber ihre prosaischen Hosen aufhängten. Diesen neuen Ton nahm ich kürzlich in meinen eigenen poetischen Bemühungen auf, verstieg mich wohl gar noch zu einem schrilleren, gab aber das für einen König Unschickliche nicht aus der Hand, tat es auch deshalb nicht, weil ich es nur schwer ertrage, in anderem als meinem Namen der Zweite zu sein, und der Erste in der Dichtkunst unserer Zeit seid gewiß Ihr.

Sosehr wir nun Brüder im poetischen Fleisch sind, im Geist der Gegenstände unserer dichterischen Anstrengungen sind wir es leider nicht. Zur Erklärung nehme ich das berühmteste unter Euren Mädchenliedern her: *Unter der Linde / auf der Heide / da unser zweier*

Bette war ... Und als weitere Naturkulisse hinter diesem Bett: *Vor dem Walde in einem Tal / tandaradei / sang schön die Nachtigall* ... Ihr läßt dieses Lied aus dem Mund eines Fräuleins kommen, das sich an ein Liebestreffen in freier Natur erinnert. *Ich kam gegangen / zu der Aue* singt die Jungfer, und der Liebste sei bei ihrer Ankunft schon dort gewesen und sogleich mit tausend Küssen – *Seht, wie rot mir ist der Mund!* – zum Eigentlichen gekommen. *Blumen und Gras* seien unter dem leidenschaftlichen Paar niedergebrochen, denn *Er hatte bereitet / in aller Pracht / tandaradei / von Blumen eine Bettestatt.* Am Ende steht die Hoffnung des zwischen geschwätziger Mitteilsamkeit und gutbürgerlicher Scham schwankenden Mädchens, der einzige Zeuge des grünen Beilagers, *ein kleines Vögelein / tandaradei / wird wohl verschwiegen sein.*

Auch ich, werter Herr Vogelweide, komme nun zum Eigentlichen. Mein Einwand gegen Euer Lied, dessen Text ja aus Eurer Feder floß, auch wenn Ihr ihn einem Mädchen in den Mund legtet, gilt nicht Eurer Kunst (obwohl diese, finde ich, im Ausdrücken von Gefühlen hier einen hohen Grad von Künstlichkeit aufweist), sondern Eurem nachlässigen Umgang mit den Erscheinungen und den Gesetzen der Natur, die etwas zu kennen ich mir anmaße. Wer, wie Ihr, dem Realismus der Liebe huldigt und dem Leibe gibt, was des Leibes ist, also die menschliche Natur nicht länger als ein Gebinde aus schwülschönen Orch*ideen* sieht (wußtet Ihr übrigens, daß *órchis* griechisch ist für *Hoden*?), der, werter Herr Vogelweide, darf auch die subhumanen Gestalten der Natur – Vögel, Bäume, Blumen, Landschaften – nicht wie beliebig benutzbare Chiffren seiner Gefühle behandeln. Der Baum der Heide ist die Birke, nicht die Linde. Blumen und Gras in einer Dichte, daß sich eine Bettstatt darin bilden könnte, sind der Wiese zugehörig, nicht der Heide, deren Decke aus dem Strauchgewächs Calluna dem, wie doch zu vermuten ist, nackten Hintern Eures schönen Fräuleins ganz andere Laute als solche der Liebe herausgekitzelt hätte. Und so wäret Ihr gut beraten gewesen, wenn Ihr Euch entweder für die Aue oder für die Heide entschieden hättet als den einheitlichen Ort Eurer Handlung, denn ineinander, wie Ihr insinuiert, können die zwei nicht sein, ist doch die eine trocken, die andere naß. Was also nun, Herr Vogelweide?

Schließlich noch ist die Lerche Lullula, nicht die Nachtigall der Singvogel der Heide. Aber da Ihr Euch zwischen Heide und Aue nicht entscheiden mochtet und Nachtigall, Heide und Aue kühn ineinanderreimtet, muß Eure Nachtigall wohl passieren als ein Vogel in einem Tal vor einem Walde, der ein an seinen Rändern verheideter Auwald mit Lindeneinschuß ist.

Um des Vogels Verschwiegenheit endlich braucht sich Euer Fräulein nicht zu sorgen, ist die Nachtigall doch, wenn Euer Vogel denn eine war, unter allen Erdsängerinnen der dümmsten eine, ungeachtet ihres schmelzenden Gesangs und ihres großen Augs, das selbst noch größere Dichter, als Ihr einer seid, im Rückschluß auf das eigene Auge für den Ausdruck von Klugheit hielten. Diesem Trugschluß verdankt die Eule den Ruf, sogar weise zu sein. Da nun aber die Nachtigall unstreitig von so kurzem Gedächtnis ist, daß sie oft den schon erbeuteten Wurm vergißt, den sie aus dem Schnabel auf die Erde warf, um ihn zu töten, wird sie auch wohl jenen Wurm gleich wieder vergessen haben, der Euer Fräulein so sehr in Liebesglut versetzte.

Doch sei die Sache, wie sie sei,
ob Aue oder Heide,
so grüß ich doch mit Tandaradei
den Herrn der Vogelweide!

Die Antwort Walthers ging alsbald von Sängermund zu Sängermund quer durch Deutschland und kam auf diese Weise durch einen Fahrenden auch zu mir nach Hagenau, wo ich damals residierte. Die Ankündigung des Liedes lautete: Herr Walther von der Vogelweide, deutscher Dichter, an den Herrn Friedrich, römischer König, welcher ihn rügte ob seines nach des Herrn Königs Meinung falschen, weil mit der wahren Natur nicht im Einklang befindlichen Gebrauchs von Wörtern wie Heide, Linde, Nachtigall und Aue. Dann folgte der Text (den ich, von seinem Vortrag amüsiert, aufzeichnen ließ):

König Apuliens, dein ätzendes Salz
brennt mich, daß ich's nur bekenne!
Und ist doch nichts als des Adlers Balz
vor einer lahnenden Henne.

Dichtend, im Deutschen, stellt man die Au,
Nachtigall, Linde und Heide
nicht für den Kopf von *doctores* zur Schau,
nimmt sie für Glück und für Leide.

Aue ist liebender Frauen Gelüst.
(Da hast du all deine Nässe!)
Nachtigallsang schlägt die Stund', da man küßt
unter des Mondes Blässe.

Linden, nicht Birken, vereinen die Leut'
zu vielen und auch zu zweien.
Heide ist Stille und Einsamkeit.
Benennen ist wie ein Schreien.

Römischer König, sei du, was du bist:
Pfleger am Glanz deiner Kronen!
Mich laß besorgen, was Meines ist:
Singen vor Türen und Thronen!

Nicht schlecht gemacht, fand ich. Bis auf das zweite Reimpaar der ersten Strophe. Weder schien mir eine Henne als Pseudonym für den Dichter zu passen, noch konnte ich mit dem ihr vorangestellten Adjektiv *lahmen* etwas anfangen, wie der Schreiber es nach dem Gehör festgehalten hatte. Einer meiner deutschen Falkner, der bei dem Liedvortrag zugegen gewesen war, bot eine Erklärung an: Es müsse wohl *lohnen* heißen und sei ein Wort, mit dem man im Deutschen den Bettellaut der Reizvögel bezeichne. Das nun ergab einen Sinn insofern, als der Vogelweide von diesem seinem Beinamen her und unter dem Zwang des Reimenmüssens wohl auf das Bild von einem Vogel kommen konnte, der den (staufischen) Adler anbettelt. Es war das Betteln um eine Sinekure schließlich der Zweck von Walthers dichterischer Annäherung an meinen Hof. Die Metaphorik der Aue freilich mit dem eingeklammerten Seitenhieb auf meinen kruden Naturpurismus in der Rezension eines Gedichts verletzte zwar den guten Geschmack, aber darin hatte ich Walther nichts vorzuwerfen, gerade ich nicht. Am schönsten: *Benennen ist wie ein Schreien.* Dieser Tadel, wiederum gemünzt auf meinen Purismus, schmerzte. Er traf mich tief und im Verborgenen. Immer schon habe ich das eigenständige Sein alles Geistigen zu reduzieren versucht auf Ablauf und Zusammenwirken der ihm vorgegebenen, mit Zahl, Gewicht und Maß benennbaren naturhaften Seinsweisen, habe ich den Wald nicht vor Bäumen, das Tier nicht vor Tieren gesehen, kam mir im Logos der Mythos, im Denken der Glaube abhanden. So unterwarf sich schließlich, seiner ewigen Hintansetzung überdrüssig, das Gefühl in mir dem Denken, welches danach, nun des seelischen

Zweifelns ledig, in mir übermächtig wurde. Indem ich fortan und bis heute alles und jedes zu benennen versuchte und dadurch zu immer neuer Wissensaneignung getrieben wurde, so daß ich bald glaubte, nichts mehr im Namenlosen, im Dunklen, im Geheimnisvollen lassen zu müssen, liebte ich bald auch alles, was ich liebte – Menschen, Tiere, Pflanzen – nur noch intellektuell. Ähnliches meinte der Vogelweide: Wer alle Wesen und Dinge penetrant und gefallsüchtig benennt, bewirkt nur, daß sie Laut geben wie ein auf das Enttarnen von heimlichem Wild abgerichteter Hund.

Fünf Wörter nur hatte der Vogelweide zu *meiner* Benennung nötig gehabt und dazu noch nicht einmal ein echtes Verbum gebraucht. Um meiner Selbstachtung willen beschloß ich, diese merkwürdige Korrespondenz, in welcher der eine schrieb und der andere sang, bei Gelegenheit fortzusetzen. Ich wußte, wo *er* sterblich war.

Über das Runde in der Natur

Während ich noch über den Vogelweide nachdachte, den Blick absichtslos in die Landschaft vor meinem Fenster gerichtet, sie sehend und sie doch nicht sehend, ging auf der Bühne meines Denkens ein Kulissenwechsel vor sich, der ein neues Denkstück einleitete. Aus dem Walther-Prospekt traten die Naturphänomene hervor, Modi der Attribute schöpferischer Gewalt, sinnhaltig, groß und rein: natura naturata. Dagegen verblaßte Walther selbst zu einer Art singender natura naturans: mehr gärender Neutöner als Neuschöpfer. Noch bevor ich wußte, worauf das hinauswollte, fühlte ich unter der Wirkung einer zunehmenden Hinwendung meiner Blicke und Gedanken zur Natur ein Gefühl von Harmonie in mir aufsteigen, wohlig wie körperliche Wärme. Es trieb mich sogleich ins Freie, weg von allem Menschengemachten, mit dem Ziel der Erweiterung und, wenn möglich, der Ergründung dieses Harmoniegefühls, das mich, wie ich mich jetzt erinnerte, angesichts einer unversehrten Landschaft und ihrer natürlichen Bestandteile schon öfter überkommen hatte. Und während ich nach diesem und jenem blickte, auf dieses und jenes lauschte, an manchem roch und von anderem kostete, schließlich noch etliches unter die Haut meiner Finger nahm, entstand in meinem Innern aus den Erscheinungen, Formen und Gestalten der Natur ein einheitliches Bild: Alles gehorcht, wenn es den Sinnen angenehm ist, ganz oder in Teilen, inwendig oder äußerlich, substantiell oder akzidentiell, dem Diktat der vollkommensten geometrischen Figur, dem Kreis, der augenscheinlich in der Natur, wie der Kaiser in der Welt, die *forma boni* ist, Ausprägung des Vollkommenen und sein Prägestock zugleich. Nichts, was belebt ist und schön, gehorcht optisch der geraden Linie oder ist, nach Demokrit, in seiner atomaren Struktur gerade, wenn man seine unsichtbaren Emanationen als die Ursachen unseres Hörens, Riechens und Schmeckens nimmt. Ich fing an, mich von Gestalt zu Gestalt über die Brauchbarkeit meiner These von der Kreishaftigkeit der Natur zu vergewissern.

Den Himmel nahm ich zuerst in den Blick. Er ist seit den Anfängen der altgriechischen Naturphilosophie das Urbild jeglichen Kreisgeschehens. Er ist makelloses Rund, wie immer ich ihn betrachte: mich um mich selber drehend oder den Kopf, die Augen offen, von der Brust ins Genick nehmend. Er ist Kuppel. Die topographische Unruhe des Horizonts, dem sie aufsitzt, stört das Bild wegen der Mächtigkeit der Kuppel wenig oder gar nicht.

Dennoch ist der Horizont in meine Überlegungen schwerer einzuordnen als der Himmel. Einer, der es auf meine Widerlegung anlegte, könnte sagen: Es muß die Harmonie, die du im Anschauen der unversehrten Natur geradezu körperlich zu empfinden glaubst, auch körperlich in dich eingezogen sein, daß heißt hier: durch die

Augen. Aber dann erweist sich, daß der Horizont entweder, wie über dem Meer oder der Wüste, doch eine gerade Linie ist, oder, wie über dem Gebirge, die wilde Ausschweifung einer Geraden. Darauf würde ich antworten: Wir haben unterschiedliche Sehweisen. Du siehst sektoral, siehst Wüste oder Meer oder Gebirge. Ich dagegen sehe gottanalog, und da ist der Horizont ein um mich als seine Mitte geschlagener vollkommener Kreis, auf dem das wildeste Gebirge nicht mehr ist als eine Randerscheinung, versteinerte Spur eines wilden urzeitlichen Feuertanzes, und Wüste und Meer nur Atempausen sind im Kreisen meines Denkens.

Nehme ich den Blick vom Himmel und senke ihn ab, gegen den Horizont, so trifft mein Auge, noch bevor es diesen erreicht, auf die Riesen unter den Pflanzen, die Bäume. Gleichgültig, von welcher Art sie auch immer sind, ich kann an ihren Gestaltbildungen die Augen spazierengehen lassen, wohin immer sie wollen – es ist nichts zu sehen, an das sich zufriedenstellend das Senkblei oder der rechte Winkel anlegen ließe. Es herrscht das dem Kreis entlehnte Runde nicht nur in den Konturen der Kronen und an den ausladenden Flanken der Laubbäume, sondern auch bei den schlankesten Koniferen, deren Endtrieb eine runde Knospe ist. Die Wurzeln: rund. Die Zweige: rund. Die Stämme: rund. Die Säulenstämme der Buchen sehen nur von fern geraden Linien gleich, doch neben ihren Verjüngungen und Verzweigungen, welche die Regelmäßigkeit stark beeinträchtigen, buchtet auch stammauf, stammab altes Wundgeschehen und neues Triebleben die Baumleiber aus und fügt ihnen Rundungen zu, die kleinen Bäuchen von Schwangeren ähnlich sehen. Und das Allerinnerste der Bäume, dem sich die Wuchsjahre Ring um Ring anlegen, gehorcht erst recht dem Kreis. Über Blätter und Nadeln muß man nicht reden. Erstere ahmen das Bild des Baumes, an dem sie wachsen, mit ihren Adern nach, letztere haben am Runden durch ihre Anordnung teil.

Gehe ich mit den Augen eine Wuchsstufe tiefer, zu den Sträuchern, finde ich nichts anderes. Eher noch verstärken die ihrem Frucht- oder Blattgewicht leicht nachgebenden Zweige den Eindruck der Kreishörigkeit, dem alle Natur unterliegt. Komme ich zu den Blumen, ist neben der Orgie ihrer Farben die ihrer Rundformen nicht zu übersehen. Die Kelche: rund. Die Blütenblätter: dem Runden verpflichtet. Ihre Anordnung: ebenso. Ihre Lebenswerkzeuge im Innern der Blüten: nicht anders. Die Stengel: sowieso. Selbst die Teppiche, die sie bilden, sind von einem unregelmäßigen Rund, solange der Mensch ihnen nicht mittels der Sense einen Schöpferstolz aufzwingt, der sich ganz überwiegend in geraden Linien äußert. Darüber wäre gesondert nachzudenken. (Vorab äußere ich schon einmal den Verdacht, es könnte ein solches, auf Geometrie gestütztes menschliches Stolzgebaren sowohl etwas mit der Bequemlichkeit des Geistes – die gerade Linie ist das Schlafmittel der Gedanken – als auch, mehr noch, mit der Erektionsfähigkeit des männlichen Gliedes zu tun haben, dessen rechter Winkel zum Leib der zu allen Zeiten widerspruchslos respektierte, ja fetischisierte Maßstab war, an dem sich Größe und Wirktiefe von Macht abgreifen ließ.)

Man kommt nach den Blumen zu den Kräutern, nach diesen zu den Gräsern, und danach zu den Steinen unter und zwischen ihnen allen. Bei den Kräutern ist mehr noch als ihr Äußeres, das jedermann sehen kann, ihr Inneres der Harmonie des Runden verpflichtet, was man erst erfährt, wenn ihre Wirkstoffe, die ihr eigentliches Inneres sind, von Wasser, Wein oder Mörserstößel gelöst und vom kranken Leib eines Menschen oder eines Tiers aufgenommen wurden. Mein Wissen davon ist gering, das theoretische geringer noch als das praktisch erlittene. Aber ein paar Dinge weiß ich aus dem Hortulus des Reichenauer Abtes Strabo, der in karolingischer Zeit gelebt haben soll, wie mir Anselmus Carbo, mein Kundschafter in rebus animalibus, nach einer Falkensuchreise in die weißgrüne

Felslandschaft der jungen Donau beim Flecken Sigmaringen berichtet hatte. In der nahen Zwiefaltener Abtei, bei den Benediktinern, wo er aufs Geratewohl nach Rezepten gegen den leidigen Kopfschmerz der Reizfalken auf der Suche gewesen war, sei er, so sein Bericht, an die Kopie einer Handschrift jenes Reichenauer Abtes gekommen. Eingedenk meines Interesses für Kuriosa aus dem Bereich der Tier- und Pflanzenkunde hatte er für mich Auszüge aus dem Straboschen Manuskript gemacht. Darin ist auch die Rede vom Salbei. Seine Wuchsmodi erstaunten mich. Ich lernte von Strabo, dem Schieler notabene, was meinen eigenen Augen am Salbeistock entgangen war, nämlich daß nach dem sommerlichen Verblühen ein *civile malum* stattfindet, ein soziales Übel, wie Strabo den nun still wütenden Kampf der Generationen nennt: Es setzt am Salbeistock der nachwachsende Sproß nicht, wie das am Raum geschieht, das Leben des ihm voraufgegangenen fort, sondern bringt im Neid den alten um, indem er die Lebenskräfte des Stockes an sich zieht: facit antiquos defungier invida ramos, hatte Anselmus bei Strabo hierzu abgeschrieben.

Im Erinnern des Konflikts zwischen mir und meinem Sohn Heinrich denke ich jedesmal, wie gut es doch von der Natur eingerichtet ist, daß des Salbeis innere Bitternis auch seine Heilkraft für die Menschen ausmacht. Ich finde mich darin ihm verwandt und gewinne aus ihm auch noch anderes als Medizin, nämlich den Trost, daß ein Leben in Bitternis, wenn es das Leben eines Herrschers ist, seiner Zeit Tiefe und Erinnerungswürdigkeit gibt. In den Jahren des Salbeis wächst die Geschichte zu dichterem Holz heran, geht die Sonne langsamer über die Uhrenstäbe als in den Jahren der Rose, die sich dem Gedächtnis der Menschen nur einritzen wie der flüchtige Dornenriß der Haut.

Dem starken symbolischen Gehalt des Salbeis entspricht sein offizinaler. Während die Rose an erster Stelle zu Duftwässern taugt und erst ihre gemeine Abart, die Hagebutte, eine vielseitige Medizin abgibt, ist der Salbei von hartem Zugriff auf Krankhaftes. Seine Blätter nehmen dem alternden Zahnfleisch das Schwammige und dem Atem den Gestank. Fetten Speisen, etwa Hammel oder Aal, bringen sie Anstand bei. Aber darüber habe ich kein eigenes Urteil, weil ich solche Gerichte meide.

Warum Anselmus mir zur Salbeistrophe aus dem Straboschen Hortulus-Gedicht auch noch die von der Weinraute herausgeschrieben hatte, war mir zunächst rätselhaft gewesen. Daß sie (an der sich übrigens erneut die Kreishörigkeit von Blatt- und Blütenformen schönstens studieren läßt) nach dem Salbei gleich an zweiter Stelle der Reichenauer Kräuterliste steht, war mir zunächst als keine hinreichende Erklärung für Carbos Wahl erschienen. Diese Pflanze hatte nicht den geringsten Bezug zu seinem Auftrag gehabt, nach Verschreibungen gegen Greifvogelkrankheiten zu forschen. Erst als ich in den botanischen *Subtilitates* der Brieffreundin meines schwäbischen Großvaters Friedrich Barbarossa suchte, fand ich einen möglichen Grund. Freilich enthielt er keine Bezüglichkeit zum Greifvogelthema, wohl aber eine auf mich gemünzte Anzüglichkeit, falls Anselmus kräuterkundig ist. Die heilige Hildegard von Bingen, eine Amtsschwester des Reichenauer Abtes, Naturforscherin und Schriftstellerin dazu und darin meine Meisterin in omnes partes, pflegte die Ruta – ihren Nonnen, vermute ich – gegen die Libido zu verschreiben. Nun, ich werde mich mit dieser Rute nicht züchtigen, das besorgen schon die Jahre.

Bei Strabos Absinthium, dem bitteren Wermutkraut, war Anselmus hinsichtlich des Kopfschmerzes fündig geworden. Dessen Symptome sind bei Falken ein anhaltendes Drehen des Kopfes nach allen Seiten bei geschlossenen Augen. Doch ist die Diagnose Kopfschmerz hier pure Vermutung, wie ich sagen muß. Es kann die Ursache für ein solches Verhalten bei Greifvögeln auch im Magen liegen (für den freilich Wermut immer eine Hilfskraft ist). Ich beobachtete ganz Ähnliches bei Eulen, die unter Augenschließen und Kopfwerfen versuchen, die unbekömmlichen Bestandteile ihrer Nahrung – Fell, Horn, Knochen der Beutetiere – durch den Schnabel als sogenanntes Gewölle wieder loszuwerden. Aber ich werde dennoch mit einem Wermutaufguß nach Strabo bei einem Falken, der die entsprechenden Symptome zeigt, verfahren: den Scheitel an seinem höchsten Punkt überspülen und danach zusammengebundene Wermutblätter unter einer Binde für einige Stunden auf den Kopf geben. Anstelle einer Binde, die für einen Falkenkopf nicht taugt, werde ich die übliche Haube nehmen, an welche die Beizvögel gewöhnt sind.

Aus der Strophe über die Minze in Strabos Hortulus-Gedicht sog ich keinen Honig, sondern Ärger. Es verdrießt mich immer, wenn Wissenschaft, mag sie noch so richtig, wichtig und nützlich sein, in einem unordentlichen Sprachgewand daherkommt, dem auch noch die Flicken der Gedankenlosigkeit aufgesetzt sind. Strabo meint, daß einer, der alle Kräfte, alle Spezies und Namen der Minze kennen wollte, auch wissen müßte, wie viele Fische im Eritreischen Meer, das ist das Rote, herumschwömmen: aut quot Eritrea volitent in gurgite pisces, kopierte Anselmus für mich. Das ist so, als würde ich schreiben, es müßte einer, der alle Raubvogelarten zu kennen vorgibt, auch wissen, wie viele Sterne am Himmel stünden. Nicht nur, daß man weder die Fische des Eritreischen Meers noch die Sterne des Himmels zählen kann, es hat auch die Minze mit den Fischen so wenig zu tun wie die Raubvögel mit den Sternen. Minze und Raubvögel kann man durchaus in allen ihren Variationen kennen, die Anzahl der Fische im Meer und die der Sterne am Himmel aber nicht. Also ist des Strabo Vergleich sowohl der Qualität als auch der Quantität nach unsinnig.

Menschen, die Wissenschaft hervorbringen und die man Professor nennt, sobald sie ein bestimmtes Maß an Wissenshervorbringung erreicht haben, gleichen oft Eulen: Was sie von ihrer Gelehrsamkeit als eine Art von geistigem Gewölle durch den Mund wieder von sich geben, bedarf, wenn man es nach Ursprung und Bedeutung verstehen will, des mühseligen Auseinanderklaubens. Vielleicht gelten auch darum die Eulen als weise. Ich finde das nicht.

Von den Gräsern als den nächsten Rastorten meines Rundblicks durch Landschaften weiß ich weniger zu sagen als zu fragen, wie in diesen Papieren schon hinreichend geschehen. Meine grünen Vorlieben sind von anderer Art als die der Wiederkäuer. Auch kennt das apulische Gras, soweit ich es überhaupt beachtete, keine breite Variabilität, die zum Studium einladen würde. Es ist der Jahreszeit entsprechend grün oder gelb und beidesmal schlichtes Landschaftskleid, das vom Auge eher als Bodenfärbung denn als eigenständiges pflanzliches Leben wahrgenommen wird. Das Uniforme merzt das Individuelle aus.

Es bleibt nur noch zu fragen, ob das Weidegras nicht durch seinen im Jugendstadium zu beobachtenden geradlinigen Wuchs das Gesetz des Kreises lädiert, das sonst allenthalben in der Natur zu herrschen scheint. Aber bei näherem Hinsehen erweist sich, daß die flache Schwertgestalt an ihren beiden Außenkanten dem unmerklichen Schwung eines Kreisteils folgt. Und so wäre ich mit den Gräsern schon am Ende, bewahrte ich nicht in einer Jugenderinnerung ein deutsches Landschaftsbild, in welchem ein Gras, das man mir mit dem Namen Trespe bezeichnete, die pflanzliche Leitgestalt einer Vegetation von großer Vielfalt, Schönheit und Absonderlichkeit ist. Absonderlich insofern, als ich in dieser Landschaft meine mediterrane Heimat wiederbetrat, obwohl ich doch drei Reitmonate von meinem Südreich entfernt war.

Zum erstenmal sah ich diese Landschaft als Siebzehnjähriger, 1212 auf meinem Zug von Konstanz rheinabwärts zur Hagenauer

Pfalz, wo ich Standquartier nahm. Ich hatte mich westlich des Rheins gehalten, weil auf seiner anderen Seite, mich mit einem Heer belauernd, der Welfe Otto nordwärts zog, römisch-deutscher Kaiser damals noch, aber in der Ungnade des Papstes schon und mein Widersacher im Kampf um das Reich. Doch ist das hier neben der Sache. Als ich Breisach passierte, mit den südlichen Ausläufern der Vogesen zu meiner Linken, die satt-breite Rheinebene vor mir und den Schwarzwald, fern und darum blau, zur Rechten, sah ich in dieser Ebene, die mich an das apulische Tavoliere erinnerte, die Konturen eines nicht sehr hohen Gebirges sich buckeln. In seiner Zuordnung zu dieser fruchtbaren, kleinräumig bewirtschafteten Ebene hätte man es für die apulische Murge halten können, wäre es nicht, verglichen mit ihr, lächerlich kurz, vor allem aber gänzlich isoliert gewesen von irgendeinem gebirgigen Hinterland. Mit seinen langen, runden Rücken lag es da wie eine Herde gestrandeter Wale, einem andersartigen Element aufgepfropft, ausgeworfen von der Erde, wie das Meer manchmal Wale auswirft.

Im Näherkommen wechselten diese Berge ihre Farbe von Blau nach Gelb. Dieses Gelb war ohne Entsprechung in den Böden der weiteren Umgebung und wirkte darum um so fremdartiger. Es war ein Gelb, wie man es sich für Wüsten denkt. Aber eingesprengseltes Grün zeigte Fruchtbarkeit an. Kleine, nicht sehr weitschweifige Terrassen differenzierten sich aus den von lichten Laubwäldern gekrönten Berghängen heraus. Man sagte mir, es wachse Wein auf ihnen. Den gelben Boden nenne man Löß. Weil er mit den anders gefügten Böden der Rheinebene nicht im Zusammenhang stehe, müsse er dem vulkanischen Gestein wohl als Sandstaub angeflogen und mit ihm verbacken sein, ein von Stürmen verfrachtetes Gesteinsmehl vielleicht, aus den gewalttätigen Urzeiten der nicht sehr fernen Alpen. Im Innern des Gebirgsstocks (wenn man diese Gotteshandvoll Vulkangestein überhaupt ein Gebirge nennen wolle, wo es doch weit eher wie das mächtige Sesselgestühl eines Kaisers im weiten Saal der Rheinebene stünde) wüchsen pflanzliche Kostbarkeiten, wie sie sonst weder in dieser noch in einer anderen Gegend Deutschlands so reich oder überhaupt vorkämen: mediterrane Formen von Kräutern, die seltensten Orchideenarten und ganz fremdländische Gräser.

Ich drehte im Weiterreiten noch lange den Kopf nach diesem seltsamen kleinen Gebirge und nahm mir fest vor, es bei einer passenderen Gelegenheit, als ein kriegerischer Eroberungszug sie abgab, von nahem und vor allem von innen anzuschauen. Damals konnte ich nicht wissen, daß ich mehr als zwanzig Jahre lang auf diese Gelegenheit würde warten müssen. Als es dann soweit war, während meines zweiten Deutschlandaufenthaltes 1235/36, entschädigte mich für das lange Warten ein Mentor, wie ich mir einen besseren nicht hätte wünschen können. Es war der deutsche Dominikaner Albert, aus dem schwäbischen Lauingen gebürtig und, mit einem Lebensjahr mehr auf dem Buckel, mein Altersgenosse. Damals war er Lektor seines Ordens in Freiburg, dem Gebirge also dicht benachbart gewesen und darum, Naturwissenschaftler, der er war, mit seinen Besonderheiten vertraut. Heute, nachdem er zuvor in Paris als Lehrer an der dortigen Universität den Aristoteles vom *praecursor* zum *successor Christi* gemacht hatte, lebt und lehrt er in Köln, wo er das dominikanische Studium generale so eminenten Schülern wie Thomas von Aquin vermittelt: Albertus Magnus, Kopfhund aller domini canes.

Welch eine lange Vorrede für ein Gras! Nun kann *Bromus erectus*, genannt Trespe, auch noch ein bißchen länger warten. Um nicht ganz aus der zeitlichen Ordnung dieser diesbezüglich unordentlichen Papiere zu fallen, kehre ich noch einmal zu Walther von der Vogelweide und meiner Korrespondenz mit ihm zurück.

Über WvdV (II)

Ich bin in der deutschen Literatur nicht sehr bewandert. Darum ließ ich mir unlängst für die Beschäftigung mit der causa Vogelweide aus dem elsässischen Hagenau, wo ich zu der Zeit der Korrespondenz mit Walther gewohnt hatte, das Dossier über einen gewissen Reinmar schicken. Unter dem Beinamen Der Alte von Hagenau war er seiner Zeit als Minnesinger bekannt gewesen. Er gilt als der musische Lehrer Walthers. Das hatte ich damals diesem Akt entnommen, und auch sonst noch ein paar Einzelheiten aus Walthers Leben. Es war daraus unschwer zu ersehen, daß er die Fürstenhöfe, an denen er Dienst genommen, gewechselt hatte wie die Töne, in denen er sang. Um 1170 im Fränkischen, man sagt in Feuchtwangen, von niederem Adel geboren und als sprachbegabter junger Mann vom zu kleinen Vogelweidhof des Vaters nach Österreich verdrängt, dessen Wiener Hof wegen des hier wirkenden Reinmar damals eine erste Adresse für Dichtkunst war, hatte es ihn an der Donau gehalten, bis er knapp unter dreißig war. So viel Seßhaftigkeit sollte sich bei ihm nicht wiederholen. 1198, im Jahr meiner Kindkrönung zum sizilischen König in Palermo, hatte er sein Bündel geschnürt. Er wird daran nicht schwer zu tragen gehabt haben; zeitlebens war er, was das angeht, ein armer Hund gewesen. Weggegangen von Wien war er wegen einer langen, öffentlich und gereimt ausgetragenen Literaturfehde über die Frage, ob man als Minnesinger die Frau, wie Reinmar, unerreichbar in den Wolken oder, wie Walther, auch schon mal greifbar im Bade, dazu noch nackt, besingen müsse oder dürfe.

Von nun an war Walther ohne festen Wohnsitz. Im Reinmar-Dossier verlor er sich. Lediglich auf einem losen Blatt, das offensichtlich von einem neueren Reinmar-Forscher in der ihm zum Studium überlassenen Akte vergessen worden war, fand ich von dessen – unbekannter – Hand ein paar Bemerkungen über Walther, die ihren Autor auswiesen als einen mit der Vivisektion von Dichtern befaßten, im Kumulieren und Panaschieren von Fakten geübten deutschen Professor. Weil sie nicht ganz und gar unnütz sind, zitiere ich sie hier: «Außer vorübergehenden Besuchen beim Herzog BERNHARD VON KÄRNTEN, dem Grafen VON KATZENELLENBOGEN, dem BOGNER (in Rheinfranken); außer Beziehungen zu einem LUDWIG (Herzog Ludwig I. von Baiern, für WvdV Reichsverweser und nutricius, Pfleger König Heinrichs, 1228/29?) immer wieder der Hof des Königs und Kaisers und seines Regenten: zwischen (mindestens) 1198 und 1201 derjenige König PHILIPPS, wohl mehr als einmal; Palmsonntag 1212 bis mindestens Frühjahr (Sommer?) 1213 derjenige Kaiser OTTOS IV.; seit 1213 (eher 1216), spätestens seit 1220 (und zwar bis 1229 auf Distanz zwischen Italien und Deutschland immer wieder) der FRIEDRICHS II. und seiner REICHSVERWESER, jedenfalls Erzbischof ENGELBERTS VON KÖLN (und, 1228/29, Herzog LUDWIGS VON BAIERN?). Einkehr auf der Wartburg bei Landgraf HERMANN VON THÜRINGEN können wir sowohl im ersten als im zweiten Jahrzehnt mindestens einmal (zwischen 1201 und 1207 wahrscheinlich zweimal) erkennen; mindestens im Frühjahr (vielleicht auch im Sommer) 1212 sehen wir WvdV im Dienst des Markgrafen DIETRICH VON MEISSEN. Und dazwischen immer wieder Einkehr im heimatlichen WIEN/Klosterneuburg: bis November 1203 mindestens einmal, im Zeitraum um 1207, anläßlich des Reinmar-Todes, sowie im zweiten Jahrzehnt mindestens einmal, dann jedenfalls bis 1219.»

Geistiges Gewölle. Es gibt merkwürdige Ausweise für die Berechtigung, akademisch über Dichtung handeln zu dürfen.

Um diese Zeit, 1219, trat ich von Hagenau aus mit dem Vogelweide in Korrespondenz. Einfach war das nicht gewesen, wie ich mich erinnere. Nie wußte man genau, unter wessen Tisch er gerade die Beine hatte. Sein letzter, meiner Kanzlei bekannter Aufenthaltsort war damals Meißen gewesen. Da mein erster Brief, Walthers krauses Naturverständnis betreffend, ihn offensichtlich erreicht hatte (denn der Vogelweide brachte eine Antwort auf den Mundweg), mußte man in Sachsen seinen jeweiligen Aufenthaltsort gekannt und Post ihm nachgesandt haben, nach Klosterneuburg etwa, dem Sitz des Wiener Hofes.

Wie auch immer, der Streit kam in Gang. Ich entschloß mich im Übermut meiner frühen deutschen Jahre, ihn, wie Walther, in gereimten Versen zu führen. Zu jener Zeit lagen sieben oder acht Jahre Studium des Deutschen hinter mir. Ich fühlte mich angemessen gewappnet. Der Ruhm, der dem Vogelweide schon früh anhing, schien mir damals seinen eigentlichen Grund in der zeitfremden Egozentrik Walthers zu haben, in der eitlen, nicht selten arroganten Selbstbespiegelung, vor allem aber in seiner Fleisch-und-Blut-Erotik, mit der er sich in seinen Liedern weniger Sorgen darum machte, wie man abends gedanklich in die Schlafkammer einer Angebeteten hinein-, als vielmehr darum, wie man morgens, nach gehabten Sinnenfreuden, aus ihr wieder hinauskam, ungesehen, denn immer waren die Damen anderweitig verheiratet, was eine Conditio sine qua non des Minnesangs ist. Vollgemacht schließlich wurde das Maß Waltherschen Ruhms durch seine bis zur Bösartigkeit gehende Ruppigkeit auch im Persönlichen.

Seine Sprachkunst hingegen hatte ich niedriger eingeschätzt, als durchschnittlich nur. Ich traute mir zu – ein wenig überheblich vielleicht, das räume ich heute ein –, darin mit ihm mitzuhalten. Freilich mußte ich mich dazu von der Fessel der romanischen Kanzone mit ihrem zweimal dreizeiligen Aufgesang und einem beliebig vielzeiligen Abgesang befreien. Das war mir zu mühsam, es fehlte mir dazu der Walthersche Müßiggang. Dichten war schließlich nicht mein Beruf. Ich wollte mit dem Vogelweide turnieren: statt Aufgesang ein Angalopp, statt Abgesang ein Stich. Zu sehr hatte er mich provoziert; mochte ich auch darin den Anfang gemacht haben – ihm war es nicht zugekommen. Das erste war gewesen, daß er seine Antwort auf meinen Brief durch Mäuler statt durch die Hände von Boten hatte übermitteln lassen, sie mir quasi vor die Füße spuckend. Das zweite: Er hatte mir meine poetischen Grenzen gewiesen. Jetzt wollte ich ihm die seinen weisen, nicht die poetischen, das kam nun wiederum mir nicht zu: war ich ihm darin auch nicht geradezu hoffnungslos unterlegen, so war ich darin doch auch nicht seinesgleichen. Nein, ich wollte ihm die Grenzen seiner künstlerischen Freiheit weisen, an einem staufischen König ein Bein aufzuheben, wie formvollendet auch immer. So hatte er es bei König Philipp, meinem Onkel sowie Bruder und Nachfolger meines Vaters, gemacht.

Ich füge den literarischen Wortwechsel diesen Papieren bei, obwohl mich beim Nachlesen, so lange Zeit nach seiner Entstehung, der Ton beider Seiten oft unangenehm berührt. Es herrscht eine Heftigkeit und Deftigkeit des Ausdrucks vor, die vorher und nachher unser beider Art nicht gewesen war; eher hätten wir, nüchternen Sinnes, darin den Verfall guter Sitten gesehen. Suche ich nach Gründen dafür, so finde ich sie bei mir in dem unsicheren Grund, auf dem mein Deutsch damals, heute weiß ich das, fußte. Wörter, zumal die eines fäkalen Idioms, müssen einem, der in einer anderen Sprache aufwuchs, sehr oft über die Zunge gegangen sein, bevor er alle ihre Nuancen und Wirkungen abzuschmecken versteht. Darin gleichen sie merkwürdigerweise dem Wein. Bei Vogelweide nehme ich als Grund einen tief verletzten Stolz an, hatte ich ihn doch unverhüllt der skrupellosen politischen Wendefähigkeit als Folge materieller Zuwendungen bezichtigt. Da war ihm, ähnlich einem erregten Eber, stinkender Wortschaum vor den Mund getreten. Schon bei Otto hatte er Mut vor einem Thron bewiesen.

Ich an WvdV:

Des Vogelweids Politgesang
vor deutscher Fürsten Throne
entsprang nicht geist'gem Drang, noch Drang
zur Treu. War bloß sein Leben lang
ein Schielen nach dem Lohne.

Ihr wechseltet chamäleongleich
die Farb (und die Cuisine),
gabt vor, es ginge Euch ums Reich,
doch schriebt im stillen Ihr das: reich.
Wart Welf und Ghibelline.

Das zu beweisen ist nicht schwer:
Priest Ihr nicht Philipps Milde?
Kaum zahlt' er Euren Dienst nicht mehr,
da schmähtet Ihr den Staufer sehr
und wechseltet die Schilde.

Alsbald war Otto Welfensproß
Held Eurer preisend' Lieder.
Bis daß es seinen Geiz verdroß,
wie einer da sein Geld genoß.
Da machtet Ihr ihn nieder.

Dem Neuen gilt nun Eure Minn',
mir, Friedrich, Kind von Pülle.
Noch findt Ihr mich von edlem Sinn,
doch käm wohl, wär mein Geld dahin,
die Vogelweidsche Gülle.

Ich bin nicht kleinlich, wie Ihr wißt,
will Dichtkunst auch gut lohnen.
Doch wer auf Ehr und Treu vergißt,
sobald im Kronschatz Ebbe ist,
des Ruf will ich nicht schonen.

WvdV an mich:

Des Vogelweides Bittgesang
an fürstliche Adressen –
hab ihn geübt ein Leben lang,
gleich einer Büßerglocke Klang
zum Saufen und zum Fressen.

Den Herren schlugs nur auf den Darm
statt aufs Sozialgewissen.
Sie schissen mir auf Not und Harm
und wollten sich, daß Gott erbarm!,
vor Lachen noch bepissen.

Der Untertanen Schweiß und Blut
vermehrt, das lehrt Geschichte,
der weltlich Fürsten Hab und Gut.
Des Volkes Hab sind dumpfe Wut
und himmlische Gesichte.

Drum schallt der Kuttenbrunzer Seich
vom armen Papst zu Rome
nun auch noch durch das deutsche Reich
und füllt dem Purpurg'schmeiß sogleich
die Opferstöck der Dome.

Das Volk ist dumm. Das macht der Kohl,
er bläht nur unterm Schurze.
Den Kopf hingegen läßt er hohl.
So herrscht im Reich, ich sag: zum Wohl!,
politisches Gefurze.

Ich freß ihn auch tagaus, tagein,
krieg ich doch nur noch barsche
Bescheide aus den Staatskanzlein
in Antwort auf mein Bittgegrein.
Drum sing ich mit dem Arsche.

Ich an WvdV:

Es zerrt Euch die Wut, die blinde,
das Maul schief auf meine gelinde,
in Nachsicht
mehr als im Zorn gemachte,
von vielen im Reich bedachte

Nachricht,
daß ich in den Fragen der Treue
ein hartes Urteil nicht scheue,
nicht scherze.
Doch sende ich Euch zum Verstehen,
daß Zwietracht nun möge vergehen,
eine Kerze.

Nehmt sie mit meiner Empfehlung.
Ihr könnt nun mit neuer Beseelung
getrost überwintern.
Doch haltet, ich rat's Euch zum Schluß,
die Kerze nach Kohlgenuß
nicht an den Hintern!

Mit Tandaradei:
Friedrich zwei.

WvdV an mich:

Bekam Eure Kerze, die dicke,
wofür meinen Dank ich euch schicke.
Versprech auch, nicht zu vergessen,
den Kohl im Finstern zu fressen.
Auf daß ich nicht explodiere
und Euch damit inkommodiere.
Will Euch mit reineren Tönen,
von beßrem Geschmack auch, versöhnen.
Sitz wieder auf einem Steine
mit übergeschlagenem Beine
und höre die Wasser rauschen:

Bin wieder verleiblicht' Lauschen,
wie damals, als das Verderben
durch Eures Herrn Vaters Sterben
dem Reiche den Kronenzwist brachte
und Rom uns die Könige machte:
erst Philipp, den Staufer,
dann Otto, den Raufer,
dann beide zugleich,
bis Philipps Leich
das Reich ließ dem Welf.
Doch ZwölfhunderteIf,
als nun Otto im Bann war
(und ich sein Gespann war),
da wählten die Fürsten ein südliches Windchen,
das apulische Kindchen,
zum Kaiser.
Doch waren sie drum nicht viel weiser,
denn wieder stand Kron gegen Kron:
Otto und Ihr, Heinrichs Sohn.

Doch ist jüngste Geschichte
zu frisch für Gesichte.
Drum bleib ich auf meinem Steine
mit übergeschlagenem Beine
und hör weiter die Wasser rauschen:
bin wieder verleiblicht' Lauschen.

Bin einer, der keinen Tag
in Freuden verlebt hat, ohn' Zag.

Ich an WvdV:

Nach Durchsicht all Eurer Gedichte
und besehn besonders im Lichte
des letzten von einem Steine,
kam ich endlich mit mir ins Reine.
Empfangt nun mit einem Gruß
meinen eingesiegelten Beschluß!

Verlaßt Eures Wassers Rauschen,
könnt es mit Wein jetzt vertauschen:
Ich geb Euch zu Würzburg ein Lehen
und hoff, daß das ewige Drehen
der Vogelweidfahn nach dem Wind
damit ein Ende findt!

WvdV an mich:

Ich hab mein Lehen, ich habs gewiß!
Es schützt mir die Zehen vorm Kältebiß.
Muß nicht mehr, endlich!, in Fürstenhintern
wie bisher schändlich überwintern.
Der König, ein Frommer, hatt' ein Erbarmen,
habs kühl nun im Sommer, sitz winters im Warmen.
Gestern ohn' Geld, noch ein Liederjan,
sieht heut alle Welt mich für edel an.

War arm viel zu lang. Und so voller Zank,
daß, wenn ich sang, mein Atem stank.
Das alles macht König Friedrich rein.
Stimm wieder sacht meine Harfe ein!

Von Vögeln, Frauen und Blumen war dann doch nicht mehr die gereimte Rede. Der Vogelweide liebte fortan nur noch die Jungfrau Maria, belästigte mich mit Aufforderungen, endlich meinen Kreuzzug zu beginnen (nahm an ihm aber, als es '28 soweit war, nur im heilgen Geiste teil) und mischte sich mit Rügen an die Adresse Heinrichs in meine Dinge ein. Mit einem, seinem Wort: Es stank sein Atem auch weiterhin, wenn nicht mehr so sehr vor politischer Schelte, so zunehmend vor Altersgegrein: *O weh, wohin entschwanden alle meine Jahr! / Träumt' ich mein Leben, oder ist es wahr?*

Ich, gerade ich, muß mir darüber das Maul zerreißen!

Sic transit stupor mundi

Eine Alternative zum (letzthin öfter von mir erwogenen) Abschied von Ämtern und Würden: rückschauend schreiben. Statt in eine ungewisse Zukunft, die Flucht in die Ruhmeshalle der Erinnerungen. Man schlendert in ihr von Nische zu Nische. In jeder steht auf marmorner Säule das eigene Ich in Gestalt einer Porträtbüste. Und während man von Ich zu Ich geht, summiert man sich auf das angenehmste zum Pluralis majestatis, zum herrscherlichen Wir. In einer Gesellschaft, derer man nie müde wird, kehren die Kräfte zurück. Man ist nacheinander vieles und danach alles wieder zugleich –

FREDERICUS DEI GRATIA ROMANORUM IMPERATOR. Doch eigentlich müßte es *Fridericus* heißen, mit einem *i* vorn und hinten und einem *e* nur in der Mitte. Aber das ging den Italienern schon immer durcheinander, und nun ist der Fehler, der einen meiner Kanzlisten schon einmal den rechten Daumen kostete, gar in Stein verewigt. Aber der neu aufquellende Zorn wird besänftigt durch die ungemein gute Qualität des Kunstwerks. Nimmt man große Ähnlichkeit nicht für das erste Kriterium, ist alles wohlgelungen: der römische Cäsarenkopf, das typisch staufische Nackengelock unter dem Lorbeerkranz, der nackte, sehr männliche Hals zwischen faltiger Toga und trockenem, bartlosen Kinn und Kieferbogen, und der Mund, der gerade eine Sottise zu formulieren scheint. Eine Neuanfertigung der Büste, nur zur Korrektur des Namens in ihrem Sockel, könnte leicht zu einer Minderung der Bildnisqualität führen. Also lieber nicht. In der nächsten Nische ist man –

HIERUSALEM ET SICILIAE REX. Die Büste gleicht der vorigen. Bis auf den Mund. Er ist hier reiner, wohl weil unbeschwert noch von den Flüchen, die er in späteren Jahren gegen die Kirche stets auf den Lippen trug. Den Namen dessen, der die Kronen Jerusalems und Siziliens trägt, sucht man in seinen gemeißelten Titeln vergeblich. Wozu auch sollte er gut sein? Wozu ihn immer aufs neue meißeln, wo doch kein anderer als ich, Friedrich, hier seine Erfolge ausstellt. Eine Nische weiter dann –

POETA LAUREATUS. «Eine Selbstkrönung, wie in Jerusalem!» werden die nachgeborenen Homines criticissimi in ihren Rezensionen meiner poetischen Bemühungen schreiben. Sei's drum! Die Büste wenigstens ist wahr, wahrer, als ich es mir wünschen kann: frühes Fett an Kinn und Wangen, der Mund zu weich, der Hals zu kurz, das Haar zu lang, zu dünn, und der Schlangenblick, den man an mir bemerken will, weiß verschleiert, als läge eine Nickhaut über ihm. Hier wäre eine Neuanfertigung von Vorteil: Warum erst die Leiche schminken?

Dieser Gedanke holt mich einstweilen wieder zurück in die triste

Gegenwart eines Mannes von fünfundfünfzig, der mit fiebrigen Darmentleerungen geschlagen ist, immer wieder und am Ende nur noch unter Abgang von Würde. Da fühlt man sich wenig prächtig. Während das Leben aus einem herausspritzt, ein stinkendes, ungeformtes Leben, dessen einzige Substanz sein Geschrei ist, scheint der Tod der letzte Weg zu sein, wieder zu Würde und Glanz zu gelangen: HIC SITUS EST ILLE MAGNI NOMINIS IMPERATOR ET REX SICILIAE FRIDERICUS II – nur Tag und Ort meines Ablebens sind noch hinzuzufügen. Aber neulich, während eines solchen Anfalls, als auch der Ekel mich wieder befiel, verwarf ich diese längst formulierte Inschrift für meinen Sarkophag in Palermo und entschied mich für das lapidare, dem Porphyrstein auch gemäßere OSSA FRIDERICI. Nichts sonst, weil nichts sonst bleibt: *Friedrichs Gebein.*

Aber sie werden sich nicht daran halten. Rom ist geschwätzig geworden, selbst in Stein.

Über Albert von Lauingen

Er kam über den Vogelsangpaß, allein, auf einem Maultier. Er war von Freiburg hergeritten, wohin ich ihm Ort, Tag und Stunde des von mir erbetenen Zusammentreffens – mit freundlicher Nachricht an die territorial zuständige Herrschaft Üsenberg – hatte übermitteln lassen. Ich war von Hagenau her über den Rhein bei Breisach gekommen und hielt nun, zu Pferd und mit nur zwei Falknern und drei Üsenbergschen Geleitrittern bei mir, dem Paß gegenüber auf der windigen Höhe des rundbuckligen Badbergs (so waren mir die Örtlichkeiten in der Vogtei bezeichnet worden). In meinem Rücken stand ein einsames Sorbusgewächs, ausladend, doch die Blätter vom Herbst gelichtet und nur gut mannshoch. Alles war klein an diesem seltsamen Gebirge zwischen Schwarzwald und Vogesen: die Ausmaße, die in einem halben Tag bequem zu durchreiten waren, die Höhen, die einem Pferd beim Erklimmen kaum den Atem nahmen, die kastenförmigen Lößtäler dazwischen und selbst die Bäume, südlich gewandete Eichen von zierlichem Stamm- und Blattmaß und mit einem pubertären Bartflaum an den Eichelbechern. Weil alles an diesem Gebirge sich auf kleinem Raum drängte, konnte ich mit der Sicherheit, gehört zu werden, von einer Höhe zur andern rufen: *Albert, ho!*

Er hob die Hand zum Gruß und verstärkte den treibenden Pendelschlag seiner unter der hochgebundenen Kutte sichtbaren, derb bestrumpften Unterschenkel am Maultierleib. Viel Tempogewinn trug ihm das nicht ein, mir hingegen eine kleine Heiterkeit, die mir guttat nach der unter Zorn und Tränen gerade zu Ende gebrachten Verstoßung meines ältesten Sohnes Heinrich vom deutschen Königsthron. Die gleichzeitig geschlossene Ehe, meine dritte, mit der englischen Isabella hatte mir Freude nur im Bett, nicht aber in meinem sich verfinsternden Gemüt gebracht. Damals war ich knapp jenseits von vierzig, wo das Altern Fortschritte macht, war mächtig nur in meinem sizilischen Erbreich, im Norden aber voll von deutschen Sorgen, lag hier doch die wirkliche Macht bei den politisch ambitionierten Territorial- und Kirchenfürsten; und in Reichsitalien, meinem dritten Herrschaftsbereich, lag sie, da machte ich mir nichts vor, bei den großen Städten, vornweg Mailand. Isabella hatte ich in der Hagenauer Pfalz gelassen, von der aus ich den bevorstehenden Winter von '35 auf '36 mit Jagen in den endlosen elsässischen Forsten, mit der Falkenbeize in den Rheinauen und mit allgemeinen Exkursionen, wie dieser, in die Natur zubringen wollte. Das Frühjahr sollte mich in der Lombardei sehen. Es stand die endgültige Niederwerfung der aufsässigen Kommunen an.

Den Nordosthang des Badbergs abwärts traversierend, an warmen Quellen vorbei, ritt ich Albert von Lauingen entgegen. Heute, fast fünfzehn Jahre später, nennen sie ihn seiner gelehrten Naturforschungen wegen den Großen: Albertus Magnus. Aber auch damals war er schon ein gelehrter und in wissenschaftlichen Kreisen bekannter Mann. Auf dem flachen Talboden zwischen Paß und Badberg, in einer Wegzeile zwischen zwei Rebfeldern, trafen wir zusammen. Meine Begleitung hielt sich außer Hörweite; ich hatte das so angeordnet, um Albert wenigstens dem Anschein nach von gleich zu gleich zu begegnen, ein Freund der Natur dem andern, und als er nach dem Absitzen von seinem Maultier Anstalten machte, vor mir das Knie zu beugen, sprang ich rasch vom Pferd, faßte ihn, die Demutsbezeigung verhindernd, beim Ellbogen und sagte freundlich: Heb Dir das für Deinen Gott auf! Albert sah mich freimütig an und gab zurück: Ist er denn nicht auch der Eure, Herr Kaiser? Ich sagte, ihn beschwichtigend: Für Dich bin ich Friedrich. Und während Albert dankend den mächtigen Schädel neigte, auf dessen kahlgeschorenem Dach ein Haarbüschel so einsam im Wind wehte wie der Sorbusstrauch auf dem sonst nackten Badberg, fuhr ich fort: Über Gott wollte ich eigentlich nicht mit Dir reden, sondern über diese Gegend hier. Ich wies in die Runde. Aus einem zur Fülle neigenden Leib sonor insistierend, aber nicht eifernd, sagte Albert: Man kann über kein Ding in der Natur reden, ohne damit zugleich auch über Gott zu reden.

O Gott! seufzte ich gespielt und sagte dann etwa dies: Ich hätte mir denken können, daß einer, der im Habit der Dominikaner steckt, Gott stets im Munde führt, getreu dem Wappentier seines Ordens, einem Hund mit der Fackel der Erleuchtung im Maul. Doch bei der Entstehung dieses Gebirges, so fuhr ich fort, schiene mir eher der Teufel die Schaffenshand im Spiel gehabt zu haben, wenn ich richtig deutete, was ich sähe. Albert bekreuzigte sich diskret, indem er sich dabei von mir abwandte, als mache er sich an seinem

Maultier zu schaffen. Er war sich meiner Toleranz nicht sicher; sein Orden galt, gelinde gesagt, als wenig kaiserfreundlich. Wie ich das mit dem Teufel meine, fragte er gegen den Sattel hin. Nun, sagte ich, wenn man diesem Gebirge die runden Rücken kratze, wie ich dies vor seiner, Alberts, Ankunft stellenweis getan hätte, gelange man alsbald durch ihre dünne Humushaut hindurch und treffe auf vielerlei, oft vielfarbige Gesteinsarten. Ich könnte sie nicht alle benennen, aber sie deuten, einige wenigstens.

Albert hatte sich wieder mir zugewandt und hing nun mit wachen Augen interessiert an meinen Lippen. Ich sagte: Kopfgroße und einem menschlichen Kopf auch ähnliche, runde Gesteinsbrocken, die eingeschlossen sind in eine andersfarbige, auch anders strukturierte Schicht, wie Rosinen eingebettet sind in einen Teig, und Steinagglomerate, die wie pockennarbig aussehen, mit halbkugeligen kleinen Löchern darin von der Art, wie Luftblasen sie unter dem Druck knetender Hände in einem Teig hinterlassen – dies und anderes, das ich hier sähe, hätte ich ganz ähnlich in meiner süditalienischen Heimat gesehen, am Ätna auf Sizilien und unterm Vesuv bei Neapel. Eruptionen, so etwa meine Rede, schleuderten solche Gesteinsbrocken aus dem Kratermaul hoch in die Luft, von wo sie dann in die talwärts fließende Lava stürzten, um mit ihr auf ewig zu verbacken, ohne die eigene Form und das Aussehen aufzugeben. Und das dies alles treibende Erdgas entweiche der langsam erhärtenden Lava mit blasigem Schmatzen, wovon sie ein narbiges Aussehen behalte. Ich sah es, sagte ich, mich bekräftigend, mit eigenen Augen und hörte es mit eigenen Ohren. Keinen Zweifel hätte ich daran, daß dies Gebirge einst aus dem Höllenfeuer des Erdinnern aufgestanden sei, denn wie anders hätten diese Berge auf den flachen Tisch der Rheinebene zwischen Schwarzwald und Vogesen kommen können? Aber es sei mit Sicherheit sehr lange her, daß die Erde just hier, ich wisse nicht recht, warum, Magma zuhauf gespien habe, welches dann abgekühlt und zu Stein erstarrt sei; ebenso lange auch, daß die Erde sich im Zentrum des einstigen vulkanischen Geschehens, wo wir uns, vermutete ich, befänden, zu mächtigen Beulen, sozusagen, aufgewölbt habe, die wohl, ohne aufzubrechen, verhärtet seien; der feurige Eiter in ihnen (wenn Albert dies kühne Bild erlaube) habe die feste Erdhaut an diesen Orten nicht zu durchdringen vermocht. Seitdem müsse die Zeit mit Wind und Regen diese Haut wohl abgeschliffen haben, so daß das Untergewebe, das vom pulsierenden magmatischen Eiter einst löchrig gefressen worden sei, nun stellenweise zutage liege. Ich wies Albert einige solcher Stellen an dem Hang, über den ich herabgeritten war.

Der Dominikaner sagte mit großer Aufrichtigkeit, daß er dergleichen noch nie bemerkt habe, freilich auch noch nicht nachgedacht habe über die Entstehung dieser Berge; allzu schnell sei auch er zuweilen mit dem Schöpfergott bei der Hand, wenn es um die Entstehung der Naturphänomene gehe. Meine Vulkantheorie komme ihm plausibel vor, doch müsse er, bevor er ihr zustimme, darüber nachdenken, wie das spätere Aufstehen eines nicht existenten Gebirges aus einer vor ihm dagewesenen, also existenten Ebene mit des heiligen Augustin Annahme einer Zeitgleichheit der Schöpfung vereinbar sei, die er, das müsse ich verstehen, als Ordensmann nicht ohne weiteres übergehen könne.

Ich hätte nun durchaus auf dieses Kirchenvaters Gedankenanstrengung verweisen können, mit der er versucht hatte, das zeitliche Nacheinander der Schöpfung, wie die Bibel es offenbart, vor dem eigenen philosophischen Axiom zu retten, es sei ein Beginn der Zeit, wenn es einen gebe, nur im Zusammenfall mit einem einzigen, alle Weltgestalten zur selben Zeit erschaffenden Schöpfungsakt denkbar; hätte also argumentieren können, daß sogar die Bibel mich – herrjemine! – in meiner Hypothese vom zeitversetzten vulkanischen Ursprung dieses Gebirges zu stützen geeignet sei (falls man mich nicht festlege auf eine einzige Sechstagewoche des Schöpfergottes). Aber ich versagte mir das. Mir war an einer theologischen Diskussion zu diesem Zeitpunkt nichts gelegen. Stolz auf die Anerkennung meiner Scharfsichtigkeit durch eine in Natursachen so kompetente Person wie Albert von Lauingen, beendete ich darum dies Thema, indem ich mit gutmütigem Spott sagte, ich hoffte, es ergehe ihm, Albert, auf seinen Exkursionen nicht wie dem großen Bernhard von Clairvaux, von dem man wisse, daß er so voll von Gott und Gedanken an ihn gewesen war, daß er nicht einmal den großen See bei Genf wahrnahm, als er meditierend an ihm spazierenging.

Im weiteren Gespräch stellte sich heraus, daß der Dominikaner die Entstehung der Steine bislang für keinen Gegenstand gehalten hatte, der eine Gedankenarbeit verlohnte; er sah in ihnen Zusammensetzungen aus Erde und Wasser, welch letzteres in solchen Gesteinsarten überwiegen sollte, die mehr oder weniger durchsichtig waren. Auf meine Frage, unter welchen Bedingungen elementarer Natur aus Erde und Wasser eine mineralische Festigkeit entstehen könne, die doch bis zur Härte eines Diamanten gehe, gab Albert keine auch nur annähernd befriedigende Antwort. Ich konnte aus ihr nur folgern, daß er so gut wie alles, was er von den Steinen zu wissen glaubte, von den alten Autoren hatte, vornweg von dem alten Schwätzer Plinius, der beispielsweise einen Diamanten für fähig gehalten hatte, die Anziehungskraft eines Magneteisensteins aufzuheben. Ich hatte schon sieben Jahre vor dieser Begegnung mit Albert, nämlich während meiner Segelreise ins Heilige Land zur Rückgewinnung des Grabes Christi von den Muslimen, diese Pliniusstelle mit Hilfe eines Brillanten, den ich für Geschenkzwecke mit mir führte, und eines Magneteisensteins am Schiffskompaß überprüft und sie unwahr gefunden: der dem Magnetit aufgelegte Brillant nahm jenem nichts von seiner Kraft, die Kompaßnadel heillos zu verwirren. Allein Alberts Armutsgelübde mochte hingehen als Entschuldigung dafür, daß er niemals mit einem Diamantstein experimentiert hatte, auch nicht bezüglich der weiteren Mär des Plinius, es könne ein Diamant nur durch das Blut eines Ziegenbocks erweicht werden, dem man vor der Blutentnahme mit Petersilie gewürzten Wein zu saufen gegeben hatte.

Viele Steine sah Albert als aus den Körpern von Tieren hervorgegangen an, den Borazit etwa aus dem Kopf der Kröte, den Draconit aus dem Kopf der Schlange. Überhaupt schien er sich bei seinen mineralogischen Studien mehr mit den medizinischen und magischen Eigenschaften der Steine als mit ihrer Naturgeschichte zu beschäftigen, die ich an erster Stelle für wissenswert halte. So sah er im Rubin ein Antidot gegen Gifte, in einem anderen Stein ein Mittel, einen Gerichtsprozeß zu gewinnen, und in wieder anderen die Kraft, den Blitz abzuwehren, Regen herbeizuwünschen oder Weissagungen zu machen. Die Namen der diesbezüglichen Steine habe ich längst vergessen, obwohl Albert sie mir unter großer Ausführlichkeit im einzelnen nannte. Überhaupt hatte er schon damals ein ungeheures Detailwissen, doch wog er es allzuoft nicht mit dem eigenen Verstand ab, sondern mit dem Gewicht eines großen Namens, etwa des Aristoteles, dem ich auch damals schon längst nicht mehr in allen seinen Aussagen zur Natur gefolgt war. Von Plinius gar nicht erst zu reden.

Durch meine zunehmende Einsilbigkeit gab ich Albert zu verstehen, daß ich das Thema Steine zu verlassen wünschte, und er merkte wohl, daß er mich enttäuschte. Um ein diskretes Ende zu machen, ging ich beiseite und schlug hinter einer Rebzeile mein Wasser ab. Es schmerzte wieder zu Anfang, wie durch einen inwendigen Harnstau, und es floß dann auch nicht gut. Wegen der Mühe, die ich mit dem Urinieren hatte, und weil sie Albert nicht verborgen bleiben konnte, sagte ich wie leichthin: Es werden wieder Steine im Harnweg sein, ich habe das öfter. Und so hättest Du, fügte ich gezwungen lachend hinzu, so unrecht nicht mit Deiner Hypothese von der Entstehung vieler Steine im Körper von Lebewesen! Und schon hatte ich, wenn auch nicht sehr fließend, einen Akt des Überdrusses an einer geringwertigen Unterhaltung in einen solchen der Höflichkeit und des Verständnisses gegenüber Albert verwandelt. Es machte den beiderseitigen Schmerz erträglicher und nahm dem Vorgang viel von seiner Peinlichkeit. Ich war, wenn auch maßvoll, wieder einmal stolz auf mich. *Immutator mirabilis*, en gros und en detail, dachte ich schwach belustigt, als der Hirsch austrat.

Albert, der während meiner Verrichtung taktvoll in die Weite geschaut hatte, wies ihn mir. Der Hirsch stand vor dem Flaumeichenwald, aus dem er gekommen war, keine zweihundert Schritt oberhalb von uns auf dem quer zum Badberg verlaufenden Kamm. Eine Armbrust hätte leicht zu ihm hinaufgereicht. Immer ist die Reichweite der Waffe der erste Gedanke, der einem Jäger beim unverhofften Anblick eines Stücks Wild durch den Kopf schießt. Die Gier geht dem Glück vor. Albert sagte: Man kann ihn nicht mehr gut nach der Endenzahl seines Geweihs benennen, er setzt darin Jahr für Jahr zurück, er hatte schon mal weit mehr auf dem Kopf, er ist überaltert. Wenn man ihn nicht erlege, werde sein Geweih schließlich zu zwei endenlosen nackten Spießen degenerieren, mit denen er anderen Hirschen glatt durch die Parierverzweigungen ins rote Leben stoßen und sie zu Tode forkeln könne. Einen Mörderhirsch hießen die Jäger ihn dann. Ich sagte beglückt, so kenntnisreich hätte ich mir meinen Albert vorgestellt! Aber der Dominikaner ging nicht darauf ein, sondern sagte, es sei dies Gebirge eigentlich kein Ort für Hirsche. Sie stünden unten in den fetten Rheinauen, wo jetzt Brunftzeit sei; da schlügen die Jungen die ganz Alten ab. So sei dieser hier wohl allein heraufgestreunt. Ich sagte leise: Er lauscht zu uns herunter, aber der Wind steht auf uns zu! Wir bewegten uns nicht und schwiegen. Schließlich biß der Hirsch ins Gras. Aber er frißt es nicht wirklich, sagte Albert. Bromus erectus, das man auf deutsch Trespe nenne und das die pflanzliche Leitgestalt der vielfältigen Kleinvegetation hier oben sei, verhalte sich zum saftigen Laub der weichen Rheinauengehölze wie … Er suchte nach einem passenden Vergleich. Ich sagte: Wie ein trockener Bettelmönch zum saftigen römischen Kaiser. Wir lachten ohne Laut. Der Hirsch stand im wogenden Gras, das ihm bis dicht unter den Bauch reichte, wie in Schleiern. Schließlich tat er sich nieder und war nicht mehr zu sehen. Albert sagte: Das ist sehr ungewöhnlich, die Störung seiner Einsamkeit durch uns kann ihm nicht ganz und gar verborgen geblieben sein. Ich sagte: Er legt sich zum Sterben nieder, die Welt wurde ihm gleichgültig. Wie ich das wissen könne, fragte Albert. Ich sagte mit Bestimmtheit: Könige wissen voneinander.

Manchmal sage ich solche Sachen, obwohl sie der Ratio entgegenstehen. Es ist, als griffe meine Seele mit blinden Tastwerkzeugen aus mir hinaus in die Welt, hoffend, für mich auch solche Wesenheiten noch deuten zu können, die sich der Deutung durch den Verstand entziehen. Was meine Seele dergestalt begreift und aus der Welt in mich hineinholt, wächst in mir über die Jahre zu phantastischen Gebilden heran, Sukkulenten gleich, wie Albert sie mir damals unter den Pflanzen des Badbergs wies: üppiges vegetatives Fleisch, das den Fingern Sinnlichkeit vermittelt, dem Tag mit Verschlossenheit begegnet und sein Wachsen aus der Nacht nimmt.

Erstes Jagdstück: Der Hirsch

Meine in Abwehr des Hirsches vor den Leib gehaltenen Hände fanden an den endenlosen glatten Mörderspießen keinen Halt. Durch die Finger hindurch stieß er sie mir ins Gedärm. Der Anprall des

Schmerzes an meine Seele warf mich auf den Hirsch am Boden. Meine Finger krallten das steinerne Maul des Tieres, mein Mund schrie an seinem steinernen Ohr: Geh mir aus der Niere, geh mir aus dem Darm! Der Schweiß, den mir der rasende Schmerz aus dem Leib trieb, fiel in dichter Tropfenfolge von meinem Gesicht auf das Haupt des steinernen Hirsches unter mir. Die bunten kleinen Steine, aus denen er gemacht war, leuchteten wie unter einem Wasserguß, das Auge grün, mehlweiß das Maul, die Geweihspieße gelb. Die Muskelmasse des Hirschleibs verdämmerte zur Zimmerwand hin in einem schwärzlichen Braun. Es fielen nun aus dem Hirschmaul Worte in meine zitternde Hand: *Du spürst nur deinen eigenen Jagdspieß, Herr Kaiser, wie wir ihn spüren, die Hirsche und Sauen deiner Wälder, wenn deine Hunde dich zu uns gebracht haben. Beklage dich nicht. Wer wie du alles von den Tieren wissen will, und alles nur über den Weg seiner Sinne, der darf den Schmerz, der mit seinem hellen Brennen dem Tod den Weg zur Seele leuchtet, von der Erfahrung nicht ausnehmen. Verächtlich ist die Heiterkeit der Jagd.* Unter den in langen Wellen anstürmenden Leibkrämpfen schwanden mir die Sinne, aber der Hirsch folgte mir in ihre Umnachtung. Er pirschte auf meine Seele.

Ich trug ein Haarkleid aus verhornten Gefühlen zu einem Geweih aus verknöcherten Gedanken. In meinem Rücken, in der Nierengegend, stak wippend unter den hohen Fluchten, mit denen ich durch ein Eibendickicht brach, der Jagdspieß des Herrn Friedrich. Er war an dieser Stelle deplaziert. Aber Herr Friedrich weiß nur mit Falken kunstgerecht zu jagen. Der Schaft des Spießes war römisch, aus dem zähen Holz der Esche gemacht, und seine eiserne Spitze, die mir in der Niere glühte, hatte einst den Leib des Gekreuzigten geöffnet, wie nun den meinen. Die Eibenzweige, die hinter meinem sie teilenden Geweih wieder zusammenschlugen, drückten diskontinuierlich auf den schräg nach hinten und oben aus meinem Rücken herausragenden Spieß. So wurde er zu einer Pumpe, die das Blut aus der Tiefe des Leibes ans Licht förderte und verspritzte. Im Rückschauen nach den Hunden sah ich, daß mein Blut auf den glatten Nadeln der Eiben zu kleinen roten Beeren gerann. Die Hunde würden sie, verführt von ihren Nasen, gierig als Vorschuß auf mein Gekröse nehmen und sie mitsamt den Eibenzweigen, denen sie wie Früchte anhingen, verschlingen. Ich dachte befriedigt, daß sie das töten müßte, denn die Eibe ist ein Giftbaum. Aber ich begrub diese kleine Befriedigung sogleich unter meinem Leib; ich brach das erste Mal nieder. Mein Kopf lebte nicht mehr in Harmonie und Gleichgewicht mit der Schwere meines Gedankengeweihs, und es half mir jetzt, wo es ans Sterben ging, nicht mehr, daß es über flehend gerecktem Hals den Himmel suchte. Doch stand ich unter Qualen noch einmal auf und flüchtete weiter. Der Wald wurde lichter, doch betraf das nicht die Quantität des Lichts, sondern nur die Zahl der mich umgebenden Bäume; im Gegenteil, es wurde dunkler um mich her. In meinem eigenen langen Schatten lief ich auf eine tiefstehende, gelb flackernde Sonne zu. Der sich deutlich am Boden abzeichnende Schattenriß meines Geweihs stieß wiederholt an die Schatten der Baumsäulen, die wie niedergebrochene Stämme wirr auf meinem Fluchtweg lagen. Darüber kam ich wiederholt ins Straucheln, bis ich schließlich ein zweites Mal niederbrach, blutend und so stark den Atem einsaugend und ihn wieder auskeuchend, daß davon die flackernde Sonne angezogen und abgestoßen wurde. Meine Blicke gingen, Gott suchend, erneut himmelwärts, doch stießen sie an einen grauen steinernen Himmel und glitten an den nackten Säulen der Stämme haltlos wieder zur Erde zurück. Nur das blaßfarbige Rundbild einer Abendmahlsgesellschaft hatte ich dort oben wahrgenommen; sie blickte teilnahmslos auf mich herab, zu sehr schon mit der Not der eigenen Seelen beschäftigt, als daß sie sich auch noch um die meinige hätte kümmern können. Es roch nach Kerzenwachs in diesem versteinerten Wald, und statt der Wolken, die ich bei meinem ersten Zusammenbruch noch gesehen hatte, zogen nun Schwaden von Weihrauch über mir dahin. Purpurne Schmeißfliegen begannen, sich um meine Rückenwunde zu versammeln, wie ich es von Geiern am Aas eines Esels gesehen hatte. Chorgesang erhob sich, der sich zu einem zornigen Brausen steigerte, als ich den Kopf in Abwehr der Fliegen so heftig nach rückwärts warf, daß mein Geweih krachend an das Holz des heiligen Spießes schlug, der noch immer in meinem Rücken steckte. Das Geschmeiß flog auf, hin zur Sonne. In sein Brausen hinein gellte eine Stimme und stand blutdürstiger als alle anderen hell über ihm: So seht doch, meine Brüder in Christo, wie dieser vertierte Fürst mit seinen gotteslästerlichen Gedanken selbst das ehrwürdige Holz noch mißhandelt, das unserem Herrn am Kreuz die fünfte und letzte Wunde beibrachte! Und fünffach, meine Brüder, wie der Wundschmerz des Gekreuzigten, ist auch der meine. Merket auf und sehet, ob es einen Schmerz gibt wie meinen Schmerz, dessen erstes Brennen von den Tataren kommt, die die ganze Christenheit zugrunde richten; dessen zweites Brennen vom Abfall der griechischen Kirche kommt; ein drittes vom Aussatz der Ketzerei; ein viertes vom Heiligen Land, wo die Chowaresmier die Häuser der Templer und Hospitaliter sowie die Stadt Jerusalem unter entsetzlichem Blutvergießen zerstört haben; das fünfte aber von diesem Fürsten stammt, nämlich dem Kaiser, der, obgleich er der oberste weltliche Vater und Schirmherr der Kirche Christi sein sollte, ihr mächtiger innerer Feind geworden ist. Hat Friedrich, der hervorragendste weltliche Fürst, nicht in Nachahmung pharaonischer Hartherzigkeit und seine Ohren wie eine Schlange verstopfend die Kirche und Uns mehr verspottet als angehört? Ist er nicht in verabscheuungswürdiger Freundschaft mit den Sarazenen verbunden, denen er mehrfach

Boten und Geschenke sandte und beides gleicherweise von ihnen empfing? Nahm er nicht ihre Sitten an, und hält er sie nicht zu seinen täglichen und nächtlichen Diensten bei sich? Ja, er schämte sich auch nicht, seinen Gemahlinnen königlichen Geblüts Eunuchen als Wächter beizugeben, die er, wie man sagt, dazu besonders kastrieren ließ! Und hat er nicht ferner den Herzog Ludwig von Bayern herrlichen Angedenkens, der der römischen Kirche besonders ergeben war, durch Assassinen töten lassen, wie mit Bestimmtheit versichert wird? Gab er nicht auch dem schismatischen Kaiser Vatatzes, diesem Feind Gottes und der Kirche, eine leibliche Tochter zur Frau? Weder Kirchen noch Klöster sah man ihn bauen, und angesichts der apulischen Weizenfelder lästerte er vor Zeugen die heiligen Sakramente, indem er, auf den Leib des Herrn anspielend, hohnvoll ausrief: Wieviel Götter hier doch reifen! An dieser Stelle schwoll das Brausen erneut an und schwieg erst, als die helle, vor Haß bebende Stimme wieder einsetzte: Deshalb haben Wir Uns ob der angeführten und vieler anderen abscheulichen Frevel mit Unseren Brüdern und der heiligen Kirchenversammlung beraten. Und weil Wir, obwohl unwürdig, Christi Stellvertreter auf Erden sind und Uns in der Person des heiligen Petrus gesagt ist: Was immer Du auf Erden binden wirst, das wird auch im Himmel gebunden sein, und was immer Du auf Erden lösen wirst, das wird auch im Himmel gelöst sein, erklären Wir den besagten Fürsten, der sich des Kaisertums, der Königreiche und jeglicher Ehre so unwürdig gemacht hat und der seiner Frevel halber von Gott verworfen ist, um nicht fernerhin zu regieren, für einen Menschen, der in seinen Sünden verstrickt und von Gott verdammt ist UND ENTSETZEN IHN DURCH UNSEREN URTEILSSPRUCH. Alle, die ihm durch den Eid der Treue verpflichtet sind, lösen Wir für immer von diesem Eide, verbieten kraft apostolischer Vollmacht strengstens, daß in Zukunft irgend jemand ihm als Kaiser oder König gehorche, und erklären, daß alle, die ihm von jetzt an als ihrem Kaiser oder König einen Rat erteilen, Beistand leisten oder eine Gunst erweisen, eben dadurch schon der Exkommunikation unterliegen. Jene aber, denen es obliegt, für das Reich einen Kaiser zu wählen, sollen ungehindert die Wahl eines Nachfolgers vornehmen. Über das Königreich Sizilien werden wir mit dem Beirat Unserer Brüder so verfügen, wie Wir es für zweckmäßig halten ... Nach diesen Worten erlosch die Sonne unter Ausstoßung von beißendem Rauch. An ihrer Stelle standen, von ihrem Feuer nun nicht mehr überstrahlt und darum im Dämmerlicht der Kirche sichtbar, der vierte Innocenz und seine Prälaten. Sie waren kenntlich nur an ihren rot und grün changierenden Roben, denn sie trugen ausnahmslos die glotzäugigen Köpfe von Schmeißfliegen. Innocenz hob sich nur durch seinen Thronsitz und einen überlangen Stechrüssel von den anderen ab. Er sirrte: Was meine Aufgabe war, habe ich getan; möge Gott jetzt die Sache weiterführen, wie es ihm beliebt! Eine andere, menschlichere Stimme, in der ich meinen Lyoner Sachwalter Thaddäus von Suessa erkannte, sagte: Dies ist der Tag des Zorns, des Unglücks und des Elends! Thaddäus trat zu mir, zog mir weinend den Spieß aus dem Rücken und schleuderte ihn in Richtung der Priester. Das laute Klirren, als er auf dem Boden landete, fiel zusammen mit einem röhrenden, die Kirche bis zum Dach füllenden Schrei, den mir die Wut aus der Kehle trieb. Gehoben von der Mächtigkeit dieses Schreis, kam ich noch einmal auf die Läufe. Die Priester sahen es mit Entsetzen; das Tedeum, das zu singen sie begonnen hatten, blieb ihnen in den Kehlen stecken, das Angstbeben ihrer Glieder machte die Seide ihrer Gewänder rascheln, man konnte es hören, so gründlich hatte mein Schrei jeden anderen Laut in der Kathedralkirche zum Verstummen gebracht. Sie hielten die langen Kerzen, die mir, als sie noch brannten, die Sonne vorgetäuscht hatten, gegen den Boden gerichtet, flammenlos, Wachs weinend, schwelend. In einer letzten großen Anstrengung warf ich das müde Haupt auf, um die Benommenheit meines Geistes abzuschütteln. Unter der Heftigkeit dieser Bewegung löste sich mein Geweih und fiel mit beinernem Scheppern zu Boden. Ungläubig äugte ich nach den beiden Stangen zu meinen Füßen; es war ja viel zu früh für ihren Abwurf, Juli erst, der Monat ihrer Vollendung im Zyklus ihres Wuchsjahres. An einem Kältegefühl, das von den beiden Knochenstümpfen auf meiner Stirn ausging, merkte ich, daß sie blutig waren. Ich dachte müde: Also beginnt die Verwesung im Denken, das Stinken am Kopf. Innocenz starrte auf die Stümpfe, sein langer Stechrüssel witterte erregt in meine Richtung. Nach einem schrillen Auflachen, das die giftige Frucht seines hastigen Nachdenkens war, sagte er: Seht, o seht doch, meine Brüder: behuft, beschwänzt und gehörnt, ist er *diabolus incarnatus*, wie Wir es immer gesagt haben! Er trägt Luzifers Stigma an der Stirn! *Satanas, apage!* schrie er mir zu, aber ich wich nicht, nahm vielmehr meinen von der unzeitigen Geweihbefreiung verwirrt taumelnden Kopf tief und stürmte mit letzter Kraft auf die Priestergesellschaft zu. Mit aufbrausenden Stimmen stoben sie auseinander und hinter die Säulen der Kathedralkirche. Auf den Stufen des Altars, wo sie gestanden waren, als sie mich verflucht hatten, brach ich zum dritten Mal nieder, kotend und harnend, denn alle Muskeln versagten den Dienst. Albert von Lauingen sagte: Du hattest recht, er tat sich zum Sterben nieder! Wir waren unter Zurücklassung unserer Begleitung und der Reittiere heraufgestiegen zu der Stelle, wo wir den Hirsch erblickt hatten. Sein Wundbett war leer, fühlte sich aber noch warm an. Blut sickerte von den Halmen des Trespegrases. Schmeißfliegen summten. Er hatte gekotet und geharnt. Seine blutbefleckte Fährte führte von hier bergab.

Albert von Lauingen (II)

Indem wir der Hirschfährte folgten, absichtslos eigentlich, jedenfalls nicht auf ein Erlegen des offensichtlich waidwunden Hirsches aus, seine Spur vielmehr als eine Art roten Faden durch die Merkwürdigkeiten dieser Landschaft nehmend und sie schließlich dennoch über unseren Gesprächen verlierend, kamen wir nach ein paar Stunden Fußmarsch in die Rheinniederung bei Sasbach. Diesen Namen erfuhr ich von Albert ebenso wie die historische Auskunft, daß der hübsche Flecken bis in die nachkarolingische Zeit hinein Mittelpunkt hiesigen Kronbesitzes gewesen sei, Reichsfiskus, wo der Sachsenkaiser Otto III. ein paar Jahre vor der Jahrtausendwende seine Fürsten zu einem Gerichtstag versammelt habe. Ich zeigte nur mäßiges Interesse, obwohl mir einfiel, daß dieser junge Ottone just jener unter meinen Vorgängern auf dem Kaiserthron gewesen war, dessen Traum von der Erneuerung des Römischen Reiches ich vor meiner Aachener Krönung im Garten der dortigen Pfalz nachgeträumt hatte. Die Geschichte steht in diesen Papieren. Nun aber war ich auf Natur aus, nicht auf Historie.

In der Rheinniederung bei Sasbach herrschte ein unentwirrbares Gemenge aus Stromarmen und Auwäldern vor, aus Wasser und Vegetation, die beide von der weichsten, sinnlichsten Qualität waren, fruchtbar bis hin zur Wucherung von Leben, trunken von Grün, zitternd vor Wollust, wo Wasser und Zweige sich berührten, und ein Reichtum an Wasservögeln, der mich in Erkennungs- und Benennungsnöte brachte. Ein größerer Gegensatz zu dem Gebirgsinnern, aus dem wir gekommen waren, schien nicht denkbar: dort hartes vulkanisches Gestein dicht unter magerem, warmtrockenem Humusfleisch, hier weichste venusische Aue, tiefgründig und feuchtkühl gespalten unter üppigem Bewuchs, Fruchtwasser verströmend; dort die Hervorbringung zartester, phantasievollster Pflanzengestalten in einer fast geistig zu nennenden Anpassung an die Extreme der Wuchsorte, hier Umschlingung aller mit allen, Vermischung der Säfte, Zeugung und Erstickung in einer einzigen übergroßen grünen Nähe. Ich dachte bei mir: Es herrscht in dieser Landschaft die aristotelische Elementenlehre vom warmtrockenen männlichen und feuchtkalten weiblichen Prinzip. Und es habe, sagte Albert, als ich ihm von diesem Gedanken Mitteilung machte, diese Landschaft durchaus ihre Entsprechung im Menschen: Die Hartfleischigen seien weniger produktiv als die Weichfleischigen, weniger begabt auch. Ich sagte: Das stammt auch von Aristoteles! Und es könne diese Apologie der Wollust, die der Grieche im übrigen nie begründet habe, so daß man nicht wissen könne, wie er den Satz gemeint habe, Alberts Ernst nicht sein. Der Dominikaner sagte: Der große Alexander, ein Schüler des Aristoteles, ist weichfleischig gewesen, Alexanders Vater dagegen, der makedonische König Philipp, hartfleischig. Vielleicht habe dieser aus der Nähe erlebte Unterschied zwischen der Weltherrschaft des einen und dem Provinzkönigtum des andern dem Philosophen den Satz eingegeben. Der vierte Otto, fuhr er fort, Dein einstiger Gegenspieler um Kronen und Reich, war hartfleischig, ein ungeschlachter, dümmlicher Tölpel. Und nun prüfe Dein Fleisch! Ich sagte unsicher, daß sich in der Geschichte wohl Gegenbeispiele finden ließen, und ich rettete mich, wie so oft letzthin, in Undelikates: Wäre Weichfleischigkeit, sagte ich, die Ursache von Begabung, dann hätte jede beliebige Athener Hetäre in ihrem Hintern mehr Weisheit gehabt als der große Platon in seinem Kopf! Albert sagte mit leisem Tadel in der Stimme: Sachte, sachte, mein kaiserlicher Freund! Unter allen Naturformen steht die Seele den himmlischen Intelligenzen, die die frühesten Abstrahlungen des göttlichen Lichts sind, am nächsten, in größter Nähe zur alles bewirkenden ersten Ursache, zum Ersten Beweger. Sie wirkt im Körper, aber auch an ihm und ruht nicht, bis ihr ein materieller Leib zugeordnet ist, so feinstrukturiert, daß er die subtilsten Tätigkeiten ausführen kann, die aus dem Wirken der Seele hervorgehen. Aristoteles ... Ich seufzte: Schon wieder Aristoteles! Aber Albert war in schönstem philosophischen Zuge und ließ sich nicht aufhalten. Aristoteles habe in seinem zweiten Buch über die Seele gesagt: Bei allen Sinnen ist der Mensch gegenüber dem Tier im Nachteil, hinsichtlich des Tastsinns aber erreicht er eine hervorragende Schärfe. (Außerhalb des Zitats erläuterte Albert mir, daß A. im Fleisch das Organ des Tastsinnes gesehen habe.) Deshalb ist er auch das klügste der Lebewesen. Ein Indiz dafür ist, daß es unter den Menschen Begabte und Unbegabte nach der Maßgabe dieses Sinneswerkzeugs gibt, aber nach keinem anderen. Denn die Hartfleischigen sind geistig unbegabt, die Weichfleischigen begabt. Albert, kommentierend: Manche unter den letzteren seien es bis zu einem Grade, wo die Komplexität ihres Fleisches auf schierer Ausgewogenheit beruhe, fernab jeglicher Extreme und darin dem Himmel ähnlich, in welchem es auch nichts Entgegengesetztes gebe, weshalb sie in gewisser Weise irdische Götter zu sein schienen, die alles, gleichsam wie durch sich selbst, erkennten. Ich dachte: So lebte denn keiner in größerer Himmelsferne als ich, Friedrich. Ah, diese Philosophen!

Schon zu Beginn unserer Wanderung, am Badberg, hatte Albert zwischen einen noch blühenden Fingerstrauch und ein schon verblühtes Helianthemum (Albert mit Botanikerstolz en passant: Das Sonnenröschen hat hier seinen locus classicus!) Zeige- und Mittelfinger ins Erdreich gesteckt, bis zum zweiten Knöchel, dann war er schon auf Fels gestoßen. Er forderte mich zum Nachmachen auf. Ich tat, wie mir geheißen, und war überrascht: Wo ich ein Gefühl von feuchter Kühle erwartet hatte, wie Erde es für gewöhnlich der

Haut vermittelt, spürte ich eine ganz ungewöhnliche Wärme, so als hätte ich in frischen Dung gefaßt. Die Herbstsonne stach geradenwegs auf den ihr entgegengeneigten Südwesthang ein. Im Sommer, sagte Albert, habe er hier auf diese Weise schon das Weiße eines Hühnereis zum Gerinnen und den Fuß einer Wachskerze zum Erweichen gebracht, so heiß werde dann das Erdreich. Und ohne diese mit weichfleischigen Fingerkuppen ertastete Erfahrung hätte er nie ein Wissen, nicht einmal eine Ahnung von der Besonderheit der hier wachsenden Pflanzengesellschaften bekommen, nämlich daß sie mittelmeerisch zu nennen seien und sich mit allerlei Strategien gegen ein Vertrocknen schützten: ledrige, die Verdunstung verhindernde Blätter, Wachsüberzüge zum selben Zweck, Blattarmut, Wurzeln, die tief in Gesteinsspalten hinabwüchsen, wo Niederschlagsreste sich länger hielten als in der dünnen Humusauflage, Nachtwüchsigkeit auch oder Verlagerung der Vegetationszeit in Herbst und Winter, der hier schneearm sei und mild. Auch ein Wassergefäß habe er im Sommer schon zwischen die Pflanzen gestellt; man habe zuschauen können, wie es sich, seinen Inhalt an die Luft abgebend, leerte. Es sei gewesen, als habe die heiße Luft dicht über dem Boden Durst an sich selber gelitten und das Wasser in tiefen Zügen getrunken. So sei, schloß Albert, sein Tastsinn dem Denken vorausgegangen, ja habe es überhaupt erst in Gang gesetzt. Und ob ich weitere Beispiele wünschte, etwa die Erfahrung, die die Haut mache, wenn sie aus der Sonne in den Wald komme, wo sie deutlich spüre, daß die Bäume Feuchtigkeit abgäben, ohne daß das Auge an Blättern oder Zweigen etwas davon sehen könne. Ich sagte, daß ich das wisse, und fing an, ihn zu begreifen: Das Gedankentier Mensch verdankt seine Überlegenheit gegenüber jedweder Kreatur einem Defizit, nämlich der empfindsamen Schutzlosigkeit seines Fleisches, in welchem seine wache, tätige Seele auf Gott und die Welt aus ist.

Während unseres Abstiegs zum Rhein hinunter fragte ich Albert, worin er denn die Entsprechung menschlicher Hart- und Weichfleischigkeit zu den morphologischen und vegetativen Extremen dieser Landschaft aus trockenstem Gestein und nässester Flußaue sehe, wovon unser Gespräch seinen Ausgang genommen hatte. Albert sagte: Es gibt von Natur aus keine Landschaften. Es gibt Berge und Täler, Wälder und Wiesen, Wüsten und Meere und so fort. Ein jedes steht für sich und lebt nach seinen eigenen verborgenen Gesetzen. Ihre Zuordnungen zueinander kennt nur Gott allein. Erst die Seele des Menschen schaut die einzelnen Bestandteile der Natur zu Landschaften zusammen, was heiße: zu gefälligen oder dramatischen Bildern aus Formen und Farben. Ja es ließe sich sogar sagen, daß der Mensch Landschaft nicht sehe, sondern fühle, und keine zwei Menschen gebe es auf Erden, die vor einem Naturpanorama dasselbe empfänden. Es werde derjenige die subtilsten Valeurs und feinstrukturiertesten Bestandteile einer Landschaft wahrnehmen, der von ausgewogenster Weichfleischigkeit im Sinne des Aristoteles sei. Wo der Hartfleischige nur Karst erkennen könne, bemerke jener die Intelligenz der Karstflora. Und wo der Hartfleischige nur die Üppigkeit der lebenden Flußaue registriere, da wittere der Weichfleischige auch die Wollust ihres pflanzlichen Sterbens und erkenne in ihm den Mutterkuchen neuer Geburten. Weil aber nun jede Seele ein Abbild des Göttlichen sei, entspreche zwar der Hartfleischige dem Karst oder der Wüste, doch sei in ihm, wie in jenen, die Möglichkeit zum Blühen angelegt, was im Falle der Hartfleischigen die Möglichkeit bedeute, doch noch Weichfleischigkeit zu erwerben; man dürfe diese Dinge eben nicht rein physiologisch sehen. Ungeachtet seines Hinweises auf die metaphysische Komponente der aristotelischen Fleischbeschau sagte ich rüde: Du hast die Quelle der Alters Weisheit entdeckt, mein Lieber, nämlich das langsam wabbelig werdende Fleisch der alten Männer!

Et cetera, et cetera. Während ich so das Vergangene stilisiere, beginnt mir, zum wiederholten Mal in diesem Jahr 1250, das Gegenwärtige zu den Hinterbacken hinauszulaufen, und sein übler Geruch verdirbt mir den Geschmack am Verfertigen von Feinsinnigem. Mein fiebriges Gedärm löst die Schichten meines Lebens auf und verquirlt mir im Kopf Geschehnisse, Orte und Zeiten. Die Wörter verwesen in mir schon, noch während ich über ihnen brüte. Die Sätze brechen ein, während ich sie konstruiere. Bald wird nichts mehr in mir sein, das Substanz genug hätte, auch nur einen kleinen Gedanken zu tragen. Hohl sind längst auch die Knochen. Und während mein Leib zwischen Lager und Latrine auf kotiger Spur in die Nacht stürzt, fliegt mein Geist schwerelos in die Sonne. Von dünnen, hornschuppigen Stelzbeinen, die im Auffliegen erdwärts hängen, tropft die modrige Nässe der Rheinaue und legt eine mitlaufende Spur aus sich verkettenden Ringen auf das stille grüne Wasser. Aber der Abwind meiner Flügel, die träge, gleichwohl mächtig, die dichte Luft des unteren Himmels zu schlagen beginnen, zerreißt diese Kette zwischen mir und der Erde schließlich, und ich bin frei. Wärme umfängt mich und trägt mich in die Höhe. Es ist die Luft, die das Gebirge an seinen heißtrockenen Südhängen ersteigt und mich auf ihrem Rücken mit sich nimmt. Die Handschwingen an den Enden meiner breiten Flügel wispern, als berieten sie sich über meinen Kopf hinweg über Richtung und Steigwinkel unseres Fluges. Der daunige Flaum der Bauchfedern nimmt die zittrigen Schenkel auf, die Füße falten die verkrümmten Zehen ein. Der lange Hals kurvt sich zwischen den Flügelbögen zum S wie Süd, und dorthin auch sticht der Lanzenschnabel ins Blau. Während das kleine Gebirge unter mir sich nach und nach mit der Rheinebene gemein macht und der Dunst die Farben auslöscht, und während fern am Horizont sich das große Gebirge der Alpen entfaltet, höre ich in der Stille des Mittags deutlich die sonore Stimme Alberts, wie sie zum

Herrn Friedrich sagt: *Ein Purpurreiher, sieh!* Worauf Herr Friedrich lacht und mir mit einem Wink an sein Gefolge einen Falken heraufschickt. Herr Friedrich ist selten ohne Falken.

Zweites Jagdstück: Der Reiher

Um rascher steigen zu können, entleere ich den Darm in einem langen kalkweißen Strahl und werfe auch den angegorenen Inhalt von Magen und Schlund aus. Als der Aufwind, der mich rasch Höhe gewinnen läßt, mir die Gerüche davon zuträgt, denke ich voll Trauer: *Immer hast du mit deinem Innersten den Himmel beschmutzt!* Ich trage ein Kleid aus abertausend purpurn leuchtenden Schreibfedern, und ihr düsteres Leuchten kommt nicht vom lebendigen Blut in ihren Kielen, auch nicht vom Widerschein des Sonnenlichts auf ihren luftgefüllten Strahlen. Es kommt von der an meinen Federn getrockneten Tinte auf den abertausend Bluturteilen, Polemiken und Pamphleten, die meinen Namen und meinen Geist in die Geschichte tragen werden. Und während nach Darm, Magen und Schlund sich auch noch mein Kopf erleichtert, indem ich Schuld bekenne an den staatlichen Lügen und privaten Beschönigungen, an den großen Worten und den kleinen Wahrheiten dieser Bluturteile, Polemiken und Pamphlete, denke ich, abermals voll Trauer: *Immer hast du, wenn du schriebst, dich ein bißchen mehr beschmutzt! Zu lange glaubtest du, dein Sprachkleid leuchte aus der Tiefe deines Wesens. Aber es war nur das Irisieren getrockneter Tinte.* Als dann der Sakerfalke des Herrn Friedrich auf mich niederstößt, begegne ich seiner sausenden Annäherung, indem ich ruhig, den Tod mehr ersehnend als fürchtend, den Kopf himmelwärts nehme. Ich suche mit den Augen mein Ziel, das Gott heißt, nicht hingegen fixiere ich den Weg dorthin, der zufällig ein Falke des Herrn Friedrich ist. Aber Gott weist mich ab.

Der Falke spießt sich an meinem langen scharfen Schnabel auf, und ich schleudere ihn mit abwärts stechendem Hals in die Tiefe, Herrn Friedrich vor die Füße. Der Falke klagt jämmerlich. Herr Friedrich, ich höre ihn deutlich, sagt rätselvoll: *Ich besiege mich selbst, oder es besiegt mich keiner.* Daraufhin fliege ich fort, in Richtung auf die Alpen, nach Italien. Herr Friedrich schaut mir dabei während des ganzen Fluges von unten zu. Sein Gesicht dehnt sich lang und breit in die Fläche und liegt alsbald mit den Abgründen seiner Falten, den Bergen seiner Knochen, den Seen seiner Augen und den Wäldern seiner Haare riesenhaft auf dem Land. Herr Friedrich zwingt dem Land zwischen Aachen und Palermo sein Bild auf, aber nur die Vögel können es sehen, und alle Vögel zwischen Aachen und Palermo haben es so gesehen, Tag für Tag, Jahr um Jahr, während er lebt: dieses ubiquitäre Antlitz des Herrn Friedrich, der das Staunen der Welt ist und ihr Verwandler, ein Antlitz, das stets dem Himmel zugewandt ist, auf Glauben nicht aus, Wissen fordernd, nur den eigenen Augen vertrauend, und es sind Augen, die um der Nähe zu den Vögeln willen sich die Vögel vom Himmel holen, zu welchem Zweck Herr Friedrich ihnen seine Blicke schickt, die wie sanfte, gleichwohl zwingende Falken sind. Auf magische Weise dem Himmel entrissen, lassen sie sich in Herrn Friedrichs Wimpern nieder, die als Räume das abgrundtiefe Blau seiner riesenhaften Augen umstehen. Sie nisten in den herbstroten Wäldern seines Haars oder setzen ihre Gelege in den weitverzweigten Höhlen seiner Ohren ab. In seinen seltenen Tränen spiegeln sich die kostbaren Arten, im Schweiß seiner Stirn baden die gemeinen. Herr Friedrich ist voll von Vögeln. Nun jagen Wolken über seinem Antlitz dahin und verschatten es tief mit wandernden Dunkelheiten wie mit sichtbar gewordenen schwarzen Gedanken. Regen fällt und strömt, Tränenbächen gleich, von den Höhen der Backenknochen beiderseits des Nasenrückens entlang, vorbei am schrundigen Bergmassiv des Mundes kinnwärts, talwärts. Dann öffnet sich der Mund zu einem großen bebenden Krater und stößt unter dem alptraumhaften Stöhnen des Herrn Friedrich Gedankenasche aus, bis hoch an die Wolken, wo sich an den toten Wörtern der Asche das Wolkenwasser zu Schneeflocken kristallisiert; sie geben Herrn Friedrichs Antlitz bald das Aussehen einer weißen Totenmaske. Längst hat er die Augen geschlossen, und so entkomme ich seinen saugenden Blicken über die Alpen. Erst beim Überfliegen der Sümpfe von Parma trifft mich in der nebligen Frühe eines neuen Tages wieder sein allgegenwärtiger Blick. Er trifft mich diesmal voll und holt mich aus dem Himmel. Steingleich stürze ich vor die Hufe seines Pferdes. Trotz seines vorgeschrittenen Alters gleitet Herr Friedrich geschmeidig aus dem Sattel und rammt mit beherztem Zugriff meinen langen Schnabel tief in die lombardische Erde, als haßte er sie und wollte sie strafen. Der Schmerz im Genick wirft mich auf meinen rechten Flügel, was Herr Friedrich, der alles weiß über die Reaktionen der Vögel auf Freud und Leid, voraussah, denn nun kann er sich, während einer seiner Falkner meine schlegelnden Beine fixiert, mit flinken Fingern daranmachen, mir das Brustgefieder auszureißen, so daß bald schon mein nacktes Fleisch als Lockspeise für den neuen Sakerfalken des Herrn Friedrich zutage liegt. Alsdann stellt er mir den Saker, der am Reiherfleisch Geschmack gewinnen soll, auf den Leib, und die Dolche der Falkenhände dringen mir sogleich tief in Hals und linke Schulter. Ich schreie durch die erdfreie Nase, und also in unreinen Tönen, was sehr zu Herrn Friedrichs Verdruß ist, denn Herr Friedrich liebt die Beizjagd in allem rein. Verdruß auch bereitet es ihm, daß sein Saker mich zwar mit beiden Flügeln besitzergreifend mantelt, aber von meinem Brustfleisch nicht kröpfen will. Ein Falkner sagt: Brich dem Reiher die Knochen auf, Herr, und gib dem Saker das Mark! Herr Friedrich hält davon nichts, sagt es und befiehlt statt dessen, die Hunde fortzuführen, denn er weiß, daß Sakerfalken Hunde fürchten. Aber auch das bewirkt, ausgeführt, beim Saker keinen Fortschritt in Richtung auf einen kunstgerecht auf den Reiher abgetragenen Falken. Herr Friedrich, der voll ist von Wissen über die Vorlieben und Abneigungen der Beizvögel, weiß neuen Rat. Er entnimmt seinem Gürtel ein Jagdmesser und schneidet mein Brustfleisch an, das der Saker verschmäht. Nicht sehr tief schneidet er, nur gerade so viel, daß mein Blut zu rinnen beginnt. Da stößt der Saker einen kehligen Schrei aus und fängt an, mir das Muskelfleisch vom wild schlagenden Herzen zu reißen. Ich stöhne meine Qual in die Erde. Doch bevor der scharfe Falkenschnabel mein Herz erreicht, läuten an diesem neuerlichen Tag des Unglücks und des Elends, des Zorns auch für Herrn Friedrich, die Sturmglocken von Vittoria. Vittoria ist eine von Herrn Friedrich eigens zur Belagerung von Parma in dessen Nähe erbaute Stadt und ihr Name eine Vorwegnahme des kaiserlichen Sieges über das Herrn Friedrich von jeher verhaßte päpstlich-guelfische Parma. Nun endlich will er es von der Erde tilgen und Vittoria an seine ungefähre Stelle setzen. Vittoria hat acht Tore in seinen festen Mauern. Die Mauern stehen auf der Spur eines Pfluges, mit dem Herr Friedrich nach römischem Muster die Grenzen der zu bauenden Stadt auf die lombardische Erde zeichnen ließ. Vittoria hat auch einen neuen Fluß. Man leitete ihn in die Stadt, damit Wasser fließen kann auf die Mühlen für das Brotgetreide des Heeres. Straßen hat Vittoria und viele feste Häuser, einen Markt und Kaufläden dazu; auch einen Palast. In diesem Palast lebt Herr Friedrich dem Untergang des hungernden Parma entgegen. Die Zeit bis dahin, die wächst und wächst, vertreibt er sich mit Jagdausflügen in die parmensischen Sümpfe, mit dem Studium der Tiere im allgemeinen und dem der Beizvögel im besonderen; über sie hat er sogar ein dickes Buch mit dem Titel *De arte venandi cum avibus* geschrieben, mit kostbaren Tierbildern von eigener Hand, so daß sein leiblicher Sohn Manfred aus der Bianca Lancia, der unter allen kaiserlichen Söhnen Herrn Friedrich in allem am meisten nachgeraten ist und jetzt bei ihm weilt, dieses Buch zum Staatsschatz zählt, der in Vittoria verwahrt ist. Vittoria birgt auch die Staatskanzlei, in der das Reich verwaltet wird, Hofkammer und Hofgericht, Jagdtroß und Menagerie. Vittoria ist also, während Parmas Belagerung dauert, der Nabel der abendländischen Welt, und geschmückt ist er nach morgenländischer Sitte mit den Saphiraugen, Rubinlippen und Elfenbeinleibern sarazenischer, von Eunuchen bewachter Mädchen, denen Herr Friedrich vor den Toren der neuen Stadt neue Lusthäuser in neuangelegten Gärten zuwies. Vittoria ist der ganze Stolz des Herrn Friedrich. Und Vittoria brennt. Ein Scheinausfall der Parmenser lockt die staufische Besatzung aus Vittoria heraus, weit ins Land. Und Herr Friedrich weilt auf der Jagd. War Vittoria nicht sicher hinter den neuen Mauern? Aber die Sicherheit wird leicht zur Mutter des Schadens. Andere Parmenser, Männer, Weiber, Kinder, brechen ins entblößte Vittoria ein und machen die Stadt zu ihrem Freudenfeuer. Anderthalbtausend Kaiserliche in ihrem Blut, zweimal so viele gefangen. Thaddäus von Suessa, Herrn Friedrichs Großhofrichter und Sachwalter vor dem Papststuhl in Lyon, erschlagen, die Staatskanzlei verwüstet, der Staatsschatz geraubt, die Mädchen, die Tiere getötet oder zerstreut, Herrn Friedrichs Zepter und sein sizilisches Königssiegel verloren, seine Prunkkrone von einem stadtbekannten zwergwüchsigen Menschen namens Cortopasso unter dem Gelächter des Pöbels davongeschleppt. Und mein Buch? fragt Herr Friedrich tonlos den Boten. Darauf gibt es keine Antwort. Was wiegt ein Buch und was eine Krone? Manfred nimmt mir den Sakerfalken vom Leib. Viel Kostbareres hat Herr Friedrich nun nicht mehr. Er ist als einziger tief in Gedanken. Er schaut mir dabei zu, wie ich aus offener Brust in die Erde blute. Er sagt in mein Erwachen hinein dunkel:

Nie zuvor kam ich meinem Herzen so nahe.

Unter tausend Sätzen nur dieser eine, der gewiß ist und zum Niederschreiben taugt. Sonst nur Bilder. Ihre Ideen und Gestalten, ihre Farben und Konturen sind so fließend, daß die Veränderung auch nur eines einzigen Wortes aus den tausend Sätzen, mit denen ich die Bilder wie mit Rahmen und Firnis zu fixieren versuchte, eines einzigen Wortes, das Atom ist und nicht nur Chiffre zur Benennung des leeren Raumes zwischen den Wortatomen, daß also, sage ich, eine solche minimale Veränderung das ganze Bildgefüge bis hin zur Auflösung aller Bilder verändert. Nichts ist wirklich, und alles ist wahr. Und wahr ist auch das Umgekehrte: Nichts ist wahr, und alles ist wirklich. In dieser Umkehr der Gleichung stecken Wahrheit und Logik der Träume. Auch ihre Botschaft, die heißt: Ich werde sterben. Das ist nun, so allgemein gesagt, banal, so als sagte man, der Regen sei naß. Aber: *bald* – darin liegt die eigentliche Bedrohung. Ich entnehme diesen Zeitfaktor der Tatsache, daß ich im Traum mit mir und über mich durch Mund und Maul anderer rede, die mit Hand, Huf und Klaue ein Bild von mir in den rinnenden Sand meiner ablaufenden Uhr zu zeichnen versuchen. Und sie reden mit mir wie mit einem, nun, sagen wir: Abgelebten, denn dies Wort ist angenehm ungenau, sowohl was die Sache selber betrifft, den Tod, als auch den Zeitpunkt seines Eintritts. Es irrlichtert dies Wort auf der Grenze zwischen *gerade noch am Leben sein* und *gerade tot* und ist für beide Zustände zu verwenden. Den Zuversichtlichen, zu denen ich mich zähle, allen politischen und körperlichen Widrigkeiten zum Trotz, läßt es Hoffnung, weil es ihnen einen Rest von Leben läßt.

Albert von Lauingen (III)

Zurück aus den Rheinauen und wieder auf dem Badberg, wo wir uns getroffen hatten und nun auch trennen würden, begegneten Albert und ich bei einem letzten Blick auf die Besonderheiten der dortigen Flora einem seltsamen Tier, dessen Bild sich tief in meine Seele fraß und mir bis heute, fünfzehn Jahre danach, in meinen Träumen erscheint. Fingerlang und von einem bleichen Grün, hing es senkrecht, den Oberkörper leicht zurückgenommen, inmitten einer kniehohen Pflanze, die Albert ohne nachzudenken, seinem stupenden Wissen Zucker gebend, als eine Aster identifizierte, und auf den zweiten Blick als eine Aster aurea, also Goldaster, wie ich schlichter gesagt hätte, wäre mir die Pflanze bekannt gewesen. Seltsam wirkte dieses Tier, das seinen sechs Beinen zufolge ein Insekt sein mußte, insofern, als das vordere Beinpaar im Vergleich mit den vier heupferdartig dünnen und stark gewinkelten Hinterbeinen ungewöhnlich groß, muskulös und mit sägeblattgleichen Innenrändern versehen war und zudem noch in je einem mörderischen Haken endete, wie Piraten ihn zum Entern gekaperter Schiffe benutzen. Ohne jeden Zweifel handelte es sich bei diesen vorderen Extremitäten um mächtige und schnellkräftige Fangwerkzeuge, deren armgleiche Haltung vor dem Körper des Insekts diesem das Aussehen eines Betenden gab. Soweit sie von den Schultern abwärts wiesen, waren sie unseren zum Körper genommenen Oberarmen vergleichbar (wenn sie auch, weil es sich insgesamt um Beine handelte, in Wahrheit Hüftglieder waren, die außerhalb des Insektenleibs angeordnet sind, was zur Schnellkraft, zur Streck- und Beugefähigkeit und damit zur Reichweite entscheidend beiträgt, wie ich später sehen konnte). Die Oberschenkel, die, um im Bild eines Betenden zu bleiben, unseren

Unterarmen entsprachen, wiesen in die entgegengesetzte Richtung, nach oben, mit einem Winkel von ungefähr fünfundvierzig Grad zwischen, ich sage wieder vermenschlichend: Ober- und Unterarmen, in Wahrheit Hüftbein und Oberschenkel. Vom Ende des letzteren gingen die Schienbeine – mit rudimentären Fußgliedern daran – handgleich nach vorn, so daß sich tatsächlich aus dieser zueinander gewinkelten Anordnung der je drei Vorderextremitätenteile unabweisbar das Bild eines Betenden ergab. Dem mehrfach geringten langen und vollen Unterleib zwischen den angelegten Flügeln saß ein kurzer, schlanker Oberkörper auf und diesem ein kleiner, flacher Kopf, aus dem zwei unproportioniert große Augen starrten, ins Leere, wie mir schien. Vom Scheitel strebten dem Tier zwei dünne, nervös tastende Fühler nach oben. So glich es einem, der betend vor Gott steht und, wenn es die Fangarme bewegte, in Verzweiflung und Inbrunst die Hände ringt. Aber das sei, mischte Albert sich in meine Gedanken, eine blasphemische, wenn auch leider geläufige Fehldeutung der Gottesanbeterin, wie man dies Tier in Deutschland nenne. Die Haltung diene nicht dem göttlichen Wort – wie denn auch wohl! –, sondern heimtückischem Mord. Selbst unachtsame Vögel und Eidechsen fielen ihr zum Opfer – ein schreckliches Ende in schrecklichen Armen. Eine Gattenmörderin gar sei sie. Während sie das Männchen unten kopulieren lasse, fresse sie es vom Kopf her, den sie in ihren Armen halte, langsam auf. Müßte er, Albert, der Gottesanbeterin einen wissenschaftlichen Namen geben, höbe er indes mehr auf die Augen ab und würde das Wort *Mantis* wählen, in Anlehnung an Theokrit von Syrakus, ich kennte ihn wohl, der dieses Insekt in einem seiner bukolischen Gedichte *die im Rohr sitzende Seherin* genannt habe. Die Scholien dazu, worunter man, wie mir gewiß bekannt sei, Erklärungen schwieriger antiker Texte verstehe, hätten in ihr ein Wesen gesehen, das einem jeden, den sie aus ihren großen Augen anschaue, Schlimmes bringe.

Alberts wissenschaftliche und literarische Präpotenz fing an, mich zu irritieren. Es wurde Zeit, daß unsere Exkursion zu Ende kam. Auf den kirchlichen Status des Dominikaners zielend, sagte ich leicht ungehalten: Eher als um eine Seherin, an die ein Dichter ja glauben mag, scheint es sich bei der Gottesanbeterin um das nahezu perfekte Abbild der römischen Kirche zu handeln, unser beider Mutter. Albert, wie denn anders, bekreuzigte sich, jedoch sehr flüchtig, woraus ich schloß, daß er insgeheim mehr und Näheres erwartete. Ihm ist ja durchaus, wie man weiß, der Glaube eines und die Wissenschaft ein anderes, versucht er doch, Gott und die Unsterblichkeit der Seele unter Weglassung der Glaubensartikel allein mit der Philosophie zu beweisen. Wie nun der römische König und Kaiser Theologie und Naturwissenschaft in der Gestalt der Gottesanbeterin zusammenzubringen gedachte, das mußte ihn interessieren. Was mich betraf, so hatte ich meinen reichlich kühnen Vergleich eigentlich mehr aus spottlustigem Widerspruchsgeist denn aus reiflicher Überlegung geschöpft. Ich hatte bei Alberts kleinen intellektuellen Eitelkeiten plötzlich das Bedürfnis verspürt, ihm mit einem halbwegs geistreichen Wort in die geistigen Blähungen zu stechen. Nun aber, wo er die Begründung für die Gleichsetzung der römischen Kirche mit der Gottesanbeterin zu erwarten schien, intellektuelle Redlichkeit statt Witz, und ich anfing, darüber zu reden, noch während ich darüber genauer nachdachte, bekam die Sache unversehens Gewicht, und sie gefiel mir eigentlich recht gut, auch wenn sie, wie jeder Vergleich, ein wenig hinkte. Aber darin, daß sie nur wenig hinkte, lag ihre Statthaftigkeit. Ich sagte etwa dies:

Wenn man die römische Kirche als eine aus ihren Priestern gebildete *summa personae* begreift, und das liegt wohl nicht sehr weit neben der Wahrheit, dann ist die dergestalt als Person begriffene Kirche diesem Raubinsekt hier insofern vergleichbar, als die von ihr am meisten geübte, weil zur Erhaltung ihres Lebens am nötigsten gebrauchte Haltung die des Gebets ist, eine Haltung, deren Gestik der der Gottesanbeterin zur Verblüffung auch wenig phantasiebegabter Menschen täuschend ähnlich sieht. Jeder Priester an jedem Altar beweist es Stunde um Stunde, Tag für Tag, jahraus, jahrein. All dies begründet die erste Statthaftigkeit meines Vergleichs.

Die zweite folgt notwendig aus der ersten. Wie bei der Gottesanbeterin sind die vor der Brust gewinkelten Arme der in der Summe ihrer Priester personifizierten römischen Kirche ein Äußerliches, das entstanden ist aus der generationenlangen Einübung eines erfolgreichen Verhaltens. An Gebete, das heißt an eine Annäherung an Gott in tiefer Selbstversenkung, mögen dabei im Fall der heutigen Kirche Menschen glauben, die so arglos sind wie der Schmetterling dort vor unserem Raubinsekt. Und beide, Insekt wie Kirche, verdienen vollauf das Präfix *Raub*: an Blut interessiert das eine, auf Seelen aus die andere. Im Leib beider auch findet wundersamste stoffliche Verwandlung statt: Blut wird zu Eiern, Seelen werden zu Geld – die lebenden Seelen qua Kollekte und Ablaß, die toten, oder sagen wir, weil Du an eine Sterblichkeit der Seelen nicht glaubst: die dem gestorbenen Leib entwichenen qua Angst der Hinterbliebenen um deren Heil. Ja man kann die Analogie noch weiter treiben: So wie die Gottesanbeterin letztlich wenig mehr ist als die Summe der Eier in ihrem Leib, denn zu wenig anderem als zur Reproduktion der eigenen mörderischen Art ist sie auf der Welt, so ist unsere allerheiligste Mutter Kirche, wie sie heute nun einmal ist, wenig mehr als die Summe der, pardon, Pfaffen in ihrem fetten Leib, und zu nichts anderem mehr scheint sie zu taugen als zur Verewigung, nein, nicht der Seelen, sondern von Simonie und Sittenlosigkeit, Machtstreben und Geldgier. All dies begründet die zweite Statthaftigkeit meines Vergleichs.

Die dritte folgt aus der zweiten. So wie die Gottesanbeterin den Schmetterling greift, die Eidechse auch und sogar den unachtsamen Vogel (zu welchem Zweck sie die Gebetshaltung der Fangarme kurzfristig aufgibt und im Strecken der Glieder deren mörderische Zähne entblößt), so ergreift die römische Kirche Besitz von unserem Herrn, Jesus Christus. Er ist ihr Bräutigam und ihr Opfer zugleich, ist ihre Speise, ohne die ihr Leib der Auszehrung anheimfiele, bis ihn nichts mehr zusammenhielte als die bunten Hüllen der Priesterornate. So ziehen denn die wie in übergroßer Liebe nach unserem Herrn ausgestreckten Arme der Kirche dessen Leib an sich, und während sie mit Ihm immer neue Christen zeugt (denn wozu sonst wäre sie in der Welt?), Christen, deren Seelen ihr den Leib mästen helfen, frißt sie ihn, Oblate für Oblate, langsam auf und trinkt dazu sein Blut. Was wunder, wenn die Ketzerbrut der Katharer im Ernst nicht nur die Frage stellt, wie lange denn der Leib unseres Herrn bei solchem Beuteverhalten der Kirche noch vorhalten werde, sondern auch die andere, wahrlich blasphemische Frage, auf welchem Weg und in welcher Gestalt der gegessene Leib Jesu den der römischen Kirche und ihrer Menschen wieder verlassen werde, wohin und zu welchem Ende. All dies, schloß ich, begründet die dritte und letzte Statthaftigkeit meiner Gleichsetzung der römischen Kirche mit der Gottesanbeterin. Doch gebe es eines, das diese Gleichsetzung ganz und gar aufhebe: die Gottesanbeterin habe die Unschuld des sündenfreien Tiers für sich.

Es ist Papier genug beschmutzt. Ich werde nicht damit fortfahren, immer aufs neue, nach jedem Anfall von Dysenterie, die Symptome meiner elenden Magen- und Darmschwäche aufzuschreiben. Mit Ekel und Unruhe registriere ich bei mir einen inneren Zwang zur Beschäftigung mit den eigenen Exkrementen. Die Rückkehr der Infantilität ist die Ankunft der Senilität. Längst schon ist auch mein Gehirn infiziert. Die Gedanken, die auf meinen Gängen in die Würdelosigkeit immer dabei sind, bewahren noch lange Zeit danach, wie eine beschmutzte Hand, die Ausdünstungen der inneren Auflösung in Form einer dann mein Denken beherrschenden Beschäftigung mit Anamnese, Diagnose und Therapie meiner Krankheit. Es weichen solche Gedanken nur noch den Schreckensbildern meiner Fieberträume, und darum seien sie mir willkommen, sind sie doch wie saubere Reißzähne in einem stinkenden Maul! Diese Metapher kommt mir nicht von ungefähr in den Sinn; meine Träume sind von Tieren bevölkert. Im Karneval, den meine Delirien ihnen bereiten, tragen sie Verkleidungen und Masken, in denen ich mich zu erkennen glaube. Sie sprengen die Käfige und Gehege, die mein aristotelisch beeinflußtes Denken ihnen zwischen Pflanze und Mensch anwies, indem es ihnen eine nur dumpf fühlende Seele zubilligte, die von keiner Verstandestätigkeit erhellt ist. Und nun, freigesetzt durch mein Fieber, fliegen sie durch die verhangenen Himmel meiner Träume, klettern im Dickicht meiner Gedanken, schwimmen im Blut meiner Taten und wühlen sich in den Schlamm meiner Sünden. Tiere überall. Sie denken und sie reden, haben Erinnerung und sogar die Gabe der Prophetie – wahrhaftig, ich bin Zeuge des Sündenfalls der Tiere, ihres Abstiegs zum Menschen! Aber das muß ein Irrweg sein, denn niemals kann Schuld Unschuld zu anderem hinführen als zu Schuld. Der wilde Falke, der eine Taube ergreift, handelt nach seiner Natur. Der Beizfalke aber, den ich lehrte, einen Kranich zu schlagen, mordet. Indem ich ihn mir gegen seinen Willen angleiche, was heißt, daß ich meine Wünsche, die nicht die seinen sind, durch Dressur zu den seinen mache, präge ich meine Natur der seinen auf, ganz so, wie ich mein Bildnis dem Naturprodukt Gold aufpräge, wodurch es zu einer Münze mit festem Tauschwert wird, ein anderes jedenfalls, ein Künstliches. Schärfer gesagt: Ich entarte den Falken. Noch schärfer: Ich lasse ihn meine aufs Töten gerichteten Lüste begehen.

Lange Zeit sah ich darin eine Veredelung der primitiven Falkenseele, die Erhebung eines Niederen in den Stand eines Höheren, und darum hohe Kunst. So sagte ich es auch immer, weil ich lange mit Aristoteles glaubte, es seien die Tiere allein um des Menschen willen da und darum auch, so folgerte ich, für sein Vergnügen, das er in der Jagd auf sie findet. Heute, gegen Ende meines Lebens, zu spät für Folgerungen praktischer und literarischer Art, nagen Zweifel an mir. Möglich, daß dieser Mönch aus Assisi sie mir vor mehr als zwanzig Jahren eingab; jedenfalls wollen sie mir sagen, daß die Tiere Wesen sui generis seien, um ihrer selbst willen auf der Welt, zu keinem anderen Zweck, und daß alles, was wir mit ihnen anstellen, mißbräuchlich ist, gleichgültig, ob es aus Liebe zu ihnen geschieht, was sie bastardiert, weil es ihre bescheidenen Seelenkräfte auf den Menschen richtet statt auf das Ausleben ihrer eigenen Natur; ob es aus Gründen ihrer Verfolgung durch Jagd geschieht, was ihr Leben der Zufallsgnade einer unruhigen Jägerhand oder eines zaghaften Hundeherzens ausliefert und ihren Tod dem Zufallsdatum eines Jagdtages; oder ob es sich um die Nutzung ihres Fleisches handelt, was die Schlachttiere, solange sie leben, zu Gefäßen für die Frischhaltung menschlicher Nahrung degradiert.

Das ist nun zwar eine andere, philosophische Art der Deutung als die religiös-anthropomorphe, die dieser umbrische Heilige den Tieren gab, aber doch auch keine ganz und gar andere. Wir beide, er und ich, nahmen die Tiere, einfach gesagt, für voll. Bei ihm wurde daraus: das brüderliche Tier; bei mir: das autonome. In einem meiner Träume letzthin sah und hörte ich ihn den Tieren auf dem Feld das Evangelium predigen – mit Gewinn, denn Ochs und Esel verstanden nun die Bergpredigt, obwohl sie ihnen eigentlich nicht gegolten hatte. Wölfe zogen die Lefzen herab, über die Reißzähne, deren Gebrauch sie abschworen. Schafe blökten ihre neue Liebe zum himmlischen Hirten in die Welt hinaus, und beide, Wölfe wie Schafe, versprachen dem Heiligen, die Vision des Propheten Jesaja von einem Zukunftsreich wahrzumachen, in welchem sie beide einträchtig zusammenleben würden. Elstern und Raben bereuten unter demütigen Verneigungen gegen Franziskus, die begleitet waren von einem affirmativen Schwanzwippen, ihr Stehlen. Füchse beichteten ihm mit schiefem Lächeln ihre Verschlagenheit. Hunde schämten sich jaulend ihrer Lust am Wälzen in Aas. Katzen zeigten sich geniert ob ihres peinlichen Brunstgeschreis. Spatzen klagten sich der Geilheit an und Kuckucksweiber der seelischen Abtreibung. Die Schweine versprachen ein Sonntagsbad, und die Lerchen in der Luft jubelten zu alledem ein Halleluja. Nur eine Schlange kroch schweigend davon. Sie tat es hocherhobenen Hauptes, die Giftzähne unter leisem Zischen entblößt, die gespaltene Zunge sichernd vor dem Maul, die Augen voll von böse glitzerndem Gold. In jenem Augenblick der Wahrheit hörte ich die Stimme Gottes: *Nur um dieser einen Aufrechten willen, die der um sich greifenden Vermenschlichung der Tiere widersteht und allein ihrem Schöpfungsauftrag lebt, will ich die andern verschonen! Geh zu den Menschen, wenn Du predigen willst,* redete die Stimme den Mönch an, *gehst Du zu den Tieren, dann schaue und denke …*

Drittes Jagdstück: Der Adler

Die Stimme ist nahe an meinem Ohr, denn ich fliege in sehr großer Höhe. Von der Erde aus gesehen bin ich der Punkt hinter Gottes Dictum über die Tiere. Schlaglos ruhen meine Flügel mit ihren Handschwingen auf den Rändern meines Franziskus-Traums und denen eines ihm benachbarten neuen, in welchem ich Herrn Friedrichs staufischer Adler bin, sein Auftrag und sein Gewissen. Herr Friedrich liegt tief unter mir rücklings auf dem Imperium. Er wirft sich in schlimmen Schmerzen. Seine Füße mit den goldenen Sporen an den rehbestickten Stiefeln traktieren Worms. Seine Unterschenkel im Beinkleid aus byzantinischer Seide beschweren Bayern und Burgund. Unter seinen angehobenen Knien ziehen sich die Alpen hindurch und schicken Eiseskälte in sein Blut. Die von tausend langen Ritten gestählten Oberschenkel unter einem Rock aus der seidigen Wolle tarentinischer Schafe pressen das lombardische Reichsitalien, Mailand und Parma vor allem, denen Herr Friedrich nachsagt, sie zögen die Üppigkeit einer ungebundenen Freiheit der Ruhe von Frieden und Gerechtigkeit vor. Sein Gesäß lastet auf der von ihm abgefallenen Stadt Viterbo, zu deren Zerstörung, so hat er rachsüchtig geschworen, er sogar einen schon ins Paradies gesetzten Fuß noch einmal zurückziehen würde. Sein Kreuz überwölbt drohend das Patrimonium Petri; könnte er, er machte Rom zu seiner Kloake. Die Schultern hat Herr Friedrich zwischen die ihm freundlich gesinnten Städte Andria am Adriatischen und Salerno am Tyrrhenischen Meer gebettet, sein Haupt auf das waldige Kissen seiner geliebten Provinz Basilicata. Im unruhigen Werfen des Kopfes, wobei ihm der Kronreif mit dem Adlerbild, das ihn zum Ersten unter den Königen machte, abfiel und in die Straße von Messina rollte, wo er versank, gehen Herrn Friedrichs Blicke sorgenvoll zwischen seinen beiden Sizilien, der Insel und den Festlandprovinzen, hin und her: Was soll ohne ihn aus dem mütterlichen Erbe werden? Herr Friedrich leidet auch sonst Schmerzen. In seinem Fleisch stecken viele Pfähle, die ihn an die Erde spießen. An manchen, beileibe nicht an allen, ist ein Fetzen Papier angeheftet, auf dem jeweils ein Name steht, wie man es vom Kreuz Christi her kennt. So trägt der Pfahl, der Herrn Friedrichs Füße bei Worms an die Erde nagelt, den Namen seines ältesten Sohnes, des siebenten Heinrich, der König in Deutschland war. Im rechten Oberschenkel stecken Herrn Friedrich gleich dreihundert Pfähle. Sie tragen die Namen ebenso vieler Mantuaner und Ferraresen, die dem von den Kaiserlichen belagerten Parma mit Lebensmitteln zu Hilfe kommen wollten, aber ergriffen und auf einen Streich gehängt wurden. Im linken Oberschenkel stecken noch einmal dreihundert Pfähle, es können auch mehr sein. Sie erinnern an die mailändischen Patarener und die allgemeinlombardischen Comnistos und Communellos, die unter Herrn Friedrichs Ketzergesetzen, mit denen er (sic!) als erster Kaiser das Reichsschwert der Inquisition dienstbar machte, ins Feuer mußten, obwohl sie auf zivile Bürgermündigkeit aus waren, auf mehr Stadtfreiheiten, nicht auf einen anderen Gott als den, welchen auch Herr Friedrich hat, wenn er einen hat – wer kann das wissen? Herr Friedrich setzt ein Verbrechen gegen seine Majestät einem Verbrechen gegen Gott gleich, nicht weil er sich wirklich für Gott hielte, sondern weil er den und dessen ersten Vikar, den Herrn Papst, zur Festigung des Staates durch Abwendung der Menschen vom irdischen Jammertal hin zu einem postmortalen Paradies eben braucht. Aber selbst der große Pisaner Mathematiker Lionardo Fibonacci, den Herr Friedrich über die Maßen schätzt, kann eine Gleichung nicht lösen, in der man mit zwei bekannten Größen, nämlich Kaiser und Papst, eine dritte, unbekannte suchen muß, nämlich Gott, von der den Menschen alles Heil kommen soll: Herr Friedrich hat nichts gegen den Papst. Er will nur einen andern. Herr Innocenz hat nichts gegen den Kaiser. Er will nur einen andern. Beide haben sie nichts gegen Gott. Sie wollen nur jeweils einen andern, einen päpstlich gesinnten der Herr Papst, einen kaiserlich gesinnten der Herr Kaiser. Darum sagen manche, es seien nicht die Katharer und die Patarener, nicht die Comnistos und die Communellos die wahren Ketzer, sondern der Kaiser und der Papst. Im Bauch des Herrn Friedrich tief unter mir stecken die Pfähle derjenigen unter den Kirchenfürsten, spanischen zumeist, die er 1241 auf dem Tyrrhenischen Meer, bei der Insel Giglio, während die Prälaten per Schiff nach Rom unterwegs waren – zu einem Konzil, von dem Herr Friedrich erfahren hatte, daß es ihn schmähen sollte –, gefangennehmen und in seinen sizilischen Kerkern umkommen ließ. Nah bei seinem Herzen ist ein Pfahl eingestochen, der ihm besonders schlimme Qualen bereitet. Auf dem Papier daran liest man: Petrus de Vinea, einst Kanzler des Reiches, Feder, Mund und Freund des Kaisers. Die Brust schließlich ist Herrn Friedrich durchbohrt von den Pfählen, die für die mit den vier Elementen aus den vier Elementen verstoßenen Anführer der 46er Beamtenverschwörung gegen sein Leben stehen. Auf der Erde zu Tode geschleift, in der Luft erhängt, im Feuer verbrannt oder im Wasser ertränkt wurden Tibald Franziskus, Pandulf von Fasanella, Jakob von Morra und viele andere, denn Herr Friedrich verfolgt Verräter bis ins zweite und dritte Glied ihrer Sippen. – So liegt er nun da, er, den viele, die ihm einst anhingen, nun einen *rex tyrannus* nennen. Um sich eine letzte Freude zu machen, befiehlt er den Kustoden seiner über ganz Apulien verstreuten Jagdkastelle, ihm alle seine Falken, Habichte und Bussarde zu schicken, die sie in Verwahrung und Ausbildung haben. Das geschieht, denn alle Menschen und Tiere können Herrn Friedrich hören. Ein Brausen von Flügelschlägen und ein Sausen von Schwungfedern erfüllt die Luft; eine dunkle lebende Wolke aus Raubvogelleibern schiebt sich zwischen mich hier oben und Herrn Friedrich dort unten. Sie deckt ihn von Foggia in Apulien bis nach Grosseto in Tuszien. In der Lombardei und in Deutschland hält er keine Beizvögel. Als das Brausen verebbt und die Wolke sich lichtet, sieht man auf jedem einen Namen tragenden Pfahl einen Greifvögel sitzen. In großer Erregung, wie sie Beizvögel unmittelbar vor der Jagd befällt, treten sie auf dem Kopfholz der Pfähle von einem Fuß auf den andern. Das bringt die kleinen silbernen Glocken zum Klingen, die Herr Friedrich seinen Vögeln nach orientalischem Brauch an das lederne Geschüh nähen läßt, damit seine Falkner einen Beizvogel, der sich während der Jagd verstoßen hat, leichter wiederfinden. Nun klingt es von den Füßen der Vögel geradeso, als zeigten tausend Sterbeglocken zwischen Foggia im Süden und Grosseto im Nordwesten Italiens mit dünnen Stimmen den Tod des Herrn Friedrich an. Angestrengt und unter Schiefhalten des Kopfes starren die Greife von ihren Pfahlsitzen auf den Leib ihres Herrn hinunter. Kein Zweifel, sie warten auf das Austreten seiner Seele, damit sie diese, wenn sie gen Himmel fliegt, sich zur Beute machen können. Aber Herr Friedrich stirbt, ohne daß eine Seele vorher oder nachher aus ihm ausgetreten wäre. Als er tot ist, erkennen die Vögel ihn nicht mehr und nehmen, statt einer Seele, seinen Leib zur Beute. Von ihren Sitzen stürzen sie hinunter auf die sein Kleid durchblutenden Wundränder am Eintritt der Pfähle in Schenkel, Bauch und Brust und holen sich auf dem kaiserlichen, seelenlosen Aas einen vollen Kropf.

Da erscheint Manfred, Herrn Friedrichs Lieblingssohn aus der piemontesischen Markgräfin Bianca Lancia, seiner vierten Frau. Manfred lockt den staufischen Adler aus dem Äther, indem er ihm einen Vorlaßhasen zeigt. Der Adler folgt sogleich, und das Sausen seines Sturzflugs und der breite Schatten seiner Flügel jagen die Leichenfledderer auf und zerstreuen sie in alle Winde. Über italischem Boden stehend, die Flügel besitzergreifend gespreizt, hält der mächtige staufische Adler einen leeren, stinkenden Hasenbalg in seinen Händen. Manfred beweint seinen Vater und dessen Adler.

Im Zeichen des Krebses

Die Tränen des Sohnes an meinem Krankenlager kühlten mein Gesicht und meine Hände so sehr, daß ich davon erwachte. Das zeigt eine kleine Besserung meines Befindens an. Aber ich mache mir nichts vor, zu sehr gleichen meine Träume dem Krebs, der unter Innehalten seines blinden Ganges witternd seine das Maul bedienenden mächtigen Scheren hebt, um dann weiterzuschreiten, nach rückwärts, wie es die Art des Krebses ist, in ein jüngeres, noch lebendes Milieu, denn aus dem älteren, hinfälligen kommt er ja und ließ dort nichts heil. Ich spie aus Mund und Anus und wußte nicht mehr, was größer in mir war, der Ekel oder die Angst. Um meines nahen Endes gewiß zu sein, bedurfte es nicht mehr der von Manfred erbetenen Auskunft, man habe mich nach einem Ohnmachtsanfall während eines Ausritts in das Kastell Fiorentino gebracht, das ich noch nie betreten hatte, obwohl es von Lucera, meiner oft besuchten Sarazenenstadt, keine sieben Meilen entfernt liegt. Ein kleines inwendiges Lächeln hellte meinen schlimmen Seelenzustand ein wenig auf, als mir im Zusammenhang mit dieser Auskunft M. Scotus einfiel, Gott gebe ihm Frieden! Früh schon hatte er mich davor gewarnt, an Orte zu gehen, die ihren Namen vom Wort Blume herleiteten, denn *sub flore* würde ich sterben. Es hat also, dachte ich, nichts genützt, daß ich unter Verbergen des Grundes vor mir und anderen Florenz in Tuszien und Fiorentino in Campanien zeitlebens mied. Der Zufall ist die Milch der Astrologie, mit der sie ihre Bastarde aus Lüge und Wahrheit großzieht. Nun wurde mir diese Milch im fieberheißen Mund sauer.

Ich gab Anweisung, die Großen des Hofes aus Lucera herbeizurufen, an erster Stelle den greisen Erzbischof von Palermo, Berard, der schon ein Wegweiser meiner Kindheit und meiner Jugend gewesen war; nun sollte er mir helfen, auch mit dem Tod und, wenn möglich, mit dem Glauben ins reine zu kommen. Meinen Arzt, Johann von Procida, ließ ich nur zum Bezeugen meiner geistigen Gesundheit holen, denn ich wollte mein Testament machen.

Dann bat ich Manfred, mir diese privaten Papiere zu bringen, die ich in einer verschließbaren Kassette stets im Troß mitführe, zusammen mit den Abschriften meines mit Hilfe Manfreds verfaßten Falkenbuches. Auch Schreibzeug erbat ich, und etwas Papier, denn viel davon würde ich nun nicht mehr nötig haben. Während Manfred das Erbetene holen ging, überdachte ich noch einmal meinen Entschluß, ihn zum Reichsverweser in Italien zu ernennen, zum *Balius in Italia* für den Haupterben, meinen Sohn Konrad aus meiner zweiten Frau, Isabella von Jerusalem. Als vierter seines Namens führt er derzeit auf dem deutschen Königsthron die den Norden betreffenden Reichsgeschäfte. Ich verhehle mir nicht, daß des Italieners Manfred liebenswürdiges Wesen weit besser für die schwierigen italischen Dinge geeignet wäre als das an herrischer deutscher Art geschulte Wesen Konrads, aber ich kann das Reich nicht teilen.

Nachdem ich unter Anstrengung des Geistes aufgeschrieben habe, was auf diesen letzten Seiten steht, will ich die Zeit bis zur Ankunft der Hofleute für die Einleitung meines Testaments nutzen. Ich denke, ich beginne so:

Im Namen des ewigen Gottes und unseres Heilandes Jesus Christus. Im Jahr seiner Fleischwerdung 1250, am Sonnabend, dem 10. Dezember.

Des Urvaters Adam unvorsichtige Übertretung hat den Späteren so das Gesetz ihrer Lage auferlegt, daß weder die zur Strafe erfolgte Sintflut, noch die ebenso berühmte wie heilsame Flut der Taufe den Unbändigen dies Gesetz abnehmen konnte, weshalb den Sterblichen die in Strafe ersäufte Schuld ihrer Übertretung gleichsam wie eine Narbe von der Wunde bleibt. Daher haben Wir, Friedrich II., durch die Gnade göttlicher Güte Kaiser der Römer und allzeit Augustus, König von Jerusalem und Sizilien, eingedenk der erwähnten menschlichen Lage, die immer von der angeborenen Gebrechlichkeit begleitet wird, und während Uns das Ende des Lebens droht, Sorge getragen, daß Wir, solange Wir kräftig und bei Unversehrtheit der Sprache und des Gedächtnisses sind, krank zwar am Körper, aber geistig gesund, zum einen Unser Seelenheil bedenken, zum andern hinsichtlich des Imperiums und Unserer Königreiche verfügen, damit Wir, wiewohl den menschlichen Dingen entrückt, zu leben scheinen …

Die Gottesanbeterin

Am Lucientag des Jahres 1250, dem 13. Dezember, zu Fiorentino in der Capitanata. Die Dinge des Reiches sind nun geordnet; in diese Papiere gehört das aber nicht. Hierher gehört nur meine geheime Sorge, daß nicht Bestand haben könnte, was ich mit letztem Willen politisch zu formen versuchte und mit meinem Handzeichen, einem heiligen Kreuz, versah. Eher könnte, fürchte ich, das Papier überdauern, auf dem mein letzter Wille festgehalten ist. Man nennt mich *stupor mundi et immutator mirabilis,* das Staunen der Welt und ihren wunderbaren Verwandler. Wenn ich auch – und wer wüßte es nicht besser als ich! – weit weniger bin als das, so bin ich doch mehr als selbst die Summe aus den politischen und seelischen Potenzen meiner Söhne. Wie sollen sie da einen Druck aushalten, dem ich, wiewohl nach außen politisch ungebrochen scheinend, in meinem Innern erlag! Dieser Druck geht primär nicht vom Papst aus, nicht von den Lombarden und nicht von den deutschen Fürsten. Für sich genommen sind sie alle nichts anderes als ihrer Zusammenpressung widerstrebende politische Atome in einem Druckgebilde, das der wahre und einzige unbezwingbare Gegner des römisch-deutschen Kaisers ist: die *Renovatio Imperii Romanorum*, der Versuch, Geschichte zu wiederholen, das Imperium der Römer unter dem Zeichen des Kreuzes zu erneuern. Ich erlag einzig dem Druck meines Willens, aus Vergangenheit Zukunft zu formen, denn beides war ich in einem. Meine Söhne sind nur Gegenwart, visionär kurzsichtig nach vorn wie nach hinten. Aber Visionen sind nicht vererbbar, und daß ich meine Söhne liebte, wird ihnen wenig mehr als Haß eintragen.

Wie müde ich bin! Ich erkenne das daran, daß mein Geist sich im Bedenken von Banalitäten erschöpft: der über einem heißen Teebecher aufsteigende Dampf, die vierfach gestufte Innenkante der Fensterlaibung, die Holzkugeln auf den fußwärtigen Pfosten meines Bettes, der schnittbedürftige Docht der Öllampe auf dem Tisch, der abgestoßene Rand der Kotpfanne unter ihm, das Muster der Steine im zu dünn geratenen Verputz der Wand, das mehlige Spinnennetz unter der Decke, die tanzenden Staubflocken in einem Sonnenstrahl, der Fliegenschmutz auf der Fensterscheibe. Dergleichen machte mir bislang, wenn ich es überhaupt bemerkte, nie Gedanken. Nun schreibe ich sie gar auf! Hat die Senilität auch den Kopf erreicht?

Aber das Aufschreiben von Gedanken hat nun so oder so ein Ende. Mit Ausnahme dieser letzten Zeilen, an denen ich, bemüht um einen dem Gesamtwerk angemessenen Schluß, noch arbeiten muß, übergab ich heute früh alles an Berard und bat ihn, das Gesamtmanuskript an Stelle einer Ohrenbeichte als der Voraussetzung für die Lossprechung von meinen Sünden gnädig anzunehmen. Berard hielt das dickleibige Bündel Papiere unschlüssig in seinen Greisenhänden; ratlos blickte er zwischen mir und dem Konvolut hin und her. Schließlich begann er zu blättern und schien auch zu lesen, mal hier, mal dort, mal vorn, mal hinten, so daß er am Ende wohl gar nicht las. Dabei hatte ich gehofft, es werde die Verwirklichung meiner schon lange gehegten Absicht, in der Stunde des Todes vor Berards Augen zu beichten statt an seinem Ohr, nicht nur meiner seelischen Erleichterung dienen, sondern auch diesen Papieren endlich ihren oft vermißten Sinn geben, werde ihre Rechtfertigung vor meinem Amt sein und mein Lohn vor Gott. Ich stürzte in tiefe Verzweiflung, als ich sah, wie Berards altersschwache Augen sich auch noch mit Tränen füllten, so daß von meiner schriftlichen Generalbeichte wohl rein gar nichts in ihn einging, von dem er mich hätte lossprechen können. Aber dann vollzog Berard doch die Sterberiten der Kirche an mir, nachdem er mir Absolution und Segen erteilt hatte. Er tat es ungeachtet des päpstlichen Bannfluchs, der seit vielen Jahren auf mir lastete und dem er als mein Familiar, der nie aufgehört hatte, sich entgegen dem Gebot der Kirche meines Seelenheils anzunehmen, ebenso verfallen war wie ich, auch wenn ich ihn in diesem Hirtenamt zeitlebens nicht sehr in Anspruch genommen hatte. Dies ließ mich während seiner monotonen Gebete leise zweifeln, ob sie wirksam sein würden vor dem Angesicht Gottes.

(Angesicht Gottes? Beginne ich, an einen personalen Gott zu glauben, oder ist dies nur eine Sprachfigur ohne Verbindlichkeit im Glauben, in den ich, fürchte ich, trotz der Bemühungen Berards nur insoweit hineinfinden kann, als ich neue Zweifel hege an meinen einen personalen Gott betreffenden alten.)

Berard erriet meine Befürchtungen hinsichtlich seiner kirchlichen *auctoritas*. Während er ein letztes Mal über mir das Zeichen des Kreuzes machte, sagte er: Fürchte nichts für Dein Seelenheil, mein Sohn! Die Gebete eines christlich sterbenden Kaisers und seines hilfreichen Bischofs wiegen schwerer auf Gottes Waage als die haßerfüllten Flüche eines Papstes. So schieden wir für immer, traurig, aber jeder mit einem Lächeln der Liebe, die uns zeitlebens verbunden hatte. Occursius, der Diener, trat, nachdem der Erzbischof gegangen war, aus der Zimmerecke hervor, in der er sich für die Nöte meines Leibes bereithielt. Er kam an mein Bett und fingerte nach Art einer Mutter ordnend an der Zisterzienserkutte herum, in die ich mich von ihm vor Berards Besuch hatte hüllen lassen: Das sehr aufs Praktische, auf Naturnähe auch und auf die Baukunst gerichtete Interesse der Zisterzienser, deren Orden ich seit 1215 als Laienbruder angehöre, hatte mich dieses auf den ersten Blick an mir gewiß absonderlich wirkende Sterbehabit wählen lassen; vor allem aber, weil es zum Zeremoniell der Kaiser von Byzanz gehörte, im Mönchsgewand zu sterben. Nachdem Occursius auch noch die zu den Ellbogen hinabgerutschten weiten Ärmel der grauen Kutte wieder hinaufgeschoben hatte, zu meinen Händen, die noch immer in Gebetshaltung verharrten, ging auch er, damit ich etwas schlafe.

Unter der Tür, das nahm ich noch wahr und schreibe es als letztes auf, begegnete ihm Johann von Procida, mein Arzt. Nach seiner Gewohnheit hatte er mich besuchen wollen, aber Occursius, der wußte, daß ich mich aufgegeben hatte, zog ihn mit sich fort. Es gab nichts mehr zu heilen. Im Abgang der beiden hörte ich den Arzt sagen, er habe am frühen Morgen, als er seine Tränen ins Freie trug und dann um das Kastell herum nach Heilkräutern für mich suchte, in einem spät blühenden Salbeistock eine mächtige Gottesanbeterin gesehen. Und nun, da er mich, den Herrn Friedrich, habe liegen sehen, erschrecke es ihn zutiefst, wie sehr ich mit den ins Nichts starrenden großen Augen, dem schlicht einfarbigen Kleid und den im Gebet vor der Brust gehaltenen Armen und Händen diesem Raubinsekt gliche. Gott verzeih mir! sagte er im Verhallen seiner Schritte mit einer Stimme, in der Entsetzen herrschte. Mir fiel Albert von Lauingen und seine angesichts einer großen Gottesanbeterin zu mir gemachte Bemerkung ein, welch eine blasphemische Fehldeutung dieser in Wahrheit mörderischen Fangarme doch der Namengebung zugrunde liege.

An meinem Fenster zum Kastellhof vorbei tragen sie die langen, gelben Wachskerzen ins Haus. Unter einem starken Zittern der Schreibhand, von dem ich mir einrede, es rühre von der langen Anstrengung der Muskeln im Gebet her, setze ich dies an den Fuß der letzten Seite:

Finis Friderici II

Stimmen zu Friedrich II.

Wahrhaftig, ihn verehren Land und Meer, ihm jubeln laut die Lüfte zu; denn er, der der Welt als wahrer Kaiser von der göttlichen Macht beschieden wurde, lenkt als Freund des Friedens, als Schützer der Liebe, als Begründer des Rechts, als Hüter der Gerechtigkeit und Sohn der Geduld die Welt mit unendlicher Weisheit. Er ist es, von dem die Worte Ezechiels verkünden: ein großer Adler mit gewaltigen Fittichen, mit starken Schwingen, voll von Federn und von vielfacher Buntheit.

Petrus von Vinea, Protonotar und Logothet Friedrichs II. (um 1239)

Jener Friedrich aber war ein unheilvoller und verworfener Mensch, Schismatiker, Ketzer und Epikureer, der die ganze Welt verdarb, indem er in die Städte Italiens den Samen des Zwistes und der Uneinigkeit säte, die bis zum heutigen Tag dauert ...

Salimbene von Parma (1221–1287), Minorit und Zeitgenosse Friedrichs II.

Der Kaiser war rotblond, bartlos und kurzsichtig. Wenn er ein Sklave gewesen wäre, hätte man keine 200 Dirham für ihn gegeben. Aus seinen Reden entnahm man, daß er Materialist war und mit dem Christentum nur ein Spiel trieb.

Ibn al-Giawzi, arabischer Chronist, während Friedrichs II. Aufenthalt im Heiligen Land (1228/1229)

Der Kaiser war wohlgebaut und stattlich von Person, von ebenmäßiger Gestalt und kräftigen Gliedmaßen; sein Haar war ein wenig rötlich, sein Antlitz heiter. Er besaß einen ganz außergewöhnlichen natürlichen Verstand und war klüger als alle Menschen, erfahren in allen mechanischen Künsten, denen er zuweilen seine Erfindungskraft zuwandte. Gelehrt in den Wissenschaften, beherrschte er viele Sprachen, so daß er Italienisch, Lateinisch und Sizilianisch sprach, sowie Deutsch, Französisch, Griechisch und Arabisch. Er war prachtliebend, freigebig und hochherzig, äußerst großzügig gegenüber seinen Getreuen, unerbittlich streng im Bestrafen von Treulosigkeit ... Er war gewaltig im Felde und unüberwindlichen Mutes. Was ihm aber als großer und einziger Fehler angerechnet wurde: Er war ein allzu großer Liebhaber der Frauen und hatte viele Konkubinen, und er führte stets eine Schar der schönsten jungen Frauen mit sich. Und über jedes Maß ergötzte er sich an den Falken.

Pandolfo Collenuccio (1444–1504) in «Kompendium der Geschichte des Königreichs Neapel»

So sagt man von dem Herrn Friedrich, der sehr erpicht auf den Besitz von Büchern war, daß er, wenn er sich ihnen nicht zu irgendeiner Tagesstunde widmen konnte, während des Essens seinen Philosophen bei sich haben wollte, von dem er dann über jene Bücher allerlei fragte und hörte.

Humbert von Romans, Dominikanergeneral, in «Opus tripartitum» (um 1240)

Er war keineswegs ein Philosoph in einem Zeitalter von Mönchen. Er war ein Weltmann im Zeitalter des Mönches Thomas von Aquin und hat in die Philosophie hineingepfuscht. Er war zweifellos ein kluger und sogar schillernder Geist, doch wenn er irgendwelche Notizen über die Natur des Seins und des Werdens oder über andere philosophische Probleme hinterlassen hätte, so kann ich mir nicht vorstellen, daß diese Notizen jetzt Oxforder Studenten oder Pariser Literaten aufregen würden.

G. K. Chesterton in «Thomas von Aquin» (1956)

Friedrich II. war des Mittelalters letzter wirklicher Heros. Er war mit allen Fehlern und Tugenden der vollständigste und genialste Mensch seines Jahrhunderts und der Repräsentant von dessen Kultur.

Ferdinand Gregorovius (1821–1891) in «Geschichte der Stadt Rom im Mittelalter»

Daß Friedrich den Lehren des Christentums ungläubig gegenüberstand, sollte nicht bezweifelt werden.

Hans Niese in «Zur Geschichte des geistigen Lebens am Hofe Kaiser Friedrichs II.» (1912)

Indessen lassen sich aus dem lebhaften Interesse Friedrichs II. an dem neuen Aristoteles und an der arabischen Philosophie keine sicheren Schlüsse auf eine antichristliche Weltanschauung ziehen.

Martin Grabmann in «Mittelalterliches Geistesleben» (1936)

Aufgewachsen unter Verrat und Gefahr in der Nähe von Sarazenen, hatte er sich frühe gewöhnt an eine völlig objektive Beurteilung und Behandlung der Dinge, der erste moderne Mensch auf dem Thron.

Jacob Burckhardt in «Kultur der Renaissance» (1859)

Von des Kaisers unvergleichlicher Beobachtungsgabe zeugt das lange Kapitel über den Vogelflug: De manieribus volatuum in avibus [in Friedrichs II. Buch «Über die Kunst, mit Vögeln zu jagen»]. Soviel auch seit dem 18. Jahrhundert über diesen Gegenstand geschrieben worden ist – unter den unmittelbar beobachtenden Ornithologen hat erst Konrad Lorenz durch Vielseitigkeit der Erfahrungen und Schärfe der Deutungen den großen Staufer überboten.

Erwin Stresemann in «Die Entwicklung der Ornithologie» (1951)

Nun aber taucht mit Kaiser Friedrich II. und seinem unteritalischen Reich der moderne, zentralisierte Gewaltstaat auf, beruhend auf normannischer Tyrannenpraxis und mohammedanischen Vorbildern, mit furchtbarer Herrschaft auch über die Kultur ... Hier mischt sich der Staat in alle Privatverhältnisse ... Dazu kommen ein genaues Katasterwesen, geheime Polizei, Zwangsanleihen, Erpressungen, Verbot der Ehe mit Fremden ohne spezielle Erlaubnis ... Das große Generalverbrechen aber ist die kulturwidrige Absperrung Unteritaliens vom Abendland. Man möge nur keine liberalen Sympathien mit diesem großen Hohenstaufer haben!

Jacob Burckhardt in «Weltgeschichtliche Betrachtungen»

Der erste Europäer nach meinem Geschmack.

Friedrich Nietzsche (1844–1900) über Friedrich II.

Es gelang Friedrich nie, die Stadt als selbständigen politischen, sozialen, wirtschaftlichen und geistigen Organismus zu erfassen; das heißt, es gelang ihm nie, die lebendigsten und mächtigsten historischen Kräfte seiner Zeit und der Zukunft zu begreifen und zu erkennen. Hier ist eine der schwerwiegendsten und seltsamsten Grenzen seines politischen Denkens, jenes klarsichtigen Vorausahnens der neuen Zeit, das ihm gewöhnlich zugeschrieben wird.

Ernesto Sestan, 1952 während eines internationalen Studienkongresses über Friedrich II.

Man kann Friedrich II. verehren, bewundern, vielleicht sogar lieben – man kann ihn hassen, ablehnen und verachten – es ändert nichts an seiner geschichtlichen Bedeutung, die ihn zu einem der geistigen Väter der Neuzeit, unserer Zeit, stempelt.

Klaus J. Heinisch in «Kaiser Friedrich II. – Sein Leben in zeitgenössischen Berichten» (1969)

Cäsar wollte er sein, Imperator des Römischen Reiches. Als Messias erschien er denen, die ihn göttlich verehrten, als Antichrist dem christlichen Abendland. Ich aber nenne den Zwiegesichtigen und das von ihm errichtete Reich ein exemplum tremendum, ein furchteinflößendes Beispiel, ein Muster des totalitären Staates.

Richard Seewald in «Stupor Mundi – 13 Allegorien zum Leben des Staufers Friedrich II.» (1974)

So wie der unbekannte islamische Chiron dem Knaben in der Königsburg von Palermo den Glauben und die Kultur enthüllte, die Jahrhunderte hindurch in Sizilien geherrscht hatten, so empfing ihn die alte Moschee-Kathedrale von Palermo am Ende seiner Tage, eingehüllt in wertvolle arabische Gewänder mit den eingewebten Titeln orientalischer Herrscher. Hier schläft seit über sieben Jahrhunderten der, welcher al-Imberatùr für die Araber des Ostens war, und dagegen as-Sultàn für viele Freunde und Feinde im Westen, wie man es in arabischen Buchstaben in das

Kleid eingewebt sieht, mit dem er ins Grab gelegt wurde. Ein echter Sultan war er durch seinen Prunk, seine Launen, seine despotische Grausamkeit und sein zügelloses Leben; aber auch wie ein al-Mamùn in Baghdad oder ein Abd ar-Rahmàn in Cordova durch seinen großartigen Wissensdurst, sein Mäzenatentum und seine nie ruhende Begierde nach Neuem. Es gibt keine Überwindung der romantischen Geschichtsschreibung, die dem letzten «Sturmwind aus Schwaben» diese Eigenschaften verweigern könnte, und diese genügten, wenn anderes nicht vorhanden wäre, um ihm unsere Bewunderung und Teilnahme zu sichern.

Francesco Gabrieli in «Federico II. e la cultura musulmana» anläßlich des 700. Todestages Friedrichs II. 1950

Der Größte Friedrich, wahren volkes sehnen
Zum Karlen- und Ottonen-plan im blick
Des Morgenlandes ungeheuren traum:
Weisheit der Kabbala und Römerwürde
Feste von Agrigent und Selinunt.

Stefan George in «Die Gräber in Speier» (1928)

Zu den ergreifendsten Ereignissen des letzten Krieges gehört das Erscheinen amerikanischer Soldaten an den Kaisergräbern von Palermo. Die gewaltige Verschiebung der Machtmitte nach Westen wurde offenbar. Träger der jenseits des Atlantik ruhenden Macht erreichten die Stelle, wo die höchsten Herrscher des Occidents begraben waren ... Die Blicke mußten sich auf Friedrich II. richten, der, vor noch nicht langer Zeit als glanzvoller Vollender der Kaisermacht gefeiert, mehr und mehr zur problematischen Gestalt geworden war.

Reinhold Schneider in «Deutsche Beiträge» (1950)

Der ungeheure Anspruch, der in Friedrichs Herrschaftsbegriff lebte und in seinen Erlassen zu propagandistisch überhöhtem Ausdruck gelangte, darf uns nicht irremachen an der Gewißheit, daß der Kaiser im Alltag seines Lebens einen Schritt vor den anderen setzte, aß und trank und viele Kinder zeugte.

Neue Zürcher Zeitung vom 18. 6. 1972

Friedrich II.
Zeittafel und Lebensabriß*

Juni 1190

Kaiser Friedrich I. Barbarossa aus dem schwäbischen Geschlecht der Staufer ertrinkt auf einem Kreuzzug zur Rückeroberung Jerusalems aus den Händen des Sultans Saladin im Fluß Salef in Kleinasien. Sein Sohn Heinrich (VI.), schon als Kind zum deutschen König gekrönt, tritt Barbarossas Nachfolge an. Er war 1186 in Mailand mit der um zehn Jahre älteren, zweiunddreißigjährigen Erbin des normannischen Königreichs Sizilien, Constance d'Hauteville, verheiratet worden.

Die politische Absicht Barbarossas hinter dieser Verbindung: die Befriedung der stets aufsässigen Normannen und die Einschnürung des Kirchenstaates durch Reichsitalien im Norden und Sizilien im Süden. Daraus resultiert schließlich eine ins Dämonische gesteigerte Verschärfung des seit langem andauernden Machtkampfes zwischen den römischen Päpsten und den deutschen Kaisern.

* In Anlehnung an E. Winkelmann: «Kaiser Friedrich II.», 1889; H. Niese, «Zur Geschichte des geistigen Lebens am Hofe Kaiser Friedrichs II.», 1912; E. Kantorowicz: «Kaiser Friedrich der Zweite», 1927; J. Lehmann: «Die Staufer», 1978; Bénoist-Méchin: «Frédéric de Hohenstaufen», 1980

November 1194

Heinrich VI. beginnt in Palermo seine Herrschaft über Sizilien. Am Weihnachtstag wird er in der Kathedrale zum König beider Sizilien gekrönt, einem Staatsgebilde, das aus der Insel und den süditalienischen Festlandprovinzen besteht. Von ihnen war im 11. Jahrhundert unter den Normannenführern Robert Guiskard, der sich «Herzog von Apulien» nannte, und König Roger I. die Unterwerfung der seit 827 arabischen Insel ausgegangen. Die Sieger nahmen alsbald Kultur und Lebensart der entmachteten Orientalen an.

26. Dezember 1194

Am Tage nach Kaiser Heinrichs VI. Krönung zum König von Sizilien gebiert seine Frau Konstanze, die Tochter des einstigen sizilischen Königs Roger II., in Jesi bei Ancona als Vierzigjährige einen Sohn. Diese ungewöhnlich späte Mutterschaft führt sofort zu Gerüchten, das Kind entstamme nicht dieser Ehe; Konstantin, wie Konstanze ihr Kind nennt, sei in Wahrheit der ihr untergeschobene Sohn eines Metzgers. Das Gerücht bleibt politisch folgenlos. Später erhält Konstanzes und Heinrichs Sohn die Namen seiner beiden Großväter: Roger Friedrich. Er ist der nachmalige Kaiser Friedrich II. In diesen Tagen wütet sein Vater, Heinrich VI., unter dem normannischen Adel mit einer Grausamkeit, die ihm die Verachtung der Geschichte eintragen wird. Weil er auch die Verwandten seiner Frau nicht verschont, wendet sich Konstanze innerlich von ihm ab. Heinrich besetzt die höchsten sizilischen Ämter mit Deutschen.

Dezember 1196

Heinrich VI., der für das Haus Staufen die Erbmonarchie anstrebt, läßt seinen kleinen Sohn Friedrich von den deutschen Fürsten zum König wählen.

September 1197

Heinrich VI. stirbt einunddreißigjährig in Messina, vermutlich an der Malaria. In Deutschland wird sein Bruder Philipp von einigen Fürsten zum König gewählt. Wenig später wählen andere den Sohn Heinrichs des Löwen als Otto IV. zum Gegenkönig. Philipp wird in Mainz gekrönt, Otto in Aachen.

November 1198

Die Witwe Heinrichs VI., Konstanze von Sizilien, stirbt. Wenige Monate vor ihrem Tod hat sie in Palermo ihren dreieinhalbjährigen Sohn Friedrich, der bis dahin in Foligno bei Assisi in der Obhut der Herzogin von Spoleto lebte, einer Hochadligen aus dem schwäbischen Haus Urslingen, zum König von Sizilien krönen lassen. Zu seinem Vormund bestellte sie Papst Innocenz III. und bestimmte diesen auch zum Lehensherrn über Sizilien. Sie haßte alles Deutsche, das sie von ihrem Sohn fernhalten wollte. Der Kindkönig Friedrich wird zum Spielball widerstreitender politischer Interessen: italienischer und deutscher, normannischer und sarazenischer und, natürlich, kirchlicher, die sich alle im chaotischen Machtvakuum nach dem Tod von Friedrichs Eltern befehden. Seine ungeregelte Erziehung obliegt einem christlichen Lateinlehrer und einem muslimischen Kadi. Die Staatsgeschäfte sind in der Hand eines Familiarenrates aus meist hohen kirchlichen Würdenträgern, die oft im Eigeninteresse handeln. Friedrich streunt jahrelang durch «seine» Hauptstadt und wird mal von dieser, mal von jener Familie aufgenommen, wie die Chroniken übereinstimmend berichten. Es wird von der Geschichtsschreibung gemutmaßt, daß in dieser «unbehausten» Kindheit Friedrichs dessen spätere Rücksichtslosigkeit bei der Durchsetzung seines Willens, seine sich oft in Verachtung äußernde Menschenkenntnis, seine wissenschaftlich getönte Neugier auf die materiellen Phänomene der Welt und auch sein Wortwitz, seine Verschlagenheit und sein Zynismus ihre Wurzeln haben.

März 1201

Innocenz III., ein asketischer, sinnenfeindlicher Machtmensch und politischer Kopf von hohen Graden, entscheidet sich in der Deutschlandfrage für den Welfen Otto IV. und verhängt über den Staufer Philipp den Kirchenbann. Bürgerkriegsähnliche Zustände spalten Deutschland. Walther von der Vogelweide beklagt die Zerrissenheit des Reiches in seinen Liedern und nimmt wortmächtig Partei. Lohnabhängig, wechselt er die Fronten von Philipp zu Otto und, später, wieder zurück zu den Staufern in der Person Friedrichs II.

1208

Philipp wird von einem Wittelsbacher Pfalzgrafen aus persönlichen Motiven ermordet, Otto IV. im Jahr darauf von Innocenz in Rom zum Kaiser gekrönt.

1209

Konstanzes Sohn Friedrich, nachmals Friedrich II., der seit dem 26. Dezember des Vorjahres, seinem vierzehnten Geburtstag, mündig ist, wird von Innocenz III. mit der 25 Jahre alten Witwe eines ungarischen Königs verheiratet. Sie heißt, wie seine Mutter, Konstanze und stammt aus dem spanischen Haus Aragon, das dem ehestiftenden Papst lehenspflichtig ist wie Sizilien auch. Friedrich schickt sich, zögernd genug, aus politischer Not in diese Ehe: Es sind ihm als Mitgift 500 spanische Ritter versprochen, die ihm helfen sollen, sein marodes Sizilien endlich in die Hand zu bekommen.

1210

Innocenz belegt Otto IV. mit dem Kirchenbann. Der Welfe hat sich nicht an sein Krönungsversprechen gehalten, die Hände von Sizilien zu lassen. Er war alsbald nach Süden gezogen, um Friedrich als einen Mitbewerber um Krone und Reich mattzusetzen. Daraufhin schlägt Innocenz den deutschen Fürsten Friedrich als König vor. Französische Interessen sind mit im Spiel: Der Welfe Otto ist traditionell auf seiten Englands, das mit Frankreich verfeindet ist. Später wird auch französisches Geld in Friedrichs leere Taschen fließen, damit er die deutschen Fürsten für sich einnehmen, man kann auch sagen: sie bestechen kann.

September 1211

Die deutschen Fürsten setzen Otto IV. ab und wählen, zum zweiten Mal, Friedrich zum römisch-deutschen König. Vier Monate später treffen ihre Gesandten in Palermo ein und offerieren ihm die Krone.

März 1212

Gegen sizilischen Rat, aber verlockt von den staufischen Weltmachtträumen seines Vaters und Großvaters, bricht Friedrich nach Deutschland auf. Abenteuerlicher holte sich nie ein König sein Reich: waffenlos, geldlos, siebzehn Jahre alt. Er hat mit Konstanze, die ihm ebenfalls von dem Unternehmen abrät, seit wenigen Monaten einen Sohn: Heinrich. Ihn läßt er, bevor er segelt, zum sizilischen König krönen und bestimmt seine Mutter zur Regentin. Auf der Durchreise in Rom leistet Friedrich dem mißtrauischen Papst Innocenz III. den Lehenseid für Sizilien und verspricht für den Fall seiner Kaiserkrönung den Verzicht auf das sizilische Südreich zugunsten seines Sohnes. Nichts davon wird er halten.

Sechs Monate später, im September 1212, pocht er nach gefahrvoller Durchquerung des traditionell deutschfeindlichen mailändischen Machtbereichs an die Tore von Konstanz, wo die Köche gerade dabei sind, die Tafel für Otto IV. zu decken, der, nur wenige Stunden entfernt, auf dem Anmarsch ist. Papstbriefe, die Ottos Bannung und Friedrichs Erwählung bestätigen, öffnen ihm die Stadt.

Das Glück bleibt Friedrich treu; sein Zug rheinabwärts ist ein einziger Triumph des «Chints von Pülle», wie die Deutschen seiner apulischen Herkunft wegen den staufischen Jüngling, den Enkelsohn des unvergessenen Barbarossa, nennen. Bald ist er in Basel. Im Oktober hält er im elsässischen Hagenau, der Pfalz seines Großvaters, seinen ersten deutschen Hoftag ab. Im Dezember trifft er in Frankfurt die Versammlung der deutschen Fürsten. Vier Tage später schon krönen sie ihn in Mainz zu ihrem König, provisorisch zunächst, denn die Krönungsinsignien hat Otto in Aachen verwahrt, der Stadt, in der seit Karl dem Großen die deutschen Könige gekrönt werden.

Drei Monate nur braucht der junge Staufer für die Eroberung

des südlichen deutschen Reiches zwischen Burgund und Böhmen. Das Schlachtenschlagen besorgen andere für ihn: Der französische König Philipp II. August besiegt in seinem Konflikt mit den Engländern am 27.7.1214 bei Bouvines nahe Lille den mit ihnen verbündeten Welfen Otto. Dessen Kaiseradler schickt er, freundlich grüßend, an Friedrich. Die Schwingen des Adlers sind zerbrochen.

Juli 1215

Friedrich wird in Aachen zum zweiten Mal gekrönt, nun mit den echten Insignien und «am rechten Ort». Er nimmt Platz auf Karls des Großen (heute noch auf der Empore des Aachener Doms zu sehendem) Steinthron.

Friedrich ist fast 21. Nachdem er die Gebeine Karls in einen neuen Silberschrein umgebettet und eigenhändig den Deckel draufgenagelt hat, nimmt er, der auf dem Schrein als letzter in der Reihe seiner kaiserlichen Vorgänger modelliert ist und hier schon den ihm oft nachgesagten hypnotischen Schlangenblick zeigt, das Kreuz: Er verspricht einen Kreuzzug und verstrickt sich damit sogleich in seinen ersten schweren Konflikt mit der Kirche, denn dreizehn Jahre lang wird er sie hinhalten, den Kreuzzug vor sich herschieben; das Reich im allgemeinen und Sizilien im besonderen sind ihm wichtiger als der Besitz des Heiligen Grabes im muslimischen Jerusalem.

1216

Innocenz III. stirbt. Sein Nachfolger auf dem Stuhl Petri ist Honorius III., ein weit bequemerer Papst für einen willensstarken jungen Fürsten als der Vorgänger.

Friedrich läßt seine Frau Konstanze und beider Sohn Heinrich mit deutlicher politischer Absicht nach Deutschland kommen.

Heinrich wird, erst acht Jahre alt, am 23. April in Frankfurt zum römisch-deutschen König gewählt. Friedrichs Lohn dafür an die das Kind (gegen die Interessen Roms) wählenden geistlichen Fürsten ist die *Confoederatio cum principibus ecclesiasticis*, ein Privilegienpapier, das ihnen ganz erhebliche Zugeständnisse «landesherrlicher» Art macht. In diesen, später auch den weltlichen deutschen Fürsten gegebenen Privilegien auf Kosten der königlichen Zentralmacht sehen nicht wenige Historiker den Keim der späteren deutschen Kleinstaaterei und in Friedrich II. den Verhinderer eines «deutschen Staates» bis hin zu Bismarck; es sei Friedrich, dem «Italiener», an den deutschen Querelen zuwenig gelegen gewesen.

Im August gehen Friedrich und Konstanze nach Rom, wo sie am 22. November im Petersdom von Honorius III. feierlich zum Kaiser und zur Kaiserin gekrönt werden. Honorius ist zwar verärgert über die Doppelwahl Heinrichs zum sizilischen und deutschen König, auch über den seit fünf Jahren ausstehenden Kreuzzug Friedrichs, aber er ist ein eher resignativer alter Herr. Heinrich VII. bleibt in der Obhut des Erzbischofs Engelbert von Köln in Deutschland.

Im Dezember kehrt Friedrich nach über achtjähriger Abwesenheit in sein Königreich Sizilien zurück. Als Kind war er gegangen, als Kaiser kam er wieder. Er beginnt sogleich, Sizilien zum ersten zentralisierten Beamtenstaat Europas zu machen, indem er den Feudaladel entmachtet und die Funktionen des Staates großbürgerlichen Juristen überträgt, die von der Krone total abhängig und allein dem König verantwortlich sind. Die Insel Sizilien «säubert» er von den ewig unruhigen Bergsarazenen, indem er sie, zum Entsetzen der Christenheit, in Lucera, in der Nähe des Kirchenstaates und unter Gewährung voller Religionsfreiheiten, ansiedelt. Unbeeindruckt von päpstlichen Bannflüchen werden diese Sarazenen als Gardetruppe Friedrich noch über dessen Tod hinaus die Treue halten.

Ein Mathematiker aus Pisa namens Lionardo Fibonacci führt die aus dem Osten stammende Zahl Null in das westliche Rechensystem ein. Friedrich wird ihm später komplizierte Rechenaufgaben stellen und mit ihm disputieren, denn die Mathematik beherrscht neben den Naturwissenschaften seinen Geist – ein Erbteil seiner arabisch beeinflußten Kindheit. An Friedrichs Hof leben stets eminente Gelehrte vieler Disziplinen, an ihrer Spitze, zwischen 1225 und 1235, der aus der toledanischen Übersetzerschule kommende Schotte Michael Scotus. Mit seinen Übertragungen arabogriechischer Literatur ins Lateinische kommt laut Roger Bacon die das abendländische Denken umstürzende Aufnahme der arabisch-aristotelischen Philosophie in Europa erst richtig in Fluß. Friedrichs eigenes philosophisches Denken folgt ganz den muslimischen Aristotelikern Avicenna und Averroes. Mit letzterem leugnet er die Unsterblichkeit der Individualseele. Die Astrologie gilt ihm viel.

Friedrich spricht fließend Griechisch, Latein und Arabisch, auch wohl ein provenzalisches Französisch. Acht Jahre Aufenthalt in Deutschland haben ihm Grundkenntnisse des Deutschen vermittelt. Er dilettiert in höfischer Dichtkunst und wird später Dante als der Fürst gelten, der das italienische Volgare, die Volkssprache, literaturfähig machte. Er ist ein ganz der eigenen Beobachtung folgender naturwissenschaftlicher Autor von höchstem Rang. Noch vor Roger Bacon führt er das Experiment in die Naturwissenschaften ein. Er zeichnet zoologisch und architektonisch. Die Entwürfe zum Castel del Monte und zum Capuaner Triumphtor tragen seine persönliche Handschrift. Seine Briefkorrespondenz mit abendländischen und arabischen Gelehrten weist ihn als einen Skeptiker gegenüber den Lehren und Dogmen der Kirche aus und als einen Menschen, der von einer unstillbaren Neugier auf die Beschaffenheit der sichtbaren und der unsichtbaren Dinge des Himmels und der Erde besessen ist. Er gründet 1224 die Universität Neapel und fördert die berühmte Ärzteschule von Salerno. In allem diesem ist er das Staunen der Welt: *stupor mundi*.

1225

Nachdem Friedrichs erste Frau, Konstanze von Aragon, im Juni 1222 gestorben ist, heiratet Friedrich am 9. November 1225, wiederum mit dem Papst als politisch denkendem Ehestifter, die Erbin der Krone des Kreuzfahrerkönigreichs Jerusalem, Isabella von Brienne. Sie ist dreizehn, Friedrich dreißig Jahre alt. Sie stirbt im Mai 1228, wenige Tage nach der Geburt ihres Sohnes Konrad, dem nachmaligen König Konrad IV., dem Friedrich einmal das Reich vererben wird.

1226

Franz von Assisi stirbt, nur vierundvierzig Jahre alt. Die von ihm beflügelte Bußbewegung des Bettelmönchtums mit seinen fanatischen Wanderpredigern hat auf die Städte übergegriffen und unterwandert langsam die reichsitalischen Machtstrukturen: 1233, dem Jahr des «großen Hallelujas», wird Reichstreue als unvereinbar mit guter Katholizität gelten. Die Aufwiegelung der Massen hat das Ziel, die noch reichsfreundlichen oberitalischen Städte dem papstfreundlichen Lombardenbund unter Führung Mailands zuzuführen. Friedrich II. und Franz von Assisi gelten heute als die beiden bedeutendsten, sich widerstrebenden geistigen Potenzen ihrer Zeit. Ihr Zusammentreffen ist wahrscheinlich, aber unbewiesen.

September 1227

Friedrich segelt in Erfüllung seines Kreuzzugsgelübdes von 1215 von Brindisi, wo im Heerlager die Pest ausgebrochen ist, in Richtung Akkon. Aber er erkrankt fiebrig, geht in Otranto gleich wieder an Land und weiter zur Kur nach Pozzuoli und wird dafür von Papst Gregor IX., der dem inzwischen gestorbenen Honorius nachfolgte, gebannt.

Juni 1228

Friedrich bricht endgültig zu einem Kreuzzug auf, dreizehn Jahre nach Aachen. Er ist noch immer ein Gebannter.

Februar 1229

Vom ägyptischen Sultan al-Kamil, der in innere Machtkämpfe verstrickt ist, erhält Friedrich nach langen Verhandlungen Jerusalem kampflos ausgeliefert. Der Vertrag, den die beiden, auch geistig aneinander Gefallen findenden Fürsten schließen, ist auf zehn Jahre befristet. Vier Wochen nach Vertragsschluß zieht Friedrich in Jerusalem ein und krönt sich in der Grabeskirche eigenhändig zum König von Jerusalem. Im Juni 1229 ist er zurück in Italien, wo der Papst, erbost über die Selbstherrlichkeit eines Gebannten, gegen Friedrich in dessen Abwesenheit Krieg zu führen begonnen hat. Es ist – zum Erstaunen des Abendlandes – das erste Mal in ihrer Geschichte, daß die römische Kirche als kriegführende Macht auftritt, nicht in Verteidigung des eigenen, sondern zur Eroberung eines fremden Territoriums, des Königreichs Sizilien. Drei Monate nur nach Friedrichs Rückkehr fliehen des Papstes «Schlüsselsoldaten» kampflos aus Apulien.

1230

Durch den starken Friedenswillen Friedrichs, der ihn Bedingungen akzeptieren läßt, die ein Sieger nicht hätte hinnehmen müssen, kommt es zum Frieden von Ceperano. Friedrich wird vom Bann gelöst.

1231

Mit dem Gesetzgebungswerk der berühmten «Konstitutionen von Melfi» kodifiziert Friedrich seinen aufgeklärten Absolutismus und festigt den begonnenen zentralistischen Beamtenstaat. Seither gilt er, der sich als göttlich inspirierte Quelle jeglichen irdischen Rechts sah, als der Erfinder einer modernen, von religiöser Mystik freien Staatsbürokratie. Wenig später wird ihm Gregor, nicht ohne Berechtigung, vorwerfen, daß niemand im Königreich Sizilien es mehr wage, ohne seine, Friedrichs, Erlaubnis Hand oder Fuß zu rühren.

1232

Friedrichs natürlicher Sohn Manfred wird geboren. Seine Mutter ist die piemontesische Markgräfin Bianca Lancia, die Friedrich sich später in einer Ehe zur linken Hand antrauen lassen wird (ein Urkundsbeweis dafür fehlt). Von Bianca Lancia, deren Lebensdaten weitgehend unbekannt sind, mutmaßt die Geschichtsschreibung, daß sie unter den vielen Frauen im Leben Friedrichs dessen größte Zuneigung hatte.

1234

Das Vater-Sohn-Verhältnis zwischen Friedrich und seinem Ältesten, Heinrich VII., treibt seit längerem einer Katastrophe zu. Heinrich, der leichtlebig ist, sprunghaft und voll jugendlicher Anmaßung, macht eine widerspruchsvolle städtefreundliche Politik gegen die Interessen der traditionell städtefeindlichen deutschen Fürsten und damit auch gegen seinen Vater, dem seiner imperialen Ziele wegen alles an einer Ruhighaltung der Fürsten gelegen sein muß. Als Heinrich sich dann noch mit den Erzfeinden seines Vaters verbündet, den reichsfeindlichen lombardischen Städten, kommt Friedrich ohne Heer, aber mit dem ganzen Tier- und Menschenexotarium seines halborientalischen Hofes von Foggia nach Deutschland.

1235

Im Juli nimmt er Heinrich in der Wimpfener Kaiserpfalz gefangen und läßt ihn nach Worms bringen, wo er ihn in den Turm Luginsland wirft. Im Dom hält er Gericht über ihn. Heinrich wird abgesetzt und eingekerkert. Nach sieben Jahren Haft in apulischen Festungen stirbt er. Ob durch Reitunfall oder Selbstmord während einer Verlegung, ist ungewiß.

Gleich nach der Verurteilung seines Sohnes heiratet Friedrich in Worms die einundzwanzigjährige Isabella Plantagenet von England, die Heinrich von seinem einstigen Erzieher, dem 1225 ermordeten Erzbischof Engelbert von Köln, als Frau zugedacht gewesen war.

Im selben Jahr erläßt Friedrich das erste in deutscher Sprache verfaßte Gesetz, den Mainzer Landfrieden. Den Winter zum Jahr 1236 verbringt er jagend, hofhaltend und studierend in der elsässischen Pfalz Hagenau. Der Dominikaner Albert von Lauingen, der nachmalige Albertus Magnus, wird von seinen Biographen etwa zu dieser Zeit als Lektor seines Ordens in Freiburg gesehen. Ein Zusammentreffen mit Friedrich ist nicht geschichtlich.

1236

Friedrich zieht in die Lombardei, unterbricht aber den Feldzug, um nach Wien zu gehen, wo er den Babenberger Herzog Friedrich absetzt, Wien zur freien Reichsstadt macht und seinen Zweitältesten Sohn, Konrad, als Neunjährigen und unwidersprochen von den deutschen Fürsten zu seinem Nachfolger im Amt des Kaisers wählen läßt. So mächtig ist er nun.

1237

Friedrich ist in der zweiten Hälfte des Jahres wieder in Norditalien zurück und beginnt seinen zweiten Feldzug gegen die ihm feindlich gesinnten lombardischen Städte. Im November siegt er bei Cortenuova über den Lombardenbund. Er erbeutet den Fahnenwagen der Mailänder. Nach Art römischer Triumphatoren zieht er pomphaft in Cremona ein, das er dadurch zu einem zweiten Rom erhöht. Vor den Fahnenwagen hat er einen Elefanten spannen lassen, von dessen Flanken die römischen Kaiserbanner hängen. In Fesseln mitgeführt: der Podestá von Mailand und Heerführer der Lombarden, der Dogensohn Pietro Tiepolo. Danach ließ er den Fahnenwagen auf dem Kapitol in Rom auf fünf Marmorsäulen stellen. Deutschland betrat er nach Cortenuova nicht mehr. Friedrichs Verhalten in diesen Tagen gilt den meisten Historikern als der maßloseste Akt unter den nicht wenigen emotionalen Maßlosigkeiten, mit denen Friedrich seine eigene, im Kern rationale Politik oft behinderte.

1239

Friedrich wird ein zweites Mal mit dem Kirchenbann belegt. Der stets auf Ausgleich zwischen Kirche und Reich bedachte Deutschordensmeister Hermann von Salza, der dem Kaiser jahrelang viele Vermittlerdienste leistete, stirbt. Der Heilige Stuhl überzieht den Staufer mit einem Propagandafeldzug, in welchem er Friedrich zum Antichrist, zum Tier der Apokalypse, dämonisiert.

1241

Friedrich läßt im Tyrrhenischen Meer ein Schiff voller ausländischer Prälaten – Äbte, Bischöfe, Erzbischöfe – aufbringen und wirft sie allesamt in den Kerker. Sie waren auf dem Weg zu einem Konzil in Rom gewesen, das den Kaiser absetzen sollte. Friedrich dringt mit Truppen in den Kirchenstaat ein. Gregor IX. stirbt. Zwanzig Monate lang bleibt der Stuhl Petri leer. Dann wird der Genuese Sinibald Fiesco zum Papst gewählt. Er gibt sich den Namen Innocenz IV. Es kommt zu Friedensverhandlungen zwischen ihm und Friedrich, die aber zu nichts führen.

1244

Innocenz flüchtet vor Friedrich nach Lyon, wohin er ein Konzil einberuft. Da fällt Jerusalem an die «Heiden» zurück. Friedrich erklärt, für mehrere Jahre ins Heilige Land gehen zu wollen, den Kirchenstaat zu räumen und den Papst die Lombardenfrage entscheiden zu lassen. Zwar beschließt Innocenz daraufhin im Mai 1245 die Aufhebung des Bannes, aber es kommt doch zu keiner Versöhnung. Friedrich bleibt gebannt.

12. Juli 1245

Das Lyoner Konzil erklärt Friedrich als Kaiser für abgesetzt und löst seine Untertanen von ihrem Treueid. Friedrich will nach seinen eigenen Worten nun nicht mehr Amboß sein, sondern Hammer. Sein Zorn macht ihn endgültig zum «rex tyrannus».

1246

Eine Beamtenverschwörung gegen sein Leben wird aufgedeckt und von ihm, selbst für mittelalterliche Begriffe unerhört hart, niedergeschlagen. Er beschuldigt den Papst der Anstiftung.

1248

Bei der Belagerung von Parma wird Friedrichs neugebaute Stadt Vittoria während eines Jagdausflugs des Kaisers von den Parmensern zerstört, die Besatzung niedergemacht oder gefangengenommen. Staatsschatz, Kaiserkrone und Königssiegel gehen verloren. Desgleichen Friedrichs persönliches Exemplar seines Buches *De arte venandi cum avibus*. Es ist Friedrichs schwerste Niederlage; er rettet kaum mehr als das Leben. In Sizilien werden die Steuern drastisch erhöht.

1249

Petrus von Vinea, der höchste Beamte der kaiserlichen Kanzlei und ein enger Freund des Kaisers, wird wegen des Verdachts der Bestechlichkeit und der Untreue verhaftet und geblendet. In Kenntnis von Friedrichs Grausamkeit im Strafen begeht er Selbstmord, indem er sich den Kopf an einer Säule einrennt. Schuld oder Unschuld Vineas bleiben umstritten. Dante hält ihn für unschuldig. Zur selben Zeit wird von einem Leibarzt ein, wie man vermutet, wiederum vom Papst angestifteter Giftmordversuch an Friedrich unternommen, schlägt aber fehl.

König Enzio, ein natürlicher Sohn des Kaisers aus einer vor 1220 in Deutschland stattgehabten Liebesbeziehung Friedrichs zu einer schwäbischen Hochadligen (vermutlich aus dem Haus Urslingen), wird von den Bolognesern gefangengenommen und bis zu seinem Tod im Jahr 1272 festgehalten.

13. Dezember 1250

Friedrich stirbt im Kastell Fiorentino in der Capitanata an einem rezidiven Darmleiden, in welchem Zeitgenossen den *morbo lupe* vermuten, den «Wolf», worunter man wohl Krebs zu verstehen hat. Friedrich setzt zuvor Konrad IV. zu seinem Haupterben ein und bestellt Manfred zu dessen Stellvertreter in Italien. Friedrichs Leichnam wird im Dom von Palermo neben den (heute noch dort stehenden) Sarkophagen seiner Eltern und dem seiner ersten Frau, Konstanze von Aragon, beigesetzt. Sein Herz bleibt in Apulien, in einer (nicht erhaltenen) Urne vor der Kathedralkirche seiner Hauptstadt Foggia.

1254

Konrad IV., seit zwei Jahren in Italien, stirbt an der Malaria.

1258

Manfred läßt sich zum König von Sizilien wählen.

1265/66

Papst Klemens IV. gibt das Königreich Sizilien dem Franzosen Karl von Anjou zum Lehen. Der rückt nach Apulien ein. Am 26. Februar 1266 besiegt er Manfred in einer Schlacht bei Benevent. Manfred wird getötet, sein Leichnam verscharrt. Seine Witwe und ihre vier Kinder werden eingekerkert, die drei Söhne in Friedrichs Schloß Castel del Monte, wo sie dreißig Jahre lang in Ketten und noch einmal zehn in langsam einsetzender Verblödung verbringen.

1268

Konrads Sohn, Konradin, zieht als Fünfzehnjähriger über die Alpen, um sich das Südreich seines Großvaters Friedrich II. zurückzuholen. Im August fällt er in der Schlacht bei Tagliacozza Karl von Anjou in die Hände, der ihn am 29. Oktober – Konradin ist inzwischen sechzehn – in Neapel öffentlich enthaupten läßt.

Literatur

Eine Auswahl der Werke, denen dies Buch Dank schuldet, ohne daß es ihnen immer in allem gefolgt wäre. Wenigstens die mit * bezeichneten Werke sind für eine ernsthafte Beschäftigung mit Leben und Zeit Friedrichs II. unverzichtbar.

Philosophie

Aristoteles: Hauptwerke, Stuttgart 1968

Aristoteles: Die Nikomachische Ethik, München 1978

Bloch, Ernst: Avicenna und die Aristotelische Linke, Frankfurt a. M. 1963

Bloch, Ernst: Epikur und Karl Marx, Frankfurt a. M. 1968

Bernath, Klaus (Hrsg.): Thomas von Aquin, Darmstadt 1978

Bonitz, Hermann: Über die Kategorien des Aristoteles, Wien 1853, Nachdruck Darmstadt 1967

Gadamer, Hans-Georg (Hrsg.): Um die Begriffswelt der Vorsokratiker, Darmstadt 1968

Grunebaum, G. E. v.: Der Islam in seiner klassischen Epoche, Zürich 1966

Grunebaum, G. E. v.: Arabische Geisteswelt, Zürich 1967

Hager, Fritz-Peter (Hrsg.): Metaphysik und Theologie des Aristoteles, Darmstadt 1969

Mackie, John L.: Ethik, Stuttgart 1981

Niese, Hans: Zur Geschichte des geistigen Lebens am Hofe Kaiser Friedrichs II., Darmstadt 1967

Pieper, Josef: Hinführung zu Thomas von Aquin, Freiburg 1958

Pieper, Josef: Scholastik, München 1960

Platon: Der Staat, Stuttgart 1965

Renan, Ernest: Averroes et l'Averroisme, Paris 1866
Rosenthal, Franz: Das Fortleben der Antike im Islam, Zürich 1965
Seeck, Gustav Adolf (Hrsg.): Die Naturphilosophie des Aristoteles, Darmstadt 1975
Sloterdijk, Peter: Kritik der zynischen Vernunft, Bd. I, Frankfurt a. M. 1983
Wichmann, Ottomar: Platon, Darmstadt 1966

Geschichte

Amari, Michele: Storia dei Musulmani di Sicilia, Bd. I u. II, Florenz 1872
Bénoist-Méchin: Frédéric de Hohenstaufen, Paris 1980
Collenuccio, Pandolfo: Compendio delle Historie del Regno di Napoli, Venedig 1543
Fleckenstein, Josef (Hrsg.): Probleme um Friedrich II., Sigmaringen 1974 *
Gabrieli, Francesco: Die Kreuzzüge aus arabischer Sicht, München 1976 *
Gloger, Bruno: Kaiser, Gott und Teufel, Berlin 1974 *
Gradenwitz, Peter (Hrsg.): Das Heilige Land in Augenzeugenberichten, München 1984
Gregorovius, Ferdinand: Wanderjahre in Italien, München 1967
Hammer, J. v.: Die Geschichte der Assassinen, Tübingen 1818
Hampe, Karl: Deutsche Kaisergeschichte, Leipzig 1943
Heinisch, Klaus J.: Kaiser Friedrich II. Sein Leben in zeitgenössischen Berichten, München 1969 *
Heinisch, Klaus J.: Kaiser Friedrich II. in Briefen und Berichten seiner Zeit, Darmstadt 1968 *
Horst, Eberhard: Friedrich der Staufer, Düsseldorf 1975
Hodgson, M. G. S.: The Order of Assassins, s'Gravenhage 1955
Kantorowicz, Ernst: Kaiser Friedrich der Zweite, 2 Bde. Düsseldorf, 2. Nachdruck des Originals von 1927 *
Lehmann, Johannes: Die Staufer, München 1978
Lewin, Louis: Die Gifte in der Weltgeschichte, Berlin 1920, Nachdruck Hildesheim 1984

Matthäus von Paris: Chronik (Monumenta Germaniae historica), Leipzig 1890
Mayer, Hans Eberhard: Geschichte der Kreuzzüge, Stuttgart 1965
Nette, Herbert: Friedrich II. von Hohenstaufen, Hamburg 1975
Orthband, Eberhard: Die Zeit der Staufer, Stuttgart 1965
Salimbene von Parma: Chronik (Monumenta Germaniae historica), Leipzig 1914
Schaller, Hans Martin: Kaiser Friedrich II., Göttingen 1964
Scheffer-Boichorst, Paul: Zur Geschichte des 12. und 13. Jahrhunderts, Berlin 1897
Schramm, Percy Ernst: Kaiser Friedrichs II. Herrschaftszeichen, Göttingen 1955
Winkelmann, Eduard: Kaiser Friedrich II., I–II, Leipzig 1897
Wolf, Gunther (Hrsg.): Stupor mundi, Darmstadt 1966 *

Kulturgeschichte

Artemidor: Traumbuch, Basel 1965
Beuys, Barbara: Familienleben in Deutschland, Hamburg 1984
Borst, Arno: Lebensformen im Mittelalter, Berlin 1973 *
Burckhardt, Jacob: Die Kultur der Renaissance in Italien, Stuttgart 1966
Burckhardt, Jacob: Weltgeschichtliche Betrachtungen, Stuttgart 1969
Duby, Georges: Die Zeit der Kathedralen, Frankfurt a. M. 1984
Ehrismann/Kaminski: Literatur und Geschichte im Mittelalter, Kronberg 1976 *
Ennen, Edith: Frauen im Mittelalter, München 1984 *
Gelpke, Rudolf: Vom Rausch im Orient und Okzident, Stuttgart 1966
Gurjewitsch, Aaron J.: Das Weltbild des mittelalterlichen Menschen, München 1982 *
Halbach, K. H.: Walther von der Vogelweide, Stuttgart 1983
Haskins, Charles H.: Studies in Mediaeval Culture, New York 1965 *
Huizinga, Johan: Herbst des Mittelalters, Stuttgart 1969
Knappich, Wilhelm: Geschichte der Astrologie, Frankfurt a. M. 1967
Kornemann, Ernst: Weltgeschichte des Mittelmeerraumes, München 1967

Rump, H.-U.: Walther von der Vogelweide, Hamburg 1983
Schneider, Carl: Kulturgeschichte des Hellenismus, Bde. I u. II., München 1967
Shahar, Shulamith: Die Frau im Mittelalter, Königstein 1981
Wapnewski, Peter: Walther von der Vogelweide, Gedichte, Frankfurt a. M. 1984
Württ. Landesmuseum: Die Zeit der Staufer, Bde. I–V, Katalog der Ausstellung, Stuttgart 1977

Religion und Theologie

ar-Rahim: Islamic Book of the Dead, Norwich 1977
Flasch, Kurt: Augustin, Stuttgart 1980
Franz von Assisi: Der Sonnengesang, Stuttgart 1983
Grundmann, Herbert: Religiöse Bewegungen des Mittelalters, Hildesheim 1961 *
Henning, Max (Übers.): Der Koran, Wiesbaden o. J.
Huonder, Quirin: Die Gottesbeweise, Stuttgart 1968
Kazantzakis, Nikos: Mein Franz von Assisi, Hamburg 1981
Krems-Stein: 800 Jahre Franz von Assisi, Katalog der Ausstellung 1982 *
Lea, Henry Charles: History of the Inquisition of the Middle Ages, New York 1887, auszugsw. dt. Übers. Nördlingen 1985 *
Manselli, Raoul: Franziskus, Köln 1984
Mislin/Latour: Franziskus, Bodman 1982
Otto, Rudolf: Das Heilige, München 1979
Rahner, Karl: Meditation über das Wort Gott, in: Wer ist das eigentlich, Gott? (Hrsg. H. J. Schultz), Frankfurt a. M. 1973
Rondot, Pierre: Der Islam, Freiburg 1968
Rudolph, Ebermut: Schulderlebnis und Entschuldung im Bereich säkularer Tiertötung, Bern 1972
Schneider, Reinhold: Innozenz der Dritte, München 1963
Schoeps, Hans-Joachim: Religionen, Gütersloh o. J.
Smith, R. Bosworth: Mohammed and Mohammedanism, London 1876

Albertus Magnus: Von Falken, Pferden und Hunden (Dt. Übers. v. K. Lindner), Berlin 1962

Balss, Heinrich: Albertus Magnus, Stuttgart 1947

Baranski, Anton: Geschichte der Tierzucht und Tiermedizin im Altertum, Wien 1886, Nachdruck Hildesheim 1971

Craemer-Ruegenberg, Ingrid: Albertus Magnus, München 1980

de Quincey, Thomas: Bekenntnisse eines englischen Opiumessers, Stuttgart 1962

Dierbach, J. H.: Die Arzneimittel des Hippokrates, Heidelberg 1824, Nachdruck Hildesheim 1969

Fischer, Hermann: Mittelalterliche Pflanzenkunde, Hildesheim 1967

Flashar, Hellmut (Hrsg.): Antike Medizin, Darmstadt 1971

Friedrich II.: De arte venandi cum avibus, Faksimile-Druck. 2 Bde. Graz 1969 *

Friedrich II.: Über die Kunst, mit Vögeln zu jagen, 2 Bde., Dt. Übers. v. C. A. Willemsen, Frankfurt a. M. 1964 *

Haskins, Charles H.: Studies in the History of Mediaeval Science, New York 1960 *

Hehn, Victor: Kulturpflanzen und Haustiere, Berlin 1911, Nachdruck Berlin 1963

Heusser, Hans (Hrsg.): Instinkte und Archetypen im Verhalten der Tiere und im Erleben des Menschen, Darmstadt 1976

Keller, Otto: Die antike Tierwelt, Bde. I u. II., Leipzig 1909, Nachdruck Hildesheim 1963

Kudlien, Fridolf: Der Beginn des medizinischen Denkens bei den Griechen, Zürich 1967

Kracke, Helmut: Aus eins mach zehn und zehn ist keins, Tübingen 1968

Kotsiopoulos, George: The Art and Sport of Falconry, Chicago 1969

Leibbrand, Werner: Heilkunde, Freiburg 1953

Lenz, Harald Othmar: Zoologie der alten Griechen und Römer, Wiesbaden 1966, Nachdruck des Originals von 1856

Mason, Stephen F.: Geschichte der Naturwissenschaft, Stuttgart 1961

Müller, Ferdinand: Das große illustrierte Kräuterbuch, Ulm 1860

Plinius d. J.: Naturgeschichte, 3 Bde., Darmstadt 1968

Sambursky, S.: Das physikalische Weltbild der Antike, Zürich 1965 *
Schipperges, Heinrich: Moderne Medizin im Spiegel der Geschichte, Stuttgart 1970
Scriba, Ch. J.: The Concept of Number, Mannheim 1968
Sprengel, K.: Theophrasts Naturgeschichte der Gewächse, 2 Bde., Altona 1822, Nachdruck Darmstadt 1971
Tietze, Heinrich: Mathematische Probleme, München 1967
Wood/Fyfe: The Art of Falconry, being the De arte venandi cum avibus of Frederick II., Boston 1955
Zeuner, Frederick E.: Geschichte der Haustiere, München 1967

Architektur

Götze, Heinrich: Castel del Monte, München 1984 *
Haseloff, Arthur: Die Bauten der Hohenstaufen in Unteritalien, Bd. 1, Leipzig 1920
Schmaltz, Karl: Mater Ecclesiarum, Die Grabeskirche in Jerusalem, Straßburg 1918, Nachdruck Leipzig 1984
Waldburg-Wolfegg, Hubert Graf: Vom Südreich der Hohenstaufen, München 1964
Willemsen, Carl A.: Castel del Monte, Frankfurt a. M. 1982

FSC
www.fsc.org
MIX
Papier aus verantwortungsvollen Quellen
FSC® C083411

Das für dieses Buch verwendete FSC®-zertifizierte Papier *Holmen Book Cream* liefert Holmen, Schweden.